五色文化视野下的
"天人合一"政治哲学

WUSE WENHUA SHIYE XIA DE
TIANRENHEYI ZHENGZHI ZHEXUE

许哲娜 著

责任编辑:曹　歌
封面设计:胡欣欣
版式设计:姚　菲

图书在版编目(CIP)数据

五色文化视野下的"天人合一"政治哲学 / 许哲娜著. -- 北京：人民出版社，2025.1. -- ISBN 978-7-01-026661-9

Ⅰ.D0-02

中国国家版本馆 CIP 数据核字第 2024U3L532 号

五色文化视野下的"天人合一"政治哲学
WUSE WENHUA SHIYE XIA DE TIANRENHEYI ZHENGZHI ZHEXUE

许哲娜　著

人民出版社 出版发行
(100706　北京市东城区隆福寺街99号)

北京新华印刷有限公司印刷　新华书店经销
2025年1月第1版　2025年1月北京第1次印刷
开本:710毫米×1000毫米 1/16　印张:21.5
字数:363千字

ISBN 978-7-01-026661-9　定价:78.00元

邮购地址 100706　北京市东城区隆福寺街99号
人民东方图书销售中心　电话 (010)65250042　65289539

版权所有·侵权必究
凡购买本社图书,如有印制质量问题,我社负责调换。
服务电话:(010)65250042

国家社科基金后期资助项目
出版说明

　　后期资助项目是国家社科基金设立的一类重要项目,旨在鼓励广大社科研究者潜心治学,支持基础研究多出优秀成果。它是经过严格评审,从接近完成的科研成果中遴选立项的。为扩大后期资助项目的影响,更好地推动学术发展,促进成果转化,全国哲学社会科学工作办公室按照"统一设计、统一标识、统一版式、形成系列"的总体要求,组织出版国家社科基金后期资助项目成果。

全国哲学社会科学工作办公室

序 一

许哲娜著作出版在即,希望我为该书作序。本来有她的导师张分田教授作序,阐发该书的价值,以为推荐,足以锦上添花。要我也作序,这与她治学经历与学术特色有关。哲娜是在南开大学完成本、硕、博学业的,她以优异成绩考入南开国际经济学专业,通常人们认为这个专业是金饭碗。不过她的兴趣却在历史学,本科阶段她就选学历史系的课程,对于社会史、思想史尤其饶有兴趣,我就是在有关民俗、社会的课程上认识她的。

攻读研究生,哲娜放弃经济学选择了历史学的政治思想史方向,学业精进。取得博士学位后,哲娜到天津社科院历史所工作,研究领域调整到以天津史为主,集中在社会史方面。她经常参加南开大学中国社会史研究中心的学术活动,每每提供自己的见解和研究成果,引起与会学者的关注。如2018年9月的"生活与制度:中国社会史新探索"国际学术研讨会上,她提交了《五德服色符号与改易服色制度的日常实践》一文,讨论了改易服色制度的思想内涵与五德服色符号的形成、五德服色符号的政治功能及其具体实践、五德服色符号与改易服色制度思想内涵的社会认同等问题,强调五德服色符号将改易服色制度所包含的抽象思想内涵转化为具体的物质形象,推动了"天命—革命"、五德终始等思想学说对民间政治意识的形塑作用,为民众认同君主政治权威提供了重要的社会心理基础。这篇文章令我认识到她将政治史的研究与社会史的研究结合起来,发挥了治学的特长。我很期待哲娜的成果出版,在一定程度上可为中国社会史研究提供政治文化的视角。现在终于等到该书的面世,我为她高兴!向她祝贺!

这是一部中国古代政治思想史,但又不是一般意义上的思想史,而是一部从颜色理解中国古代政治文化的书,作者运用符号学的理论方法呈现了政治制度与政治生活,耐人寻味、引人入胜。

众所周知,"天人合一"是中国文化中对天、人关系的基本看法,其实也是一种政治思想。作者指出:"传统政治文化的建构过程中渗透着'天人合一'思维方式的影响。传统政治生活将'天人合一'奉为最高指导原则……'天人合一'的根本其实就是如何将抽象莫测的天意具体落实到'人'的生活。古人创造的很大一部分物质文化、制度体系,主要目的就在于传达'天意',以确保所进行的政治生活的合法性。"毋庸置疑,从这样的认知探讨作为政治思想的"天人合一",颇具创新意识。

作者认为,"天人合一"是通过吸收阴阳五行思维作为"天人感应"的基本规则,发展出一系列以阴阳五行为理论基础的政治学说,作为解读政治现象、制定政治法则的最高依据。特别突出地表现在以五德终始学说解释政权更迭,王朝兴衰被视为天意主宰金、木、水、火、土五种德运周而复始的更迭。五行与五色相配,宋代成书的《三字经》有句:"青赤黄,及白黑。此五色,目所识。"由青、赤、黄、白、黑构成的五色,代表了古代中国独具特色的五色文化传统。

该书从五色文化起源、五色符号的运用、五色帝崇拜、五色文化、五色符号化规则、五色文化的衍变,分别探讨了"天人合一"的政治思维形成机制、政治实践、政治宗教化、政治哲学的社会普及、思辨特征、政治哲学的自我调适,讨论了超越五色的玄素境界与"天人合一"的独特路径,论述了五色文化视野下"天人合一"政治哲学的历史贡献与价值悖谬。作者视野开阔,宏观把握中国社会文化,涉及诸多学术领域,论述具有高度的概括性与理论说明,给人以较大的启示。

当下学术著作多是专深之作,而该书则为专通结合的宏观论述,颇为难得!我向读者推荐此书,相信读者一定会开卷有益的!

常建华
甲辰立夏

序　二

　　许哲娜的《五色文化视野下的"天人合一"政治哲学》一书,是在博士论文《中国古代政治性色彩符号》的基础上完成的。其博士论文的选题、方法、内容获得参与评审和答辩的专家的好评。先后有七八篇相关论文在CSSCI期刊、CSSCI集刊上发表,其中《中国古代等级服色符号的内涵与功能》(《南开学报》2013年第6期)被《新华文摘》、《中国社会科学文摘》全文转载;《传统君权思想演变与五色符瑞、眚祥符号兴衰》(《南开学报》2018年第5期)被《中国社会科学文摘》、人大复印资料《文化研究》全文转载。经过10余年的修改、完善、扩充和超越,她申报的"五色文化视野下的'天人合一'政治哲学"课题获得国家社科基金后期资助项目,经评审结项,由人民出版社出版。上述事实表明,其学术价值获得许多同行专家的肯定,产生了一定的学术影响。

　　她取得成功的原因很多,这里主要评说方法因素。

　　在我看来,"方法为王",亦可表述为"方法是王"。要正确地做事情,就必须掌握正确的方法。做任何事情都会涉及目的是否正确和方法是否正确的问题。做事情的正确途径就是为正确的目的并用正确的方法做事情。方法是否正确可以直接决定做事能否成功,能否圆满,能否达到预期的目标。目的正确,方法错误,往往会导致误入歧途,南辕北辙,甚至招致全局性的失败,造成违背初衷的严重后果。以学术研究为例,确定学术目的,界定学术对象,设定学术论域,选定学术视角,敲定学术思路,恪守学术伦理,以及实施各种具体操作,包括问题设定、理据选择、谋篇布局、阐释方式等,都属于研究方法范畴。"工欲善其事,必先利其器。"在一定意义上可以说,研究方法是否科学、合理、适用,可以决定研究成果的学术质量。

　　方法科学、合理、适用是《五色文化视野下的"天人合一"政治哲学》一书取得成功的关键。而在我看来,充分利用非思想文本类史料,研究重大政治理论问题,是许哲娜这本书在方法论上最为成功之处。

　　一般说来,思想研究重视著名思想家的思想文本研究,这是毋庸置疑的。但是,思想研究最常见的弊端之一,就是过分依赖思想文本,很容易犯望文生义、断章取义、随意演绎、主观臆断的低级错误。在中国政治思想和中国哲学研究领域,这种现象可谓司空见惯。这一类的误判、谬说在事实陈述这一学术研究的初级阶段便步入误区,属于典型的低级错误,其最大的弊端就是违背历史事实。克服这一类低级错误的重要途径之一,便是恪守实事求是的学术伦理,充分利用各种承载思想的史料,完善思想研究的事实陈述。

对于政治思想研究者而言,国家实行的制度、学者提出的理论、治者构思的方略、政府制定的政策、社会传承的习俗、大众认同的价值、政治行为的理据等,都是政治思想重要的存在形式。因此,思想现象无处不在,一切史料都可以为思想研究提供某种信息,拓展史料的取材范围有助于形成过程完整、结构完整、逻辑完整的事实陈述。

如果没有借鉴前人的经验教训,彻底摆脱过于依赖思想文本类史料的偏弊,是无法有理有据地提出并论证上述观点的。

我从来不为人作序,这一次属于破例。主要是由于国家社科基金后期资助项目专家评审意见的高度评价更具有客观性,足以避免偏爱学生之讥。

张分田

2024 年 4 月 23 日

20世纪80年代以来思想与社会互动研究进程及其意义[①]

（代自序）

思想与社会互动研究从20世纪80年代崭露头角,到21世纪初已然蔚为大观,成为当时最受瞩目的学术话题之一。思想史与社会史学界积极交流与充分对话,在理论和方法等方面不断取得新进展,更是把这一研究理路的理论内涵和学术价值的阐发推向了一个高峰。此后思想与社会互动研究又逐渐与日常生活史、艺术史、物质文化史等诸多领域汇为更为巨大的学术洪流,为日新月异的学术演进提供了源源不竭的动力。思想与社会互动研究的学术影响不可谓不深远,学术意义不可谓不宏大,而其最重要的学术贡献之一就是从思想史的角度响应了中国学界构建中国本土学术研究模式的时代潮流,推动思想史研究彻底走出以西方哲学为参照,却又深陷于中国是否有哲学这一近于无解之题的困境,构建真正的"中国"思想史研究范式。本文尝试对思想与社会互动研究的源流及意义进行梳理与阐发。

一、世纪之交对思想"中国性"的探寻

正如刘志琴指出的,中国思想史是以西方哲学为基本参照而建立起来的研究体系,一直以来难以摆脱与哲学研究混淆不清的学术关系,反而与历史学存在某种程度的疏离,更深陷于过度概念化和抽象化的研究困境[②]。只有解决这一系列研究困境,才能为中国思想史研究奠定有中国本土特色的话语体系。历代思想史研究者为此进行了不懈的探索和努力。早在20世纪上半叶,胡适就决定把"中国哲学史"改称为"中国思想史"。葛兆光对此进行了非常中肯的解读,认为胡适"对古代中国思想研究思路和方法的

[①] 拙作的选题与写作深受世纪之交思想与社会互动学术潮流的启发和影响。母校南开大学历史学院兼为思想史、社会史两个重要领域的学术重镇,是这一学术潮流的积极推动者。不揣冒昧尝试对思想与社会互动研究进程加以回溯,同时兼及对拙书研究思路的整理说明,作为多年的学习心得汇报,向母校历史学院致敬! 拙文发表于《南开学报》2023年第3期,正值南开大学政治思想史学奠基人刘泽华先生逝世(2018年5月8日)五周年之际,拙作写作过程中不仅在学习上深受刘先生的思想启发与教诲,在工作和生活中也承蒙栽培与关怀,谨以拙文致以深深怀念与崇高敬意! 发表时因版面限制略有删改。

[②] 参见刘志琴:《礼俗互动是中国思想史的本土特色》,《东方论丛》2008年第3期。

重新检讨"的举动,是"对于西方学科制度的深刻质疑和对于中国本土学问的自我确认"。① 侯外庐先生曾呼吁注重发掘思想背后的社会背景,可惜过于机械的历史决定论和进化论的线性思维,使思想史与社会史仍然呈现出一种"拼合"的状态②,没有真正发挥社会史研究范式对思想史的重新阐释作用,"削足适履"式的社会背景阐释反而使社会史成为了思想史的附庸,从而无法实现在中国独特的社会脉络中探寻思想的"中国性"。

社会史在解构传统思想史研究范式的过程中真正发挥作用,有赖于20世纪初以来哲学社会科学的持续转向在80年代所结出的丰硕成果。胡塞尔的现象学主张无论多高深的科学思维都不能独立于生活世界的经验,这一思考成为社会学界的重要思想资源。舍勒的知识社会学追索知识产生的社会条件。到了以福柯为代表的后现代主义,知识考古学把一切历史文本都视为社会中的文化与权力建构的结果,从而发展成为一种对人们一贯认为的"历史真实"的挑战,甚至有将史学等同于文学的倾向。思想史向来因研究对象高度抽象和研究内容高度专深而更容易出现"偶像崇拜",因此成为后现代主义"祛魅"的主要对象。

艾尔曼试图化解这种挑战所带来的焦虑,同时积极汲取了后现代主义的批判思路,在明清时期社会阶层变迁、文化产业发展以及学术交流网络中寻找中国学术思想从理学到朴学的演变动力③。田浩就试图在朱熹"与同时代学人的关系和交往的背景下"寻找理学的学派脉络④。杨念群则试图阐释儒学在地域文化脉络中的再生产机制,即"打破了官方化形态以政治权力为参考本位的单一控制网络,并在不同的地域建立了多元化的思维范式",并通过宗族、乡约等社会组织"把儒学要义直接贯穿到了基层社会"⑤。思想与社会互动研究路径影响之深刻,可以以余英时先生的学术转向为经典案例。在《朱熹的历史世界:宋代士大夫政治文化的研究》一书中,余英时以"外缘"论补充在《论戴震与章学诚》⑥的"内在理

---

① 葛兆光:《道统、系谱与历史——关于中国思想史脉络的来源与确立》,《文史哲》2006年第3期。
② 葛兆光:《道统、系谱与历史——关于中国思想史脉络的来源与确立》,《文史哲》2006年第3期。
③ 参见[美]艾尔曼:《从理学到朴学:中华帝国晚期思想与社会变化面面观》,赵刚译,江苏人民出版社2003年版,"著者初版序"第2页。
④ 田浩:《朱熹的思维世界》,田浩译,江苏人民出版社2009年版,第1页。
⑤ 杨念群:《儒学地域化的近代形态:三大知识群体互动的比较研究》,生活·读书·新知三联书店2011年版,第82、89页。
⑥ 余英时:《论戴震与章学诚》,生活·读书·新知三联书店2005年版。

路"说,在宋代的"历史脉络"特别是权力世界中解读理学思想的演进与建构①。

这些研究不仅开拓了思想史的研究思路,使得读者在"历史场景"②中对中国思想发展有了更加鲜活而深刻的理解,更重要的是为探寻真正适应"中国"本土情况的思想史研究范式进行了多样化的探索。如弗里德曼用宗族这一概念来概括中国的社会结构,而艾尔曼正是从最富有中国特色的社会组织——宗族来解读学术思想的传承机制,可以说是开创了研究"中国"思想史的先声③。

不过2001年前后的思想与社会互动研究仍停留在以经典文献为素材,以精英思想为研究对象的层面,虽然研究者的目光投向了更加广阔的社会生活世界,但他们关注的仍是以高深思想如理学为焦点与以精英人物如朱熹为中心的关系网络之间的互动关系。随着社会史学界"自下而上"研究视角日益取得主导地位,思想与社会互动研究也在21世纪来临之际焕发出新的气象。

葛兆光通过引入福柯的"断裂"与"连续"的认识论,较早对中国思想史中"按照时间的顺序安排着思想家们的章节"的书写方式进行了较为深刻的理论反思,尝试在"知识背景"与"时代氛围"中追溯思想的缘起④。

2001年南开学术研讨会更是这一研究思路取得学界普遍认同的重要标志之一。会上有不少学者的发言纷纷指向了经典文献以外的思想世界。有的学者阐述了"社会普遍政治意识"的概念,提出应该将统治思想与社会普遍意识贯通研究;有的学者倡议关注非文本思想研究⑤。众说纷纭的观点之中存在着一个学术共识,就是百姓日用之道才是中国传统思想的终极归宿,因此思想史研究的核心旨趣应落实到对主流思想意识形态与百姓日用之道关系的阐发。

这些讨论不但尝试冲破思想史研究多年来以精英思想研究为中心的研究范式,推动思想史研究取得突破性进展,更重要的是明确了把思想与社会互动研究作为探寻思想"中国性"的核心路径。

---

① 余英时:《朱熹的历史世界:宋代士大夫政治文化的研究》总序,生活·读书·新知三联书店2011年版,第3页。
② 葛兆光:《道统、系谱与历史——关于中国思想史脉络的来源与确立》,《文史哲》2006年第3期。
③ 参见[美]艾尔曼:《经学、政治和宗族——中华帝国晚期常州今文经学派研究》,赵刚译,江苏人民出版社1998年版,"序论"第6—7页。
④ 参见葛兆光:《中国思想史》,复旦大学出版社2001年版,第46、49页。
⑤ 张分田、王利华:《"思想与社会"学术讨论会综述》,《历史研究》2001年第5期。

刘泽华先生从方法论的价值和意义指出,思想与社会互动研究天然具有高度适应中国思想史研究的特点。他认为,中国传统思想的两大特点决定了必须开展思想与社会互动研究:一是中国历史的特点,即"世俗化为主","'彼岸'问题不占主要地位,因此思想与社会的整体性或者说一体化的特点更为明显"。这反映了中国思想有别于西方思想的特点之一就在于其强烈的现实社会关怀。二是中国社会的特点,即等级的森严性与成员的流动性巧妙地结合在一起,"相对活化的社会关系为思想与社会的沟通提供了现实的基础和条件"。这表明了中国思想有别于西方思想的另一个特点就是社会阶层流动推动文化整合,造就大传统与小传统更多的情况下处于水乳交融状态。因此,只有在思想与社会互动的视野下开展整体研究,才能揭示中国思想的"中国特色",如"天理即伦理"、"日用即为道"等①。

刘志琴具体指出,"礼俗互动是中国思想史的本土特色"。她认为,精英思想社会化的主要渠道——礼俗互动、日用之学是思想史研究中"富有中国特色的命题"。所谓日用之学,指的就是"人们不仅从文本的传授和阅读中接受伦理教育,也从芸芸众生的消费生活与物质用品中接受伦理教化",后者可能是更为常见的"接受教诲的主要渠道"②。

无独有偶,就在思想史学界轰轰烈烈地开启思想与社会互动之旅的同时,社会学界也尝试从中国传统思想的角度阐释中国社会的演进。费孝通指出中国历史上重要思想现象理学所包含的社会意义:"理学的东西,并不是一般的学者的思辨的结果,不是纯粹的理论探讨,它的所有概念,所有内在的逻辑,实际上都是紧扣社会现实中人与人关系的要义——地位、名分、权利等等,它是中国古代现实政治、社会文化运作的经验总结和指导方略,具有很强的实践性。……它直接决定着社会运行机制和社会结构。"③史学界与社会学界在学术旨趣上的互相呼应,再次印证了思想与社会互动研究确是时代所共同呼唤的一种学术思潮。

上述理论阐发和实证研究呈现出一个共同的学术特色,就是对于百姓日用之道或社会普遍意识的研究兴趣,指引着中国思想史沿着"本土化"、"自下而上"等一系列独具特色的研究路径继续走向深入。

---

① 刘泽华:《开展思想与社会互动与整体研究》,《历史教学》2001年第8期。
② 刘志琴:《礼俗互动是中国思想史的本土特色》,《东方论丛》2008年第3期。
③ 费孝通:《试谈扩展社会学的传统界限》,《北京大学学报》2003年第3期。

二、日常生活史与物质文化史:思想与社会深度融合的新趋势

中国思想史研究的新设想预示着新世纪以来思想与社会更深层次的互动。20年来,思想史与社会史在研究范畴、研究理念、研究方法等方面出现了高度融合的趋势,为探索中国思想史的"中国性"提供了更具有可操作性的实证研究路径。如日常生活史、艺术史特别是新物质文化史都是非常典型的案例。

日常生活史是进入21世纪以后开辟的新领域之一。夏之放把人类生活分为三个层次:一是以个体的衣食住行、婚丧嫁娶、饮食男女为主要内容的日常生活领域,构成社会生活的基础层次;二是政治、经济操作、经营管理、公共事务等有组织的大规模的社会活动领域;三是科学、艺术和哲学等自觉的人类精神生产领域或人类知识领域[1]。传统的社会史研究更多地关注人类生活的第二个层次即有组织的大规模的社会活动领域,以此来诠释推动历史演进的社会聚合力。人类生活的第三个层次则是思想史的主要研究对象。日常生活史的兴起使人们把注意力转向了人类生活的第一个层次日常生活,并尝试将之与社会生活、历史变动加以联系,这不但是为了避免日常生活史研究碎片化的倾向,更重要的还在于为了实现日常生活史揭示历史演进结构性的深层动力的旨趣。这就使得人类生活的第一个和第二个层次得以贯通。那么,处于最高层次的人类精神生产活动和人类社会日常生活是否就没有关联?日常生活史的视角是否有可能改写传统思想史?

从日常生活史的学术渊源到日常生活史的研究对象都可以给我们答案。一方面日常生活史的人类学取向有可能改变思想史的研究思路。日常生活史是社会史与人类学积极互动的产物。近年来,人类学研究从聚焦于基层社会和边缘地区,转向传统主流文化研究,希望回答主流文化是如何借助制度和权力以外的社会文化系统,包括象征符号、巫术、文化惯习、文化禁忌以及社会文化权威,得以传播、认同和实践的。日常生活史尝试借鉴人类学的视角和方法,把历史上的各种人类活动包括思想活动放在"社会文化体系的大背景下,联系经济、婚姻、宗教和象征等文化制度"加以理解[2]。

另一方面,日常生活史的研究对象和思想与社会互动研究的范畴出现了部分重合。有学者界定了日常生活的三大基本层次,实际上也可以看作

---

[1] 参见夏之放:《日常生活批判理论与掌握世界的方式》,《东方论坛》2007年第3期。
[2] 明海英:《强化政治人类学研究整体观》,《中国社会科学报》2018年1月5日,第2版。

是日常生活史研究的主要范畴，包括日常消费活动、日常交往活动与日常观念活动。其中日常观念活动指的是"伴随着日常消费活动、日常交往活动以及日常生活中的其他各种活动的"，"一种非创造性的以重复性为重要标志的自在的思维活动"①。传统的思想史研究衡量一种思想的价值标准往往在于是否具有原创性，实际上就是追问一个人的思想到底和别人有什么不同。而日常观念活动的"非创造性"、"重复性"提示思想史更应该关注的是一个人的思想为何和别人相同，一个社会为何会对某种思想产生持之以恒的认同。这实际上不仅涉及思想传播的问题，即一种思想通过何种渠道取得"路人皆知"的效果，而且涉及思想认同的问题，即一种思想如何成为社会大众共同认同甚至习以为常的日常观念，也就是刘志琴所强调的"日用之学"或葛兆光所谓的"思想底色"。

认同是一种文明形成的基本途径。我们虽然常以地域来定义文明，如华夏文明、希腊文明、印度文明，但这些文明的传播和认同实际上都不以地域为限，海外华人对中华文明的传承就是一个典型的例子。在重新书写"中国"的思想史时，实践、传播与认同不仅是思想史研究的题中应有之义，甚至应成为核心命题。思想的日常化在主流意识形态的实践过程中所具有的举足轻重的作用和意义，正在得到充分的重视。研究者逐渐意识到日常性的反复实践对思想观念的社会认同广度和深度起到了重要的助推作用，为其有效落实提供了基本条件。

刘泽华和刘志琴二位先生都提出要关注"精英思想的社会化"②。传播与认同是社会化的两个核心层面，而日常生活是社会化过程的重要场域。社会史的主要学术流派历史人类学就始终把儒家礼仪思想及制度对日常生活的塑造作为主要关心的问题之一。郑振满所提倡的"从民俗研究历史"，这里的历史应该相当于社会史所追求的整体史，因此从民俗研究历史实际上也包含了从民俗研究思想史。宋明以来地方精英在基层社会推行宗族建设和乡约实践，发起移风易俗活动，正是儒家思想"下乡"的历史过程。科大卫、刘志伟③、黄志繁④阐述了宋明以来理学的基本伦理如何规范百姓的

---

① 常建华：《从社会生活到日常生活——中国社会史研究再出发》，《人民日报》2011年3月31日。
② 刘泽华：《开展思想与社会互动与整体研究》，《历史教学》2001年第8期；刘志琴：《礼俗文化的再研究——回应文化研究的新思潮》，《史学理论研究》2005年第1期。
③ 科大卫、刘志伟：《宗族与地方社会的国家认同——明清华南地区宗族发展的意识形态基础》，《历史研究》2000年第3期。
④ 黄志繁：《"贼""民"之间：12—18世纪赣南地域社会》，生活·读书·新知三联书店2006年版。

生活。刘永华揭示了礼生这一"草根"群体对于儒家礼教思想在广大乡村基层社会的推广起到了"主导性"作用①。

艺术史与新物质文化史亦是近年来备受瞩目的新领域。二者同样与人类学有着密切的关系。以文化阐释作为主要学术使命的人类学把对物包括艺术作品的研究看作是"理解人类自身社会文化的一种路径"。这是因为在人类学看来,"所有的物都是被人类文化所引导的行为所制"②。受此影响,新物质文化史研究不再局限于考证历史上各种物品的物质形态、质料、形制、工艺等,而是试图由物及人,以物见人,解读物所包含的社会关系、社会生活以及思想情感等丰富的社会历史信息。在这种学术转向驱动下,物质文化史与政治、文化、思想、习俗等研究领域建立了广泛的联系,也给其他领域带来了新的研究素材和新的研究视角。比如由于传世文献中对日常生活细节记录的匮乏,使日常生活史研究不得不借助物质文化资料来探讨历史上的日常生活状况。物质文化史与日常生活史因此产生了紧密联系③。

这种联系也将思想与社会互动研究推向了一个更加广袤的境地,获得了更加开阔的发展空间。葛兆光阐述了思想史与艺术史互动的方法和路径,指出了二者之间"角色混融"又有所区别的特殊关系,尽管"人类学取向"使艺术史"越来越变得有点儿像思想史或文化史",不过思想史和艺术史的关注中心存在着一定的偏差,思想史更关注"落入俗套"的艺术作品,因为这些"烂熟的套路"背后"才反映了一个被普遍接受的日常观念",而"这个观念正是新思想史所要研究的东西"④。

在葛兆光等学者看来,艺术史开拓了思想史研究素材的范围。但反过来,我们会发现,其实在思想史常用的文献资料中同样包含了丰富的艺术史或物质文化史研究素材。如历代正史《舆服志》、各朝礼仪典章所记载的历代舆服制度,各类笔记小说中记录的民间用色习俗。特别是出土文献中,用于研究民间思想状况的日书中包含了大量的色彩运用法则和禁忌、用于研究生死观念的遣策中的物品清单反映了各种色彩符号在日常生活中广泛通行的使用方式和规则。这不但为色彩艺术史研究提供了丰富的素材,反过

---

① 刘永华:《礼仪下乡:明代以降闽西四保的礼仪变革与社会转型》,生活·读书·新知三联书店2019年版。
② 马佳:《中国人类学的物研究:历史、现状与思考》,《原生态民族文化学刊》2019年第11卷第6期。
③ 参见肖文超:《西方物质文化史的兴起及其影响》,《史学理论研究》2017年第3期。
④ 葛兆光:《思想史家眼中之艺术史——读2000年以来出版的若干艺术史著作和译著有感》,《清华大学学报》2006年第3期。

来也启发我们用物质文化史的视角深入解读中国古代思想。从这个意义上来说，艺术作品或者历史遗留物对思想史研究的贡献不仅止于资料的扩充，更在于视角的更新，甚至于历史叙事的改写。

艺术史或新物质文化史在思想史研究中扮演着越来越重要的角色。这里的"物质"还可以从物品本身延伸到物质环境，以及对物质的认识和利用所形成的知识和技术体系。王宇根在"整个十一世纪由印刷带来的、文本生产领域所发生的急剧变化"中找到了黄庭坚诗学思想的"语境和物质基础"①。以往从宗族、交游等方面探寻思想产生的社会条件，探讨的无非仍是不同人群不同思想之间的对话与整合如何推动新思潮的显现。而从物质技术层面追寻孵化思想的客观条件，真正突破了"思想如何产生思想"的内部逻辑循环。王东杰提出要探究物质能够为思想带来什么样的"条件和可能性"。

艺术史或物质文化史甚至可能颠覆对历史上某些思想文化现象的传统认知。来国龙指出，在现实生活中，人们往往是说一套，做一套。文本呈现的只是理念的状态，物质才能揭示思想在实践中的真实状态。比如大量出土的紫色文物让我们看到了实践对思想的全然违背。尽管孔子对紫色在色彩体系中的地位一再进行贬抑，"恶紫之夺朱"，齐桓公也在管仲的劝谏下说出了"吾甚恶紫之臭"，然而战国墓葬出土的大量紫色相关的文物却充分显示了紫色在当时社会中的受欢迎程度。如长沙仰天湖楚墓墓主人是大夫一级的贵族，在遣策中记录了紫□之绘、紫锦之席等紫色物品②。还有包山战国楚墓墓主人是楚国左尹，在遣策中记录了紫韦之帽、紫拜（縩）、紫绅等紫色物品③。遣策所记录的虽然是随葬品，但是按照"事死如事生"的习惯，这些物品的颜色和样式应该与其生前所常用的较为接近。从这些遣策可以看出，紫色广泛运用于先秦贵族的日常生活中，不但包括服饰，也包括了一些日用品。而战国中期墓葬中出土的"一凤一龙相蟠纹绣紫红绢禅衣"④，从纹样到工艺来看应该是高级贵族的服饰，更为紫色的流行提供了实物证据。这与思想领域对紫色的贬斥形成了鲜明的对比，也推动了后人对紫色象征寓意的重新建构。

人们在日常生活实践中对"物"的处置态度和方式的多样性，能更真切

---

① 王宇根：《万卷：黄庭坚和北宋晚期诗学中的阅读与写作》，生活·读书·新知三联书店2015年版，第3页。
② 中国简牍集成编辑委员会：《中国简牍集成》第17册，敦煌文艺出版社2005年版，第1146—1147页。
③ 陈伟等：《楚地出土战国简册》，经济科学出版社2009年版，第118页。
④ 黄能馥：《中国美术全集：印染织绣》，文物出版社1986年版，第6页。

地透露出其思想的复杂本质,帮助我们重新认识那些经过语言文字精心编排后得到某种自洽的思想话语。我们有必要在日常生活实践的视野下,用历史遗存下来的无法抹煞的物质实体"证据",来对思想现象中理论逻辑与实践逻辑的统一性进行更加审慎的观察和检验。

思想史与日常生活史、艺术史、新物质文化史的密切互动,实际上也是向其学术渊源——人类学汲取学术资源的过程。对文化和思维的共同关切是思想史与人类学深度对话的重要基础。二者主要区别在于传统思想史研究更多的是以思想文化自身的逻辑推演为线索去剖析思想文化发展的脉络,而人类学更强调在实践活动中研究文化。艾尔曼、田浩和余英时等学者主要关注的是思想文化形成发展过程中对社会资源的汲取和利用,葛兆光虽已注意到思想史研究对象从经典到一般,从精英思想到生活等系列转变①,其"一般知识、思想与信仰"研究或旨在重新衡量社会民众意识在思想史上的价值,或尝试钩沉不同历史时期各个思想高峰之间的"平均"状态,但这些研究均属于虽有社会史理论观照但仍以思想史为中心的研究范式和叙事模式。而在物质文化史和日常生活史视野下重新书写的思想史则更多地关注思想在社会生活中的实践内容、实践形式与实践效果,从而真正实现了思想史与社会史研究方法的深度整合。更重要的是,在具体实践中观察和阐释思想史,为更加切实地触碰中国思想文化的独有脉搏开辟了有效的路径。较早将历史人类学运用于中国文化研究的学者王铭铭指出,真正的"民族精神"应该是"人们在具体历史过程中的具体经验"所形成的文化理解②。这里的"民族精神"也蕴含着本文所探讨的思想"中国性"。而日常生活史与物质生活史所描摹的历史上的生活世界和物质文化语境,正在建构起探寻思想"中国性"过程中不可或缺的"历史场景"或"具体情境"。

三、象征(符号):思想与社会互动的重要媒介

日常生活史、艺术史、物质文化史虽然关注的侧重点不同,但却有一个共同关注的对象,就是象征(符号)。在日常生活史研究者看来,象征(符号)是主流文化日常化的重要物质手段之一。艺术史研究的主要研究课题之一就是解读艺术家使用了哪些文化符号作为艺术表达的手段。物质文化

---

① 参见葛兆光:《中国思想史》"导论",复旦大学出版社1998年版,第104页。
② 王铭铭:《逝去的繁荣——一座老城的历史人类学考察》,浙江人民出版社1999年版,第50页。

史关注的是在制造、流通和使用消费过程中被倾注了人的思想情感的物品，而在符号学看来，一旦被赋予了特定的社会文化内涵，自然之物就蒙上了社会文化符号的色彩。历史人类学三个基本概念之一"礼仪标识"①与符号有着相近的内涵和功能。符号作为思想文化的载体，也因此贯穿于思想的传播路径、实践途径和认同机制之中，成为思想史与日常生活史、物质文化史互动的重要媒介。

21世纪初就有学者曾提出"历史符号学"的概念，认为历史理论是符号学在哲学—逻辑学和语言—文艺学以外的第三个理论来源，并希望在此基础上推进中西文化的对话。所谓历史符号学主要是以符号学的语义分析方法来对历史话语进行解释和重构，并以此获得与西方符号学对话的基础。这一概念提出后首先主要运用于思想史研究。比如李幼蒸就以"仁学"和"儒学"这两个概念来对"孔孟原始思想"和"四书五经和宋明理学"这两种思想形式进行区分②。这种研究方法虽然也强调历史语境，但仍然没有脱离传统思想史研究概念分析和文本阐发的窠臼，对于思想与社会互动研究贡献较为有限。

这与人们在研究过程中往往对符号高度的文化"抽象性"产生深刻印象，并由此强化对其社会"恒常性"的认知有一定的关系。尹庆红认为传统的艺术符号研究存在问题之一就是"把艺术品看作是一个封闭的符号系统"，"忽视了意义的产生是在具体的流动过程中"③。同样在传统思想史研究中，从"抽象继承"法④，到历史符号学试图提炼中国历史话语作为与西方学术对话的基础，学者们在诠释历史资源或者历史话语的符号化特性的同时，都忽视了一个核心问题：思想符号从本质上来说是一种人为产物，也是一种社会话语，是人们在不同事物之间进行编码匹配的产物。这种编码匹配规则深深受制于历史条件和社会文化环境，蕴含着民族文化的基因信息。符号研究把思想与社会互动研究从发掘思想史现象中的"中国"因素，探索"什么是'中国的'思想"⑤，进一步推向回答"中国的"思想如何形成。

如语言是阐述思想的重要工具和交流思想的主要媒介。在很多情况

---

① 赵世瑜：《结构过程·礼仪标识·逆推顺述：中国历史人类学研究的三个概念》，《清华大学学报（哲学社会科学版）》2018年第1期。
② 李幼蒸：《仁学VS儒学：论孔孟区分于五经和宋明的必要——从符号学和解释学角度看》，《北京青年政治学院学报》2004年第3期。
③ 尹庆红：《艺术人类学：从符号交流到物质文化研究》，《民族艺术》2017年第2期。
④ 刘泽华：《开展思想与社会互动与整体研究》，《历史教学》2001年第8期。
⑤ 葛兆光：《什么才是"中国的"思想史》，《文史哲》2011年第4期。

下,语言符号的创制、使用和流行恰恰是思想产生、发展和传播过程的映射。近代语言符号研究解释了本土思想如何影响国人汲取外来文化的价值取向与实践倾向。清末民初层出不穷的新名词新概念,是当时"社会常识"和"社会思维"遭遇巨大转型的典型表现。黄兴涛透过对这一时期新名词新概念的研究,不但解读了其在"交流'现代性思想',不断强化'思想现代性'"过程中所扮演的"语言平台"角色,更从中国特有的思想文化语境探求国人对外来概念的内涵加以取舍甚至重新塑造的文化动因和思想根源,从而揭示了在屡遭"现代性"冲击的历史背景下中国思想的脉络和走向,展现了中国思想对"传统"与"近代"之间传承与裂变的复杂关系所作出的独特诠释[1]。

符号研究更有助于思想史学者问鼎于认识论的解构与社会学的反思这一更高的学术目标。思想史研究的任务不能止步于梳理和讲述历史上的思想现象并阐释其发生、发展的"内在理路"或"外缘环境",更要探寻重要思想现象所隐含的认知逻辑与思维模式,深度解析其与政治、社会等其他领域的权力要素之间互相形塑与互相制约的复杂关系,深刻揭示思想与社会互动的"底层逻辑"。符号既是思想与政治、社会调和的产物,又是思想在社会中的传播载体和在政治中的实践工具,既能折射思想话语的权威化过程,又蕴含了社会生活与政治活动的制度化过程,因而完全有可能从政治与社会、观念与技术、文化与生活等多重层面,为思想史的认识论解构与社会学反思提供更为充分的认知经验和具体的社会生活情境。从索绪尔、罗兰·巴特把符号研究作为揭示人类社会文化生产机制的重要研究基础开始,到福柯开展知识考古与批判,无不对"符号与语言"所隐含的权力要素与权力关系给予了充分的重视。葛兆光也指出"象征"包含着"对人间秩序的传递、暗示与规范意味"[2]。

如五色符号研究不仅诠释了传统思想的形成演变历程,更揭示了思想固化为思维模式后更加强大的社会形塑作用。五色符号作为一种富有神秘寓意的色彩符号,在原始巫术中已经得到了广泛使用。到了春秋战国时期,五色符号通过吸收各个思想流派对阴阳五行思想的发挥和诠释,如四时教令、五德终始等,成为阴阳五行的具象符号,在传达"天意",实现"天人感应"过程中扮演了关键角色,成为传统政治思维模式从原始巫术到礼乐文

---

[1] 参见黄兴涛:《清末民初新名词新概念的"现代性"问题——兼论"思想现代性"与现代"社会"概念的中国认同》,《天津社会科学》2005年第4期。
[2] 葛兆光:《中国思想史》第一卷,复旦大学出版社2001年版,第53页。

化这一巨大转变的重要标志。五色符号在五德服色制度、五帝祭祀礼中逐渐实现了制度化，为"天人合一"政治哲学的传播和实践提供了重要的物化途径。因此亦有学者提出，"中国古代重视教化的思想家都很善于把老百姓的日常生活伦理化，变成文化符号或政治图解，进而把世俗理性提升为政治理念"①。这一观点颇有见地。的确，主流意识形态借助形象化实现日常化这正是中国思想传播和传承的特色。形象性的内容转化能够对高深抽象的思想内涵起到有效的阐释和传递作用，成为思想推广和普及的方便手段。

不过，五色符号之所以能够在思想的实践、传播和认同过程中扮演重要角色，固然离不开统治集团和思想精英的"符号"建构，但更植根于符号自身的特性。首先，符号具有直观性和形象性，在知识和观念传播的过程中可以最大限度地降低受众文化水平的门槛。这在识字率较为低下的传统社会尤为重要。其次，五色文化符号本身就是社会认同的产物，具有构成意义的能动性。虽然符号的意义系统是人类主观意识的产物，但是一旦产生，它就具有了不为人的意志所支配的客观性，并反过来支配着创造它的主体，因此对于思想观念的实践和传播可以起到重要的推动作用。最后，文化符号作为社会认同的产物本身就是社会文化权威的物质体现形式，对于思想观念取得社会认同更可以起到有效的引领作用。与其说统治集团和思想精英扮演的是设计者的角色，不如说他们同样受制于五色符号对思维的支配作用，只不过他们手中掌握的权力使他们在如何利用符号方面拥有更多的话语权和更灵活的操作空间。符号研究对中国文化"大传统"与"小传统"界线不甚分明的独特性进行了较为合理的解读。

符号促成人们对其思想寓意不加反思的认同与无条件的遵从和实践，极大地提高了思想普及与认同的效率，因此可以把一种思想所包含的智慧发挥到极致，但也可能让一种思想的缺陷和悖谬所造成的负面效应成倍地放大。如在五色符号体系中，具有吉祥、尊贵寓意的色彩符号被视为"天命"的象征物，成为重要的政治文化资源。统治集团往往通过设置诸多用色禁忌，防范他人对"天命"的染指。森严的色彩文化禁忌使民众产生了对特定色彩资源的自觉规避，造成了民众与"天命"的自觉隔绝，从而为维护"天王合一"②，巩固君主专制提供了重要保障。又如五德终始学说对社会大众产生了深远的影响。南宋以后，改服色制度不复以五德终始说作为理论依据。然而元末的红巾军起义仍利用服色的号召作用。反元势力纷纷打

---

① 张分田、王利华:《"思想与社会"学术讨论会综述》,《历史研究》2001年第5期。
② 刘泽华:《中国的王权主义》,上海人民出版社2000年版,第394页。

出复宋旗帜号召天下百姓,因此以宋所尚的火德之色——赤色为标识。邹普胜、刘福通等人起义时都"以红巾为号",形成了一派"巾衣皆绛,赤帜蔽野"的炽盛气势①。独具情绪唤醒功能的五德服色符号为民众认同"君权天授"奠定了坚实的社会心理基础,也使五德终始说社会影响的持久性大大超出预期。符号研究清晰地解释了,"天人合一"政治思维为何不但没能实现"五色成文而不乱"的理想政治蓝图,反而成了固化人们政治思维、迟滞现代民主发展的"金丝笼",更深刻反思了"天人合一"政治哲学作为一种思想的贡献越大,影响越深远,它僵化的可能性也就越大,束缚性也就越大。

符号作为思想认同的产物、思想传播的载体与思想实践的工具,完美地连结了抽象的思想世界与具体的生活世界,完全有可能对思想与社会互动研究的不断深化起到重要的推动作用。虽然思想与社会互动研究越来越强调研究范畴的"具体化"和叙事手法的"具象化",但其核心学术使命始终在于从纷繁复杂的具体情境探究出主导思想演变的潜在的结构性动力及其支配社会运行的本质逻辑,也就是历史人类学者所提出的"结构过程",从而回答中国社会与文化"何以中国"的历史成因。而符号作为对人类思想行为"结构化"贡献最大的文化现象之一,在思想与社会互动视野下对其加以全面深入解读,揭示其对文化思维与行为活动的支配作用和影响机制,显然是这种结构化研究目标得以实现的重要基础。

四、余　论

思想史与社会史学术互动与联系日趋加强,在某种意义上也印证了多位学者在2001年南开会议上提出的,思想与社会互动研究实际上是整体史的要求。② 社会有广义和狭义之分,思想也有"大号的哲学"与"小号的思想"之分③。广义的"社会"概念为社会史奠定了整体史的研究视野。这个广义的"社会"包括了思想以及社会组织、社会结构等狭义的"社会"在内。整体史研究并非对人类社会面面俱到的研究,而是强调在不同社会因素的相互联系中综合考察历史变迁的动力因素。思想与社会也是其中一组重要联系。

一切历史都是思想史,这里的"一切历史"自然也包括思想史。也就是

---

① 朱元璋:《明太祖文集》,景印文渊阁四库全书第1223册,台湾商务印书馆1986年版,第144页。
② 参见张分田、王利华:《"思想与社会"学术讨论会综述》,《历史研究》2001年第5期。
③ 葛兆光:《道统、系谱与历史——关于中国思想史脉络的来源与确立》,《文史哲》2006年第3期。

说在整体史视角下开展思想与社会互动研究,其实本身也是时代思想的一种呼唤。布罗代尔认为:"社会与文明永远不可分离(而且反之亦然):两个概念指的是同样的一个现实。"①也就是说,文明可以成为社会的代名词。整体史视野下的"社会"研究实际上也就是"文明"研究。如何充分挖掘华夏文明的历史基因,正在成为当代中国学术的时代使命。具有系统性的整体史视野显然是实现这一学术追求的最有效路径。历史人类学家反对用"封闭/开放"、"保守/进取"这种过于概念化的词汇来概括一个区域一个族群的特征,而是要用讲故事的方式来整体描述地域社会的建构历程。社会各界则渴望"讲好中国故事"。从专业研究人员到社会大众对华夏文明完整叙事的追求,无不印证了整体史研究不但是历史学自身演进的要求,更是一个民族乃至全人类推进自我认知的愿景。跨越了人类社会生活最基础到最高级层次的思想与社会互动研究正在成为整合华夏文明话语过程中至关重要的一环。

许哲娜

2024 年 5 月 5 日

---

① [法]费尔南·布罗代尔:《文明史纲》,肖昶等译,广西师范大学出版社 2003 年版,第 35 页。

目　录

导　论 … 1

第一章　从五色文化起源看"天人合一"政治思维形成机制 … 21
第一节　五色符号化的早期历史 … 21
第二节　五色文化的体系化与制度化 … 24
一、五色符号的五行阴阳学说与五色符号的体系化 … 25
二、五色符号主要社会属性的定型 … 36
第三节　古人的五色生成论 … 45
一、自然五采生成论 … 45
二、五色文化生成论 … 50

第二章　五色符号的运用与"天人合一"的政治实践 … 54
第一节　五色时空符号与"天人合德"政治活动原则 … 54
一、五时五方的色彩符号化 … 54
二、五时五方色彩符号的社会认同 … 60
三、五时服色与君主神化—圣化机制 … 72
四、五方色彩符号与"君临天下" … 81
第二节　五德服色符号与"天命—革命"思想的认同 … 98
一、五德终始学说与五德服色符号的形成 … 99
二、五德服色符号对"天命—革命"思想的实践 … 102
三、历代王朝服色的确立 … 104
四、五德服色符号的政治实践与政权正统性的建构 … 116
第三节　五色符瑞、眚祥符号与"天人感应"政治调节理论 … 127
一、五色符瑞符号与天赋君权的认同 … 129
二、五色眚祥符号与借"天"谴君的合法化 … 134
第四节　等级服色符号与"天赋异禀"政治形象的塑造 … 143
一、色彩等级化观念与等级服色制度 … 145
二、等级服色制度的基本设色原则 … 152

第五节　五色符号对"天人合一"政治哲学的重要意义 …………… 172

第三章　五色帝崇拜与"天人合一"的政治宗教化 ……………… 176
　第一节　五帝時的形成与发展 …………………………………… 177
　第二节　五色帝的文化内涵 ……………………………………… 180
　　一、五色帝与星象 ……………………………………………… 181
　　二、五色帝与物候 ……………………………………………… 186
　　三、五色帝与五岳 ……………………………………………… 194
　　四、五色帝与五德 ……………………………………………… 196
　第三节　五色帝祭祀的主要内容 ………………………………… 199
　　一、迎气、雩祀、明堂、圜丘、封禅 ………………………… 200
　　二、高禖 ………………………………………………………… 201
　　三、感生帝祭祀 ………………………………………………… 203

第四章　五色文化与"天人合一"政治哲学的社会普及 ………… 206
　第一节　五色符号与文学艺术中的指代手法 …………………… 206
　第二节　五色符号与谶纬民谣中的暗喻规则 …………………… 210
　第三节　五色符号对社会舆情的引导作用 ……………………… 212

第五章　五色符号化规则与"天人合一"的思辨特征 …………… 217
　第一节　从五色政治符号的建构方式看"天人合一"思维的理论
　　　　　逻辑 …………………………………………………… 217
　第二节　从政治礼仪中的用色法则看"天人合一"的实践逻辑 … 218
　第三节　从五色符号的矛盾性看"天人合一"政治哲学的辩证性 … 222
　第四节　从五色符号的主观性看"天人合一"政治思维的局限性 … 224

第六章　从五色文化的衍变看"天人合一"政治哲学的自我调适 … 231
　第一节　五色帝地位的降格与"天人合一"政治哲学的大一统 … 231
　第二节　五色符瑞、眚祥符号的衍化与"天人合一"方式的嬗变 … 232
　第三节　五色符号内涵的重新定义与"天人合一"法门的转变 … 236
　　一、黼符号的政治功能 ………………………………………… 237
　　二、黑白组合：黼符号象征意义的主要依据 ………………… 240
　　三、黼符号：完美君道的象征 ………………………………… 249
　第四节　五德服色符号的终结与"天王合一"的强化 …………… 252

第七章　超越五色的玄素境界与"天人合一"的独特路径 …………… 257
第一节　玄黑之道 ………………………………………………… 257
　　一、老庄以"玄"象"道"的思想 ………………………… 257
　　二、以"玄"象道思想对后世的影响 …………………… 259
　　三、玄黑之色成为"道"符号的原因 …………………… 261
第二节　素白之性 ………………………………………………… 263
　　一、老庄见素抱朴的思想 ………………………………… 264
　　二、以"素"喻性思想对后世的影响 …………………… 266
第三节　道家与道教的玄素妙境 ………………………………… 268
第四节　儒家的贵实尚素思想 …………………………………… 269
第五节　黑白之色与阴阳奇偶 …………………………………… 274

第八章　五色文化视野下"天人合一"政治哲学的历史贡献与价值悖谬 …………………………………………………………… 279
第一节　历史贡献 ………………………………………………… 279
第二节　价值悖谬 ………………………………………………… 283
　　一、色彩文化的"紧箍咒" ……………………………… 284
　　二、政治文化的"金丝笼" ……………………………… 293

余　论 …………………………………………………………………… 298
参考文献 ………………………………………………………………… 299
后　记 …………………………………………………………………… 313

导　　论

众所周知,"天人合一"是中华传统文化最基本的思维方式或思维定势。传统政治文化的建构过程中渗透着"天人合一"思维方式的影响。传统政治生活将"天人合一"奉为最高指导原则。然而,"天人合一"作为一种抽象的哲学思维是如何对具体的政治生活发生切实的指导作用？归根到底,其实就是如何将抽象莫测的天意具体落实到"人"的生活。古人创造的很大一部分物质文化、制度体系,主要目的就在于传达"天意",以确保所进行的政治生活的合法性。其中,具象化,是为了将抽象玄妙的哲学原理转化为具体形象的政治认知,从而对政治意识形态起到形塑作用;制度化,是为了将宽泛的指导精神落实到具有可操作性的制度层面,从而对政治活动和行为起到规范作用。

在这一转化和落实过程中,作为"天人相参"产物的五色文化,尤其是构成五色文化的基本单位——五色符号扮演了举足轻重的角色。五色符号凭借其直观性和形象性,成为"天人合一"政治哲学理念视觉形象化的重要载体;凭借其渗透性和影响力,成为"天人合一"政治哲学理念普及和传播的重要媒介。作为一种语言符号,五色是"天人合一"政治哲学常常运用的隐喻之一;作为一种视觉符号,五色符号是对"天人合一"政治哲学的物化,广泛运用于政治制度运行以及政治礼仪操练过程中。五色符号的形成和运用为实现"天人合一"政治哲学服务于传统政治体制的宗旨提供了重要条件,一方面论证传统政治体制的合法性,另一方面又对传统政治体制提出种种规范和限制。

以五色文化为切入点,运用符号学理论对五色文化的政治象征寓意和功能进行较为全面系统考察,不但可以从一个更加生动感性的视角系统呈现"天人合一"政治哲学的形成机制、思辨特征,更能进一步深入揭示其实践途径、演变轨迹。

一、目前研究状况

"天人合一"思维方式作为中华民族传统文化的精髓,五色文化作为中国传统色彩文化的基本构成元素,在各自的学科领域中都备受关注,吸引了诸多学者深入研究,推出丰富的学术成果。这些成果既是本书研究的重要起点,也为本书研究提供了重要的基础。

(一)"天人合一"思想研究综述

"天人合一"作为中华传统文化赖以建构的思维方式,是中华文化史研究的基本问题,因此一直以来是众多学科领域共同关注的焦点,在哲学、政治、伦理、民俗甚至人生修养、环境保护等领域得到了充分的重视和深入的探讨。特别是思想史领域对"天人合一"思想进行了系统的研究,成果蔚为大观。主要集中在以下三方面。

1."天人合一"思想起源问题

张分田、萧延中认为"天人合一"论的源头是西周的"天王合一"论,随着天子的式微,"天王合一"才逐渐演化为更具抽象意义的"天人合一"。[①]

赵世超在《天人合一述论》[②]中认为"天人合一"论起源于周人对天的崇拜,由邹衍第一次提出系统的"天人合一"学说。

李申在《"天人合一"不是人与自然合一》提出,"天人合一"是由张载在《正蒙》中最先使用,如果往前追溯,则可以把这一思想的发明者"归于董仲舒"。[③]

刘笑敢、金富平认为"天人合一"作为一种思维模式起源很早,但是作为一种固定术语,要到宋代才由张载首次提出。[④]

黄朴民认为"天人合一"思想最早由庄子阐述,由董仲舒等汉代思想家发展为"天人合一"哲学思想体系,成为中华传统优秀文化的主体。[⑤]

2."天人合一"思想内涵问题

钱穆从文化哲学的角度,将"天"诠释为"天命",将"人"诠释为"人生",认为"天人合一"就是"天即是人,人即是天,一切人生都是天命"[⑥]。

蔡尚思撰文《天人合一论即各家的托天立论——读钱穆先生最后一篇文章有感》[⑦]进行商榷,他认为"天人合一"观普遍存在于儒家、墨家、道家等各学说流派中,表现各有不同,儒家以自然界比拟社会,以天道比拟人道,

---

① 参见张分田、萧延中:《政治学志》,上海人民出版社1998年版。
② 参见赵世超:《天人合一述论》,《史学月刊》2002年第11期。
③ 参见李申:《"天人合一"不是人与自然合一》,《中国社会科学院院报》2005年1月。
④ 参见刘笑敢:《天人合一:学术、学说和信仰——再论中国哲学之身份与研究取向的不同》,《南京大学学报》2011年第6期;金富平:《"天人合一"确切内涵之界定——解析"天人合一"生态意义认识分歧的症结》,《河北学刊》2014年第3期。
⑤ 参见黄朴民:《天人合一:董仲舒与两汉儒家哲学思潮研究》,岳麓书社2013年版。
⑥ 参见钱穆:《中国传统思想文化对人类未来可有的贡献》,《中华文化的过去现在和未来——中华书局成立八十周年纪念文集》,中华书局1992年版,第40页。
⑦ 参见蔡尚思:《天人合一论即各家的托天立论——读钱穆先生最后一篇文章有感》,《中国文化》1993年第1期。

托"天"确立差别等级论,墨子托天的兼爱天下来提倡人的兼爱,道家托天创立人的自然论,所以"天人合一"论的实质是以人托天,"天命是被人假托的",所以才会因各家的立场观点而有所不同。这种论述揭示了"人"才是"天人"话语的主导者。

季羡林对"天人合一"的解读带有较为明显的环境主义色彩,认为"天人合一"就是人与自然的和谐。①

李申采用概念考据的方法,通过从《四库全书》中梳理的二百多条明确表述"天人合一"的材料,认为"天"包含五个方面的含义:"可以与人发生感应关系的存在";"赋予人以吉凶祸福的存在";是"人敬畏、事奉的对象";是"主宰人,特别是王朝命运的存在";是"赋予人仁义礼智本性的存在"。因此,天不能理解为自然界,"天人合一"也不是人与自然的合一。②

施湘兴在《儒家天人合一思想之研究》③一书中,把天人关系定义为"彼此相因的交感和谐",天对于人而言,"是万物的创造者","是人类之保育者","是人类之匡正者","是人类之评判者",所以"人"应该做到"体天心,行天道,近天道,作天人"。

刘笑敢在《天人合一:学术、学说和信仰——再论中国哲学之身份与研究取向的不同》④一文中,列举了"天人合一"的八种类型:天道人事相贯通的天人合一;以人事为重心的天人合一;以天道为重心的天人合一;天人感通式的天人合一;道家式天人合一说;禅宗式天人合一说;唯器说的天人合一;作为赞颂语的天人合一。这一论述从多元视角展现了"天人合一"思想内涵的复杂性,并指出语境化是理解各种"天人合一"思想时的重要参考。

金富平在《"天人合一"确切内涵之界定——解析"天人合一"生态意义认识分歧的症结》⑤一文中,在刘笑敢研究的基础上提出应该将"天人合一"的概念确切化,才能解决"天人合一"定义众说纷纭的困局。他认为"'天人合一'是指人对自然万物在情感上息息相通、浑然一体",但特别强调"这是圣人的境界",因此在这一意义上,应该把很多似是而非的"天人合一"概念如"天人相类"、"天人和谐"等加以剔除。

---

① 参见季羡林:《"天人合一"新解》,《季羡林文集》第十四卷,江西教育出版社 1996 年版。
② 参见李申:《"天人合一"不是人与自然合一》,《中国社会科学院院报》2005 年 1 月 20 日。
③ 参见施湘兴:《儒家天人合一思想之研究》,(中国)台北正中书局 1981 年版。
④ 参见刘笑敢:《天人合一:学术、学说和信仰——再论中国哲学之身份与研究取向的不同》,《南京大学学报》2011 年第 6 期。
⑤ 参见金富平:《"天人合一"确切内涵之界定——解析"天人合一"生态意义认识分歧的症结》,《河北学刊》2014 年第 3 期。

从政治文化的角度出发对"天人合一"的解读大多都认同"天人合一"实质就是"天王合一"。

刘泽华认为,"在天人合一中,天王合一始终是问题的核心",天人合一的社会历史内容是"等级制度和王权主义"①。

张分田、萧延中在《政治学志》②中把"天人合一"作为政治结构的形上架构,认为天人合一论"主旨是论说人类的社会政治规范的本原在于天",其"中心论题是政治"。"天王合一"是"天人合一"的最早形态。

包万超在《天人合一与儒教宪政的哲学基础》③一文中提出"天人合一"的人性假设是儒家宪政的哲学基础。他认为,"'天人合一'是中国政治社会定于'一'的理论基础",是"中国'大一统'的人性根源";"'天人合一'表明人有善端,有善质,尊重和发扬人性之善是政治的目的,仁政和王道政治由此生";"'天人合一'的逻辑结论是'圣王合一'、'天王合一'"。

这些论述都强调了"王"是"天人合一"政治学说的核心关注对象,这与君主在传统政治文化中的中心地位是相匹配的。

3. "天人合一"思想的传播实践问题

目前学界对于"天人合一"思维的探讨更多地集中在学理形态的辨析和发覆,传播和实践方面的综合性研究较为鲜见。目前可以见到的只有少数几篇论文以及著作中的部分内容对实践问题进行了讨论。如黄朴民在《天人合一:董仲舒与两汉儒家哲学思潮研究》一书中对董仲舒天人合一政治哲学在西汉政治生活中的应用进行了论述。④ 孙家红在《"天人合一"思想在明清司法中的实践及其终结》⑤一文中分析了"天人合一"思想对明清时期法律思想、法律意识以及司法实践的影响。传播方面的研究则更为罕见。

综上所述,20世纪以来的思想史研究主要存在三种路径:第一种路径主要侧重于内在理路的研究,对历史上的思想流派进行了梳理归纳,对思想源流进行了回溯,对思想发展的历史遗产进行了较为充分的清点,对思想发展的整体状况有了较为全面清晰的认识。由于社会史的兴起对思想史产生深刻影响,激发了第二种路径的诞生,即思想史与社会史的贯通成为研究主

---

① 参见刘泽华:《中国的王权主义》,上海人民出版社2000年版。
② 参见张分田、萧延中:《政治学志》,上海人民出版社1998年版。
③ 参见包万超:《天人合一与儒教宪政的哲学基础》,《学术研究》2013年第3期。
④ 参见黄朴民:《天人合一:董仲舒与两汉儒家哲学思潮研究》,岳麓书社2013年版。
⑤ 参见孙家红:《"天人合一"思想在明清司法中的实践及其终结》,《中国政法大学学报》2013年第3期。

流,从社会结构、地方知识等视角对思想赖以形成的社会机制进行解读。新文化史研究视角的引入,使得学界更加关注社会大众如何将主流意识形态、精英思想学说作为一种社会文化资源加以策略性的改造和利用,以适应现实社会生活的需要,此为第三种路径。

"天人合一"思想研究成果的取得目前主要依靠的是第一种路径,即对其思想内涵的阐释和内在理路的剖析和解读。这些研究提出了许多有价值的创见,对于深刻揭示"天人合一"思想内涵做出了重要贡献。然而,"天人合一"思想之所以能够成为传统文化的基本内核,不仅在于其内容的博大精深,更在于它对社会普遍意识产生了深远影响,对社会生活的方方面面都起到了深刻的指导作用,尤其是在传统政治文化建构过程中发挥了核心要素的作用。因此有必要对"天人合一"政治哲学通过何种形式和途径传播与实践,对政治生活和社会普遍政治意识产生影响这一重要问题给予具有一定分量的回应。此外,在政治传播和实践的具体研究中,往往会对政治哲学与政治意识形态的内容、本质、属性及其演进动力、轨迹和规律的理解产生新的认识,反过来又有助于深入解读"天人合一"政治哲学内容构成的丰富复杂性、在解决实际政治问题过程中理论调适的多样性等问题。

(二) 中国传统色彩文化史研究综述

正像缤纷的色彩总是引人注目的,中国传统色彩文化研究也引起了学界的极大关注。色彩问题既被看作是一个艺术问题,更被认为是一个文化问题,具有多方面的研究价值。越来越多的学者投入研究中,对色彩文化的多重面相进行了充分的展现。

1. 色彩文化发展史

这类研究多为专著,主要是从文化史或艺术史的角度对中国传统色彩文化进行了总体的描述。如吴东平的《色彩与中国人的生活》[①]、姜澄清的《中国人的色彩观》[②]等专著对传统色彩观念及其实践进行了全面而系统的叙述。王文娟的专著《墨韵色章——中国画色彩的美学探渊》[③]从艺术哲学的角度回溯了传统五色的文化内涵以及儒道佛各家的色彩观,探讨了以上各种色彩观念对色彩在中国绘画中的应用手法、表现方式所产生的深远影响,并对中西方绘画中的色彩美学进行了比较。城一夫的专著《色彩史话》

---

① 参见吴东平:《色彩与中国人的生活》,团结出版社2000年版。
② 参见姜澄清:《中国人的色彩观》,江苏教育出版社2000年版。
③ 参见王文娟:《墨韵色章——中国画色彩的美学探渊》,中央编译出版社2006年版。

在论述中国色彩文化的一章中重点介绍了"一个以玄黄(黑黄)为中心的五行色和以黑色为中心的水墨画时代"①。邬烈炎的论文《象征·类化·装饰:中国色彩艺术的特质描述》指出象征、类化、装饰是传统色彩艺术的三大特征和功能。②陈彦青的《观念之色:中国传统色彩研究》按照朝代先后顺序对传统色彩文化的发展变化进行了阐述,并从政治、宗教等角度对色彩文化发展的原因和表现进行了论述。③肖世孟的《先秦色彩研究》从先秦各种色彩的色相还原、辨析以及染料的分析入手,展现了丰富多彩的先秦色彩文化。④

有的语文学者在研究语言文字学问题的同时也注意到了对色彩词文化内涵的讨论。专著有骆峰的《汉语色彩词的文化审视》⑤,论文有刘新兰的《颜色词文化象征意义探源》⑥,于逢春的《论民族文化对颜色词的创造及其意义的影响》⑦,孙建军的《古代尚色文化与汉语色彩词》⑧等。因此他们的研究成果也应该被列入色彩文化史范畴。

许嘉璐的论文《说"正色"——〈说文〉颜色词考察》对色彩文化形成的原因表现出了特别的关注。他从理论的高度提炼出了颜色观念演变的公式,即"生活→习惯→规范→生活……→",并对几个公式项进行了诠释:"第一个'生活'指人对大自然的观察和大自然所决定的人的生活方式。……'习惯',也就是民俗,是一代代人生活方式的沉淀。……'规范',是由群体的人的不成文的约定或者当政者在民俗的基础上所规定的群体生活规范。……第二个'生活',是人们在'规范'(礼)的指导、约束下的生活方式……最后的虚线表示这一过程是不断依上述次序循环往复、螺旋式前进的"⑨。这一公式对于研究色彩文化的形成与影响具有一定的指导作用。

2. 五色理论研究

五色是传统色彩体系的基本框架,因此,传统色彩文化研究实际上主要

---

① [日]城一夫:《色彩史话》,亚健、徐漠译,浙江人民美术出版社1990年版,第60页。
② 参见邬烈炎:《象征·类化·装饰:中国色彩艺术的特质描述》,《东南文化》2001年第12期。
③ 参见陈彦青:《观念之色:中国传统色彩研究》,北京大学出版社2015年版。
④ 参见肖世孟:《先秦色彩研究》,人民出版社2013年版。
⑤ 参见骆峰:《汉语色彩词的文化审视》,上海辞书出版社2004年版。
⑥ 参见刘新兰:《颜色词文化象征意义探源》,《理论界》2004年第2期。
⑦ 参见于逢春:《论民族文化对颜色词的创造及其意义的影响》,《吉林大学社会科学学报》2000年第5期。
⑧ 参见孙建军:《古代尚色文化与汉语色彩词》,《中国青年政治学院学报》2006年第3期。
⑨ 许嘉璐:《说"正色"——〈说文〉颜色词考察》,《中国典籍与文化》1995年第3期。

是对五色文化现象的探讨。有很多文章虽然是以全面的色彩文化为研究对象,但实际上也是以五色为主要话题,并将五色作为色彩体系的基础。比如侯凤仙的论文《谈中国传统色彩命名的文化内涵》将五色视作一种"色彩分区"①。王金秋的论文《中国传统色彩的特征及表现》把五色看作是一种"色彩结构"②。由此可见,五色在中国古代色彩体系中的基础地位为绝大多数学者所赞同。

根据博林(B.Berlin)和柯义(P.Kay)提出的关于人类对颜色的感官分类具有普遍性的假说,汪涛对殷商以来五色分类系统的演化过程进行了还原。③

冯时对古人以五色为基本色的原因进行了分析。他认为,古人关于生数和成数的观念"决定了诸如五行、五音、五色、五宗等一系列以'五'为范围规划一切事物的传统思维模式。"④

很多学者都注意到了五行思想在五色文化形成过程中不可替代的重要作用,如曾启雄的论文《中国传统五正色辨义与阴阳五行关系之研究》,讨论了中国古代五正色与阴阳五行学说的密切关系。⑤ 周跃西的论文《试论汉代形成的中国五行色彩学体系》也指出了五行学说是五色文化形成的理论基础。⑥ 同类的文章还有邵晓峰的《"五色"理论探微》⑦、黄国松的《五色与五行》⑧,牛占和的《五色定理与五行学说》⑨,等等。

3. 色彩个案研究

除了从整体上对色彩文化进行全面描述,很多学者还把目光集中在一些在文化史上具有特殊地位和意义的颜色上,探讨古人对某些色彩情有独钟的文化动因。

很多学者都对中国尚红的传统表现出极大的研究兴趣。程士元的论文《中国文化中的红色情结》分析了红色具有非凡地位的原因,并论述了红色

---

① 侯凤仙:《谈中国传统色彩命名的文化内涵》,《宁波服装职业学院学报》2004年第4期。
② 王金秋:《中国传统色彩的特征及表现》,《上海工艺美术》2006年第3期。
③ 参见[英]汪涛:《殷人的颜色观念与五行说的形成及发展》,[美]艾兰(S.Allan)、[英]汪涛、范毓周编:《中国古代思维模式与阴阳五行说探源》,江苏古籍出版社1998年版,第270—273页。
④ 冯时:《中国古代的天文与人文》,中国社会科学出版社2006年版,第40页。
⑤ 参见曾启雄:《中国传统五正色辨义与阴阳五行关系之研究》,《科技学刊》2002年第2期。
⑥ 参见周跃西:《试论汉代形成的中国五行色彩学体系》,《装饰》2003年第4期。
⑦ 参见邵晓峰:《"五色"理论探微》,《南京林业大学学报(人文社会科学版)》2002年第1期。
⑧ 参见黄国松:《五色与五行》,《苏州大学学报(工科版)》2000年第2期。
⑨ 参见牛占和:《五色定理与五行学说》,《世界科学技术》2001年第2期。

在中国诗歌中体现出来的不同神韵以及红色在社会生活中的广泛应用。①诸葛铠的论文《中国的红色象征》指出红色具有尊贵、吉祥、避邪的象征意义。②李春玲的论文《汉语中红色词族的文化蕴含及其成因》认为，"中华民族的尚红，最初与红血崇拜、火崇拜、日崇拜等自然崇拜有关"③。她在文中对这三种与红色有关的崇拜进行了介绍。④

黄色崇拜是中国文化史上一个特别突出的现象，因此受到了学者们的极大关注。刘师培将之与中华民族的肤色以及由此产生的黄帝崇拜联系在一起。⑤有的学者从华夏文化赖以发生的自然环境进行解释。在古代中国流传着很多关于人类起源的神话，流传最广、影响最大的是《风俗通义》所记载的女娲黄土造人的传说。中华民族的先人们不但依靠黄土地获得延续生命、繁衍后代的资源，甚至由于自己的肤色与土地的颜色相近而自然地产生了浪漫的联想，认为本民族的肉体生命也是黄土地的一部分，从血脉根源上就与黄土地有着天然的无法分割的联系，因此"对黄色有一种特别景仰、崇尚和依恋的情感，使之成为具有'独尊'意义的文化符号"也就是非常顺理成章的事情了。⑥萧兵认为对中和思想的推崇是崇拜中央之色——黄色的思想基础。⑦也有的学者将之与五行学说的发展联系在一起。彭景荣认为"阴阳家邹衍的'五德终始'学说的提出就使得黄色从低层次一跃而成为皇帝的专用色"⑧。姜生的论文《道教尚黄考》⑨和汪启明的论文《道教起源与黄色、黄帝崇拜》⑩虽然侧重于讨论道教崇尚黄色的原因，但是作为中国文化的组成部分的道教对黄色的崇尚与政治生活中对黄色的尊崇应该具有共同的文化渊源，因此这两篇文章可以为解释政治生活中以黄为贵观念的原因提供借鉴。

有关黑色观念的研究文章也很多。任继愈认为："玄，深黑色，是《老子》中的一个重要概念。有深远、看不透的神秘意思。"⑪曾启雄在探讨

---

① 参见程士元：《中国文化中的红色情结》，《广西艺术学院学报（艺术探索）》2006年第3期。
② 参见诸葛铠：《中国的红色象征》，《苏州工艺美术职业学报》2003年第3期。
③ 参见李春玲：《汉语中红色词族的文化蕴含及其成因》，《汉字文化》2003年第2期。
④ 参见李春玲：《汉语中红色词族的文化蕴含及其成因》，《汉字文化》2003年第2期。
⑤ 参见刘师培：《古代以黄色为重》，《刘师培全集》第4册《读书随笔》，中共中央党校出版社1997年版，第46页。
⑥ 张分田：《中国帝王观念》，中国人民大学出版社2004年版，第260页。
⑦ 参见萧兵：《中庸的文化省察——一个字的思想史》，湖北人民出版社1997年版，第308页。
⑧ 彭景荣：《开封名胜古迹的装饰艺术》，《史学月刊》2002年第9期。
⑨ 参见姜生：《道教尚黄考》，《中国哲学史》1996年第1—2期。
⑩ 参见汪启明：《道教起源与黄色、黄帝崇拜》，《宗教学研究》1992年增刊第1期。
⑪ 任继愈：《老子新译》（修订本），上海古籍出版社1985年版，第62页。

"黑"的文化意涵的过程中,指出:"玄所表达的色相也带有清静、玄默、深邃、苍冥、求真就本、本质、淡泊、高深等的意涵在内。"①此外,王悦勤的《中国史前"尚黑"观念源流试论》②和《中国史前彩陶饰纹"尚黑"之风的审美观照》等论文都对先民崇尚黑色的观念进行了探讨。③

紫色文化内涵在历史上所发生的曲折变化也引起了学者们的关注。王剑萍的《诗文"紫"义漫谈》④指出紫色的三层含义和功能:一是作为单纯的颜色词,二是具有"显贵"的象征义,三是在色彩心理上给人以消极感。韩秋菊的《成语中的"紫"》⑤简要地勾勒了紫色文化内涵由卑贱到高贵的变化过程。吉田光邦分析了紫色观念变化的历史背景,认为"唐代是西方趣味在中国宫廷贵族间广为流行的时代",紫色"受到尊重并广为流行可能与引进西方观念有关"⑥(但实际上,这种说法并不准确,因为以紫色为贵的观念古已有之)。徐慧明、王安安和黄兴英等学者则认为紫色观念的嬗变与道教的兴盛有密切的关系⑦。

4. 色彩词研究

色彩词一方面蕴含了色彩文化的起源,另一方面又反映了色彩文化形成后与语言文化的互动关系。

有的是从整体上对色彩词进行探讨的。如吴戈的《汉语颜色词语构、语义文化简析》⑧。有的则是对单个颜色字、颜色词的音、形、义进行深入探讨,主要集中在人们最熟悉的几种颜色词上,如白、黑、红、青、紫,等等。

白的字义是语言学者关注的焦点之一。董来运认为,"白"的本义是人的头部,作为颜色字的"白"来源于对头骨白色的认识。⑨ 曾启雄在关于五正色的研究文章中介绍了学界对"白"字来源的诸多说法。有的学者认为,"白"字在甲骨文中的造形是一颗米粒的形状。有的学者认为"白"最初的本义是人的手指甲根部所显露出来的白色。有的认为"白"实际上表示的

---

① 曾启雄:《论"黑"字的汉字色彩传统表达与意涵》,《科技学刊》2002年。
② 参见王悦勤:《中国史前"尚黑"观念源流试论》,《民族艺术》1996年第3期。
③ 参见王悦勤:《中国史前彩陶饰纹"尚黑"之风的审美观照》,《民族艺术》1999年第3期。
④ 参见王剑萍:《诗文"紫"义漫谈》,《淄博师专学报》2006年第3期。
⑤ 参见韩秋菊:《成语中的"紫"》,《文教资料》2007年7月中旬刊。
⑥ 转引自[日]城一夫:《色彩史话》,亚健、徐漠译,浙江人民美术出版社1990年版,第59页。
⑦ 参见王安安:《古代服饰制度中服色的文化内涵》,《文博》2003年第3期;黄兴英:《唐代品色服制度成因探析》,《钦州师范高等专科学校学报》1999年第4期;徐慧明:《中国传统色彩研究——论紫色》,《吉林工程技术师范学院学报》2004年第1期。
⑧ 参见吴戈:《汉语颜色词语构、语义文化简析》,《河南师范大学学报(哲学社会科学版)》2001年第1期。
⑨ 董来运:《汉字的文化解析》,上海古籍出版社2002年版,第214—227页。

是日出时"亮"的感觉。还有的以"白"、"帛"近音,因此认为"白"的认知来源对帛的本色也就是蚕丝的颜色的认识,而蚕丝多是白色的。①

"黑"这个名词的来源,学者们也进行了很多讨论。第一种看法认为,"黑"这个字起源于烹饪过程中产生的烟尘。持这一看法的学者对于甲骨文中"黑"的字形究竟取象于哪种具体事物,意见并不统一。有的认为,"黑"取象于经过火炙之后底部发黑的锅釜之类的炊具,"黑"字的上半部分像是俯瞰的锅盖。有的则认为"黑"的上半部分取象于窗牖的框架形状,因为在原始人穴居时代,窗牖离地面比较近,烹饪多在室内进行,窗牖就成了烟灰的出口,久而久之被熏成了黑色,并且积有颗粒状的黑色烟灰。"黑"字下面的四点指的正是烟灰。② 第二种看法认为,"黑"这个颜色名称来源于事物"目"即眼睛。宋金兰列举了三点理由:一是目、黑两个词族音、义相通;二是目与黑的早期语音形式十分相近,二者在词形上较大的差异是在后来发生的;三是从体质人类学来说,黑眼睛是蒙古人种最重要和最显著的人种特征,"黑色又是通过眼睛去感知的属性",因此汉藏先民"从自身最熟悉的器官——眼睛中抽象出'黑'这一概念是有可能的"③。

先民究竟是从什么事物开始认识黄色。关于这个问题的答案众说纷纭。潘峰的论文《释"黄"》在对郭沫若的"人造佩玉"说、唐兰的"腹大之人"说、胡朴安的"地之色"说进行了辨析之后,提出了"黄"字的若干造字义,指出了"黄"字与孕妇隆起的腹部、发黄的脸色、胎儿等事物的关联。④

郝晋阳、韩剑南的论文《魏晋南北朝碑刻中的颜色词"紫"》⑤对颜色字"紫"的变化及其原则进行了探讨。他们指出:随着紫色与富贵威严事物的联系加强,"紫"的附加义"富贵"义逐渐排挤了初始的语源义——颜色义,也就是说紫色成为了象征富贵的抽象符号,与具体的颜色现象逐渐疏离。

还有一些研究则是出自服务于外语和少数民族语言教学与翻译的实用目的,对汉语与少数民族语言、中外语言中色彩词的文化内涵进行比较研究。如曹红琴的论文《哈萨克语和汉语颜色词的对比》⑥,肖可的论文《颜色词"白色"的民族文化内涵义》⑦,刘钰的论文《颜色词在中西文化中的象

---

① 参见曾启雄:《中国传统五正色辨义与阴阳五行关系之研究》,《科技学刊》2002年第2期。
② 参见曾启雄:《论"黑"之汉字色彩传统表达与意涵》,《科技学刊》2002年,第4页。
③ 宋金兰:《"黑"名源考》,《汉字文化》2004年第1期。
④ 潘峰:《释"黄"》,《汉字文化》2005年第3期。
⑤ 郝晋阳、韩剑南:《魏晋南北朝碑刻中的颜色词"紫"》,《乐山师范学院学报》2004年第9期。
⑥ 参见曹红琴:《哈萨克语和汉语颜色词的对比》,《伊犁师范学院学报》2005年第2期。
⑦ 参见肖可:《颜色词"白色"的民族文化内涵义》,《满语研究》1995年第1期。

征意义》①,李志荣的论文《汉英颜色词的跨文化透视》②,吴国华的论文《试析俄语色彩词的社会文化意义》③等。

5. 用色行为研究

用色行为是对色彩观念的一种实践,因此用色行为研究也是色彩文化研究题中应有之义。汪涛的专著《颜色与祭祀:中国古代文化中颜色涵义探幽》④一书中用相当大篇幅分析了甲骨卜辞中祭牲颜色的象征意义,以及与五行系统的关系。王德育的论文《中国古代色彩与宗教表现》描述了色彩在宗教活动中礼服、祭坛、丧服等方面的使用现象,并对其文化内涵进行了简单阐释⑤。李桂奎的论文《论〈水浒传〉的设色之道及其"五色"构图原理》指出,《水浒传》的作者罗贯中由于受到传统五色文化的熏陶,在小说的人物形貌、仪仗、军阵等方面设计了一幅幅五彩斑斓的完美图式。⑥ 邱春林的论文《古代旗幡设计与"五色"观念——以戚继光的旌旗设计为例》介绍了戚继光依据五行与五色匹配的原则所制定的旌旗设计方案。⑦

服饰是色彩的重要载体,服饰色彩研究是用色行为研究中不可或缺的重要内容。在古代社会,服色是等级身份的重要标志,它也是一种重要的文化符号。因此,服色的等级意义往往是学者探讨的重点问题。如胡迎建、胡欧文的《中国古代服饰色彩图案的文化诠释》⑧,王安安的《古代服饰制度中服色的文化内涵》⑨,黄兴英的《唐代品色服制度成因探析》⑩,张繁荣的《色彩斑斓:浅议传统服饰色彩文化内涵及传承》⑪,方朝红、潘晨辉的《从颜色词看

---

① 参见刘钰:《颜色词在中西文化中的象征意义》,《中国科技信息》2006年第3期。
② 参见李志荣:《汉英颜色词的跨文化透视》,《徐州师范大学学报》(哲学社会科学版)1998年第4期。
③ 参见吴国华:《试析俄语色彩词的社会文化意义》,《外语学刊》1992年第6期。
④ [英]汪涛:《颜色与祭祀:中国古代文化中颜色涵义探幽》,郅晓娜译,上海古籍出版社2013年版。
⑤ 参见王德育:《中国古代色彩与宗教表现》,《色彩与人生学术研讨会论文集》下册,1998年。
⑥ 参见李桂奎:《论〈水浒传〉的设色之道及其"五色"构图原理》,《明清小说研究》2004年第4期。
⑦ 参见邱春林:《古代旗幡设计与"五色"观念——以戚继光的旌旗设计为例》,《东南文化》2005年第4期。
⑧ 参见胡迎建、胡欧文:《中国古代服饰色彩图案的文化诠释》,《江西广播电视大学学报》2005年第3期。
⑨ 参见王安安:《古代服饰制度中服色的文化内涵》,《文博》2003年第3期。
⑩ 参见黄兴英:《唐代品色服制度成因探析》,《钦州师范高等专科学校学报》1999年第4期。
⑪ 参见张繁荣:《色彩斑斓:浅议传统服饰色彩文化内涵及传承》,《中外文化交流》2006年第5期。

中国古代服色礼俗》①,都强调了服色具有象征等级身份的社会政治功能。

在用色民俗方面有徐丽君的论文《略论中国古代颜色的运用与礼俗》②、黄乃慧的论文《汉民族色彩民俗的文化流变》③以及杨健吾的系列研究。杨健吾在色彩民俗方面发表了一系列研究成果,对历代色彩民俗进行了简要的回顾,如《上古之时华夏先民的色彩习俗》④、《两周时期中国民间色彩习俗》⑤、《先秦时期中国民间的色彩民俗》⑥、《宋元时期中国民间的色彩民俗》⑦、《清代色彩习俗的流变及特点》⑧,等等。

色彩与时令、方位的匹配是色彩民俗中非常特殊而且重要的形态,学者们对此都表现出了很大的研究兴趣。杨健吾的论文《色彩与时间——一种特殊的民俗现象》叙述了"中国民俗中一些色彩与时间相联系的现象",主要有三种类型:第一种是色彩与天干地支的匹配;第二种是色彩与时间进程的匹配;第三种是色彩与周期性时间段落的匹配。⑨ 在另一篇论文《颜色与方位:古人认识世界的特殊方式》中,他介绍了色彩与方位匹配观念在汉族、纳西族、藏族地区的不同表现形式。⑩

宝音图和陈英也对少数民族以五色对应五方的风俗习惯进行了研究,并借此讨论了中华民族五色对应五方观念、习俗的起源问题。匈奴也有以五色标识五方的习惯。根据《汉书》中匈奴骑兵所乘之马"其西方尽白,东方尽駹(青马),北方尽骊(黑马),南方尽骍马(赤马)"⑪使得汉军大为惊奇的记载,宝音图得出五色方阵为匈奴人所发明的结论。他认为,五色思想普遍存在于北方戎狄民族,汉族五行思想就起源于邻族的这种五色思想。⑫ 陈英指出,彝族同样存在以五色配五方,以五方分五行、五方居五帝的观念。作者对汉族与少数民族存在如此相似的色彩观念的历史原因进行了分析,

---

① 参见方朝红、潘晨辉:《从颜色词看中国古代服色礼俗》,《咸宁学院学报》2007年第5期。
② 参见徐丽君:《略论中国古代颜色的运用与礼俗》,《湖南人文科技学院学报》2005年第6期。
③ 参见黄乃慧:《汉民族色彩民俗的文化流变》,《继续教育研究》2003年第4期。
④ 参见杨健吾:《上古之时华夏先民的色彩习俗》,《盐城师范学院学报》2007年第1期。
⑤ 参见杨健吾:《两周时期中国民间色彩习俗》,《盐城师范学院学报》2007年第5期。
⑥ 参见杨健吾:《先秦时期中国民间的色彩民俗》,《成都大学学报》2004年第1期。
⑦ 参见杨健吾:《宋元时期中国民间的色彩民俗》,《阴山学刊》2005年第6期。
⑧ 参见杨健吾:《清代色彩习俗的流变及特点》,《盐城师范学院学报》2006年第5期。
⑨ 参见杨健吾:《色彩与时间——一种特殊的民俗现象》,《文史杂志》2004年第1期。
⑩ 参见杨健吾:《颜色与方位:古人认识世界的特殊方式》,《文史杂志》2007年第3期。
⑪ 参见《汉书》卷九四上《匈奴传上》,中华书局1964年版,第3753页。
⑫ 参见宝音图:《关于五行说产生与北方戎狄族五色思想问题的探讨》,《中国民族医学杂志》1998年增刊。

认为五色文化是组成华夏民族的不同部族各自崇尚的颜色文化大融合的产物。①

颜色与方位匹配的设色原则至今在戏剧舞台的美术设计中仍然有一定程度的保留。日本学者诹访春雄在1988年到1990年先后几次在中国各地农村调查民俗艺能。他发现,在中国安徽、江苏、四川等省乡村的傩戏中,和在日本、朝鲜一样都有"用五彩的幕、布、帜、榜等装饰祭祀场所的做法",还看到了"用五种颜色表示登场之神灵的例子"。诹访春雄认为这是受到五行、五方与五色匹配思想影响的结果。此外,他还介绍了五方五色观念在日本的传播和发展情况。②

6. 色彩符号研究

自觉地运用符号学理论和术语对色彩文化进行研究的文章,可以说是凤毛麟角。目前可以见到的只有少数几篇论文以及著作中的部分内容,如陈辉的论文《符号学视角下的颜色意义》③,王宇的论文《色彩符号及其应用研究》④、《论五色审美观与中国古代色彩符号的历史嬗变》⑤,张燕花的论文《"色"符号与中国古代社会》⑥以及易思羽主编的《中国符号》⑦中的相关部分。关于政治性色彩符号的专题研究也尚处于蜻蜓点水的阶段,仅在一些论述传统色彩符号的论文或者古代政治哲学的专著中偶有涉及。朱玲的论文《色彩:中国文化的泛修辞符号》中对色彩修辞与各种文化领域如哲学、美学、艺术的关系进行了简要的论述,其中有关色彩修辞与政治关系的部分主要讨论了色彩符号象征等级身份的功能。⑧ 张分田的专著《中国帝王观念》对象征君权的黄色符号的政治文化内涵进行了阐释。⑨

7. 小结

综上所述,研究者采用了跨学科的研究方法,涉及语言学、体质人类学、文化人类学、政治学、民俗学、宗教学、文化地理学等多个学科领域,对色彩文化进行了全方位的解读,取得了丰硕的成果。但他们的研究也存在着一

---

① 参见陈英:《论彝族先民的"五色观"》,《贵州民族学院学报(社会科学版)》1990年第4期。
② 参见[日]诹访春雄:《五方五色观念的变迁》,《民族艺术》1991年第2期。
③ 参见陈辉:《符号学视角下的颜色意义》,《自然辩证法研究》2004年第12期。
④ 参见王宇:《色彩符号及其应用研究》,《美与时代》2006年第2期。
⑤ 参见王宇:《论五色审美观与中国古代色彩符号的历史嬗变》,《贵州大学学报》2005年第4期。
⑥ 参见张燕花:《"色"符号与中国古代社会》,《安徽文学》2006年第12期。
⑦ 参见易思羽主编:《中国符号》,江苏人民出版社2005年版。
⑧ 参见朱玲:《色彩:中国文化的泛修辞符号》,《芜湖职业技术学院学报》2001年第4期。
⑨ 参见张分田:《中国帝王观念》,中国人民大学出版社2004年版,第260页。

定的缺憾和薄弱环节。

第一,色彩符号的政治哲学内涵研究十分薄弱。大多数学者都把色彩符号视作一种艺术现象或者民俗现象,对于色彩文化与政治文化之间的联系关注较少。有些研究文章虽然涉及了色彩文化与等级制度的关系,但是未能从符号学的角度入手进行分析。

第二,对构成色彩文化思想基础的理论资源缺乏了解。对相关理论资源的了解的匮乏导致了很多研究文章流于历史现象的复述,一些学者虽然也能够从相关理论入手,寻找色彩文化的思想根源,但是因为缺乏对相关理论的深入理解,导致得出了错误结论。比如一些学者以五德终始说解释色彩等级化的成因,其错误根源在于没有能够正确理解在五德循环终始之说中五色并无高下优劣之分的理论。

第三,未能充分结合文献资料对色彩符号加以解读。以往的色彩文化研究普遍存在较少引用文献资料作为论据的通病,很多结论都出自作者的推理,缺乏确实可靠的文献资料作为佐证,因此得出的结论往往不尽准确,或者即便准确,也很难令人信服。

第四,对色彩文化生成的过程和动因分析不够细致。目前的研究文章多数属于静态的描述,缺乏对于色彩文化的来龙去脉进行动态的阐释。

第五,对某些传统色彩的认识存在概念混淆的现象。比如,很多研究文章中提到的红色其实应该指的是朱赤之色。在先秦时期,古汉语以"朱"、"赤"表示比较纯正、明亮的红色,而在唐代以后才被用来表示红色系色彩的基本颜色词——红色则相当于现代意义的粉红色,由赤白间杂而成。因此,上古时期的红色崇拜更准确地说应该是对朱赤之色的崇拜。玄色和黑色在色相上非常相似,在象征内涵上也有相通之处。但很多学者常常把天之玄色与北方之色黑色混为一谈[1],这是不准确的。玄被特别定义为天之色,而黑仅仅是北方之色。

总而言之,以往的色彩文化研究已经具备了一定的广度,但还缺乏一定的深度,可以借鉴更多的社会科学理论尤其是符号学理论、政治哲学理论对

---

[1] 北沢方邦认为,中国人将位于北面的黑色视为天帝之色,他们"把太阳系之外的全部天体作为围绕太阳系运行的真正天顶,即天的北极。并认为是宇宙的中心。这种天顶的北极在充满太阳光辉的白天是看不见的,只能在星星运行的黑夜才能辨认。然而,如果各民族的神话中所成立的东西用新石器时代以后几千年的岁差现象来考虑的话,那么,在北极,用肉眼能确认的星座并不存在,在那里只有黑暗,更是一种神秘的黑色"。城一夫指出:"中国人认为:只有天顶、天的北极才是天帝之座。也只有夜色(黑色),才是支配万物的天帝之色彩。距离北极最近的地球北面,也被认为是四方中最神圣的方向。在中国,黑色是最受尊重的色彩"([日]城一夫:《色彩史话》,亚健、徐漠译,浙江人民美术出版社1990年版,第56页)。

色彩文化现象进行更深层次、更高境界的研究：借助符号学理论，对色彩艺术与政治文化互动机制及其社会效应进行阐述；深入解读那些被赋予政治象征寓意，承担政治文化功能的色彩符号，也可称为政治性色彩符号，对其形成、运用及演进等各种过程的复杂性加以剖析；对政治性色彩符号进行不同历史时期的贯通性研究，揭示政治性色彩符号的特征与规律等。

二、基本概念及其联系

"天人合一"思想与五色文化内涵彼此之间的密切关联，使得运用艺术与政治、思想与社会、符号与行为等多学科交叉的新视角，认识五色文化在"天人合一"政治哲学形成机制和实践过程中扮演的角色成为可能，更有助于在深化政治思想史研究的同时开拓色彩艺术史研究的新领域。

（一）"天人合一"的政治意涵

"天人合一"是政治、文化、艺术、社会、风俗等各个领域建构自身的学说或观念体系过程中的基本思维模式，同时也在这些建构过程中，衍生出了丰富的文化内涵。

"天人合一"的定义主要涉及三方面问题：一个是对"天"的定义，一个是对"人"的定义，以及在此基础上理解"天人合一"的含义、方式、途径。

在政治文化领域，"人"可以理解为人事政治，"天"被视为政治之"道"的本源。所谓的"道"，可以理解为道路，即政治生活应该遵循的道路，或者说应该遵循的准则和法则；也可以理解为道理，即政治生活的原理、规律。由于"天"被视为宇宙万物的创造者和统辖者，因此，自国家诞生之初以来，在长期政治生活中所形成的政治原理、政治学说以及政治法则，最终都以"天命"的名义和面目出现并运作。

在政治起源过程中，"天"扮演了创造者的角色。一切政治角色、政治关系、政治秩序、政治规则都是自然演化的产物，因此是超时空、超社会、具有永恒客观性的存在。在政治变迁过程中，"天"扮演了主宰者的角色。"天命"是政权兴衰更迭的重要决定因素。在政治品评过程中，"天"扮演了评判者的角色。

因此，人们要将现实政治秩序和法则作为天经地义的"天命"加以无条件地信奉，人们在政治生活中的行为和活动要与以"天道"为名义的政治社会规则相协调。为了实现这一目的，人们不断地探索"天人合一"的最合理途径。

在上古时代，古人认为"天命"主要是通过自然事物和现象的变化表现出来的。对自然现象密切关注和观察，并附会以各种充满神秘色彩的政治含义,成为了人们揣测"天意"的主要途径。通过模拟自然事物和现象的存在状态和发展规律,如按照季节时气的变化安排政治生活,在不同的地理方位开展相应的政治活动,成为了"天人合一"的主要方式。

随着哲学思维水平的提高,古人提出了阴阳五行模式来概括宇宙万物纷繁复杂的存在以及变化万千的发展规律。这一模式对早期政治哲学的发展具有特别重要的价值。"天人合一"政治哲学正是通过吸收阴阳五行思维作为"天人感应"的基本规则,发展出一系列以阴阳五行为理论基础的政治学说来作为解读政治现象、制定政治法则的最高依据。这使得这一阶段的"天人合一"政治哲学既具有一定的哲学抽象性,又具有很强的可操作性,为后者在中古以前的政治生活中发挥核心指导作用奠定了重要的基础。

如在解释政权更迭的五德终始学说中,王朝兴衰被视为在天意主宰下,金、木、水、火、土五种德运周而复始的更迭。在管理政治生活时间的四时之政学说中,顺应春夏秋冬四季天时的变化以契合天道不仅被视为社会政治活动必须遵循的基本原则,更是确保政事顺遂并获得上天眷顾、维持天命不至坠灭的重要条件。在五行灾异学说中,《洪范五行传》按照五行分类体系将君主的行为规范分为"五事",指出君主违背任何一项都会导致五行之气失衡,引发异常的自然现象。

唐宋理学兴起之后,"天理"成为政治生活的最高主宰。完善无缺的道德存在成为"天理"最核心的内涵,因此也被称作"道心"。而与之相对的就是存在道德缺陷的"人心"。"天人合一"的重点落到了个人内在的道德修行,以推动"人心"无限地接近"道心"的标准。

早在先秦时期甚至更早以前,色彩就被视为能够沟通天人的神秘事物,作为各类祭祀活动的必备装饰之一。经过阴阳五行学说重新诠释的五色符号成为传播"天道思想"最生动形象的媒介之一,也是实践"天人合一"政治生活法则最有效的工具之一。"天人合一"政治哲学摆脱了阴阳五行宇宙图式的束缚后,五色符号又凭借其包含的道德属性在"天人沟通"中发挥作用。

(二) 五色文化与五色符号

五色是中国传统文化中的一个基本概念,也是古人探索"天人合一"之道过程中的重要产物,又在"天人合一"政治哲学的传播和实践中发挥了重要作用。

那么什么是符号,五色符号具体何指呢?自符号学诞生之日起,对于符号的定义就处在仁者见仁、智者见智的纷纭境况。目前常被征引的一个经典定义是美国哲学家、符号学先驱皮尔士对符号的解说。皮尔士认为:"一个符号(sign),或者说象征(representation)是某人用来从某一方面或关系上代表某物的某种东西。"[1]李彬对这一定义进行了进一步解说:"构成符号的要素有三:一是代表事物的符号(形式);二是被符号指涉的对象(指称);三是对符号的解释(意义)。换言之,符号是代表性、指涉性、解释性的三位一体。"[2]因此,色彩符号可以被定义为能够用来指代、象征其他事物的某种颜色。色彩是符号形式,色彩所象征的事物是指称,二者之间通过象征意义这个媒介保持关联性。

"天人合一"路径探索过程中萌生的五行思维为五色符号的形成提供了必需的象征内涵,即青色与木行相配,赤色与火行相配,黄色与土行相配,白色与金行相配,黑色与水行相配。这也使得五色成为"天命"与"天道"的象征符号,并与五行映射系统中的诸多事物建立了匹配关系。如与五时相匹配,即青色对应春季,赤色对应夏季,黄色对应仲夏,白色对应秋季,黑色对应冬季;与五方匹配,即青色对应东方,赤色对应南方,黄色对应中央,白色对应西方,黑色对应北方;与五德匹配,即青色对应木德,赤色对应火德,黄色对应土德,白色对应金德,黑色对应水德。

五行是天道的具体表现,与五行相匹配的五色符号也就成为"天人合一"政治哲学的物质载体。对五色符号象征内涵的解读,是建构和论证天人合一政治理念的依据和资源。五色符号象征功能的运用,是天人合一政治哲学转化为可操作性的政治生活准则的重要方式。如在四时之政理论和实践中,象征五时的五色符号是顺应时气、契合自然、调整天人关系的物质手段。在五行灾祥学说中,自然五色现象被赋予了吉凶寓意,成为上天预示政治形势的文化符号,并为制约、规范君权提供依据。在五德终始说中,作为王朝膺受天命的依据,五色符瑞被赋予了论证王朝政权合法性的功能,五色服色符号作为五德的表现形式,具有更新政治面貌、促进民众认同新政权的政治功能。在等级制度中,五色起到了明尊卑贵贱的标识作用,是等级身份的象征符号。

自然五色的符号化在社会文化史上具有非凡的意义。这是因为五色只有成为一种符号,才能具备构成文化的能动性,甚至可以说所谓的五色文化其本质就是五色符号化。五色文化的两个层次——色彩观念和用色行为,可以看作是色彩符号的一种表达式。五色观念的主要内容是对色彩符号象征意义的解读和建构,而用色行为绝不单纯是对物理色彩的随意使用,其实

---

[1] 转引自袁溎涓主编:《现代西方著名哲学家评传》(下卷),四川人民出版社1988年版,第485页。
[2] 李彬:《符号透视:传播内容的本体诠释》,复旦大学出版社2003年版,"导论"第6页。

质是对五色符号一种有意识或者由潜意识支配的选择和使用,在行为过程中渗透了五色观念对行为主体的指令和影响。因此,本书对五色文化的考察,其实质主要就是对五色符号的象征意义以及运用规则的梳理。

更重要的是,符号不但是人们建构社会政治文化的主要工具,它的威力有时甚至大大超过了它所附属的生命个体本身。无怪乎符号学家们对符号诞生的意义给予了极高的评价。德国哲学家恩斯特·卡西尔甚至宣称:"我们应当把人定义为符号的动物(animal symbolicum)来取代把人定义为理性的动物。只有这样,我们才能指明人的独特之处,也才能理解对人开放的新路——通向文化之路。"[①]五色符号的政治文化内涵反过来成为传统政治体制论证自身合法性的重要理论依据,它所包含的"天道自然"思想也成为政权神圣理论的重要组成部分。而君主统治下的臣民在接受了这一政治文化符号之后,也把它所承载的一切美好象征和期望都赋予了君主,并在此基础上增强了对君主的崇拜。这是五色符号对两千多年来传统政治体制的巩固、中国传统社会的长期稳定发展所作出的最重要的贡献之一,在中国政治文化史上具有特别重要的意义。

五色符号这种强大能量和影响力正是拜符号自身的特性所赐。

一是,符号具有构成意义的能动性。虽然符号的意义系统是人类主观意识的产物,但一旦产生,它就具有了不为人的意志所支配的客观性,并反过来支配着创造它的主体,对人的思维起到指令作用。正因为如此,五色符号才能为"天人合一"政治哲学在政治生活中发挥规范和指导作用提供必要的条件。

在五色成为象征五行的文化符号后,具有五常蕴涵的五色符号成为判断吉凶必须考虑的基本要素之一。服色成为政权合法性和政治权威认同感的象征符号,对民众具有强大的感召力。民间谣言、谶语普遍存在着以服色来指代王朝政权的修辞手法。宇宙基本元素——五行神格化为"五色帝",成为官方祭祀的对象,并在祭祀活动中处处体现出五色与五行匹配的原则。在很多情况下,借助符号进行的抽象、概括、逻辑推演等思维活动有别于一般的主动思考,完全是一种下意识的反应过程,即条件反射性的联想。因此,不同层次的人群建构色彩文化都是在色彩符号意义系统的指示下进行的,不自觉地受其支配、受其制约。

二是,符号具有直观性和形象性,在知识和观念传播的过程中可以最大限度地降低受众文化水平的门槛。这在识字率较为低下的传统社会尤为重

[①] [德]恩斯特·卡西尔(Ernst Cassirer):《人论》,甘阳译,上海译文出版社2004年版,第37页。

要。正因为如此,五色符号才能为"天人合一"政治哲学向底层社会渗透传播提供必要的保障。

"明孝宗认父"的故事可以帮助我们对符号形象性和直观性的功效有一个生动的认识。明孝宗得以继承皇位之前,有一段非常曲折的经历。明宪宗时万贵妃虽然受到专宠,但由于自己不能生育,担心后宫妃嫔怀孕会对自己的地位造成威胁,因此只要听说后宫中有怀孕者,就想尽办法让她堕胎。贤妃曾侥幸生下一名男婴,最后也还是被万贵妃除掉了,谥号悼恭太子。有一次孝宗生母偶遇宪宗,应对得当,非常称宪宗的心意,得到临幸之后怀有身孕。万贵妃非常生气,就命令婢女去除掉这个胎儿。婢女回来后向万贵妃汇报说不过是个"病痞",从而保全了这个孩子,这也就是后来的明孝宗。后来,孝宗生母被贬到安乐堂,秘密生下了孝宗。万贵妃知道后命令太监张敏把孩子溺死。张敏想到皇帝至今仍没有子嗣,不忍心下手,就偷偷把孩子藏到其他地方,用粉饵饴蜜喂养他。万贵妃找了很久也没有找到这个孩子,皇帝也不知道此事。只是吴皇后被废后,因为居住的地方离安乐堂很近,才知道了这个秘密,也帮着抚养孝宗。成化十一年,有一次皇帝召张敏为自己栉发,照镜子时或许是看到自己日渐衰老的容颜,不禁感叹自己"老将至而无子"。张敏赶紧跪下自称死罪,并把孝宗"潜养西内,今已六岁"的秘密告诉了皇帝。皇帝听到以后大喜过望,派人到西内去迎接皇子。孝宗生母知道这个秘密一旦泄露,自己就活不久了。她抱着孝宗,流着眼泪叮嘱他:"儿见黄袍有须者,即儿父也。"孝宗被人簇拥着来到阶下,按照母亲的叮嘱,一下子就认出了父皇,"走投帝怀"①。一个年仅六岁、不谙世事的孩子在从未见过亲生父亲的情况下,通过辨认衣服的颜色,准确地确定了对方的身份,依靠的正是色彩符号形象、直观的指示作用。

由此可见,五色符号的形象性和直观性对于扫清受众低认知水平在文化传播中的障碍具有举足轻重的作用,从而有助于推动"天人合一"政治哲学从一种抽象深奥的思想体系转变为不同层次文化传统的共享资源。社会学者在文化研究中提出了"大传统"与"小传统"的概念。他们认为,由于教育程度、知识结构、阶级利益等原因,社会文化并非铁板一块,而是存在着不同层次的差异,简要而言,就是精英思想与民众文化的差异。这两个概念毕竟是在研究西方社会文化的基础上提出的,并不完全适用于中国文化的研究。在中国传统文化中,"大传统"与"小传统"分野的界限并不是那么清晰。超越之道与人伦日用往往是一种"你中有我,我中有你"、水乳交融、浑

---

① 《明史》卷一一三《孝穆太后传》,中华书局1974年版,第3521—3522页。

然一体的状态。"天人合一"政治哲学正是通过五色符号在各种礼仪操作中的反复运用,通过童蒙教育以及图谶、谣言种种最基本的传播途径,为不同层次的人群所熟知、接受并最终认同,构成他们的文化底色,成为一种"日用而不知"的常识和社会普遍意识。

第一章 从五色文化起源看"天人合一"政治思维形成机制

色彩是最早对人类生活产生重要影响的自然现象,并成为人类认识自然并试图改造自然的重要工具之一。对自然色彩规律的掌握和运用深刻地影响着先民的生活实践和思想意识。古人对五色及五色文化起源的论断,或掺杂着各种传说,或有其添加的臆想成分,却都真切地反映了五色符号和五色文化孕育产生的真实历史过程中的一个核心事实,即五色与自然天道的密切关系。把五色首先看作是一种自然存在,认为不但自然五色本身甚至连五色文化的运行,都必须遵循自然万物生成的基本规律,是古人对五色的一个基本认识。这也是天人关系在社会生活中的一种具象形式。因而,五色文化的产生发展足以成为"天人合一"政治思维孕育历程的一个重要镜像。

第一节 五色符号化的早期历史

色彩文化也许是这个世界上最为源远流长的文化了。"研究表明,色彩的视觉器官早在四亿年以前就已经形成。"[1]色彩是所有动物包括人类对事物最基本、最直观的认识,并且与生命的存在、人类的发展都有着天然的密切联系。对色彩的识别首先是包括人类在内的多数生物共同必备的生存手段。"动植物必须要了解色彩的含义才能生存下去:如果水果呈绿色说明还不能被吞食;浆果呈黑色表明有毒,人们就会出于本能地去拒绝它。"[2]人们往往会对那些在生存中具有不可或缺性的事物所呈现的颜色表现出特别的偏爱。比如有学者就分析商人对白色的崇拜是缘于商人原本是游牧民族,以羊为生,对羊产生了关注、喜爱甚至崇拜的特殊情结,而羊大多是白色的,爱屋及乌,商人也就对白色格外崇尚了[3]。这种说法有一定的道理。

很多艺术史学家都认为,艺术的最初目的并不一定是审美,而可能是出于"实用",是把艺术品作为"富有威力的东西"去"使用"而不是"美好的东

---

[1] [墨西哥]费雷尔(E.Ferrer):《色彩的语言》,归溢等译,译林出版社2004年版,第59页。
[2] [墨西哥]费雷尔(E.Ferrer):《色彩的语言》,归溢等译,译林出版社2004年版,第59页。
[3] 参见吴人:《"白"与殷人白色崇拜》,《咬文嚼字》1996年第8期。

西"去"欣赏"。① 色彩作为重要的艺术手法之一也是如此。先民们最开始使用色彩,或许不是出于自由浪漫的审美需要,而是具有某种政治、宗教或者文化的意图。当他们使用各种色彩来表达自己的观念和意图,形成了特定的用色原则之后,这些色彩就会被注入相应的社会文化内涵。经过长期社会生活实践,最初形成的用色原则得到了广泛的认同,色彩与它所要表达的思想观念形成了能指与所指的关系,色彩符号就诞生了。

法国人类学家列维-布留尔指出原始思维既不是"非逻辑"的,也不是"反逻辑"的,而是有着自身的特殊规律。原始逻辑服从于互渗律,即不同形态的物质和事件共同拥有某种生命、本质和属性。② 由于早期人类还处在形象思维阶段,而色彩以其鲜明的视觉形象,具有易于识别的特征,先民在认识、辨别自然界的各种事物过程中常常主要是要依靠对色彩同与异的判定。色彩作为事物最显眼的属性,成为联结不同事物的重要纽带之一。色彩相近的事物被认为具有同等属性和同类的效应。这就为色彩跨越事物种属藩篱,在不同类别事物之间建立象征关系,也就是色彩符号化提供了必要的条件。反之,即便是同类事物,如果色彩不同,也会被加以区别认识和对待。例如,古代中国人根据色彩差异来区分同类事物之间的微妙差异,并为它们分别命名。"麟之青曰聳孤,赤曰炎驹,白曰索冥,黑曰角端,黄曰麒麟。"外观像凤的鸟类中,"赤色者凤,青色者鸾,黄色者鹓,紫色者鷟,白色者鹄"③。这或许是他们抽象思维还不发达的表现,却也是他们对色彩差异高度敏感的一种表现。

随着先民自我意识的逐步觉醒,色彩除了用来标识客体对象,也常常被用来作为区分自我与他者的标志。三代服色是自古以来就备受关注的历史掌故。已有研究成果表明,虽然夏朝历史尚存争议,至少商朝和西周各有崇尚的颜色,是完全可以得到考古资料和文献资料支持的④。现有研究表明不应把夏商周三代视为三个连续的王朝时代,而应该视为三个不同族群对中原土地以及周边部落的轮番控制。三代服色所尚,夏朝尚黑,商朝尚白,

---

① [英]E.H.贡布里希:《艺术的故事》,范景中译,杨成凯校,广西美术出版社2008年版,第39—40页。
② 参见[法]列维-布留尔:《原始思维》,丁由译,商务印书馆1981年版。
③ (明)孙毂编:《古微书》卷一九引《瑞应图》(丛书集成本),商务印书馆1939年版,第373页。
④ 汪涛对甲骨文中形容祭牲的颜色词研究表明,"白色动物在商代祭祀和占卜中占有重要地位","白犬、白豬、白牛等白色动物,是经常被岁杀或焚烧的祭牲,多用于祭祀祖先、御除灾祸或祈求生育",这或许可以证明殷人确实对白色有着某种特殊感情([英]汪涛:《颜色与祭祀:中国古代文化中颜色涵义探幽》,郅晓娜译,上海古籍出版社2013年版,第140页)。

周朝尚赤,完全可以视为以色彩作为族群认同的标识和符号。

更为重要的是,在万物有灵的原始时代,色彩作为事物最鲜明的特征,也被视为事物灵性的重要表现方式,因而受到先民的崇拜。在原始的巫术中,对色彩符号的恰当运用被视为重要的法术之一。先民不但试图通过色彩来认识和理解事物的特性和机理,而且试图利用相同的色彩在不同的事物之间建立联系,促进它们之间的互相影响,这是原始色彩巫术的基本原理。

一个最为典型的例证就是原始墓葬中的赤色铁矿粉。先民相信生命和灵魂是寄托在血液中的。因此当有人去世,他们就会在死者遗体周围洒下与血液有着相似颜色的赤色铁矿粉,以帮助死者在象征性的血液中保有永生的灵魂,并重获新生。这种行为表明先民已经赋予了色彩以特殊的社会文化属性和内涵。赤色作为铁矿石与血液共同的色彩表现,将性质完全不同的二者联系在一起,并在这种联系中被赋予了象征灵魂的宗教寓意。

传说虞舜时期"以五采彰施于五色作服"的做法是为了利用色彩的差异来标识身份等级的尊卑贵贱之别①,这是后世在等级制度已经极为发达的社会语境中作出的解读,不无附会现实政治的嫌疑。如果从色彩崇拜的角度来看,这或许可以看作是一种色彩巫术行为。这一时期的首领往往兼有祭司或者巫师的身份。虞舜的做法或许包含了通过相似的色彩和图案,来吸收各种自然事物的灵性,以增强穿着者法力的特殊意图。这种解读或许会因更接近先民的心理,从而更符合史实。染织技术史研究证明,先民不但对自然色彩有较广泛的认知,而且确实很早就开始制造和使用人工色彩。画绘和刺绣是设色装饰最早的两种主要工艺。据赵翰生介绍,画绘工艺普遍应用于殷周时代,就是将调匀的颜料或者染料在织物上涂绘成各种图案和花纹。刺绣则是以经由植物染料或者矿物染料染就的彩色丝线在织物上绣花。② 而使用色彩装饰衣服,除了审美上的追求,利用色彩相似性来施行巫术的成分可能更大。

而到了殷商时期,甲骨文中对各类祭祀活动的记录显示,人们在选择和使用颜色时对色彩神秘特性和效能的迷信表现得更加鲜明和强烈。英国学者汪涛对此进行了较为系统的研究,提出"在商代颜色象征中,不同颜色有不同的涵义,而且在使用上已经有了区分"③。他对在白色、红色、匆色等颜

---

① 《尚书·虞书·益稷》伪孔安国传:"以五采明施于五色,作尊卑之服。"(《尚书正义》,(清)阮元校刻:《十三经注疏》,中华书局1980年版,第141页)
② 赵翰生:《中国古代纺织与印染》,商务印书馆1997年版,第178—179页。
③ [英]汪涛:《颜色与祭祀:中国古代文化中颜色涵义探幽》,郅晓娜译,上海古籍出版社2013年版,第201页。

色的涵义及其演变进行语言学和文化学上的解读,并在此基础上对商代祭祀中的颜色象征体系进行了归类。在武丁时期,白色和勿色是非常受欢迎的颜色,黄色动物"专门用于祭祀四方,这可能是祭祀土地神和谷物神的"。武丁晚期以及祖庚、祖甲时期,对颜色的强调更加明显,"颜色已经成为择牲的一个主要因素"。白色动物主要用于祭祀祖先。在求雨仪式中,"黑羊特意与白羊形成对比"①。据此他得出结论,"祭牲的颜色可能就是殷人、祭品与受祭者之间象征性交流的外在表现"。这种象征关系到了周代"变得更加清晰、明确",成为"编码和解码的过程",也就是色彩符号化的萌芽②。由此可见,色彩符号已经被先民视为沟通神人的工具。

以上诸多案例充分证明,在春秋以前,古人对色彩的认识和利用已经积累了相当丰富的知识和经验,已经产生了有意识使用色彩服务于各种意图和需求的行为,为五色符号的形成奠定了重要基础。五色文化正在先民认知与实践的互动摸索过程中逐渐成型。

第二节 五色文化的体系化与制度化

进入春秋战国时代以后,五色文化得到了更加长足的发展。主要表现就是色彩文化出现了系统化的演进,重要标志之一就是"五色"这一具有概括性的概念的广泛运用。《左传》将五色视为奉养民性的必需之物。鲁昭公二十五年,赵简子向子大叔请教"礼"与"仪"的区别。子大叔回答,"礼"是"天之经也,地之义也,民之行也"。相对于"仪"的具体性,"礼"具有本体性,是依据"则天之明,因地之性"的原则制定的。天地之性具体而言表现为"六气"、"五行"、"五味"、"五色"、"五声"。人类制定礼,就是为了对包括五色在内的天地万物加以合理的利用,在有所节制的前提下满足人类生活的需求:"为六畜、五牲、三牺,以奉五味,为九文、六采、五章,以奉五色,为九歌、八风、七音、六律,以奉五声。"③五色与传统社会中最重要的文化形态——礼产生联系,在天地万物中的本体地位开始显露,这是五色文化发展的一个重要表现。

---

① [英]汪涛:《颜色与祭祀:中国古代文化中颜色涵义探幽》,郅晓娜译,上海古籍出版社2013年版,第192—193页。
② [英]汪涛:《颜色与祭祀:中国古代文化中颜色涵义探幽》,郅晓娜译,上海古籍出版社2013年版,第196、207页。
③ 《左传·昭公二十五年》,《春秋左传正义》,(清)阮元校刻:《十三经注疏》,中华书局1980年版,第2107—2108页。

这一时期,百家争鸣,文化繁荣,一方面创造了很多新的文化成就,另一方面也对西周以前文明发展的成果进行了梳理、总结和升华,留下了一定数量的著述。这些著述有意或无意地记录了五色文化发展历程的诸多信息,为了解五色文化的来龙去脉提供了许多有价值的资料,展现了五色文化在这一时期多元的衍化轨迹。

一、五色符号的五行阴阳学说与五色符号的体系化

五色符号由一些零散的象征关系被整合成为一种体系,是与阴阳五行学说互动的产物。虽然对于阴阳五行思想的起源、发展和合流过程等问题聚讼纷纭,但是基本上都认同阴阳五行思想"是中国哲学最基本的思维方式"[1]或"骨架"[2],在传统文化发展史上发挥了重要作用。葛兆光更进一步指出阴阳五行并不是某家某派独有的思想,而是春秋战国时代的"一般知识和思想",是一种"极其强大而且深深地潜存在人们的心目中,充当了思想的背景,并支撑着一切思想的合理性"的观念系统[3]。阴阳五行思想的诞生,是理性思维大为提升的重要标志,使得古人抽象概括以及规律性认识的能力大为提升,对自然和社会的认识进入了一个较为成熟的系统化阶段,从而也推动五色文化更加具有系统性的发展。而这种系统性正是五色符号体系化的基本条件。

(一) 五色与五行的对应

五行思想的注入与形塑,推动了传统色彩话语的体系化。以五色作为象征五行的色彩符号,构成了传统色彩文化的核心内容和理论基础。

一直以来,人们对中国传统色彩文化的认识存在着不少误区。世界上有如此丰富缤纷的色彩,中国文化中凸显的到底是哪一种颜色?在历史的长河中是否也曾发生过或是剧烈或是缓和的变化?长久以来人们有各种各样不同的答案。作为重要历史文化遗产,黄色琉璃瓦、朱红圆柱的故宫是中华文明的象征之一,因此成为许多中国艺术家、设计师汲取灵感的源泉,朱红、明黄被冠之以"中国色"。根据符号的定义,将朱红、明黄定义为代表中国文化的色彩符号也未尝不可,但对此还应该有一个全面的认识。事实上,在传统中国社会中,朱红、明黄的使用受到很多限制。包括明黄在内多种色调的黄色只有皇室才有权使用,朱红色是权贵的专利。历代

---

[1] 潘俊杰:《阴阳五行合流新探》,《西北大学学报》2009年第5期。
[2] 庞朴:《阴阳五行探源》,《中国社会科学》1984年第3期。
[3] 葛兆光:《中国思想史》第一卷《七世纪前中国的知识、思想与信仰世界》,复旦大学出版社2013年版,第71页。

王朝三令五申禁止百姓使用朱红、明黄。因此,朱红、明黄并不能概括中国古代色彩文化。

自宋元以来,由于水墨山水画的流行,人们关于中国古代士大夫生活的记忆中似乎只留下了黑白两色。其实,丰富的历史资源告诉我们,在以风雅自居、以淡泊为戒铭的中国士大夫的精神世界里,并非只有简化为黑白两色的山水画风格的色调。在浩如烟海的典籍文献中,关于色彩的资料不胜枚举,色彩名词数不胜数——青、赤、黄、白、黑、红、紫、绯、碧……

随着色彩知识的丰富和深入发展,古人试图在缤纷繁杂的色彩世界中确立基本的色彩结构和规律,从而逐步形成了系统化的色彩理论。因此在汉语中出现了"三统之色"、"八彩"、"十二色"等色彩系统的名称。《孔丛子》《潜夫论》《淮南子》《白虎通》《论衡》在叙述圣人的各种"奇相"时都称尧"眉八彩"①。

"十二色"最早见于汉代著名儒生董仲舒的《春秋繁露》,凌曙将之解释为"年十二月……每月物色不同"。他又对董仲舒"王者改制"的论述进行了阐释,认为董仲舒提出的"历各法而正色"的意思是依据"天、地、人"三统,从这"十二月"中选择"三微之月"作为正月,这就是所谓的"改正朔",并以代表该月的象征色作为王朝所尚之色,便称为"三统之色"②。夏商周三代就是依据"人、地、天"三统,依次确立正朔和服色。夏代"正黑统",即以"万物始达,孚甲而出,皆黑,人得加功"的十三月为正月,由于该月"天统气始通化物,物见萌达,其色黑",因此所尚之色为黑色:"故朝正服黑,首服藻黑,正路舆质黑,马黑,大节绥帜尚黑,旗黑,大宝玉黑,郊牲黑……祭牲黑牡……乐器黑质"。商代"正白统",即以"地助生之端"的十二月为正月,由于该月"天统气始蜕化物,物始芽,其色白",因此所尚之色为白色:"故朝正服白,首服藻白,正路舆质白,马白,大节绥帜尚白,旗白,大宝玉白,郊牲白……祭牲白牡……乐器白质"。周代"正赤统",即以"阳气始养根株"的十一月为正月,由于该月"天统气始施化物,物始动,其色赤",因此所尚之色为赤色:"故朝正服赤,首服藻赤,正路舆质赤,马赤,大节绥,帜尚赤,旗

---

① (汉)孔鲋:《孔丛子》卷上《居卫》,傅亚庶:《孔丛子校释》,中华书局2011年版,第129页;王符:《潜夫论》卷八《五德志》,(清)汪继培笺、彭铎校正:《潜夫论笺校正》,中华书局1985年版,第389页;何宁:《淮南子集解》,中华书局1998年版,第1335页;(清)陈立:《白虎通疏证》,中华书局1994年版,第338页。

② (汉)董仲舒:《春秋繁露·三代改制质文》凌曙注;(清)苏舆:《春秋繁露义证》,中华书局1992年版,第185页。

赤,大宝玉赤,郊牲骍……祭牲骍牡……乐器赤质。"①

但这些色彩统称的普遍性、广泛性和使用频率都远远不及另一个重要的色彩概念——"五色"。费雷尔指出,在东方有三种关于色彩的学派,包括"五行色彩理论、七色彩虹理论和六字真言色彩理论"②。他还指出中国古代五色理论源于道教思想。虽然对于五色理论起源的看法不尽准确,但费雷尔认为中国古代色彩文化是以五色理论为基础的这一论述,确实抓住了中国色彩文化的要点。

那么"五色"具体包含哪五种颜色呢？历史上有过很多种色彩组合形式。比如《北户录》中提到的"五色盐"指的是赤色、紫色、黑色、青色、黄色。③《神农经》提到的"五色神芝"则包括赤色的丹芝、黄色的金芝、白色的玉芝、黑色的玄芝、紫色的木芝。④ 据《决疑注》记载,"象凤者有五,多赤色者凤,多青者鸾,多黄者鹓雏,多紫者鸑鷟,多白者鹄"⑤。

而最常见的"五色"一般是由青、赤、黄、白、黑构成。"青赤黄、及白黑,此五色,目所识。"从《三字经》可以看出以五色为基本色的观念固已形成,甚至已经被视作一种最普通不过的自然常识。而这种固有观念又通过儿童知识启蒙等最基本最普遍的方式得以继续传授、普及,最终形成古代中国独具特色的五色文化传统。

这是因为,这一五色组合里的青、赤、黄、白、黑,是吸收了春秋战国以来传统文化核心内涵"阴阳五行"思想而形成的社会文化符号,相比于其他五色组合具有非常特殊的意义。

五行指的是构成宇宙万物的五种基本的物质元素——金、木、水、火、土。五色被视为这五种物质元素的"自然本质之色"。葱茏的青色枝叶是树木最鲜明的外形特征,金属受到磨砺后迸发出白色的明亮火星,黄色是土壤的颜色,火焰是红色的,深水看上去色黑如墨。

五行思想的发生、发展与五色文化有着某种密切的关联,因此五色天然就具备了成为五行象征符号的基础。汪涛在研究商代颜色与祭祀关系的过程中发现,虽然商代颜色的象征性还很模糊,但殷人"有不同的颜色范畴,

---

① （汉）董仲舒：《春秋繁露·三代改制质文》,（清）苏舆：《春秋繁露义证》,中华书局1992年版,第191—195页。
② ［墨西哥］费雷尔（E.Ferrer）：《色彩的语言》,归溢等译,译林出版社2004年版,第14页。
③ 参见《佩文韵府》卷二九之一《盐·五色盐》引《北户录》,上海古籍书店1983年版,第1468页。
④ 《神农经》,转引自（清）高士奇：《续编珠》卷二《花木部》,《景印文渊阁四库全书》第887册,第125页。
⑤ 《太平御览》卷九一六《羽族部》引《决录》注,中华书局1960年版,第4059页。

它们互相对立",这种思维结构与后来的五行说"结构相似"①。《左传·昭公二十五年》中已经出现了五色与五行存在关联的表述:"则天之明,因地之性,生其六气,用其五行,气为五味,发为五色,章为五声。"孔颖达疏曰:"圣人因其有五,分配五行。"②只是没有对这种对应关系进行更加具体的说明。《管子·揆度》将五行称为"正名五",并诠释了其在色、声、味等方面的具体形态:"其在色者,青、黄、白、黑、赤也。其在声者,宫、商、羽、徵、角也。其在味者,酸、辛、咸、苦、甘也。"③很明显,这里对五色与五行的对应关系进行了具体而明确的表述。古人对五色与五行关系的理论阐释以及在巫术或祭祀中的实际应用促成了二者意义互渗,从而具备互相作用和互相指代的可能性,确立了互为能指和所指的对应关系。

五行实际上是一种分类思想。年鉴学派的著名学者爱弥尔·涂尔干(Emile Dukheim)和马塞尔·莫斯(Marcel Mauss)在撰写著名论文《原始分类》"中国"部分时,注意到"五大要素、时间、方位点、色彩和附属于它们的种种事物"之间相互对应、不可割裂的重要联系,而且指出了这些非同质事物之间存在着某种固定的匹配方式。④

而五色也是一种分类方式。当五色与"五行"通用时,五色实际上也成为宇宙万物的分类标识。《礼记·乐记》:"五色成文而不乱。"郑玄注:"五色,五行也。"孔颖达疏:"五色,五行之色也。既有所象,故应达天地五行之色,各依其行色,成就文章而不错乱。"⑤郑玄认为,"五色"是对"五行"的代称;孔颖达也认为五色实际上特指五行,即以颜色来指代构成宇宙万物的五种基本元素。

这一点在语言学上也能得到印证。至少在先秦时期,古代中国就基本确定了以五色为基本架构的颜色体系。语言是文化的重要载体。五色在色彩体系中的本体地位,在语言方面的重要表现之一,就是以五色为基本色名。曾启雄通过对《尔雅》、《说文解字》、《康熙字典》等最基本最重要的字书的调查研究,发现青、赤、白、黑、黄等五色在解释色彩的文字中出现频率最高,并且

---

① [英]汪涛:《颜色与祭祀:中国古代文化中颜色涵义探幽》,郅晓娜译,上海古籍出版社2013年版,第200—201页。
② 《左传·昭公二十五年》孔颖达疏,《春秋左传正义》,(清)阮元校刻:《十三经注疏》,中华书局1980年版,第2107页。
③ 《管子·揆度》,黎翔凤:《管子校注》,中华书局2004年版,第1373页。
④ [法]爱弥尔·涂尔干(Emile Dukheim)、马塞尔·莫斯(Marcel Mauss):《原始分类》,汲喆译,上海人民出版社2000年版,第77页。
⑤ 《礼记·乐记》郑玄注,孔颖达疏,《礼记正义》,(清)阮元校刻:《十三经注疏》,中华书局1980年版,第1536页。

古代字书中的色彩文字多分布于青、赤、白、黑、黄五个部首。

因此,五色也被视为色彩的源头。古汉语的许多色彩字、词基本上都是从这五个色彩名词衍生出来的。无怪乎《淮南子》将五色视作一切色彩衍生的基础:"色之数不过五,而五色之变不可胜观也。"①

结构可以代表整体,因此五色也可以成为一切色彩的总称。五色或五采作为色彩词,常用于泛指色彩繁多。《遯斋闲览》称林邑等国出产吉贝木,"其叶如鹅毛,纺之作布,与苎布不异,亦染成五色,织为斑布"②。这里的"五"和"三"、"九"等数字一样,在汉语中都是虚数,表示不可胜数的意思,因此"五色"也是虚指,表示五彩缤纷、颜色繁多,而非实指五种颜色。费雷尔通过彩虹的颜色构成解读不同文化中色彩理念的差异时,对中国的五色彩虹表现出极大的惊奇,"在古老的中国,彩虹只有五色"③。中国诗人常以"五彩"、"五色"修饰"虹",例如:李白的《焦山望松寥山》"安得五彩虹,驾天作长桥。"④陈润的《赋得浦外虹送人》:"日影化为虹,弯弯出浦东。一条微雨后,五色片云中。"⑤"霓"是"虹"的一种,有五色之义,因此"霓旌"指的是一种五色的旌旗,用于皇帝出行的仪仗中。《汉书·司马相如列传》:"拖蜺旌,靡云旗。"颜师古注引张揖曰:"析羽毛,染以五采,缀以缕为旌,有似虹蜺之气也。"⑥其实这些行文中的"五采"更可能指的是很多颜色,而并非仅有五种颜色。

由此可见,正是在春秋战国这个奠定了中国传统思想文化特色的重要时期,五色文化也确立了以五色符号为标志的色彩体系。所谓五色符号,主要指的是经过阴阳五行哲学系统化诠释的一个概念体系。只有把五色视为一个有机的整体,从五色文化的视角去认识中国传统文化,才能理解中国传统文化的核心和精髓。

随着五行系统的衍生,五色与五行映射系统中越来越多的事物,除了五方⑦、

---

① 《淮南子·原道训》,何宁:《淮南子集解》,中华书局1998年版,第59页。
② (宋)曾慥编:《类说》卷四七《遯斋闲览·吉贝布》,《北京图书馆古籍珍本丛刊》第62册,书目文献出版社1996年版,第799页。
③ [墨西哥]费雷尔(E.Ferrer):《色彩的语言》,归溢等译,译林出版社2004年版,第18—19页。
④ (唐)李白:《焦山望松寥山》,瞿蜕园、朱金城校注:《李白集校注》,上海古籍出版社1980年版,第1218页。
⑤ (唐)陈润:《赋得浦外虹送人》,《全唐诗》卷二七二,中华书局1960年版,第3062页。
⑥ 《汉书》卷五七《司马相如列传》,中华书局1962年版,第2564页。
⑦ 《管子·幼官图》以青后之井为东方之井,以赤后之井为南方之井,以白后之井为西方之井,以黑后之井为北方之井,以黄后之井为中央之井(黎翔凤:《管子校注》,中华书局2004年版,第181—191页)。

五时①,还有五星②、五德③、五常④、五味⑤等,都建立了匹配关系。在春秋战国时期形成的这些匹配关系对后世产生了深刻影响。在古代诗文中有许多五行物质与五色互相指代、互为譬喻的例子,正是利用了五行与五色之间稳定的匹配关系。

青色在五行体系中与木相匹配。文彦博的《青圭礼东方赋》指出,以青圭礼东方,是为了"配其色,表盛德之在木"⑥。

赤色在五行体系中与火相匹配。很多诗词歌赋常以火德歌颂红色事物。元人欧阳玄的《罗浮凤赋》赞叹"控离垣以为家,迤赤土之重涨,眇丹丘之僻逷"的红鹦鹉"育火德而有耀"的美丽外表。⑦ 明人张拱机的《红鹦鹉赋》亦以火德譬喻红鹦鹉之美:"若夫雀应朱明,鹕䴉火德,赤霄吐瑞,丹穴多姿,乃有巧慧工言,绀红负彩两睑。"⑧由于赤色与火行有着密切的关系,因此古人认为火灾是由红色的精怪引起的。义熙五年,左卫司马刘澄在一个晴朗的夜晚看到一个穿着赭色衣服的小孩手里拿着赤色的旗帜,团团好似芙蓉花,几天后发生了火灾。⑨ 贾耽召集守卫城东门的士卒,告诫他们第二天中午如果看到有行色异常的人一定要将之打死。士卒领命而去,到了第二天中午果然看到两个尼姑一前一后从东边走过来,"施朱傅粉,冶容艳佚,如倡人之妇,其内服殷红,下饰亦红"。士卒琢磨着一般尼姑绝不会如此打扮,其中一定有诡异,于是按照前一天贾耽的叮嘱痛打尼姑。后来,士卒回去禀报贾耽,贾耽问是否已将尼姑打死,士卒回答只是伤及头部和脚

---

① 《抱朴子·内篇·杂应》:"春色青,夏赤,四季月黄,秋白,冬黑"(王明:《抱朴子内篇校释》,中华书局1986年版,第275页)。
② (明)万民英:《星学大成》卷一四至一七《三辰通载》:"木德东方岁星……其色青。……火德南方荧惑星……其色赤。……土德镇星……其色黄。……金德太白星……其色白。……水德辰星……其色黑"(中央编译出版社2015年版,第393、414、437、458、480页)。
③ 历代王朝依据德运确立服色。木德王朝尚青,火德王朝尚赤,土德王朝尚黄,金德王朝尚白,水德王朝尚黑。
④ (明)孙毂编:《古微书》卷二〇《乐纬·叶图征》引《抱朴子》:"木行为仁,为青。……金行为义,为白。……火行为礼,为赤。……水行为智,为黑。……土行为信,为黄"(商务印书馆1939年版,第394页)。
⑤ 《左传·昭公元年》杜预注:"辛色白,酸色青,咸色黑,苦色赤,甘色黄"(《春秋左传正义》,(清)阮元校刻:《十三经注疏》,中华书局1980年版,第2025页)。
⑥ (宋)文彦博:《省试青圭礼东方赋》,申利校注:《文彦博集校注》卷一,中华书局2016年版,第25页。
⑦ (元)欧阳玄:《罗浮凤赋》,《历代赋汇》卷一三三,《景印文渊阁四库全书》第1421册,第722页。
⑧ (明)张拱机:《红鹦鹉赋》,《历代赋汇》卷一三〇,《景印文渊阁四库全书》第1421册,第687页。
⑨ (明)陶宗仪:《说郛》(宛委山堂本)卷一一七引《幽明录》,上海古籍出版社1988年版,第5374页。

贾耽叹息道:"不免有小灾矣。"果然第二天东市起火,蔓延百十家。唐长庆元年春天,楚州淮岸屯官胡荣家出现"精物","或隐或见,或作小儿,为着女人红裙,扰乱于人,或称阿姑",人们认为火灾就是由这些精物引起的①。

黄色在五行体系中与土、在时间上与季夏、在方位上与中央相匹配。很多赞颂菊花的诗词歌赋常以"土德之色"譬喻菊花的金黄灿烂之美,是因为黄色与土行、土德对应。例如,康熙皇帝的《御制菊赋》以"色征土德之纯,气禀金行之肃"赞美菊花②。《答吴乐善送菊》:"气清天与金行秀,色浅人知土德尊。"③刘球的《黄鹦鹉颂》称赞黄鹦鹉"禀此土德之正色,不类其群性,复慧于物",是国家版图扩大、君主万寿的吉兆④。

白色在五行体系中与金、在时间上与秋季、在方位上与西方相匹配。古人常以金方之色描绘神奇的白鹦鹉。例如王维的《白鹦鹉赋》中"含火德之明晖,被金方之正色",唐代另一位佚名诗人的《白鹦鹉赋》中"苞火德之奇姿,诞金方之素质"⑤,都是以"金方"即西方之色来诠释鹦鹉体色的珍贵特别之处。

黑色在五行体系中与水、在时间上与冬季、在方位上与北方相匹配。"玄舆驰而并集兮"中的"玄"暗喻"水"⑥。行军途中遇到水泉要举黑旗示意。云彩呈现出与水匹配的黑色,是水灾的预兆。

《抱朴子》一书中将五色与五常进行了匹配:"木行为仁,为青。……金行为义,为白。……火行为礼,为赤。……水行为智,为黑。……土行为信,为黄。"⑦这种匹配方式是古代社会普遍认同的思维方式。古人依据这一思想观念为凤鸟的各个部位命名。传说凤鸟的各个部位分别呈现出不同的颜色,并各有特定称呼。其"头上青",因此称为"戴仁";"背赤",因此称为"负礼";"缨白",因此称为"缨义";"胸黑",因此称为"尚智"。⑧

很多学者依据五色象征五常的思想观念解读上古时期服色制度。陈祥

---

① (宋)李昉编:《太平广记》卷三七三《精怪六》,中华书局1961年版,第2961—2962、2963页。
② (清)玄烨:《御制菊赋》,《佩文斋广群芳谱》卷四九,《景印文渊阁四库全书》第846册,第457页。
③ 《答吴乐善送菊》,《佩文斋广群芳谱》卷五〇,《景印文渊阁四库全书》第846册,第481页。
④ (明)刘球:《黄鹦鹉颂》,《两溪文集》卷三,《景印文渊阁四库全书》第1243册,第446页。
⑤ (唐)阙名:《白鹦鹉赋》,《历代赋汇》卷一三〇,《景印文渊阁四库全书》第1421册,第684页。
⑥ 《楚辞·逢纷》,《楚辞补注》,中华书局1983年版,第288页。
⑦ 《太平御览》卷九一五《羽族部二·凤》引《抱朴子》,中华书局1960年版,第4057页。
⑧ 《太平御览》卷九一五《羽族部二·凤》引《抱朴子》,中华书局1960年版,第4057页。

道认为,青色狐裘象征"仁之发",故为君子之服。① 王昭禹指出,古礼天子五辂所建旗物的颜色各有不同的伦理道德寓意。象辂"建以大赤,礼足以示之",旗之赤色寓意以礼确立君臣名分。革辂"建以大白,义足以受之",旗之白色寓意以道义怀柔远人,畜养民众。木辂"建以大麾",大麾是一种黑色的旗帜,木寓意仁德之施,旗之黑色寓意以智服人,仁德之施足以致生养之恩,以智服人可以防备不虞之变,只有仁义与智谋两全,才能有效地控制蕃国诸侯。②

(二) 五色的阴阳之分

五行观念与阴阳、中和观念逐渐合流之后,作为五行体系中的范畴之一,五色及其相对应的四时五方都被纳入了阴阳二元体系。阴阳是比五行更高层次的一种哲学范畴。它摆脱了残留在五行学说中的物质性,具有了某种普遍性。阴阳指的是存在于事物内部或者事物之间既对立又统一的某种属性或者关系。

在《周礼》所设计的衣裳服色制度中已经充分体现了阴阳观念的深刻烙印,可以看作是对天与地、阴与阳之间关系的摹拟。衣在上,法于天,为阳,因此底色用正色,装饰手法为画绘,因此,画绘也被视作"阳事",在色彩排列上则采用"对色"的方式。所谓"对色",就是在东西南北以及天地六方之中,以相对两方的颜色为一组。"青白、赤黑、玄黄而对方。"③其组合关系恰好是一阳一阴为一组,体现的是阴阳兼顾的整体思维。

裳在下,象于地,为阴,因此底色用间色,装饰手法为刺绣,因此,刺绣也被视作"阴事",在色彩排列上则采取"比色"。所谓"比色",就是以相邻两方的颜色为一组,"青赤、赤白、白黑、黑青而比方"体现出相亲相爱的和谐关系。这些组合都有各自特定的称谓和含义。

"青与赤,谓之文。"④郑锷认为,"东方之青,少阳之色。少阳,柔也。南方之赤,盛阳之色。盛阳,刚也。以青合赤,刚柔相杂,粲然可观,兹其所以为文欤"⑤。青赤颜色组合体现了以阳为主的刚柔相杂,充满了勃勃生机,因此成为文明昌盛、粲然可观的象征。

---

① (宋)陈祥道:《礼书》卷一三,元刻明修本。
② (宋)王昭禹:《周礼详解》卷二四,《景印文渊阁四库全书》第91册,第453页。
③ (宋)王与之:《东岩周礼订义》卷七五引陈蕴之,《通志堂经解》第12册,江苏广陵古籍刻印社1996年版,第178页。
④ 《周礼·冬官·考工记》,《周礼注疏》,(清)阮元校刻:《十三经注疏》,中华书局1980年版,第918页。
⑤ (宋)王与之:《东岩周礼订义》卷七五引郑锷,《通志堂经解》第12册,江苏广陵古籍刻印社1996年版,第178页。

"赤与白谓之章。"①郑锷认为,"自夏徂秋,长者渐至于揪敛。赤者夏之色,万物洁齐而文明;白者秋之色,万物肃杀而刻制。以赤合白,阴阳相成,其功著见,兹其所以为章"②。"章"有显而易见之义,因此赤白象征的是夏秋之间,万物由茂盛的生长状态渐渐步入成熟,呈现出"阴阳相成之大功"的自然过程。

"白与黑,谓之黼。"③黼是中国古代社会生活中非常重要的装饰符号。很多学者对它的文化内涵进行了剖析。主要有几种看法:汉儒包咸认为白、黑皆为纯阴之色,且对比鲜明,因此包含了决断之义。④ 宋儒郑锷认为,白象征五常中的义,黑象征五常中的智,白与黑皆为纯阴之色,因此白黑之黼象征义智双全的君道。⑤

"黑与青,谓之黻。"⑥对于"黻"的意义,古代学者也存在着不同意见。有的学者认为黑与青是"以色之阴而杂乎阳",因此黻"有刚柔相辨之意"⑦。有的学者则认为黑与青象征着"为冬春之际,一岁之分",因此有"道心之辨察,是是非非"之意。⑧

衣与裳、正色与间色、画绘与刺绣、对色与比色,体现了阴阳和合、刚柔相济、尊卑分明与上下和洽互为补充的辩证关系,是中庸之道的完美展现。衣裳作为五色附着的物质载体,包含了深刻的思想文化内涵,也是"天人合一"政治哲学最为重要的载体。

随着对阴阳关系认识的深入,古人意识到阴阳观念并非两个极端,其两极之间存在着一定的过渡层次。根据事物内部阴阳之气的比重,又可以细分为老阳、少阳、中和、少阴、老阴等五个渐次发展的阶段,从而与五行达到

---

① 《周礼·冬官·考工记》,《周礼注疏》,(清)阮元校刻:《十三经注疏》,中华书局1980年版,第918页。
② (宋)王与之:《东岩周礼订义》卷七五引郑锷,《通志堂经解》第12册,江苏广陵古籍刻印社1996年版,第178页。
③ 《周礼·冬官·考工记》,《周礼注疏》,(清)阮元校刻:《十三经注疏》,中华书局1980年版,第918页。
④ (宋)王与之:《东岩周礼订义》卷七五引包咸,《通志堂经解》第12册,江苏广陵古籍刻印社1996年版,第178页。
⑤ (宋)王与之:《东岩周礼订义》卷七五引郑锷,《通志堂经解》第12册,江苏广陵古籍刻印社1996年版,第178页。
⑥ 《周礼·冬官·考工记》,《周礼注疏》,(清)阮元校刻:《十三经注疏》,中华书局1980年版,第918页。
⑦ (宋)王与之:《东岩周礼订义》卷七五引包咸,《通志堂经解》第12册,江苏广陵古籍刻印社1996年版,第178页。
⑧ (宋)杨简:《先圣大训》卷二《问冠》,《杨简全集》,浙江大学出版社2016年版,第1444页。

了高度的契合。五色作为五行具体形态之一,也和阴阳发展的五个层次一一对应。

"青者,少阳之色。"①青为少阳之色。少阳指的是"阳盛长物,其貌始大而未成"②的状态。在时令上与春季相配,属木德,"少阳因木而起,助春之生也"③。在方位上与东方相配,"东,少阳位"④。象征东方、春季和木德的青色为少阳之色。

"朱者,正阳之色。"⑤大赤为老阳之色。老阳又作盛阳、正阳、太阳、纯阳,指的是阳气发展到了极点、事物内部阳的属性最为纯粹的状态。"老阳者,阳中之阳也。"⑥在时令上与夏季对应,属火德,"太阳因火而起,助夏之养也"⑦。在方位上对应南方。贾公彦指出,郊祀之所以设在南方举行,是因为南方为"盛阳之方"⑧。宋儒张浚说:"南,老阳位。"⑨象征南方、夏季和火德的大赤之色为老阳之色。因此胡瑗认为:"(乾)为大赤,老阳之色也。"⑩清儒王宏撰作了进一步阐释:"赤,阳之色也。阳盛则大赤,老阳之色也。"⑪大赤之色是一种纯度达到了极高的赤色,也就是通常所说的朱色。

"白者,少阴之色也。"⑫白为少阴之色。少阴指的是"阳中之阴"的状态。⑬ 在时令上与秋季相配,属金德,"少阴因金而起,助秋之成也"⑭。在方位上与西方相配,"西,少阴位"⑮。象征西方、秋季和金德的白色为少阴

---

① (宋)陈祥道:《礼书》卷五,元刻明修本。
② (周)卜商:《子夏易传》卷七《系辞上》,《通志堂经解》第1册,江苏广陵古籍刻印社1996年版,第38页。
③ (汉)董仲舒:《春秋繁露·天辨在人》,苏舆:《春秋繁露义证》,中华书局1992年版,第335页。
④ (宋)张浚:《紫岩居士易传》卷十《读易杂记》,《通志堂经解》第1册,江苏广陵古籍刻印社1996年版,第189页。
⑤ (宋)陈祥道:《礼书》卷五,元刻明修本。
⑥ (宋)张根:《吴园周易解》,《景印文渊阁四库全书》第9册,第573页。
⑦ (汉)董仲舒:《春秋繁露·天辨在人》,苏舆:《春秋繁露义证》,中华书局1992年版,第335页。
⑧ 《周礼·春官·小宗伯》贾公彦疏,《周礼注疏》,(清)阮元校刻:《十三经注疏》,中华书局1980年版,第766页。
⑨ (宋)张浚:《紫岩居士易传》卷十《读易杂记》,《通志堂经解》第1册,江苏广陵古籍刻印社1996年版,第189页。
⑩ (宋)胡瑗:《周易口义·说卦》,《景印文渊阁四库全书》第8册,第553页。
⑪ (清)王宏撰:《周易筮述》卷五《卦德第九》,《景印文渊阁四库全书》第41册,第86页。
⑫ (唐)李丹:《为崔中丞进白鼠表》,《文苑英华》卷六一二,中华书局1966年版,第3175页。
⑬ (宋)张根:《吴园周易解》附录,《景印文渊阁四库全书》第9册,第573页。
⑭ (汉)董仲舒:《春秋繁露·天辨在人》,苏舆:《春秋繁露义证》,中华书局1992年版,第335页。
⑮ (宋)张浚:《紫岩居士易传》卷十《读易杂记》,《通志堂经解》第1册,江苏广陵古籍刻印社1996年版,第189页。

之色。清儒王宏说:"少阴之色,白其洁也。"①

"(坤)为黑,至阴之色也。"②"黑为重阴之色。"③黑为老阴之色。老阴又作重阴、太阴、至阴,指的是阴气发展到了极点、事物内部阴的属性最为纯粹的状态。"老阴者,阴中之阴也。"④在时令上与冬季相配,属水德,"太阴因水而起,助冬之藏也"⑤。在方位上与北方相配,"北,老阴位"⑥。象征北方、冬季和水德的黑色为老阴之色。

"黄者,光也,厚也,中和之色。"⑦黄为中和之色。中和指的是阴阳和合的完美状态,在时令上与季夏之末相配,在方位上与中央之位相配,属土德。象征中央之位与土德的黄色为中和之色。

从现代色彩学的角度来看,五色体系中每一种颜色的色相特征与其所象征的阴阳属性基本上是相符的。色彩因波长不同的光波作用于人的视网膜,人便产生了不同的颜色感受,进而在情绪心理上产生反应。

其中赤色(与现代红色接近)光波较长,对人的视觉有较强的冲击力。它使人联想到哺育万物的太阳、供人御寒取暖的烈火、维持生命动力的鲜血,因此给人以积极、跳跃、温暖、充满生命活力的感觉,这和中国传统观念中的阳类事物中的特性——"刚、健"是相吻合的。

青色(与现代蓝绿色接近)波长较短,冲击力较弱,因此给人以安宁而又不乏生机的感觉。它是春天和树木的象征,是生命萌芽和希望的象征,活力指数比起象征夏天和骄阳的红色要稍微弱一些,属于阳类事物中较弱的部分——"少阳"之物。

白、黑属于无彩色,给人以朴素、清冷和淡漠的感觉,因此成为阴类事物的象征色,分别属于少阴和老阴。《周易》曾经以盛阳之色——赤色和至阴之色——黑色概括阴阳体系。不过后来,由于白色和黑色具有更加鲜明的对比度,因此取代赤色和黑色成为阴阳二元的象征。

---

① (清)王宏撰:《周易筮述》卷五《卦德第九》,《景印文渊阁四库全书》第41册,第88页。
② (周)卜商:《子夏易传》卷九《说卦传》,《通志堂经解》第1册,江苏广陵古籍刻印社1996年版,第45页。
③ (宋)卫湜:《礼记集说》卷九七引方悫,《通志堂经解》第13册,江苏广陵古籍刻印社1996年版,第223页。
④ (宋)张根:《吴园周易解》附录,《景印文渊阁四库全书》第9册,第573页。
⑤ (汉)董仲舒:《春秋繁露·天辨在人》,苏舆:《春秋繁露义证》,中华书局1992年版,第335页。
⑥ (宋)张浚:《紫岩居士易传》卷十《读易杂记》,《通志堂经解》第1册,江苏广陵古籍刻印社1996年版,第189页。
⑦ (汉)应劭:《风俗通义·五帝》,王利器校注:《风俗通义校注》,中华书局1981年版,第10页。

二、五色符号主要社会属性的定型

在春秋战国时期，人们在社会生活中对五色符号有了越来越频繁的使用。五色符号参与构建社会文化的过程也是五色作为一种自然现象逐步社会化的过程。在这一过程中，五色符号逐渐具备了丰富的社会属性与功能，即情感属性、神秘属性、道德属性、商品属性和政治属性。五色符号主要属性基本定型，也反映了这一时期五色文化的发展已经较为成熟。

（一）情感属性

色彩所具有的情感属性主要是由色彩的自然属性决定的。科学研究表明，色彩实际上是物体吸收了特定波长的光，并将剩余的光反射在视网膜上的成像。不同波长造成不同的视觉效果，并通过刺激人的神经，对人的心理和情绪产生极大的影响。当然，对颜色的感觉与人们长期处在色彩缤纷的世界里所积累的视觉经验也有关系。随着社会文化记忆的累积，人们将色彩与越来越多的物质和文化现象联系起来，色彩情感体验会因此变得日益复杂。

先秦时期凶礼着素服的习俗是色彩具有情感属性的典型例子。依据凶礼，人们认为以下几种情况应该着素服。

灾害或者疫病流行之时，君臣应该着素服。"古者有灾者谓之厉。君一时素服，使有司吊死问疾，忧以巫医。"①有意思的是，由于灾害造成损失的范围有大有小，性质也有所不同，因此，多大范围内、何种性质的损失需要素服慰问，成为当时议论的一个话题。魏文侯因为私人拥有的仓廪遭受损失，"素服辟正殿，五日"，群臣也都穿素服表示慰问。只有公子成父没有穿素服，反而表示祝贺。文侯很不高兴，质问公子成父对自己的损失不慰问反而祝贺是什么缘故。公子成父回答："臣闻之：天子藏于四海之内，诸侯藏于境内，大夫藏于其家，士庶人藏于箧椟。非其所藏者，不有天灾，必有人患。今幸无人患，乃有天灾，不亦善乎？"文侯欣然接受②。

战争失利的情况下，"天子素服哭于库门之外三日。大夫素服，哭于社，亦如之"③。从天子到大夫，皆着素服，表示对牺牲者的哀悼。

在传统社会中，君主有罪己的责任。在灾害肆虐和战争失利的情况下，

---

① 《说苑》卷一九《修文》，（汉）刘向撰，向宗鲁校正：《说苑校正》，中华书局1987年版，第495页。
② 《说苑》卷二〇《反质》，《说苑校正》，中华书局1987年版，第523—524页。
③ （汉）孔鲋：《孔丛子》卷六《问军礼》，傅亚庶：《孔丛子校释》，中华书局2011年版，第421—422页。

君主素服既是为了表达对民瘼的忧心,对死难者的哀悼,也是为了表达自责、请罪于天的意思。

士大夫去国,三个月内应该着素服。《礼记·曲礼》:"大夫士去国,……素衣,素裳,素冠,……素幭。"孔颖达疏:"臣之无君,犹人无天也。嫌去父母之邦,有桑梓之变,故为坛,乡国而哭,以丧礼自变处也。……素衣、素裳、素冠者,今既离君,故其衣裳冠皆素,为凶饰也。"①在古代,忠言不被君主接受,甚至因此被迫离开君主,这对于士大夫而言不啻最为沉重的打击。素服表达了士大夫离开君主、离开故国时的悲恸心情以及依依不舍的留恋之情。

举行丧事时君臣皆应着素服。如果国中有丧事,大臣们上朝都要穿着白色,称作"白衣会"。丧礼以白色为主色调,因此丧事又称作"白事"。白色云气预示有死丧之事。

白色成为凶礼尤其是丧礼的主色调。很多学者都对丧礼用白习俗的形成原因进行了讨论。董来运认为"白"的字形为人死后的头骨,因此以"头"为白的本义。头骨为白色,因此"白"又有另一个含义:白色。反映古人关于死亡、灵魂观念的许多词汇,魂魄之"魄"字,表示对魂魄的恐惧的"怕"字,种在坟墓上的柏树之"柏",其造字都与"白色"之义有关。白色运用于丧礼也就不足为奇了②。王德育则认为,白色成为丧服之色有两个原因:其一,白色作为冬天雪地的颜色给人以萧索之感。其二,道教认为人死后希望到西方的昆仑山去,因此以西方之色白色为死亡的象征色。③

董来运是从文字学的角度对白色在丧礼中的文化意义进行分析的。他的看法虽然有一定的合理性,但是,颜色词和颜色符号毕竟不能完全等同。颜色词是一种语言符号,而颜色符号是一种包含了深厚社会、政治和历史因素的文化性符号,它的形成除了语言学的基础,还必须经历一个在长期社会实践中约定俗成的过程。王德育则是从文化学的角度进行阐释,但是一方面他未能列举出文献中的相关论述作为直接证据来证明他的分析确实符合古人的真实想法,因此他的分析只能视作一种推理;另一方面,白色作为丧礼标志性颜色的做法远在道教出现之前就已经形成,因此将其归结为道教的影响,似乎不太妥当。

---

① 《礼记·曲礼》孔颖达疏,《礼记正义》,(清)阮元校刻:《十三经注疏》,中华书局1980年版,第1258页。
② 参见董来运:《汉字的文化解析》,上海古籍出版社2002年版,第214—227页。
③ 王德育:《中国古代色彩与宗教表现》,《色彩与人生学术研讨会论文集》下册,1998年版,第221页。

事实上,二位学者的分析都把注意力集中在白色与悼亡的关系上,却都忽视了一个现象,白色不仅仅是丧礼的主色调,它还广泛运用于凶礼的其他情况中。因此,白色不仅仅包含着悼亡的意味,更是一种普遍意义上的悲伤、失落之情的表达。笔者认为,素服用于凶礼的习俗主要是由素白之色的自然属性和情感属性所决定的。在古汉语中,素、白字义有相通之处。"素"主要有三层意思:其一,当以素来修饰服饰名词的时候,素指的是白缯,即一种白色丝织物;其二,在绘画艺术中提到的"素"指的是白色;其三,用以形容器物的"素"指的是没有装饰:"器物无饰亦曰素。"①因此,从素和白都可以引申出"空白、空无所有;没有外加什么东西",并成为清贫、卑微、朴实的象征符号②。"白屋"指的是用白茅覆盖的简陋的房子,因此也成为平民或者寒士的代称。没有官职、爵位的人称作"白衣"、"白丁"、"素士",出仕但是没有实权的人称为素官、素宦。素和白还被用来象征秋天,秋季也称作"白商素节"。③ 秋天的村庄既有万物收成的狂欢,也有万物凋零的凄凉。寒露凝霜之白,与万物凋零之秋,共同渲染出一种肃杀的氛围。与秋天匹配的素、白之色具有萧条的意味。

在氛围清冷、情绪低落的凶礼中,朴实无华、肃杀萧条、充满凄凉之感的素服、素器特别能够传达出哀悼、自责的心情。《礼记·檀弓》:"奠以素器,以生者有哀素之心也。"郑玄注:"哀素,言哀痛无饰也。凡物无饰曰素。哀则以素,敬则以饰,礼由人心而已。"④所谓"素",在器皿形制上体现为无饰,在服饰颜色上体现为丝帛的本色——白色。因此,礼制所规定的色彩有时可以看作是一种情感符号,即对内心感情恰如其分的表达。以素服表示送终的用法甚至从人的领域延伸到了物的领域。蜡祭之礼中,"皮弁、素服而祭"⑤,皮弁

---

① (清)江永:《乡党图考》卷五《衣服上·弁服考》,《景印文渊阁四库全书》第210册,第827页。
② 潘峰:《释"白"》,《汉字文化》2004年第4期。
③ 为何白色会成为秋季的象征色。有的学者认为是因为收割庄稼时镰刀会反射出白晃晃的光亮。白与"义"、割断之义的匹配关系可能就是缘于此。秋露称为白露:"蒹葭苍苍,白露为霜"。《月令》以"凉风至,白露降,寒蝉鸣"为秋季来临的重要标志。古人认为不同时节的露对自然界生物的作用和影响是不同的。方悫说:"春露则生,秋露则杀。"((宋)卫湜:《礼记集说》卷四三引方悫,《通志堂经解》第12册,江苏广陵古籍刻印社1996年版,第562页)白露是秋天特有的物候现象。《月令解》:"露,四时皆有之,惟白露则气肃,'白露为霜'是也。"((宋)张虙:《月令解》卷七《孟秋之月》,《景印文渊阁四库全书》第116册,第571页)孙希旦认为,秋天"阴气盛而露重",故露色为白((清)孙希旦:《礼记集解》卷一七《月令》,中华书局1989年版,第467页)。
④ 《礼记·檀弓》郑玄注,《礼记正义》,(清)阮元校刻:《十三经注疏》,中华书局1980年版,第1301页。
⑤ 《礼记·郊特牲》,《礼记正义》,(清)阮元校刻:《十三经注疏》,中华书局1980年版,第1454页。

由白鹿皮制成,素服以素缯制成,表达对将终之物的哀悼、送别心情。

由此可见,服饰色彩实际上成为了一种情感符号。古人认为,礼因情而设,是为了引导人们以恰当的方式抒发内心的感情。服饰的设色原则往往蕴含着"事生,饰欢也;送死,饰哀也"的情感需要[①],特别充分地体现了礼缘人情的本质。当长辈健在时,晚辈要以丰富而鲜艳的色彩来表达充盈于心的幸福感;反之,长辈离去后,晚辈要以清冷、肃穆、忧伤的颜色来表达悲痛的心情和低沉的情绪。《礼记·深衣》:"具父母、大父母,衣纯以绘。具父母,衣纯以青。如孤子,衣纯以素。"[②]陈祥道正是从情感角度对这项礼法的内涵进行了解读:"具父母、大父母,纯以绘,备五采以为乐也;具父母,纯以青,体少阳以致敬也;孤子纯以素,存凶饰以致哀也。"[③]

由于色彩具有非常强烈的视觉冲击力和感染力,产生一定程度的情绪波动和复杂的心理体验是人们接触色彩时最直接的反应。人们正是利用了色彩的这种激唤功能,将丰富的内在情感世界转化为外在的视觉印象,将抽象的情感体验转化为具体的物理形态。运用恰当的色彩表达情感,已经成为一种普遍社会意识。约定俗成的色彩符号往往很容易引起人们在情感上的共鸣。

(二) 神秘属性

神秘属性是色彩符号最先发展起来的一种属性,也是色彩符号最基本的属性。到了春秋战国时期,对色彩神秘属性的认识得到了进一步的强化和利用。

色彩符号的象征意义首先是建立在对其象征物的原始崇拜的基础上的。比如,黄色崇拜最早起源于对中原人肤色——黄皮肤以及生活环境——黄土地的崇拜,对紫色的崇拜发端于对紫微星(北极星)的崇拜。色彩符号的神秘属性赋予了色彩符号以寓意吉凶的功能。古人常常将客观的色彩现象与人事联系起来,赋予其吉凶寓意和预言功能。其基本思路是,上天通过降下五色眚祥对人类的错误行为表示警告和惩罚,通过五色祥瑞对人类的杰出表现和成绩表示赞赏和奖励。

色彩的神秘属性造成了古人的两面心态:一方面,出于对色彩神秘性的敬畏,古人严格遵循色彩使用规范;另一方面,古人又希望利用色彩的神秘性来对自然、对社会施加某种影响,从而改变自己的生存处境。

[①] 《荀子·礼论》,(清)王先谦:《荀子集解》,中华书局1988年版,第369页。
[②] 《礼记·深衣》,《礼记正义》,(清)阮元校刻:《十三经注疏》,中华书局1980年版,第1664页。
[③] (宋)陈祥道:《礼书》卷一〇,元刻明修本。

"国之大事,在祀与戎。"①祭祀活动和军事活动成为色彩巫术出现最为频繁的领域。在祭祀活动中,人们普遍相信通过色彩符号在祭祀场地布置上的运用,可以营造神界般的氛围,以接引天上神明的下降;在礼服、礼器上的运用,可以充分体现人与自然、宇宙同源同构,从而达成与自然或神明的契合。因此,从《左传》《国语》的记载可以看到,五色器物在各类祭祀活动中的使用更加普遍。《左传·桓公二年》:"五色比象,昭其物也。"杜预注:"车服器械之有五色,皆以比象天地四方,以示器物不虚设。"②《国语·周语》:"故岁饫不倦,时宴不淫,月会、旬修,日完不忘。服庸昭物,采饰显明,文章比象,周旋序顺,容貌有崇,五味实气,五色精心,五声昭德,五义纪宜。"③《国语·楚语下》:"神以精明临民者,故求备物,不求丰大。是以先王之祀也,以一纯、二精、三牲、四时、五色、六律、七事、八种、九祭、十日、十二辰以致之。"特别是《楚语》在强调祭品应当简朴,也就是"郊祀不过茧栗,烝尝不过把握"的情况下,仍然将"五色"列为必备之物④,可见五色在祭祀活动中不可或缺的重要性。

在军事活动中,很早就出现了以战旗颜色为标识的指令方式,这既是为了方便排兵布阵,更可能具有某种巫术作用。《墨子》中记述了一种迎敌助阵的巫术,即根据敌人来犯的不同方向,在颜色和数字方面,比如对祭坛的高度、助祭者的年龄和人数、弓弩的数量和发射次数以及将服与祭旗的颜色等进行精心的匹配,以确保取得对敌胜利。

> 敌以东方来,迎之东坛,坛高八尺,堂密八,年八十者八人,主祭青旗,青神长八尺者八,弩八,八发而止,将服必青,其牲以鸡。敌以南方来,迎之南坛,坛高七尺,堂密七,年七十者七人,主祭赤旗,赤神长七尺者七,弩七,七发而止,将服必赤,其牲以狗。敌以西方来,迎之西坛,坛高九尺,堂密九,年九十者九人,主祭白旗,素神长九尺者九,弩九,九发而止,将服必白,其牲以羊。敌以北方来,迎之北坛,坛高六尺,堂密六,年六十者六人,主祭黑旗,黑神长六尺者六,弩六,六发而止,将服必黑,其牲以彘。⑤

---

① 《左传·成公十三年》,《春秋左传正义》,(清)阮元校刻:《十三经注疏》,中华书局1980年版,第1911页。
② 《左传·桓公二年》杜预注,《春秋左传正义》,(清)阮元校刻:《十三经注疏》,中华书局1980年版,第1742页。
③ 徐元诰:《国语集解》,中华书局2002年版,第60—61页。
④ 徐元诰:《国语集解》,中华书局2002年版,第516—517页。
⑤ 《墨子》卷十五《迎敌祠》,吴毓江撰,孙启治点校:《墨子校注》,中华书局1993年版,第894—895页。

这里提到的战旗以及神位、将服的颜色与方位密切地结合在一起,是古代战争中以击退敌人为目的的一种巫术。

(三) 道德属性

道德属性是五色符号的重要属性。这一属性是在春秋战国以来的政治宗教实践中逐渐形成。

色彩符号是沟通神人的重要工具。那么神人沟通的主要内容是什么,人们想通过色彩符号向神明表达什么?这是构成色彩符号象征意义的核心内容。《周语》所记载的故事揭示了五色器物的内涵和功用。据说晋侯的使者随会聘于周,周定王享以肴烝,也就是把祭牲煮熟后,拆解开来,连同骨头放在俎之上。随会认为王室应该给自己以全烝之礼,所以很不高兴,就质问道:"吾闻王室无毁折之礼,今此何礼也?"定王就让原公来向他解释。原公从全烝、房烝、肴烝适用场合和人际关系的区别讲起,阐述了礼仪中器物的使用规则及其内涵,其中就包括了对五色的礼仪内涵的讲解。根据原公的陈述,在当时的礼仪中,五色主要有两大功能:一是"服庸昭物,采饰显明",韦昭认为这句话说的是,运用在祭服上的"五采之饰"所要显明的是"德";二是"五色精心",韦昭认为这句话的意思是,运用在礼器中的"五色之章"则意在旌表其内心[1]。

张光直在对商周青铜器动物纹样的研究中指出,这些纹样代表的是能够帮助巫觋与神沟通的动物,因此是祭祀活动中必须配备之物[2]。五色也有同样的功能。五色在礼仪活动中主要承担比附德行和表白内心的功能。礼仪活动尤其是祭祀活动,是以神人沟通为核心的;而祭祀者的诚意和德行,是获得神明认可的两大有效因素。古人相信对祭服、礼器等相关器物的色彩属性、音声效果进行恰当配置,能够准确地向神明表现祭祀者的德行,最大限度地向神明传递诚意。

这种规则一直延续到后世。比如汉代祭祀中,也有通过服色的设置来表达祭祀诚意的做法。据《后汉书·舆服志》记载,东汉郊祀仪式在祭服的设计方面吸收了西汉以来就自立一派的夏侯家学,利用"绛缘"、"绛袴"等与心脏、血液颜色相近的服色符号来表达祭祀者"赤心奉神"的虔诚态度。

五色符号的道德属性继续强化的另外一重动力来自伦理学说的发展。典型表现之一就是正色与间色道德寓意的凸显。

所谓"间色",指的是五正色之外的色彩。皇侃认为"间色"特别指五方

---

[1] 徐元诰:《国语集解》,中华书局2002年版,第60页。
[2] 张光直:《美术、神话与祭祀》,郭净译,生活·读书·新知三联书店2013年版。

间色。间色由相克的两种事物的颜色间杂而成。"正谓青赤黄白黑五方正色也。不正谓五方间色也,绿红碧紫骝黄是也。青是东方正,绿是东方间。东为木,木色青,木刻土,土黄,并以所刻为间,故绿色,青黄也。赤是南方正,红是南方间。南为火,火赤,刻金,金白,故红色,赤白也。白是西方正,碧是西方间。西为金,金白,刻木,故碧色,青白也。黑是北方正,紫是北方间。北方水,水色黑,水刻火,火赤,故紫色,赤黑也。黄是中央正,骝黄是中央间。中央为土,土刻水,水黑,故骝黄之色,黄黑也。"①

孔子曾经以"恶紫之夺朱",隐喻他对奸臣的巧言令色可能导致国家倾覆的担忧。还对紫色的使用进行了限制,甚至连居家便装——亵服也不允许使用间色:"红紫不以为亵服。"②他对紫色近乎极端的憎恶态度成为儒家门派深刻的集体记忆。随着儒家学说成为主流价值取向,这种强调紫色是对正色——朱色的混淆,具有迷惑性和颠覆性的思想,产生了极大的影响,不但使得紫色长久以来都难以摆脱卑贱、奸邪的文化内涵,而且使得所有的间色被赋予了负面的道德意义,被称作"奸色"。汉代以后经学家在对《诗经·绿衣》的诠释中,特别着眼于正色黄色与间色绿色关系所蕴含的文化意义,其表述深深渗透了将色彩道德化的话语模式③。

古人甚至认为与所谓"乱色"的接触会对君子品行修养产生不良的影响,因此不应该让"乱色"出现在自己的视野中。《礼记·乐记》:"是故君子反情以和其志,比类以成其行,奸声乱色,不留聪明,淫乐慝礼,不接心术,惰慢邪辟之气,不设于身体,使耳、目、鼻、口、心知、百体皆由顺正,以行其义。"④因此,古人对正色与间色的运用十分审慎。在他们看来,色彩体系结构象征着天地以及人间伦常的秩序,具有至关重要的意义。色彩运用失当,往往被视作宇宙、社会运转失序的表现,后果十分严重。在服饰色彩礼制中,间色只能运用于下裳而不用于上衣,这是因为"裳在下为阴",所以在颜色上要"法阴之耦",而"衣在上为阳",所以在颜色上要"法阳之奇"⑤。

而五正色的道德内涵进一步具体化,即五色与五常分别匹配,一一对应。青色与仁相配,赤色与礼相配,黄色与信相配,白色与义相配,黑色与智

---

① 《礼记·玉藻》孔颖达疏引皇侃,《礼记正义》,(清)阮元校刻:《十三经注疏》,中华书局1980年版,第1477页。
② 《论语·乡党》,《论语注疏》,(清)阮元校刻:《十三经注疏》,中华书局1980年版,第2494页。
③ 参见第二章第二节相关论述。
④ 《礼记·乐记》,《礼记正义》,(清)阮元校刻:《十三经注疏》,中华书局1980年版,第1536页。
⑤ (清)孙希旦:《礼记集解》卷二九《玉藻》,中华书局1989年版,第801页。

相配。此外,在色彩体系等级化的过程中,不同等级所应遵循的道德规范和所应承担的道德义务成为等级化色彩符号的重要文化内涵。

在极度崇尚道德的传统社会,色彩具有道德性的观念对古人的审美意识的影响是巨大的。人们往往偏爱那些象征高贵品德的色彩符号,希望以此来标榜自己崇高的道德境界。

(四) 商品属性

商品属性也是色彩符号的基本特性之一。随着染色技术的进步,色彩资源的普及化,以及以商人为主体的富人阶层这一消费群体的兴起,色彩资源不再是政治贵族垄断的专利,渐渐开始进入市场流通领域。色彩资源的商品化赋予色彩符号以商品属性,即色彩符号作为一种商品,其价值贵贱,主要由供求关系决定。"五素易一紫"表明了同样的材质会因为色彩不同而体现为不同的价格,即色彩具有决定商品价值的特殊属性。

色彩资源进入流通领域以后,低贱者有机会使用象征尊贵身份的色彩符号,这必然会对色彩观念产生极大的冲击。

(五) 政治属性

政治属性是五色符号的核心属性。冯天瑜等学者认为中华文化属于政治型范式。"一代之治,即一代之学也。一代之学,皆一代王者开之也。……是道也,是学也,是治也,则一而已矣。"他们认为,龚自珍的一席话高度概括了中华文化的根本特质——"在两千余年专制社会结构中,中华文化始终受到强大的中央集权政治力量的控摄、支配"[1]。在传统社会,五色符号的象征内涵主要是在"天人合一"政治哲学的基础上形成的,并为后者的传播和实践服务的。

正如上文所述,自远古时代起,五色符号就普遍运用于祭祀活动中。这些祭祀活动并非单纯的宗教仪式,而是蕴含着深刻的政治寓意,是政治首领确立政治权威的重要途径。五色符号也因此与政治生活建立了密切的联系,成为早期"天人合一"政治哲学的重要载体。

进入春秋战国时期,随着与阴阳五行思想的紧密结合,五色符号在"天人合一"政治哲学理论阐述及政治实践中发挥着越来越重要的作用。在古人看来,阴阳五行是万物的源头,因此也是天道的具体表现形式。《管子》一书借与桓公对话的形式,将阴阳五行称为"国机",甚至宣称只要掌握了阴阳之术,就能达到黄帝之治的境界:"故通乎阳气,所以事天也,经纬日月,用之于民。通乎阴气,所以事地也,经纬星历,以视其离。通若道然后有

---

[1] 冯天瑜、何晓明、周积明:《中华文化史》,上海人民出版社1990年版,第242—243页。

行,然则神筮不灵,神龟衍不卜,黄帝泽参,治之至也。"①值得注意的是文中特别强调了如果掌握了天道,那就不需要借助"神筮"和"神龟"就能实现圣人之治。这反映了阴阳五行思想的巨大贡献之一就在于推动传统政治生活逐步摆脱巫术的笼罩和束缚,这也是人类主观能动性进一步增强的标志。五色作为阴阳五行的具体表现形式,也在推动传统政治文明发展过程中发挥重要作用。

经过各个思想流派对阴阳五行思想的发挥和诠释,形成了四时教令、五德终始等思想,不但进一步充实和深化了"天人合一"政治哲学的内涵,而且在这些思想的指导下,提出了诸多政治制度的设计方案,推动了"天人合一"政治哲学的实践。五色符号在其中扮演了重要的角色,如《管子》设计的四时教令方案中对五时服色符号的利用,《吕氏春秋》在论述"五德终始"制度时对五德服色符号的设置。五色符号被塑造成为蕴含政治象征寓意的政治文化符号,并在社会政治生活中承担诸多政治文化功能。

秦始皇统一中国后,以阴阳五行学说作为诸多政治制度设计的主要指导思想。五色符号作为阴阳五行哲学思想的主要物化形式之一,其运用原则在"天人合一"政治实践如五德服色制度、五帝祭祀礼中逐渐实现了制度化,进一步凸显了其政治职能和政治属性。

到了西汉,由董仲舒对先秦以来"天人合一"政治哲学丰富的思想成果加以杂糅相融,使之进一步系统化。他在《春秋繁露》一书中对阴阳五行学说中诸多基本理论进行了阐述,如五行、五事、四时等概念的内涵,阳尊阴卑的等级关系、阴阳五行运动的方式和规律如阴阳出入、阴阳始终、五行相生、相动、相胜、顺逆等。董仲舒在"人副天数"的理论预设之下,提出了天人感应"同类相动"的基本原理。这些理论的成熟为五色符号的阴阳五行文化内涵的充实提供了重要的思想基础,为五色符号发挥阴阳五行之道的载体作用提供了必要的学理依据。五色作为阴阳五行的具象符号,成为传达"天道"、"天意",实现"天人感应"的重要媒介,为"天人合一"政治哲学的传播和实践提供了重要的物化途径。贯穿西汉历史的德运服色之争,汉末王莽依据《周礼》的改制,也都使得五色符号与"天道"的密切关系得到了充分的辨析和广泛的传播。

综上所述,秦汉以前,五色文化虽然尚处于滥觞时期,但这一时期人们对五色现象的初步认识,对五色器物的初步利用,逐渐赋予了自然五色以丰富的文化内涵和社会功能,特别是五行阴阳学说的成熟,将五色文化推进到

---

① 《管子·五行》,黎翔凤:《管子校注》,中华书局2004年版,第860页。

系统性发展阶段,为自然五色从自然事物转变为象征"天道"的社会文化符号并在政治生活中扮演重要角色奠定了深厚的学理基础,为社会各阶层对五色符号与"天道"密切关系的认同进行了充分的认知准备。后世的五色观念和服色制度都可以从中找到渊源和依据。五色的政治属性对其他属性的统摄,成为传统五色文化发展过程中贯穿始终的主旋律。

第三节 古人的五色生成论

由于五色在社会政治生活中的特殊作用,古人也试图对五色的起源加以解释,为五色的特殊地位提供历史文化依据。多数古代学者认同以"天"、"天地"作为自然五色的创造者,以顺应"天道"的圣人作为五色文化的创立者。虽然这种说法包含有传说的成分,但从自然五色到五色文化的转化,确是天人"相参"过程的真实写照。这不但为传统政治哲学中认为世间万物包括君权、政体等社会政治现象皆出自"天",故而人类政治活动应务求"天人合一"这一基本思想的成立,提供了重要的论据支持,也从一个侧面还原了"天人合一"政治思维的形成机制。

一、自然五采生成论

五色是自然界中一种重要的物质形态,其产生和衍化遵循着自然万物生成的基本规律。许多古代思想家从宇宙本体论中寻求五色生成问题的答案,他们所提出的理论主要有天生成论、气生成论、五常生成论、以无生有论等。

(一)天生成论

天(天地)生成论认为是天(天地)创造了自然五色。天是古代思想文化中的最高范畴。它至高无上,创造万物,主宰宇宙,支配自然与社会。天生化万民,是人类社会的缔造者;又教养民众,是人类文明的立法者。历代思想家以天为核心范畴构建的哲学体系不断地充实了"天"的哲学内涵,导致了"天"这个概念的复杂性。正如朱熹所说:经传中的天字,"要人自看得分晓,也有说苍苍者,也有说主宰者,也有单训理时"[1]。张立文指出:"天兼三义,纳自然(天空之天、天地之天、天然之天)、神(皇天之天、天命之天)、义理(天道之天、天理之天)三位一体……从总体上看,是指客体、宇宙自然,或造物主,或道德伦常义理,或事物规律等等,内涵较为复杂"[2]。 无论

---

[1] (宋)黎靖德编:《朱子语类》卷一《理气上·太极天地上》,中华书局1986年版,第5页。
[2] 张立文:《中国哲学范畴发展史(天道篇)》,中国人民大学出版社1986年版,第66页。

人们将天视为上帝主宰之天,还是天道自然之天,天生成论之"天"都被说成是万物的本源。

天地生成五色的说法源远流长。《左传·昭公元年》:"天有六气,降生五味,发为五色。"①《左传·昭公二十五年》:"则天之明,因地之性,生其六气,用其五行,气为五味,发为五色,章为五声。"②"五色"作为天之"六气"的产物——五行的具体表现形式,是上天生养下民的重要资源之一。魏晋时期,嵇康认为,"天地合德,万物贵生,寒暑代往,五行以成,故章为五色,发为五音……夫五色有好丑,五声有善恶,此物之自然也"③。宋儒林栗指出,"天地也者,五行之所自生,五色之所自成。五色备而天地之色在其中矣"④。上述说法都以天地为五色产生的本原。除了《左传》中的"天"无法判断是自然之天还是神灵之天以外,后两种看法中,天都具有明显的自然性,五色是天地无目的、自然的创造,因此也具有自然性的特点。

(二) 气生成论

气生成论认为,气的运动变化创造了自然五色。气生成论是对天(天地)生成论的深化或者具体化,是天地生成万物的认识在宇宙论和本体论哲学上发展到更精致、更深入境界的体现。

传统哲学中的"气"指的是一种"具有动态功能……作为世界万物本原或凝聚造物"的客观实体。气论哲学实质是讨论宇宙本体的学说。"它以其运动变化的普遍性,说明世界一切事物的变化;……它亦以运动变化而造作万物,并以自己的属性来影响万物"⑤。天其实也是由气构成的。气论哲学的产生标志着对宇宙本体的认识深入到一个更微观的层面。

古代思想家认为,作为万物的具体形态之一,五色既是气运动变化规律的衍生物,也是气运动变化规律的具体表现形式。气的运动衍生出阴阳的对立,阴阳化育五行,五色是五行的外在表现形式。五行流播于四时,体现了阴阳此消彼长、相推相移的生克次序。五色象征四时,彰显了阴阳变化之理。"一气运而为阴阳,阴阳判而为五行,五行彰而为五色。播五行于四时者,阴阳之序;杂四时于五色者,阴阳之理。"⑥气的贯通流行,周遍于整个世界,使世

---

① 《左传·昭公元年》,《春秋左传正义》,(清)阮元校刻:《十三经注疏》,中华书局1980年版,第2025页。
② 《左传·昭公二十五年》,《春秋左传正义》,(清)阮元校刻:《十三经注疏》,中华书局1980年版,第2107页。
③ (魏)嵇康:《嵇中散集》卷五《声无哀乐论》,四部丛刊本。
④ (宋)林栗:《周易经传集解》卷一一,《景印文渊阁四库全书》第12册,第154页。
⑤ 张立文:《中国哲学范畴发展史(天道篇)》,中国人民大学出版社1986年版,第138页。
⑥ (宋)易祓:《周官总义》卷二八,《景印文渊阁四库全书》第92册,第637页。

界成为一个"由阴阳、五行、四方、四时构筑成的普遍联系的统一体"①。抽象的四时阴阳之理正是通过五色这一具体的物质形式反映出来。

（三）五常生成论

五常生成论的基本思路是，古代伦理道德学说的重要范畴——五常之道是生成宇宙万物的最高本体，五色作为万事万物的一种，也是由五常创造的。

"五常"，又称"五性"②、"五品"③，通常指仁、义、礼、智、信。五常的说法起源很早，"在孟荀著作中称为'五达道'、'五达德'"④。后来成为汉代思想家建立政治伦理学说体系的思想资源。汉代统治者和思想家试图通过创造一种能够论证王权社会秩序的合法性，论证政治伦理道德的合理性的政治哲学，以实现思想认识上的大一统。以董仲舒为代表的汉儒从天地之性、五时之德推导出适用于人类社会的三纲五常。三纲指的是专制社会的三种伦常关系，"君为臣纲"、"父为子纲"、"夫为妇纲"，据说，"王道三纲"由天尊地卑的自然法则所决定。五常指的是维系三纲的五种基本道德范畴。董仲舒对五常的论证，"同样是以'五行'为基础的，即将自然道德化，然后从自然论证'五常'的永恒合理"⑤。五常之常既有纲常、伦常的意思，又具有固定不变的含义，因此，五常可以理解为五种天经地义、永恒不变的具有根本性的道德范畴。五常之道作为普遍性的道德准则，既是君主进行自我修养的标准，也是君主教化民众的依据。五常一度被提高到化生五行的本体地位。《汉书·艺文志》中有"五行者，五常之形气"的说法，以五常为本体，以五行为形气。而世间一切事物和现象包括五事、五色、五声、五岳、五星、五金、五灵、五味、五情等都由五行这一基本的物质元素构成，因此追根溯源，它们都是五常之道的衍生物，都依据和遵循五常之道而存在。

在传统色彩观念中，存在着一种以五常为自然五色创造主体的说法。据谭峭的《化书》记载："儒有讲五常之道者，分之为五事，属之为五行，散之为五色，化之为五声，俯之为五岳，仰之为五星，物之为五金，族之为五灵，配

---

① 李存山：《中国气论探源与发微》，中国社会科学出版社1990年版，第233页。
② 《白虎通·性情》："五性者何谓？仁义礼智信也。"（（清）陈立：《白虎通疏证》，中华书局1994年版，第381页）
③ 《汉书》卷九九中《王莽传中》："五品乃训"（中华书局1962年版，第4102页）。颜师古注："五品即五常，谓仁、义、礼、智、信。"（中华书局1962年版，第4103页）
④ 金春峰：《汉代思想史》，中国社会科学出版社1997年版，第191页。
⑤ 金春峰：《汉代思想史》，中国社会科学出版社1997年版，第191页。

之为五味,感之为五情。"①古人认为五色是五常之道的产物,因此把五常的道德内涵赋予了五色,从而形成了五色与五常匹配的观念。

(四) 以无生有论

以无生有论是诸多五色生成论中非常重要的一种。其基本思路是,作为一种实有的物质形态,自然五色是由"无色"衍生出来的。

无有论是中国古代哲学中的一个重要命题,其基本思路是:一切有形的物质形态都有产生、发展和灭亡的历程,不具有终极性和永恒性,因此必须从"有"的反面——"无"去寻找万物产生和存在的根据。萧萐父、李锦全指出,在老子看来,宇宙的最高实体"道"具有"无"的基本特征,是一种"无形、无声、无体的超感知的东西",是"不分上下、不辨明暗、不见前后的无分别的状态",是"不能感知的虚无"。②"无"实际上就等同于"道",成为万物发生和存在的终极依据。这种哲学理论和思维方式的主要特点是"概括出一个最高实体的'道'作为世界万物的本原,并从总体上说明宇宙的构成问题",因此,它"比仅用自然的特殊实物(如五行学说的水、火、木、金、土和八卦学说的天、地、风、雷、水、火、山、泽)的性质和作用来说明事物的多样性及其统一性的原始唯物主义观点,是人类认识的深化"③。以无色生五色论作为道生万物论的派生思想,在认识论上具有同样深刻的意义,因此影响非常广泛。它反映的是道家的思维特征,但是又常常成为阐发各家学说的思想资源。以下列举一些文献证明以无色生有色论对各个学派的广泛影响。

《管子·水地》:"素也者,五色之质也。"房玄龄注:"无色谓之素。水虽无色,五色不得不成,故为五色质也。"④《管子》承认道"无"生万物论,因此也以素(无色)为五色的本体,说明了素是五色生成的基础。这种说法是以

---

① (南唐)谭峭:《化书》卷三《德化·五常》,丁祯彦、李似珍点校,中华书局2009年版,第29页。谭峭作为道教思想的重要传人,对五常之道离散而生五色的说法当然是持批判态度的。在他看来,这种说法会让听者"若醯鸡之游太虚,如井蛙之浮沧溟,莫见其鸿蒙之涯,莫测其浩渺之程,日暮途远,无不倒行",丧失了闻道的信心。他认为应该把五常之道视为"一",即一个混沌的整体,并指出了探索大道的不二法门:"忘其名则得其理,忘其理则得其情,然后牧之以清静,栖之以杳冥,使混我神气,符我心灵,若水投水,不分其清,若火投火,不间其明,是谓夺五行之英,盗五常之精,聚之则一芥可包,散之则万机齐亨。"也就是老子所说的"涤除玄览"的方法,忘却事物的一切外在形式(名)和人文因素(理),让内心达到清静、虚寂的境界,居于玄冥之处,使万物与心灵混融一体,模糊了主体与客体的界线,这样得到的认识可以精炼到一叶小草就可以包裹的程度,发散到万物之中,又可以实现万物运动发展的通达顺利。

② 萧萐父、李锦全主编:《中国哲学史》上卷,人民出版社1982年版,第106页。

③ 萧萐父、李锦全主编:《中国哲学史》上卷,人民出版社1982年版,第106—107页。

④ 《管子·水地》房玄龄注,《管子校注》,中华书局2004年版,第814页。

无生有论的思想渊源之一。

《文子·道原》:"无声而五音鸣焉,无味而五味形焉,无色而五色成焉"。《文子》以"无形"为万物发生的本原,因此认为无色是五色及其衍生出来的不可胜数之色产生的终极依据。有形的物质是从"无形"中产生出来的。五音、五味、五色继续演变,又衍生出更多音、味、色的种类来。《文子·道原》:"音之数不过五,五音之变不可胜听也;味之数不过五,五味之变不可胜尝也;色之数不过五,五色之变不可胜观也。"①《文子》有关万物生于无形、五色生于无色的思想也是以无生有论的一种表达方式。

《淮南子·原道训》:"无色而五色成焉。是故有生于无,实出于虚。"②《淮南子》的作者深受道家影响,因此也赞成以无生有论,认为五色成于无色。

《列子·天瑞》:"有色者,有色色者……色之所色者彰矣,而色色者未尝显。"③在列子看来,色者鲜明,色色者却不彰显。由本体可以衍化出变幻无穷的现象,但是本体并没有具体的存在形式。这种以"无"为基本特征的色色者是色的本原。

明代学者吕坤以未着色之"太素"为"五色主"。他说:"着味非至味也,故玄酒为五味先;着色非至色也,故太素为五色主;着象非至象也,故无象为万象母。"④吕坤认为,太素未"着色",因此先于五色存在,主宰五色的发生和存在。这显然也是以无生有论的一种形式。

以无生有论与前面几种五色生成论有明显的区别。由于对五色创造主体的看法不同,因此对五色中的根本之色的看法也不尽相同。

天地生成论以万物源头的天地之色——玄、黄为"五色十二采"之根本。天与地、乾与坤之间的阴阳相斗被称作"龙战"。在古人的想象中,雨是天地相交、阴阳相和的产物,因此清儒黄宗炎认为,所谓"龙战",并非两条龙交斗,不过是说"龙乘阴阳搏击而出";所谓"其血玄黄"说的是天地以时雨为膏血,润泽万物,化作锦绣乾坤。天地为万物本源,其色——玄、黄自然也就是五色之本了。⑤

以无生有论则以素(白)为五色之本。《文子·道原》:"色者白立而五

---

① 《文子·道原》,李定生、徐慧君校释:《文子校释》,上海古籍出版社2004年版,第28—29页。
② 《淮南子·原道训》,何宁:《淮南子集解》,中华书局1998年版,第59页。
③ 《列子·天瑞》,杨伯峻:《列子集释》,中华书局1979年版,第10页。
④ (明)吕坤:《呻吟语·外篇·广喻》,上海古籍出版社2000年版,第340页。
⑤ (清)黄宗炎:《周易象辞》卷二《坤卦》,《景印文渊阁四库全书》第40册,第199页。

色成矣"。这就如同"道者一立而万物生矣"①。"一"是万物发生、发展、运动的根基,就像宫调奠定了五音的基准,甘味奠定了五味的基调,白色作为色彩体系中的"一",在缤纷色彩的衍生过程中起到了基础的作用。

宋代学者朱震指出,"五色皆本于白……草木既槁则白,须发既老则白,豕鬣埋之则白。"无论是植物、动物还是人类,盛极而衰之后都要归于"白"的状态,"金可变而白,丹可炼而白",金、丹等经过历炼最终升华到"白"的境界。朱震以阴为"阳之基",认为在"阳尽则阴质见"的循环过程中,白作为一种"阴"的状态,是事物的阴阳变化过程中的开端和归宿②。

二、五色文化生成论

人类对自然五采有意识的使用,形成了五色文化。古代学者普遍认为,圣人是五色文化的创造者。圣人创制五色文化论的基本思路是,圣人依据自然五采及其法则,赋予五采以社会文化内涵,建构了五色理论体系,制定了五色使用规范。这一过程实际上就是自然五色的符号化。

圣人崇拜是中国古代思想文化的一大特色。《礼记·中庸》:"唯天下至圣,为能聪明睿知,足以有临也;宽裕温柔,足以有容也;发强刚毅,足以有执也;齐庄中正,足以有敬也;文理密察,足以有别也。溥博渊泉,而时出之。溥博如天,渊泉如渊。见而民莫不敬,言而民莫不信,行而民莫不说。是以声名洋溢乎中国,施及蛮貊;舟车所至,人力所通;天之所覆,地之所载;日月所照,霜露所队;凡有血气者,莫不尊亲,故曰配天。"③古代思想中关于圣人知"必然"、圣人知"理"、圣人知"数"等命题的论述比比皆是。人类文明被视为圣人创造的结果。儒家的孟子、墨家的墨子、法家的商鞅、韩非都认为,是圣人发明了宫室、衣服、饮食、舟车等便民之用的器物,改变了人与禽兽杂处的状况。圣人更进一步创建了社会制度和伦理道德,为人指出了一条进一步完善的道路。圣人作为"使人成为人的'塑造者'",被赋予了超越于"人"的神性,是具有"超越人的感官认识和实践能力"的神秘人物。④

作为人类文明的重要组成部分,五色文化自然也被古人视为圣人创造的产物。虞舜是古代著名的圣君。据《尚书·虞书·益稷》记载,他是五色文化的创立者。"予欲观古人之象,日、月、星、辰、山、龙、华、虫,作会、宗

---

① 《文子·道原》,李定生、徐慧君校释:《文子校释》,上海古籍出版社2004年版,第29页。
② (宋)朱震撰,种方点校:《汉上易传》卷九《说卦传》,中华书局2020年版,第501页。
③ 《礼记·中庸》,《礼记正义》,(清)阮元校刻:《十三经注疏》,中华书局1980年版,第1634页。
④ 刘泽华:《中国的王权主义》,上海人民出版社2000年版,第438页。

彝、藻、火、粉、米、黼、黻、絺、绣,以五采彰施于五色作服,汝明。"①虞舜将自然五采运用于社会文化领域,不但使之转化为五色,并且为其规定了特殊的文化意义和政治功能,这一举措赋予了自然五采的"社会化"因素是显而易见的,虞舜也毋庸置疑应该被视作五色文化的创造者。

郑玄对"采"和"色"这两个概念进行了辨析:"性曰采,施曰色。"②"未用谓之采,已用谓之色。"③色彩有天然色和人工色之分。前者指的是自然界中万物通过太阳光的发射、折射、透射所呈现出来的颜色;后者则是指利用人工通过各种手段改变事物原有的色彩,比如布匹的漂染,纸张的印色,器物的涂色、漆色,绘画中的填色。五采是客观存在并且未经人工雕琢的自然现象,五色则是利用自然中的染色原料使物体发生颜色上的改变,并被赋予了社会文化内涵的产物,它既是一种物质现象,也是一种文化现象。从五采到五色的蜕变,是五色文化诞生的标志。而在很多古代学者看来,圣君虞舜正是这一蜕变过程的主导者。

董仲舒也认为五色是圣人为了化治人性、建立秩序而创造的事物之一。《春秋繁露·保位权》:"圣人之治国也,因天地之性情,孔窍之所利,以立尊卑之制,以等贵贱之差。设官府爵禄,利五味,盛五色,调五声,以诱其耳目,自令清浊昭然殊礼,荣辱踔然相驳,以感动其心,务致民令有所好。有所好然后可得而劝也,故设赏以劝之。有所好必有所恶,有所恶然后可得而畏也,故设罚以畏之。既有所劝,又有所畏,然后可得而制。制之者,制其所好,是以劝赏而不得多也。"④为了能够有效地控制民众,圣人从人情好恶出发,创造了五色、五味、五声和官府爵禄等一系列事物,其目的在于既要使民众保持一定的欲望,又要通过政治手段对他们的欲望进行合理的调节,以期符合君主统治的利益。

圣人在改变人类生存方式,改变人与禽兽杂处的野蛮状态的同时,赋予自然界的实在之物以文化意义,使人类获得了不同于禽兽的面对世界的方式。这就是所谓人类文明的诞生。五色文化是人类文明的重要组成部分。圣人赋予自然五采政治文化意义,使之转化为社会文化符号,从而改变了人

---

① 《尚书·虞书·益稷》,《尚书正义》,(清)阮元校刻:《十三经注疏》,中华书局1980年版,第141页。
② 《尚书·虞书·益稷》孔颖达疏引郑玄,《尚书正义》,(清)阮元校刻:《十三经注疏》,中华书局1980年版,第142页。
③ 《礼记·月令》孔颖达疏引郑玄,《礼记正义》,(清)阮元校刻:《十三经注疏》,中华书局1980年版,第1371页。
④ (汉)董仲舒:《春秋繁露·保位权》,苏舆:《春秋繁露义证》,中华书局1992年版,第173页。

类生活与颜色建立联系的方式。从这种意义上来说,天地是自然五采的创造者,圣人却是五色符号与五色文化的真正发明者。

对五色的认识是一种极具特殊性的经验和知识。英国人类学家维克多·特纳曾经指出,颜色的象征含义"带有人类体质经验,同时也带有社会关系的痕迹"①。圣人创制五色文化论与天地生成自然五色论在理论上存在着某种关联。不论是把圣人看作天道、地道、人道之原,还是认为"道高于圣人……圣人的功能是对道的体认和发现",抑或是认为"道、圣分工协作成就万物和人类社会。其要义就是'天地生之,圣人成之'八个字",总而言之,圣人与天道密不可分,甚至混融为一体,是古代思想家对有关"圣人"与天道关系的共识②。因此,归根到底,五色文化是圣人的发明,也是天道的产物,是"天人合一"的结晶。

虽然圣人创制论包含了很多传说的成分,但是在现实生活中,传统五色文化确实是古人把对自然色彩的认识与社会文化融为一体的产物。"天道"最核心的内涵就是政治之道。圣君虞舜将自然五采运用于社会文化领域,不但使之转化为五色,并且赋予其特定的文化意义和政治功能,推动了五色政治符号的生成。政治性成为自然五采最先被赋予的也是在此后发展过程中作用最为突出的文化属性。可以说,自然五采与政治文化有机结合的过程,正是反映"天人合一"政治思维形成机制的一个典型案例。

从认识规律上来看,色彩知识及其实践是人类向大自然学习的结果。大自然是人类的启蒙老师。人类最初的知识主要来源于对自然现象的观察和思索。对色彩的认识和运用正是他们观察和摹拟动植物的自然色彩的结果。《尚书·虞书·益稷》:"予欲观古人之象,日、月、星、辰、山、龙、华、虫,作会、宗彝、藻、火、粉、米、黼、黻、绣,以五采彰施于五色作服。"③古代思想家认为,画绘之事是圣人智者"仰以观天之文,俯以察地之理,近取诸身,远取诸物,或象其形与其性,或象其色与其用"的产物。④

从生产实践的条件和过程来看,在化学合成颜色的技术出现之前,染料主要来源于农作物,印染业受农耕生产周期制约非常大。《礼记·月令》:

---

① 转引自[英]汪涛:《殷人的颜色观念与五行说的形成及发展》,[美]艾兰(S.Allan)、[英]汪涛、范毓周编:《中国古代思维模式与阴阳五行说探源》,江苏古籍出版社1998年版,第275页。
② 刘泽华:《中国的王权主义》,上海人民出版社2000年版,第432页。
③ 《尚书·虞书·益稷》,《尚书正义》,(清)阮元校刻:《十三经注疏》,中华书局1980年版,第141页。
④ (宋)王昭禹:《周礼详解》卷三七,《景印文渊阁四库全书》第91册,第575页。

"令民毋艾蓝以染。"①这是因为蓝蓼尚未到收割的季节。在落后的生产条件下,印染产品的质量受到自然界气候条件(包括温度、湿度)的影响特别大。《礼记·月令》:"是月也,命妇官染采。"②因为此月暑湿,适宜染帛。在染色之前所作的准备工作——"湅丝"(即把生丝变为熟丝)工艺本身就是一个仰赖和借助昼夜阴阳变化之力的过程。首先要把栏木烧成灰,把丝帛放入煮熟的灰里渥淳,也就是把丝帛浆厚,然后再放进一个盛有蜃灰(蛤壳烧成的灰粉)的光滑器皿中进行过滤,过滤之后择去蜃灰,用水清洗,然后再过滤,再涂上蜃灰,晾于天井,经过一夜之后再洗再过滤,然后放在太阳底下曝晒,如此七天七夜才能大功告成。宋儒王昭禹认为,所谓的水湅,并不是渥淳的工艺让生丝变成熟丝,而是"以阴阳之气之使熟而已",即"昼暴诸日则以阳气温之也,夜宿诸井则以阴气寒之也"。他因此深深体会到,"虽一练之微且不可偏废,自非深达乎性命之理者乌能至此哉!"③其实应该反过来说,古人正是在这七日七夜的湅丝过程中体验到了阴阳变化之力,从这一练之微中感悟出了深厚的性命之理。

天地是宇宙万物的本源,是先民知识的起点。关于天地的知识和经验经过长期积累以及学理升华,最终积淀成为支撑传统思想文化的终极依据。其中色彩作为天地万物最容易为人类所直观感受的特征属性,对其的视觉经验和常识很早就成为人类建构认知方式与文明思维的重要资源,五色文化尤其是五色政治符号的建构过程深刻反映了古人探索"天人"如何在政治生活中"合一"的思想和实践轨迹。

---

① 《礼记·月令》,《礼记正义》,(清)阮元校刻:《十三经注疏》,中华书局1980年版,第1370页。
② 《礼记·月令》,《礼记正义》,(清)阮元校刻:《十三经注疏》,中华书局1980年版,第1371页。
③ (宋)王昭禹:《周礼详解》卷三七,《景印文渊阁四库全书》第91册,第577页。

第二章　五色符号的运用与"天人合一"的政治实践

"天人合一"作为一种古老的哲学思想,很早就在政治生活中发挥着指导作用。商周时期的神道设教、"敬天保民"思想都是"天人合一"政治哲学的早期形态,并在春秋战国时期得到了系统化的发展。"天人合一"成为政治思想的核心内容,既是政治生活中要实现的最高境界,也是政治生活中必须遵循的根本准则。对阴阳五行规律的掌握和运用则是实现"天人合一"理想政治境界的具体手段。在阴阳五行基础上形成的五色符号也因此在"天人合一"政治理想蓝图的实践过程中发挥了重要作用:一是以五色符号的文化内涵作为政治制度设计的主要依据以及政治礼仪操作的基本元素;二是以五色符号作为"天人合一"政治理念传播的主要载体。

第一节　五色时空符号与"天人合德"政治活动原则

据考证,对四时四方的认知可能是阴阳五行学说最早的形态,甚或可以说是后者的源头。[1] 五时五方色彩符号可能是五色与五行建立联系的最初形态,奠定了传统色彩文化的底色。先民在政治生活中对五时五方色彩符号的运用和反思,也成为"天人合德"思想的最早实践方式,并构成了传统政治文化的最初内核。所谓的"合",不仅仅是指通过对五时五方服色符号的利用,将四时之政理论转化为切实的政治实践,以实现顺应天时、契合天道的社会政治活动基本原则,从而为确保政事顺遂并获得上天眷顾、维持天命不至坠灭创造重要条件,更重要的是通过对五时五方色彩符号的占有和利用,实现天与人(主要指的是君主)在外在形象和内在属性上的吻合。

一、五时五方的色彩符号化

五时五方色彩符号,即象征春季和东方的青色,象征夏季和南方的赤

---

[1] 参见常正光:《阴阳五行学说与殷代方术》,[美]艾兰(S.Allan)、[英]汪涛、范毓周编:《中国古代思维模式与阴阳五行说探源》,江苏古籍出版社1998年版,第245页。

色,象征秋季和西方的白色,象征冬季和北方的黑色和象征季夏和中央的黄色,这一先民崇拜对象中最早具有系统性的符号体系,则来源于先民最早的体系化信仰——时空信仰。五时五方与五色匹配观念是人类对大自然进行初步探索并形成初步认识的产物,五时五方色彩符号是传统色彩文化中最早诞生的色彩符号之一。

事实上,以色彩标识时令和方位是世界上很多民族在早期历史阶段都会出现的风俗习惯之一。例如,古印度文化中有以白与中央,蓝与东方、黄与南方、绿和红与西方、黄和绿与北方相匹配的传统。[1] 澳洲地区的祖尼人把空间划分为北、南、西、东、上、下、中,每个区域都有专门的颜色,以反映该区域的特性。"北方是黄色的,据说,是因为日出日落之光都是黄色的;西方是蓝色的,因为日落时在那边可以见到蓝光。南方是红色的,因为那里是夏天和火的区域,而夏天和火都是红色的。上方区域是彩色条纹的,就如同云缝间透出的道道光芒。而中部乃是世界的中心,它代表着所有的区域,同时兼具所有的颜色。"[2]

这是因为,对时空规律的了解、判断和掌握是人类生存的必备知识。无论是春耕夏种、秋收冬藏的农业国家,还是逐水草而迁徙的游牧民族,或者是依靠季风力量穿行于茫茫大海之上的商业民族,越是在人类社会的早期,时空规律对人类的限制和约束就越大。时空观念最早构成了人类思想意识的重要组成部分。

中国作为一个有着悠久的农业传统的国家,在相当漫长的历史时期内更是无法摆脱季节轮回对生产、生活的调节和支配。虽然未必人人都会对时间的起源、时间的物质性和精神性、时间的绝对性与相对性等问题进行哲学性的反思,但是中国人的时间感,至少对四时节气的感知,其程度之强烈是毋庸置疑的。从带有宗教色彩的时服、荐新、迎气等象征性的活动,到古代诗人在平淡岁月里留下的大量岁时杂咏都有充分的展现。

对空间的正确理解和把握同样是人类生存必须具备的重要技能。只有具备了正确的方位感,先民才能在外出狩猎、采集之后顺利地与同伴会合,回到居住的地方。长期的观察和经验告诉他们,向阳的树枝总是长得比向阴的繁盛,果实也比较早成熟。随着古代文明的发展,城墙、宫殿等大型建

---

[1] [墨西哥]费雷尔(E.Ferrer):《色彩的语言》,归溢等译,译林出版社2004年版,第17—18页。
[2] [法]爱弥尔·涂尔干(Emile Dukheim)、马塞尔·莫斯(Marcel Mauss):《原始分类》,汲喆译,上海人民出版社2000年版,第46—47页。

筑的设计和营造需要他们掌握更加复杂的空间概念,这是出于建筑物牢固、美观的实用需要,也是出于某种宗教需求。例如,殷人在宫殿的设计中讲究选择方向并能够做到准确地测定方向,其用意是"为了取得方神的恩赐吉祥和免除灾祸"①。

将时间和空间视为不可分割的统一体,是中华民族时空观念的特点之一。这种特殊的观念是建立在先民测定四方、四时的实践基础上的。常正光认为,殷人通过在一日之内测得日出日入之际的表影端点来测定准确的东西方向线,并以此为基准测得南北方向线。观象授时则建立在测定四方的基础上。东西线可以判定春分和秋分的到来,而据南北线观测中星及斗柄的指向,又是判定夏至和冬至的一种手段。②

这种测定方式将时间与空间不可分割的观念牢牢根植于古人的心目中。五千年的古典农业生活就是在这样一个万物春生夏长、日月东升西落的时空交融的自然环境中缓缓拉开序幕。在这种思想环境中孕育生长的色彩文化也不可避免要受到时空观念的形塑。

冯时通过对一系列出土文物的解读,如陶寺的槷表、殷墟妇好墓的青白玉篦,认定方色思想可以追溯到公元前三千纪中叶甚至更早,因为他认为这一时期的方色思想实际上已经与天文观和哲学观建立了联系,超越了对颜色本身的认知,说明这种思想此前已经经历了较长时间的孕育发展。此外,他又通过展示殷墟王峪口村南94号墓的五色石以及安徽钟离国君柏墓的五色封土等相关遗存,系统论述了方色思想的文化影响。③ 汪涛也在商代卜辞中发现了方色思想的痕迹,如黄色动物专门用于祭祀四方④,是色彩与方位存在某种联系的较早证据之一。以确切文献而言,最晚在西周时期就已经明确出现了五色象征五方的表述。在《逸周书》中记载了周公作雒时以五色标识五方的做法:"乃建大社于国中,其壝东青土,南赤土,西白土,北骊土,中央釁以黄土。"⑤文中所述的黄色象征中央观念,其源头或许就发源于商代祭祀活动中黄色位于中央的做法。冯时指出,黄色象征中央的观念是建立在居中而治的政治观基础上的,而这种政治观的形成有赖于通过

---

① 常正光:《阴阳五行学说与殷代方术》,[美]艾兰(S.Allan)、[英]汪涛、范毓周编:《中国古代思维模式与阴阳五行说探源》,江苏古籍出版社1998年版,第246页。
② 参见常正光《阴阳五行学说与殷代方术》中关于殷人如何测定四时、四方的论述。
③ 参见冯时:《自然之色与哲学之色——中国传统方色理论起源研究》,《考古学报》2013年第2期。
④ 参见[英]汪涛:《颜色与祭祀:中国古代文化中颜色涵义探幽》,郅晓娜译,上海古籍出版社2013年版,第196页。
⑤ 黄怀信、张懋镕、田旭东等:《逸周书汇校集注》,上海古籍出版社2007年版,第534页。

立表求得天地之中才能够实现。①

在建筑设计过程中所体现出来的强烈的方位意识和定位思维,也会运用到一些礼仪活动中,具体表现之一就是服饰、礼器的设色主要遵循五色与五方匹配的原则。如《礼记》中记载了一种"救日"的仪式,即在日食发生的时候,诸侯要随从天子"救日",在这一过程中"各以其方色与其兵"②,也就是要以自己所在方位的象征色彩作为士兵阵容的标识。

在进行会同之礼的过程中,天子与诸侯相见之后,要举行祭祀方明的仪式。所谓"方明",大多解释为"上下四方神明之象",据说是用槐木做成的一个"方四尺"的器物,六面分别设为六色,"东方青,南方赤,西方白,北方黑,上玄,下黄",用来代表"上下四方之神"。由于方明主要使用于会盟的仪式中,所以所谓"明",可以解释为"证明""明鉴",也可以解释为"神"——因为祭祀"方明"的目的就在于请上下四方之神明鉴盟约的真实性,为盟约的有效性作证③。

从先秦开始,在很多祭祀活动中都有奠玉帛的仪轨。玉石颜色的选择颇有讲究。其中在"以玉作六器,以礼天地四方"的祭祀仪式中,是参照五色与五方匹配的原则来选择玉石颜色的:"以苍璧礼天,以黄琮礼地,以青圭礼东方,以赤璋礼南方,以白琥礼西方,以玄璜礼北方。"④

在《周礼》所设置的官职中,有一个称为"龟人"的职位,其职责是"掌六龟之属"。所谓"六龟",分别为"天龟"(又称为灵属)、"地龟"(又称为绎属)、东龟(又称为果属)、"西龟"(又称为靁属)、"南龟"(又称为猎属)、"北龟"(又称为若属)。这是主司龟卜的一种官职。庞朴认为周人本族虽然以卦卜为主,但是在接受殷商文化以后,也接受了龟甲刻画的卜筮方法⑤。不过其操作方式是"各以其方之色、与其体,辨之"⑥。方位与色彩的搭配情况是判定吉凶的重要依据之一。

---

① 参见冯时:《自然之色与哲学之色——中国传统方色理论起源研究》,《考古学报》2013年第2期。
② 《礼记·曾子问》,《礼记正义》,(清)阮元校刻:《十三经注疏》,中华书局1980年版,第1394页。
③ 《仪礼·觐礼》,(汉)郑玄注,(唐)贾公彦:《仪礼注疏》,(清)阮元校刻:《十三经注疏》,中华书局1980年版,第1092页。
④ 《周礼·春官·大宗伯》,(汉)郑玄注,(唐)贾公彦疏:《周礼注疏》,(清)阮元校刻:《十三经注疏》,中华书局1980年版,第762页。
⑤ 参见庞朴:《阴阳五行探源》,《中国社会科学》1984年第3期。
⑥ 《周礼·春官·龟人》,《周礼注疏》,(清)阮元校刻:《十三经注疏》,中华书局1980年版,第804页。

《国语》中亦有白色与西方匹配,白虎为蓐收之官的说法,证明了至迟在春秋时期,色彩与方位的匹配关系已经比较成熟了。据记载,虢公曾经梦见"有神人面白毛虎爪,执钺立于西阿之下"①。在做梦这样的潜意识活动中,对神人形象的想象仍能遵循色彩与方位匹配的原则,可见五方色彩观念对当时人影响程度之深。

色彩与时令的匹配观念起源时间相对于方色思想仍不十分确切。冯时通过对公元前2300—公元前1900年陶寺遗址出土的槷表颜色的分析,认为时令色彩符号应该已经出现,槷表上黑色最长,红色最短,绿色居中,这与四时日影长度一致,说明颜色与时令存在密切关联②。不过,这种配色原则此时是否已经对社会生活以及其他族群文化产生广泛影响,从而形成一种较为固定的思维方式,仍不确定。至少从现存的西周初年金文来看,色彩与时令匹配的观念似乎未对周人这一族群产生确切影响。白川静对铭文中的"赤旂舟"进行了考证,认为"此器铭中言二月者,与季节不一致",也就是说二月时节在舟中树立赤色旗帜,这与五行思想中孟夏树赤旗的安排不吻合③。直到《管子》成书的年代才见到五色与五时相匹配的确切表述。不过,任何一种认知和礼俗,都不是横空出世的,应该是经历了较长时间的积淀。未来仍需要对五色与五时匹配关系的形成进行进一步的探索。

可以明确的是,至迟在战国时期,五色、五时与五方已经完全一体化了。长沙子弹库楚墓出土的战国帛书就是一个有力的印证。帛书中的创世神话和月令宜忌是以文字形式记录了古人对自己所处的时空范围的认识,而帛书四隅所绘的青、赤、白、黑四色木,则是以色彩和图形的方式对古人的时空观念做了形象的展示。在这一展示中,五色、五方、五时互为象征、互相指代的文化现象已经充分体现。远古创世神话中提到,在日月被创造出来之前,伏羲和女娲所生的四个儿子,各掌一时,各守一方。掌管四时、四方之神皆以颜色命名,并对应帛书四隅的四色神木。"伥曰青□檊",即东方春分神之名,对应帛书上的青木。"二曰朱四兽",即南方夏至神之名,对应帛书上的赤木。"三曰□(表示残字)黄难",据饶宗颐考证,残字可以解释为"翏",训为白④,因此翏黄难即西方秋分神之名,对应帛书上的白木。"四曰□(表示残字)墨檊"即北方冬至神之名,对应帛书上的黑木。由此可见,

---

① 《国语·晋语》,徐元诰:《国语集解》,中华书局2002年版,第283页。
② 参见冯时:《自然之色与哲学之色——中国传统方色理论起源研究》,《考古学报》2013年第2期。
③ 周法高编:《金文诂林补》,"中央研究院"历史语言研究所1982年版,第2708页。
④ 转引自冯时:《中国天文考古学》,中国社会科学院出版社2007年版,第33页。

第二章　五色符号的运用与"天人合一"的政治实践

色彩与时令以及时令之神的匹配关系已经初步形成。

帛画上尚未出现象征中央的黄色,但是在帛书的行文中也已经有所体现。"四神乃乍,至于遂,天旁逴,攼敓之青木、赤木、黄木、白木、墨木之精。"这也暗示了另一种时空系统的存在——五方、五时。在方位上,黄色与中央之位匹配。五方中的"中央之位"实际上可以看作是先民以自身为中心,俯视大地、仰望天空、观照四周的时候所处的位置。人类作为自然界最高级的动物,其所处的位置当然是最尊贵的。与之相配的黄色也因此具有了特殊的地位。在时令上,黄色与五时之中匹配。然而从历法上说,一年仅有春夏秋冬四季,何来第五个季节呢?"五时之中"具体指的是一年中的哪一个时段呢?关于这个问题,存在着几种说法。孔颖达认为,上古的人们原先并没有在春夏秋冬四季中专门指定一个时段与土相配,而是以每个季节的最后十八天与之对应,渗透于四季的排列方式显示了"土王四季"的特殊职分[①]。孙希旦认为,根据五行"火生土,土生金"的原则,土在火、金之间,其气于季夏之末达到最盛,因此土的对应时分确定在季夏之末,在四时转换顺序上居于中间位置,体现了土"居四时之中央",以此来实现"土王四季"的职能[②]。

五色与五方、五时匹配观念也是在先秦时期较早取得广泛认同的色彩观念之一,这在民间习俗中可以得到充分印证。《墨子》一书中记述了墨子北上齐国途中与一位日者相遇的故事。日者劝告墨子说:"帝以今日杀黑龙于北方,而先生之色黑,不可以北。"结果墨子没有听从他的劝阻,径直北上,平安返回后,日者仍然坚持说:"我谓先生不可以北"。墨子反驳说:

> 南之人不得北,北之人不得南,其色有黑者,有白者,何故皆不遂也?且帝以甲乙杀青龙于东方,以丙丁杀赤龙于南方,以庚辛杀白龙于西方,以壬癸杀黑龙于北方,若用子之言,则是禁下行者也,是围心而虚天下也,子之言不可用也。[③]

这段对话保存了当时出行禁忌的宝贵资料。禁忌要求出行者要避开与自己色彩相对应的时间和方位,反映了五色与五方匹配的观念是这些出行

[①] 《礼记·月令》孔颖达疏,《礼记正义》,(清)阮元校刻:《十三经注疏》,中华书局1980年版,第1348页。
[②] (清)孙希旦:《礼记集解》卷一六《月令二》,中华书局1989年版,第460页。
[③] 《墨子》卷一二《贵义》,吴毓江撰,孙启治点校:《墨子校注》,中华书局1993年版,第689页。

禁忌的主要依据。

日书是广泛流行于战国秦汉时期中下社会阶层日常生活生产手册的一种,反映了当时诸多民间习俗和观念①。在睡虎地秦简的简文中可以看到许多以五色与五时五方匹配为依据的禁忌,这就证实了五色与五时五方匹配观念的普及程度。如在一则名为"病"的竹简中,书写了如下内容:"甲乙有疾,……烦居东方,岁在东方,青色死。"②根据吴小强的注释,这句占词的意思是:"甲乙日得病,烦扰在东方,岁星在东方,见到青色东西就会死掉。"③此外还有"丙丁有疾,王父为祟,得之赤肉、雄鸡、酉,……烦居南方,岁在南方,赤色死"。"戊己有疾,巫堪行,王母为祟,得之于黄肉索鱼、堇、酉,……烦居邦中,岁在西方,黄色死"。"庚辛有疾,外鬼伤死为祟,得之犬肉、鲜卵白色,……烦居西方,岁在南方,赤色死。"④疾病来源的事物、导致死亡的事物,两者的颜色与岁星和烦扰的时间、方位之间的匹配方式基本遵循了以五色指代五方的原则。

二、五时五方色彩符号的社会认同

以色彩标识方位和时令的观念和礼仪习俗虽然起源很早,却没有随着时间的流逝而泯灭,而是在后世得到了较好的保留和延续,甚至成为五色的最基本属性,从而为"天人合德"政治活动原则的实践奠定了重要的认知基础。

(一) 五方色彩观念

古人对五色的认识和运用表现出上古时期色彩时空符号化观念深刻影响的印记。比如对山岳之神形象的想象和塑造就充分体现了颜色与方位匹配的原则。东岳之神泰山君服青袍,戴苍璧,乘青龙,所展现的是以东方之色青色为主色调的形象。南岳之神衡山君服朱光之袍,戴九丹日精之冠,乘赤龙,所展现的是以南方之色赤色为主色调的形象。中岳之神嵩高君服黄素之袍,戴黄王太乙之冠,乘黄龙,所展示的是以中央之色黄色为主色调的形象。西岳之神华山君服白素之袍,乘白龙,所展示的是以西方之色白色为主色调的形象。⑤

---

① 参见吴小强:《秦简日书集释》,岳麓书社2000年版,第14页。
② 吴小强:《秦简日书集释》,岳麓书社2000年版,第70页。
③ 吴小强:《秦简日书集释》,岳麓书社2000年版,第73页。
④ 吴小强:《秦简日书集释》,岳麓书社2000年版,第70页。
⑤ 参见(明)董斯张:《广博物志》卷一四《灵异》,《景印文渊阁四库全书》第980册,第288页。

这种想象在官方祭祀所用的器物中也有所体现。元代祭天所用五岳之旗以各方之色为底色,旗帜上绘有神人形象,其服饰或是依据方位采用同色系,或是为了与底色分明而采用相近色和对比色。东岳旗为"青质,赤火焰脚",所绘神人服饰也以青色为主,"黄襕,青袍,绿裳,白中单,素蔽膝,执圭";南岳旗为"赤质,青火焰脚",神人"黑襕,绯袍,绿裳,黄中单,朱蔽膝,执圭";中岳旗为"黄质,赤火焰脚",神人"皂襕,黄袍,绿裳,白中单,素蔽膝,执圭";西岳旗为"白质,赤火焰脚",所绘神人为"青襕,白袍,绯裳,白中单,素蔽膝,执圭";北岳旗为"黑质,赤火焰脚",神人为"红襕,皂袍,绿裳,白中单,素蔽膝,执圭"[①]。

军事活动中更不乏色彩与方位匹配的案例。在《水浒传》第七十六回《吴加亮布四斗五旗,宋公明排九宫八卦阵》中,罗贯中花费大量笔墨对梁山好汉五色军阵进行了栩栩如生的描绘:"正南上这队人马,尽都是火焰红旗,红甲红袍,朱缨赤马,前面一把引军红旗,上面金销南斗六星,下绣朱雀之状。"先锋大将霹雳火秦明也是一身赤色装束,"盔顶朱缨飘一颗,猩猩袍上花千朵。狮蛮带束紫玉团,狻猊钮露黄金锁。狼牙木棍铁钉排,龙驹遍体胭脂抹。红旗招展半天霞,正按南方丙丁火"。

东壁一队人马"尽是青旗,青甲青袍,青缨青马,前面一把引军青旗,上面金销东斗四星,下绣青龙之状。"其为首的左军大将大刀关胜也是一身青色调打扮,"蓝靛包巾光满目,翡翠征袍花一簇。铠甲穿连兽吐环,宝刀闪烁龙吞玉。青骢遍体粉团花,战袄护身鹦鹉绿。碧云旗动远山明,正按东方甲乙木"。

西壁一队人马"尽是白旗,白甲白袍,白缨白马,前面一把引军白旗,上面金销西斗五星,下绣白虎之状。"领头的右军大将豹子头林冲也是一身素色穿戴,"漠漠寒云护太阴,梨花万朵叠层琛。素色罗袍光闪闪,烂银铠甲冷森森。赛霜骏马骑狮子,出白长枪搦绿沉。一簇旗幡飘雪练,正按西方庚辛金"。

后面一簇人马"尽是皂旗,黑甲黑袍,黑缨黑马,前面一把引军黑旗,上面金销北斗七星,下绣玄武之状。"带队的合后大将双鞭呼延灼一身皂色装扮,"堂堂卷地乌云起,铁骑强弓势莫比。皂罗袍穿龙虎躯,乌油甲挂豺狼体。鞭似乌龙搦两条,马如泼墨行千里。七星旗动玄武摇,正按北方壬癸水"。

东南方向的军队则以东方青色为旗色,以南方红色为铠甲之色。西南

---

① 《元史》卷七九《舆服志二》,中华书局1976年版,第1967页。

方向军队以南方红色为旗色,以西方白色为铠甲之色。东北方向军队以北方皂色为旗色,以东青色为铠甲之色。西北方向军队以西方白色为旗色,以北方黑色为铠甲之色。

最后罗贯中描写了八阵中央南门马军。在"杏黄旗"下,"那两员首将都骑黄马,上首是美髯公朱仝,下首是插翅虎雷横,一遭人马尽都是黄旗,黄袍铜甲,黄马黄缨"①。

李桂奎认为,由于罗贯中深受传统五色文化熏陶并十分讲究设色之道,《水浒传》中在人物形貌、仪仗、军阵等方面向读者呈现出一幅五彩斑斓的色彩图式。尤其第七十六回对梁山泊英雄着装的描绘"基本贯彻了这种'五方'支配下的'五色'布局原则"②。这种说法是合理的。不过,他对罗贯中的色彩描绘进行的分析和评价需要商榷。李桂奎认为,"中国古代军事家关于战场的'方阵'布置本来仅仅是为了通过阵容的严整来壮大声威,向对方显示一下战斗力,然而,在讲究布局之美的小说家笔下,有关阵势的描写有时便成为极富美感的'五彩斑斓'的'拼图'"③。这种说法在某种程度上可能有一定合理性,但并不完全准确。

《水浒传》中对五色军阵的描写应该是以现实军事生活为基础的,绝非小说家片面出于审美需要或者迎合读者迷信心理的杜撰和虚构。上文所述《墨子》所设计的色彩与方位匹配的迎敌法术,对后世产生了一定的影响。或许虽然方色战旗渐渐褪去了巫术色彩,但由于起到方便指令的作用,因此仍然保留在军事训练和实战中。古代的很多兵书中都记载了以五方色的旗帜作为阵势标识的军阵编排方式。曾公亮撰写的《武经总要》提到,在演练前夕,诸营将校便"各分方位,立旗以自表",东军立青旗,西军白旗,南军赤,北军黑,大将居于中,黄牙旗以为四旗之主,诸军行止,都惟大将之旗是瞻。④

旗帜颜色的象征意义在战争中具有特别重要的功能和作用。它是能够迅速、直观地识别阵势、传递信息的重要符号。在战争中黄旗可以使各方面军队识别指挥中心所在位置,迅速取得联络并获得指令。其他颜色的旗帜则有指示敌人来犯方向的作用:"若南方有贼,大将举赤旗以应之;东方有贼,则举青旗以应之,西方有贼,则举白旗以应之,北方有贼,则举黑旗以应

---

① (明)施耐庵、罗贯中:《水浒传》,人民文学出版社1997年版,第1038—1042页。
② 李桂奎:《论〈水浒传〉的设色之道及其"五色"构图原理》,《明清小说研究》2004年第4期。
③ 李桂奎:《论〈水浒传〉的设色之道及其"五色"构图原理》,《明清小说研究》2004年第4期。
④ (宋)曾公亮等著,陈建中、黄明珍点校:《武经总要·前集》卷二《习勒进止常法》,商务印书馆2017年版,第25页。

之,无战常偃之,举旗令诸军知敌所从来也。"①

明代著名将领戚继光为了改变"东南驻军旌旗用色混杂多样,使得士兵不知归属,进退无法"的状况,曾经提出了一套完整严谨的旌旗设计方案,其主要思想就是以"五色"作为分类编队的基数,方色以旗心的色彩为准,"使军队不致于混淆编队"②。

由此可见,五色与五方匹配的观念在军事活动中的运用绝非迷信思想的反映,而是有其实用价值的,因此才会被古代军队广泛实践。

色彩与方位的密切联系还成了古人解读某些异常现象的依据。"青"象征东方,因此常常被古人视为对太子居住之处——东宫(也称春宫)的暗喻。北周建德六年,青城门无故自崩,为世人质疑太子政治品德和能力提供了依据。"青者东方色,春宫之象也。时皇太子无威仪礼节。青城门无故自崩者,皇太子不胜任之应。"《隋书》的作者认为,周武帝本应该因此改变继承人的人选,但他未能领会这次事件的寓意,结果第二年太子继位,"果为无道",这就为北周的灭亡埋下了祸根。③ 当然,这种联系本身有虚假之处,但其中古人对色彩的象征意义的重视无疑体现得很明显。

种种历史现象表明,五色与五方匹配已经成为一种相对固定的思维模式,对人们的思维活动起到了支配和指示的作用。

(二) 五时色彩观念

在中国古代的思想领域和社会生活中,广泛存在着色彩与时令匹配的文化现象。以带颜色字的词汇为四时之气分别命名是色彩与时令匹配最典型的例子。春为青阳,夏为朱明,秋为白藏,冬为玄英。郑玄以色彩为不同时节太阳的运行轨迹分别命名。"日之行,春,东从青道";"夏,南从赤道";"秋,西从白道";"冬④,北从黑道"⑤。据说,上古时期的圣君有以五色为五时之官命名的习惯。《左传·昭公十七年》孔颖达疏引服虔:"黄帝以云名官。盖春官为青云氏,夏官为缙云氏,秋官为白云氏,冬官为黑云氏,中官为黄云氏。……太皞以龙名官,春官为青龙氏,夏官为赤龙氏,秋官为白龙氏,

---

① (宋)曾公亮等著,陈建中、黄明珍点校:《武经总要·前集》卷五《军行次第》,商务印书馆2017年版,第67页。
② 邱春林:《古代旗幡设计与五色观念——以戚继光的旌旗设计为例》,《东南文化》2005年第4期。
③ 《隋书》卷二二《五行志上》,中华书局1973年版,第632页。
④ 原文为"东",据四库全书本改为"冬"似乎更为贴切。
⑤ 《礼记·月令》郑玄注,《礼记正义》,(清)阮元校刻:《十三经注疏》,中华书局1980年版,第1353、1364、1372、1380页。

冬官为黑龙氏,中官为黄龙氏。"①青、赤、白、黑、黄四色与春夏秋冬四时之官以及中官分别对应。

在色彩与时令匹配观念的影响下,从朝廷到民间都形成了以时令象征色来顺应时令之气的习俗。春天是一个特别突出的例子:一年之计在于春,古人对春天表现出异乎寻常的关注,采取了种种措施保证时气的顺畅流行,色彩符号的广泛运用是其中一种重要的手段。东汉时期的皂衣群吏从立春那天开始要"春服青帻",一直到立夏才换掉,其目的在于"助微顺气,尊其方也"②。辽代妇女在立春那天要进献春书,所谓的春书就是用青绉裁成的旗帜,将之衔在雕刻的龙像口中。宋代有簪春幡的习俗。据常建华考证,春幡指的是一种用青缯制成的发饰。③ 在寒食节有吃青精饭的习惯。杨桐叶细冬青,临水而生者尤其茂盛,人们在寒食节采摘杨桐叶子染饭,色青有光,称为"杨桐饭",据说吃了可以"资阳气"。道教也把这种饭称为"青精乾石饲饭",这个叫法源于太极真人授王褒青精乾石饲饭的传说。有时古人还试图利用颜色的巫术作用来干预自然时令。靖康元年,京城上下苦于天气严寒,宋钦宗听从日者王俊民"借春以召和气"的建议,下令城中张挂顺应木德、象征春季的青色旗帜,试图以此召唤春天般的煦暖,驱散酷寒④。

春天籍田仪式所用的器物也以青色为主色调。宋文帝亲耕时,驾苍驷,建青旗,青帻青衮,佩苍玉。当时还在先农坛东面另外设立了御耕坛,"将耕,宿设青幕于耕坛之上"。待天子亲耕礼毕之后,群臣依次推耕,从王公五等开国诸侯、孤卿大夫、士到籍田令,品级越低,推反次数越多⑤。唐宪宗时的籍田礼上,不但先农坛"其色青",而且所用耒耜、韬等"皆以青"⑥。宋朝人认为隋代将奉献给皇帝的穜稑装在青箱之中的做法没有依据,改用竹木箱,不设盖子,两端设襻,以青色作为装饰,箱中分为九格,每格盛放一种种子,覆以青帕⑦。南宋高宗绍兴十四年十一月下诏在次年春天祗祓青坛,亲载黛耟,躬三推之礼。在钱时敏设计的耕籍仪式方案中,后宫也要参与。仪式前三日,由司农进献盛放在青箱之中的九谷穜稑之种。前二日,皇太后率领六宫将种子献给皇帝,第二天交给司农,装入竹木箱,箱子的形制与唐

---

① 《左传·昭公十七年》孔颖达疏引服虔,《春秋左传正义》,(清)阮元校刻:《十三经注疏》,中华书局1980年版,第2083页。
② 《后汉书·舆服志》,中华书局1966年版,第3671页。
③ 常建华:《岁时节日里的中国》,中华书局2006年版,第36页。
④ (宋)徐梦莘:《三朝北盟会编》卷六四,上海古籍出版社1987年版,第483—484页。
⑤ 《宋书》卷一四《礼志》,中华书局1974年版,第354—355页。
⑥ 《新唐书》卷一四《礼乐志》,中华书局1975年版,第359页。
⑦ 《宋史》卷一〇二《礼志五》,中华书局1977年版,第2489页。

代相似。少府专门制作的御用耒耜以及韬皆饰以青,御耕之牛亦为青色,如果找不到青牛,就用黄牛代替,但是要用青罗夹衣盖搭①。

由于青色和春天之间稳定的匹配关系,"青"与"春"成为可以互相置换的词汇。"青袍"也称作"春袍"。梅尧臣的《苏幕遮·草》描绘了"窣地春袍"与嫩绿草色相互映照的美好景象。宋朝规定,八、九品官员着青色章服。这里的"春袍"指的就是刚刚释褐入仕、正值意气风发的宦游少年②。

(三) 时空一体化的色彩观念

由于传统时空意识具有时空融为一体的特点,因此在很多祭祀仪节和民俗习惯中,除了五色与五时、五方分别匹配之外,还常常出现五色、五时、五方三者有机结合的情况。

古代占候之术往往将五色与五时、五方综合起来考虑。京房《日蚀占》以龙的颜色和出现的位置来判断日蚀出现的具体时令。"日之将蚀也,五龙先见于日傍。青龙见于日左,以春蚀;赤龙见于日上,以夏蚀;黄龙见于日中央,以六月蚀;白龙见于日右,以秋蚀;黑龙见于日下,以冬蚀。"③

在很多祭祀活动中,古人相信色彩与时间、空间的完美配合能够起到影响自然环境、改善生存条件的作用。董仲舒设计的雩祀方案就是将色彩、时间、空间三个元素进行精心匹配的典型例子。

> 春旱求雨。令县邑以水日祷社稷山川,家人祀户。无伐名木,无斩山林。暴巫,聚尪。八日。于邑东门之外为四通之坛,方八尺,植苍缯八。其神共工,祭之以生鱼八,玄酒,具清酒、膊脯。择巫之洁清辩利者以为祝。祝斋三日,服苍衣,先再拜,乃跪陈,陈已,复再拜,乃起。祝曰:"昊天生五谷以养人,今五谷病旱,恐不成实,敬进清酒、膊脯,再拜请雨,雨幸大澍。"即奉牲祷,以甲乙日为大苍龙一,长八丈,居中央。为小龙七,各长四丈。于东方。皆东向,其间相去八尺。小童八人,皆斋三日,服青衣而舞之。田啬夫亦斋三日,服青衣而立之。凿社通之于间外之沟,取五虾蟆,错置社之中。池方八尺,深一尺。置水虾蟆焉。具清酒、膊脯,祝斋三日,服苍衣,拜跪,陈祝如初。取三岁雄鸡与三岁豭猪,皆燔之于四通神宇。令民阖邑里南门,置水其外。开邑里北门,具老豭猪一,置之于里北门之外。市中亦置一豭猪,闻鼓声,皆烧豭猪

---

① 《文献通考》卷八七《郊社考二十》,中华书局2011年版,第2665页。
② 《唐宋词鉴赏辞典·唐·五代·北宋卷》,上海辞书出版社1998年版,第453页。
③ (唐)瞿昙悉达著,常秉义点校:《开元占经》卷九《日占五·候日蚀》,中央编译出版社2006年版,第65—66页。

尾。取死人骨埋之,开山渊,积薪而燔之。通道桥之壅塞不行者,决渎之。幸而得雨,以豚一、酒、盐、黍财足,以茅为席,毋断。

夏求雨。令县邑以水日,家人祀灶。无举土功,更火浚井。暴釜于坛,白杵于术。七日。为四通之坛于邑南门外,方七尺,植赤缯七。其神蚩尤,祭之以赤雄鸡七。玄酒,具清酒、脯脯。祝斋三日,服赤衣,拜跪陈祝如春辞。以丙丁日为大赤龙一,长七丈,居中央。又为小龙六,各长三丈五尺,于南方。皆南向,其间相去七尺。壮者七人,皆斋三日,服赤衣而舞之。司空啬夫亦斋三日,服赤衣而立之。凿社而通之间外之沟。取五虾蟆,错置里社之中,池方七尺,深一尺。具酒脯,祝斋,衣赤衣,拜跪陈祝如初。取三岁雄鸡、豭猪,燔之四通神宇。开阴闭阳如春也。

季夏祷山陵以助之。令县邑十日壹徙市,于邑南门之外。五日禁男子无得行入市。家人祠中霤。无举土功。聚巫市傍,为之结盖。为四通之坛于中央,植黄缯五。其神后稷,祭之以母五。玄酒,具清酒、脯脯。令各为祝斋三日,衣黄衣。皆如春祠。以戊己日为大黄龙一,长五丈,居中央。又为小龙四,各长二丈五尺,于南方。皆南向,其间相去五尺。丈夫五人,皆斋三日,服黄衣而舞之。老者五人,亦斋三日,衣黄衣而立之。亦通社中于间外之沟,虾蟆池方五尺,深一尺。他皆如前。

秋暴巫尪至九日,无举火事,无煎金器。家人祠门。为四通之坛于邑西门之外,方九尺,植白缯九。其神少昊,祭之以桐木鱼九,玄酒,具清酒、脯脯。衣白衣。他如春。以庚辛日为大白龙一,长九丈,居中央。为小龙八,各长四丈五尺,于西方。皆西向,其间相去九尺。鳏者九人,皆斋三日,服白衣而舞之。司马亦斋三日,衣白衣而立之。虾蟆池方九尺,深一尺。他皆如前。

冬舞龙六日,祷于名山以助之。家人祠井。无壅水。为四通之坛于邑北门之外,方六尺,植黑缯六。其神玄冥,祭之以黑狗子六,玄酒,具清酒、脯脯。祝斋三日,衣黑衣,祝礼如春。以壬癸日为大黑龙一,长六丈,居中央。又为小龙五,各长三丈,于北方。皆北向,其间相去六尺。老者六人,皆斋三日,衣黑衣而舞之。尉亦斋三日,服黑衣而立之。虾蟆池皆如春。①

---

① (汉)董仲舒:《春秋繁露·求雨》,苏舆:《春秋繁露义证》,中华书局1992年版,第426—437页。

在这个方案中,从主祭人到助祭者各色人等,从缯帛到祭牲各种物品,其设色原则都遵循了五色与五时、五方匹配的思想观念。具体而言,就是在春、夏、季夏、秋、冬等五个不同时令所举行的雩祀活动中,官府要在东门、南门、西门、北门等相应的方位,运用青、赤、黄、白、黑等相应的色彩符号,来向神灵祈祷。鲜明、齐整的色彩搭配给人留下深刻的印象,充分反映了古人对色彩与时令、方位匹配原则的信赖程度。

唐肃宗对掌管天文观测的行政机构进行改革。新设立的官职以五时命名,如春官、夏官、秋官、冬官、中官正等,既负责相应时令的观测,又掌管对应方位的变异,体现了时空合一的思维方式,其官服"从其方色"①,正是依据了五色与时令、方位对应的匹配原则。

(四) 关于天地之色的几种说法

除了东西南北中五个方位以外,还有两个重要而特殊的方位值得探讨。这就是上与下,实际上也就是天与地。在古代,天、地与东西南北四方并称六合,其中"中"这个方位被"地"取代了。关于天地之色主要有四种说法,分别为天苍地黄说、天随四时之色说与地黄说以及天玄地黄说。

1. 天苍地黄说

在这一组颜色词中,苍色和黄色分别指的是自然界中天空、大地的固有色。天苍地黄是人们对自己观察到的自然现象的摹写。于是苍与黄也就成了天与地的文化符号。

毛亨解读了关于天的几种称呼所包含的意义,其中对"苍天"的解释就是从物理色彩的层面进行解释的:"据远视之苍苍然,则称苍天。"②《文公易说》:"如云天之苍苍,便是说形体。"③祭祀天神所用乐曲的歌词也以"苍"修饰天空:"渺渺方舆,苍苍圆盖。"④"苍苍昊穹,覆临下土。"⑤苍穹⑥、苍空⑦、

---

① 《新唐书》卷四七《百官志二》,中华书局1975年版,第1216页。
② 《诗·国风·王风·黍离》毛亨传,《毛诗正义》,(清)阮元校刻:《十三经注疏》,中华书局1980年版,第330页。
③ (宋)朱鉴:《晦庵先生朱文公易说》卷三《上经》,《通志堂经解》第2册,江苏广陵古籍刻印社1996年版,第242页。
④ 《旧唐书》卷三〇《音乐志三》,中华书局1975年版,第1104页。
⑤ 《宋史》卷一三二《乐志》,中华书局1977年版,第3082页。
⑥ 例如,白居易的《和〈大嘴乌〉》:"仰天号一声,似欲诉苍穹。"参见谢思炜:《白居易诗集校注》卷二,中华书局2006年版,第227页。
⑦ 例如,僧鸾的《苦热行》:"扶桑老叶蔽不得,辉华直上凌苍空。"参见《文苑英华》卷二一〇《乐府十九》,中华书局1966年版,第1042页。

苍旻①、苍昊②等都是天空的别称。苍、青意思相通,因此又有青天③、青冥④、青霄⑤之称。今天的人们也许很难理解古人为什么会用色相皆为绿色的苍、青来形容"天"。徐朝华和曾启雄都对这个问题做了一些解释。徐朝华认为,"青"本来表示的是一种共生的孔雀石和蓝铜矿,由于这两种矿物质成分没有固定的比例,导致共生矿或呈蓝绿色,或呈绿带蓝色,或呈蓝带绿色,所以用"青"形容的颜色也就介于蓝绿之间⑥。曾启雄则认为,古代本来并无表示蓝色的颜色词,先秦文献中的"蓝"字,比如《荀子·劝学篇》中的"青出于蓝而胜于蓝"的"蓝"指的是一种用来染青色的植物——蓝草。由这种植物染出来的青色呈现出接近蓝色的色相,因此"青"这个颜色字对应的色相就不仅仅是春天般的绿色,还有天空一样的蓝色⑦。通过对青花瓷以"青"为名,却呈现出浓淡、深浅不一的蓝色这一现象的观察,我们不难理解青天、苍天之说。青色多色相的特性导致青门类的许多颜色字都可以用来修饰"天",如碧天、绿天、碧虚、绿宇等等,都是天的雅称。

　　古人把黄色视为土地的固有色。"天苍地黄,何往何慝。"⑧宋代学者李觏在《徐夫人墓铭》中分别以固有色"苍"、"黄"修饰天、地。其实,中国疆域辽阔,土地的颜色绝非仅有黄色一种。为什么偏偏把黄色视为土地的固有色呢? 这可能是因为生活在中国古代文化的核心区域——黄河、汾河和渭河的交汇地区的华夏先民文明程度远高于蛮夷四裔,从而形成了某种文化自尊意识,体现在土地观念中就是以本地域土地颜色作为一切土地的固有色。

---

① 例如,孟云卿的《行路难》:"君不见高山万仞连苍旻,天长地久成埃尘。"参见《全唐诗》卷一五七,中华书局1960年版,第1609页。
② 例如,钱起的《南中春意》:"惜无鸿鹄翅,安得凌苍昊。"参见《全唐诗》卷二三六,中华书局1960年版,第2611页。
③ 例如,杜甫的《绝句四首》:"两个黄鹂鸣翠柳,一行白鹭上青天。"参见(清)仇兆鳌:《杜诗详注》卷一三,中华书局1979年版,第1143页。
④ 例如,李峤的《中秋月二首》:"盈缺青冥外,东风万古吹。"参见《全唐诗》卷六一,中华书局1960年版,第729页。
⑤ 例如,李翱的《赠药山高僧惟俨诗二首》:"我来问道无余说,云在青霄水在瓶。"参见《全唐诗》卷三六九,中华书局1960年版,第4149页。
⑥ 参见徐朝华:《析"青"作为颜色词的内涵及其演变》,《南开学报》1988年第6期。
⑦ 参见曾启雄:《中国传统五正色辨义与阴阳五行关系之研究》,《科技学刊》2002年第2期。
⑧ (宋)李觏:《徐夫人墓铭》,《李觏集》卷三〇,中华书局1981年版,第344页。

天苍地黄说反映了古人对天地自然性的认识。它成为祭祀天地、六合礼仪所用服饰、器物设色原则的依据之一。《周礼·春官·大宗伯》:"以苍璧礼天,以黄琮礼地。"①用于礼天的苍璧、苍牺和用于礼地的黄琮是对天地固有色的摹拟。

2. 天随四时之色说与地黄说

《周礼·冬官·考工记》:"土以黄,其象方,天时变。"郑玄注引郑众曰:"天时变,谓画天随四时色。"贾公彦疏:"天逐四时而化育,四时有四色,今画天之时,天无形体,当画四时之色以象天。"②这种说法同样以黄色为地的象征符号,但在天之色的问题上与其他说法有所不同,即象征天的色彩符号是多元的。在古人看来,天是化育万物的最高主宰,相对于大地的厚重沉静,天表现出神秘莫测的变化性。它依照四时周期,创造不同的物候,因此其形态、功能也随之表现出四种不同的特性,它的色彩也随之发生变化。

3. 天玄地黄说

天玄地黄是古人对天地之色的另一种认识。《周礼·冬官·考工记》:"天谓之玄,地谓之黄。"③《周易·坤卦》:"天玄而地黄。"天玄地黄实际上指的是天地的象征色而非本色。

古人以玄为象征天的色彩符号。许多以玄构成的名词都包含着与天有关的含义。例如,《管子·幼官》:"令曰:'以尔壤生物共玄官。'"房玄龄注:"玄官,主礼天之官也。"④《楚辞·九怀》:"微观兮玄圃。"王逸注:"上睨帝圃,见天园也。"玄圃实际上指的是上帝在天空中的居所。

玄与黑大同小异,为何称玄天而不称黑天。"天玄与北方黑二者大同小异,何者玄黑虽是其一,言天止得谓之玄天,不得言黑天?"⑤这与玄色的自然特性有着密切的关系。玄色并不是单纯的黑色,而是一种混合了其他

---

① 《周礼·春官·大宗伯》,《周礼注疏》,(清)阮元校刻:《十三经注疏》,中华书局1980年版,第762页。
② 《周礼·冬官·考工记》,《周礼注疏》,(清)阮元校刻:《十三经注疏》,中华书局1980年版,第918页。
③ 《周礼·冬官·考工记》,《周礼注疏》,(清)阮元校刻:《十三经注疏》,中华书局1980年版,第918页。
④ 《管子·幼官》房玄龄注,黎翔凤:《管子校注》,中华书局2004年版,第158页。
⑤ 《周礼·冬官·考工记》贾公彦疏,《周礼注疏》,(清)阮元校刻:《十三经注疏》,中华书局1980年版,第918页。

颜色的黑色[①]在古人看来,作为一种混合色,玄色与总摄五行、蕴涵阴阳的神圣之"天"具有某种相通之处。宋儒易祓认为玄色是象征盛阳的赤色与象征极阴的黑色的合成色,因此才能象征兼备阴阳、操纵五行的天。"玄与黑何别乎？黑者,北方之正色而已。六入为玄,则有黑有赤。赤者,阳之正。黑者,阴之正。惟天体备阴阳之正色而运此五行者也。兹其所以辨。"[②]荀爽指出,《说文》中有"黑而有赤者曰玄"的说法,"阳气始东北而盛东南,以

[①] 自古以来,人们普遍认为玄色是一种以黑色为主的混合色。然而,玄色到底呈现出怎样的色相,并没有确切的答案。对此,历代学者进行了激烈的争论。比较有代表性的说法主要有如下几种：金鹗的青中有黑说、王关仕的黑中扬赤说、唐汉的黑中发红说、曾启雄的黑中带赤黄说。金鹗认为玄色是一种青中有黑的颜色。他列举了诸多理由：一是《周礼·春官·大宗伯》以苍璧礼天,青圭礼东方,因此天色与东方之色都是以青色为代表色。二是《礼记·玉藻》中有"君子狐青裘豹褎,玄绡衣以裼之"的说法,而古代的裼衣"象裘色",这就证明玄与青有相通之处。三是《说文》将玄训为"幽远也"。幽、黝相通,黝的色相为黑而有微青色。四是《小雅》中有"何草不玄"的说法。五是《周髀算经》有"天青黑,地黄赤"的说法(金鹗:《求古录礼说》卷一三《玄色苍色辨》,山东友谊出版社1992年版,第910—915页)。金鹗的这些理由都有需要推敲之处。曾启雄指出金鹗的第三个理由并不可靠,表示黑色的词汇非常多,如玄、幽、黝等,但词义可以互训,并不意味着色彩上可以代换。笔者认为,金鹗的第一个理由也没有太大的说服力。如果以金鹗的逻辑来推论的话,古人祭天用骍牲,那么天色与南方之色都是以赤色为代表色,这显然与金鹗的结论不符。事实上,古代祭祀中使用的服饰、器物既使用本体色,也使用象征色。本体色与象征色是完全不同的两个概念：本体色指的是对天空外在形象的写实,而象征色是对天道的本质内涵的譬喻。用于礼天的苍璧、苍犊和用于礼地的黄琮就是对天地本体色的摹拟。祭天所用的骍牲,则是对天道纯阳的象征色——赤色的摹拟。天空的本体色与东方之色相似,并不能说明天道的象征色"玄"就与青相似。王关仕对金鹗的观点表示质疑,并认为玄色是一种黑中扬赤的颜色。首先,如果说天之色与东方之色都以青色为代表色,那么直接说"天青地黄"就可以了,何必又另外有"天玄地黄"的说法。其次,如果说天之色与东方之色相通,那么天为乾卦,乾卦就应该在东北方,可事实是乾卦在西北方。最后,王关仕举出《梦溪笔谈》中对玄色色相的描述作为依据："玄乃赤黑色,燕羽是也,故谓之玄鸟。熙宁中,京师贵人戚里多衣深紫色,谓之黑紫,与皂相乱,几不可分,乃所谓玄也"(王关仕:《仪礼服饰考辨》,文史哲出版社1977年版,第71—74页)。唐汉是从体质人类学的角度来解释"玄"的色相的。他指出："玄为'脐带',在'母系'社会时期,先民们认为,人是靠脐带一辈一辈地连结、传承起来。……婴儿生下时,脐带为酱紫色,干后便会成为黑色。因而,玄又指黑色"(唐汉:《汉字密码》,学林出版社1998年版,第537页)。曾启雄认为玄色呈现的是一种黑带赤黄的色相。他是从物质技术史的角度加以考虑的。他从"玄"取象于捻成束的丝线,推断"玄"的内涵与蚕丝加工工艺有关。"蚕所吐丝线,在经过捻的工序后,要到达一定的量,才可能开始进行第二阶段的纺织工作。在久置后,属于蛋白质的蚕丝线会被氧化,最后出现赤黄的灰色变化,再加上室内所燃烧后的烟尘的累积,容易就呈现出灰黑带赤黄的色相"(曾启雄:《论"黑"字之汉字色彩传统表达与意涵》,《科技学刊》2002年第10期)。

[②] (宋)易祓:《周官总义》卷二八,第637页。

北方黑兼南方赤,故色玄"①。有的学者甚至认为玄色涵盖了五个基本方位的象征色,因此可以象征覆盖五方的天:"玄与黑同而异也。五方之色单而天之玄乃全乎五方之色。"②这种说法和天随四时之色说非常相似。

在这一组颜色词中,黄色不再单纯指土地的固有色。与蕴含着深厚哲学意蕴的玄色相对应,黄色也是一个被赋予了丰富象征内涵的政治文化符号③。

天玄地黄说是古人对天地之色一种抽象的认识。它通过阴阳五行学说在天与玄、地与黄之间建立了密切联系,从一个侧面反映了天地与玄黄文化的内涵。

天玄地黄说常常被贯彻到古人的祭祀活动中。古代雩祀中的方明是对古人以六合为基本结构的空间概念的反映,因此其颜色设置也依据色彩与方位匹配的原则。《仪礼·觐礼》:"方明者木也,方四尺,设六色。东方青,南方赤,西方白,北方黑,上玄,下黄。设六玉,上圭,下璧,南方璋,西方琥,北方璜,东方圭。"郑玄注:"六色象其神,六玉以礼之。上宜以苍璧,下宜以黄琮,而不以者,则上下之神非天地之至贵者。"④方明,即六宗神位,设青、赤、白、黑、玄、黄六色,与东、南、西、北、天、地的象征色一致,表示对六宗神性的摹拟。祭祀时以青圭、赤璋、白琥、玄璜等六色玉器礼之,与祭祀东、南、西、北、天地所用之玉几乎相同,表示对六宗之神的敬意。只不过方明木主中的玄、黄仅仅指的是上、下之神而非天地之神,因此不能用礼天的苍璧、黄琮来祭祀。从方明神位以及祭祀所用玉器的设色原则来看,古人是以天、地的象征色——玄、黄为上下方位的颜色标识的。

魏明帝和群臣讨论圜丘之礼所用之牲的颜色,也是以天玄地黄观念为理论依据的。秘书令李彪指出,"观古用玄,似取天玄之义,臣谓宜用玄"。明帝深以为然,回答道:"天何时不玄,地何时不黄,意欲从玄。"⑤

《三字经》也以"天地玄黄,宇宙洪荒"开篇,通过童蒙教育的方式,将以玄黄为天地象征色变成一种妇孺皆知的常识。天玄地黄观念可以说是古人关于天地之色的三种认识中最为普及的一种。

---

① (清)李道平:《周易集解纂疏》卷二《坤卦》荀爽注,中华书局1994年版,第94页。
② (清)沈彤:《仪礼小疏》卷三《士昏礼》,《景印文渊阁四库全书》第109册,第922页。
③ 参见本节第四部分。
④ 《仪礼·觐礼》郑玄注,《仪礼注疏》,(清)阮元校刻:《十三经注疏》,中华书局1980年版,第1092—1093页。
⑤ 《魏书》卷一百八《礼志》,中华书局1974年版,第2752页。

三、五时服色与君主神化—圣化机制

从上古女娲炼五色石补天的传说,到华夏先民以四色为四时之神命名,可以看出古人对色彩的敏感和重视。他们笃信自己所处的宇宙时空是由缤纷五色构成,这些色彩和自然时空的神奇力量有着某种神秘的联系,因此试图揭开色彩和时空之间匹配规律的秘密并掌握这种规律来为自己的生产、生活服务,从而孕育形成了相信通过五色符号的恰当使用,可以激发时令、方位所蕴藏的神秘能量,从而对大自然产生影响,使之向有利于自己的趋势发展的独特观念。因此在诸多政治礼仪、生活习俗尤其是巫术中都对色彩符号进行了充分的利用。色彩巫术(或色彩民俗)成为色彩文化研究的题中应有之义[1]。然而,以往的研究更多的是从民间文化的视角对色彩巫术加以认识,往往忽视了色彩巫术与历史早期社会政治生活的密切关系,也未能对色彩巫术在上层建筑摆脱神权笼罩之后延续发展的原因进行探讨。

事实上,伴随着浓厚的传统巫术氛围孕育生成的君主权力从诞生之初就把色彩巫术视为树立政治威信、强化政治认同的重要手段。而在春秋战国思想大合流的背景下,色彩巫术经历了顺应历史潮流的转型,与新兴的礼乐文明成功融合,继续在政治生活中发挥重要作用。下文将尝试通过对原始巫术中的色彩元素,特别是五时五方服色这一最早符号体系的形成与运用的考察,解读色彩巫术在塑造"天人合德"君主形象过程中扮演的独特角色,并从原始色彩巫术转型的视角深入认识春秋战国时期王权主义由神化转向圣化的机制。

(一) 五时服色与君主自我神化

由于社会大众对色彩符号神秘属性的认同,统治集团很早就将色彩符号作为自我神化的重要工具。到了春秋战国时期,虽然已经进入"理性"时代,但由于原始巫术氛围在社会文化中的长期残留,色彩巫术继续发挥着满足君主自我神化政治需求的功能。以五时服色为主要内容的四时教令理念和实践就是典型例证。

四时教令是黄老学派的核心思想。白奚指出,黄老学派的经典《黄帝四经》对阴阳思想进行了充分论述,"把阴阳范畴引入社会领域,提出四时教令的思想",从而实现了"对阴阳思想的重要发展"[2]。此后,从《管子》到

---

[1] 相关研究成果参见"导论"。
[2] 白奚:《稷下学研究:中国古代的思想自由与百家争鸣》,生活·读书·新知三联书店1998年版,第108页。

《十二纪》《月令》，皆是以自然时令与阴阳五行相结合，设计出了五行相生、四时往复的宇宙图式，试图以此来指导人类一切活动的进行。从农夫从事农业生产活动到君主颁发各种政令，皆以顺应时气为主要依据和宗旨。特别是《管子》在此基础上将五时、五方与五色加以匹配，形成了五时服色思想，并得到了较为广泛的认同。在《管子·幼官图》中较为详尽地阐述了君服和旗物随时令定色的内容：春天"君服青色"，夏天"君服赤色"，秋天"君服白色"，冬天"君服黑色"。《月令》则将这种配色方式扩大到建筑、车马、佩玉等。

第一，随时令确定日常活动及布政之所的方位，对应场所名称或是包含颜色词或是与颜色有密切关系。

明堂就是一个典型的例子。明堂是古代天子祭神、布政、教化之所。它是在服从天道自然、顺应天时秩序的思想观念支配下建造的，因此在装饰、命名方面都应用了象征时令、方位的色彩符号。尽管由于年代久远，明堂制度的很多细节都已经无法考证和落实，导致历朝修建的明堂形制不一，但是随时令、方位设色的原则却是基本一致的。明堂各个正室的名称也都与色彩符号有密切关系。

根据《月令》记载，明堂的总体格局为"中央大室、东青阳，南明堂，西总章，北玄堂"，其中东西南北四堂又附带"左右个"，即四个正堂左右又各有一个屋子。天子一年十二月以及季夏之末这一特定时段按照时令与方位匹配的顺序依次在明堂中各个屋舍进行一系列政治、宗教活动。

在春天的三个月中，天子主要在青阳活动。青阳指的是明堂东室。孟春之月天子"居青阳左个"，即青阳左夹室，仲春之月"居青阳大庙"，即青阳正堂，季春之月"居青阳右个"，即青阳右夹室[①]。"青"是春天和东方的象征色，"青阳"在古汉语中也被视作春天的别称，因此被用来为天子的春季活动场所命名。

在夏天的三个月中，天子主要在明堂活动。这里说的明堂并非整座明堂建筑，而是明堂的南室。天子南面而治，所以明堂以南为正，南面的屋子不再另外命名，而是和整个建筑同称为明堂。孟夏之月天子"居明堂左个"，仲夏之月"居明堂大庙"，季夏之月"居明堂右个"[②]。朱明是夏季的别称。夏季居住之处以"明"命名，虽然没有直接反映颜色，但是夏季别称朱明，这足以说明"明"与明亮的朱红色暗中呼应。

[①] 《礼记·月令》，《礼记正义》，（清）阮元校刻：《十三经注疏》，中华书局1980年版，第1355、1361、1363页。

[②] 《礼记·月令》，《礼记正义》，（清）阮元校刻：《十三经注疏》，中华书局1980年版，第1365、1369、1370页。

季夏之末的土王之日,天子"居大庙"。"大庙"指的是整座明堂的中央大室,这与季夏之末、土王之日为四时之中是相匹配的。

在秋天的三个月中,天子主要在总章活动。孟秋之月天子"居总章左个",仲秋之月"居于总章大庙",季秋之月"居总章右个"①。总章指的是明堂西室。古人以赤色和白色的组合为"章"。"总章"的含义正是由"章"的颜色义引申而来的。《月令解》:"秋曰'白藏',不言白而言章。赤白为章,则白在章之中矣。四时惟秋继夏为克我者,克我成章,则曰赤曰白,不相离,故以'总章'名秋所居。"②由此可见,"总章"这个名称和颜色也有着密切的关系。

在冬天的三个月中,天子主要在玄堂活动。玄堂指的是明堂北室。孟冬之月天子"居玄堂左个",仲冬之月"居玄堂大庙",季冬之月"居玄堂右个"③。冬季别称玄英,因此冬季所居的明堂北室以冬季和北方的象征色"玄"命名。

第二,随时令确定车舆服色,这就是所谓的五时服色。这是四时之政的主要实践形式之一。

据《月令》记载,孟、仲、季春三月之中,天子"乘鸾路,驾仓龙,载青旗,衣青衣,服仓玉",顺木行之色④。所谓鸾路指的是青色的车舆。郑玄认为,鸾路是始于有虞氏时期的一种车子,有鸾和之节。"春言'鸾',冬夏言色",是古文中的互文现象⑤。《后汉书·舆服志》认为,车皆有鸾,春天所乘的车子特别以"鸾"命名,应该不是取自车子有鸾和之声的意思,而是取鸾为类似于凤的青色神鸟的意思。陆佃在《礼图》中则把青路解为鸾路,亦是取鸾呈青色之义。《月令解》综合上述见解,认为"鸾路"之"鸾"是形容其色而非其声⑥。"仓"通"苍","仓龙"指的是青色的马。在传统文化中,龙与马存在着密切的渊源。有一种说法认为龙"马首蛇尾",《西游记》中唐僧骑的马就是白龙化成的,可见在古人心目中,龙与马似乎可以互相转化。古人称

---

① 《礼记·月令》,《礼记正义》,(清)阮元校刻:《十三经注疏》,中华书局 1980 年版,第 1373、1379 页。
② (宋)张虙:《月令解》卷七,《景印文渊阁四库全书》第 116 册,第 572 页。
③ 《礼记·月令》,《礼记正义》,(清)阮元校刻:《十三经注疏》,中华书局 1980 年版,第 1381、1382、1383 页。
④ 《礼记·月令》,《礼记正义》,(清)阮元校刻:《十三经注疏》,中华书局 1980 年版,第 1355、1361、1362 页。
⑤ 《礼记·月令》郑玄注,《礼记正义》,(清)阮元校刻:《十三经注疏》,中华书局 1980 年版,第 1355 页。
⑥ (宋)张虙:《月令解》卷一,《景印文渊阁四库全书》第 116 册,第 542 页。

八尺以上的高大马匹为"龙"。因此,后世诗文中,也把骏马称为"龙马"。宋儒张虑认为苍龙就是《诗经》里提到的"骐",一种颜色青而微黑的马。树立在车子四周的旗帜也以青色为尚。天子穿着青色衮服,冕旒和弁筓上的饰玉以及身上的佩玉皆为青色。孔颖达还特别解释了为什么以青言旗与衣,以苍言龙与玉,这是因为,苍色与青色属于同一色相,其微妙差别在于,苍色是青色在远望的情况下呈现的颜色,以近处看到的青色来修饰旗与衣,是为了说明它们由人功制成的性质。

孟、仲、季夏三月之中,天子"乘朱路,驾赤骝,载赤旗,衣朱衣,服赤玉",顺火行之色①。赤骝指的是赤身黑鬣的马。孔颖达认为,赤色浅于朱色。路与衣服为人功所成,染色必深,故以朱言之。玉与骝马所呈现的颜色属于自然色,颜色必然较人功染色浅,故以赤言之。

季夏之末,天子"乘大路,驾黄骝,载黄旗,衣黄衣,服黄玉",顺土行之色②。大路,指的是一种和殷代形制相似的车子,以黄色为装饰。

孟、仲、季秋三月之中,天子"乘戎路,驾白骆,载白旗,衣白衣,服白玉",顺金行之色③。戎路指的是兵车,以白色为装饰。白骆指的是一种有黑鬣的白马。

孟、仲、季冬三月之中,天子"乘玄路,驾铁骊,载玄旂,衣黑衣,服玄玉",顺水行之色④。铁骊是一种颜色为像铁一样的黑色的马。

《月令》因其强烈的阴阳五行色彩,被历代经学家视为《礼记》中的"异数"。郑玄、孔颖达都认为,《月令》来源于《吕氏春秋》中《十二月纪》的首章,"礼家好事抄合之"⑤。郑玄指出,《月令》显然与《周礼》中"朝、祀、戎、猎,车服各以其事,不以四时为异"的配色原则存在着很大差异⑥。孔颖达也认为,《月令》中的"官名、时、事",特别是其规定的"服饰车旗并依时

---

① 《礼记·月令》,《礼记正义》,(清)阮元校刻:《十三经注疏》,中华书局1980年版,第1365、1369、1370页。
② 《礼记·月令》,《礼记正义》,(清)阮元校刻:《十三经注疏》,中华书局1980年版,第1372页。
③ 《礼记·月令》,《礼记正义》,(清)阮元校刻:《十三经注疏》,中华书局1980年版,第1373、1379页。
④ 《礼记·月令》,《礼记正义》,(清)阮元校刻:《十三经注疏》,中华书局1980年版,第1381、1382、1383页。
⑤ 《礼记·月令》郑玄注、孔颖达疏,《礼记正义》,(清)阮元校刻:《十三经注疏》,中华书局1980年版,第1352页。
⑥ 《礼记·月令》郑玄注,《礼记正义》,(清)阮元校刻:《十三经注疏》,中华书局1980年版,第1355页。

色",多为"不合周法"①。孙希旦据此认为,随时令定服色的制度是秦朝自己的创制,并无古法的依据②。这些见解显然都是经学家出于对春秋时期儒学的误解从而导致对《月令》的偏见。

一方面,应该认识到,五时服色制度可能是秦始皇推崇阴阳五行学说的产物,同时也有可能是对渊源深厚的秦地巫术加以吸收融合的结果。在《睡虎地秦简·日书》保存的相关资料显示,在一些民间祭祀活动中,主持祭祀者脸色须与祭品所来方向互相匹配。

> 黑肉从北方来,把者黑色……
> 干肉从东方来,把者精(青)色……
> 赤肉从南方来,把者赤色……
> 鲜鱼从西方来,把者白色……③

《月令》与《日书》在时空色彩匹配原则上的相通之处,反映了巫术在政治生活中的长期残留。整齐划一且带有某种巫术性质的色彩组合,使得君主呈现出一种类似于祭司的形象。已有研究表明,巫术在早期政治生活中扮演了极为重要的角色④。而君主本身常常就是卜官、祭司或者巫觋。

另一方面,从春秋战国时期思想大合流的视野来看,《月令》并不是《礼记》的异数,而是新兴的礼乐文化吸收整合传统巫术的自然产物。君主按照不同时令以相应的服色来装扮自己,与从上古时期就开始盛行后来又为儒家所推崇的尸祭也存在着某种相似之处。尸祭,实际上就是由生者通过各种化妆手段扮演成祭祀对象,而这个扮演者通常由具有一定身份和地位的人来担任。至迟在西周末年春秋初期,五色帝已经成为五时五方的神格符号,也就是时空崇拜的祭祀对象。《周礼·天官·掌次》:"朝日祀五帝。"⑤《周礼·春官·小宗伯》:"兆五帝于四郊。"⑥郑众以五色之帝解之,

---

① 《礼记·月令》孔颖达疏,《礼记正义》,(清)阮元校刻:《十三经注疏》,中华书局1980年版,第1352页。
② (清)孙希旦:《礼记集解》卷一五《月令之一》,中华书局1989年版,第411页。
③ 吴小强:《秦简日书集释》,岳麓书社2000年版,第228—229页。
④ 参见张光直:《美术、神话与祭祀》,郭净译,生活·读书·新知三联书店2013年版。
⑤ 《周礼·天官·掌次》,《周礼注疏》,(清)阮元校刻:《十三经注疏》,中华书局1980年版,第676页。
⑥ 《周礼·春官·小宗伯》,《周礼注疏》,(清)阮元校刻:《十三经注疏》,中华书局1980年版,第766页。

并为五帝分别命名:"东方青帝灵威仰,南方赤帝赤熛怒,中央黄帝含枢纽,西方白帝白招拒,北方黑帝叶光纪。"①《礼记·月令》以五帝与五时相配:孟春、仲春、季春"其帝大皞",孟夏、仲夏、季夏"其帝炎帝",夏秋之际"其帝黄帝",孟秋、仲秋、季秋"其帝少皞",孟冬、仲冬、季冬"其帝颛顼"。君主对五时服色的运用,其目的很有可能就是将自己扮演成五色帝的形象,从而在推行四时之政的过程中增强教令的神圣性和权威性。由此可见,五时五方服色符号在君主自我神化过程中发挥了举足轻重的作用。

(二) 五时服色符号的"理性化"与君主自我圣化

正如刘泽华先生所指出的,中国的王权主义随着春秋战国时期的文化转型从神化转变为圣化。各家各派都向往"圣人之治",圣王同体成为中国传统政治思想的主要逻辑之一。然而,在现实生活中,"圣"往往被异化为"王的附属物和王的一种品格"②。君主自我圣化沦为确立政治权威的工具和途径。

由于知识和道德被视为圣人的重要标识,因而也是君主自我圣化的两大利器。五时五方服色符号在经历了象征寓意的改造之后,正是从这两方面塑造了君主的圣人形象,从而得以顺应时代潮流,在主流政治文化中维系了一席之地。

在知识方面,对五时五方服色符号的运用表明了君主对以阴阳五行为运行逻辑、以四时知识为核心内容的"天道"的掌握。

在春秋战国时期的统治集团看来,阴阳五行具有神圣性的同时,更重要的是具有可预测性和可操作性,是助推政治生活从天意高深莫测的阴影中摆脱出来的"理性"工具。因而,在阴阳五行框架下形成的四时之政理论对于古人来说有着非同寻常的意义和功能。《管子·四时》论述了四时知识对君主政治的重要性。其一,"令有时。"君主颁布政令,必须遵循时序。其二,"唯圣人知四时。"知四时的能力由圣人,实际上也就是君主垄断。其三,如果不知四时,将会招致严重后果——"失国之基"。信顺天地之道并加以施行是国家政治的基础,顺行四时之令的君主才可以称为明君、圣君,才可能善用贤才,成就事业。这是因为,阴阳为"天地之大理",四时为"阴阳之大径",人间一切事务尤其是政治事务必须建立在自然时序的基础上,刑德与四时属性相符,才能降福于国家。"刑德合于时则生福,诡则生祸。"

---

① 《周礼·天官·掌次》郑玄注引郑众,贾公彦疏引《春秋纬·文耀钩》,(清)阮元校刻:《十三经注疏》,中华书局1980年版,第677页。

② 刘泽华:《中国的王权主义》,上海人民出版社2000年版,第429—449页。

反过来,君主政治也会对四时秩序发生作用。"刑德不失,四时如一。刑德离乡,时乃逆行。"自然与人事良性互动,是"王事必理"的基本条件①。

秦汉以后逐渐成为定制的迎气、视朔、读时令等各种活动可以看作是君主履行从上古首领那里沿袭下来的授时职责的一种礼仪,同时也蕴含着君主垄断时令知识的象征意义。而在这些礼仪中,五时五方服色符号的运用成为最具有标志性的元素之一。东汉的读五时令之礼中,皇帝所服各随五时之色。北齐的读时令之礼最为完备,皇帝在立春那天,"服通天冠、青介帻、青纱袍,佩苍玉,青带、青袴、青袜舄,而受朝于太极殿"。三公郎中"跪读时令",随后典御酌卮酒,置郎中前,郎中拜,还席伏饮,礼成而出。立夏、立秋、立冬,"各以其时之色服,仪并如春礼"②。唐朝时,每月都要在明堂中举行一次读时令之礼。春三月的读时令之礼依次在明堂青阳的左个、大庙、右个举行,皇帝服通天冠,青纱袍,佩苍玉。夏季则服绛纱,佩赤玉,季夏土王之日服黄纱,佩黄玉,秋季服白纱,佩白玉,冬季服黑纱,佩玄玉。③ 四时视朔之礼同样如此。在隋朝,天子"内单、领、襈,各随其方色",只是秋天不用西方之色白色,而是用绿色代替④。

在道德方面,对五时五方服色符号的占有表明了君主作为"天子"能够代理阴阳、德泽万物的特殊禀赋。

在春秋战国时期各家各派思想频繁互动碰撞的过程中,伦常理念在崇圣思想的发展中发挥了举足轻重的作用。四时教令思想也出现了伦常化的发展趋向。五时服色符号被附加了一定的伦常寓意,这就赋予四时之政制度以崇高的政治道德属性,使其更有助于提升君主的道德形象,从而有力地推动了君主的自我圣化。

从管子的论述可以看出,"四时"事实上已经超越其作为物理时间的自然意义,成为"阴阳五行"运行轨迹的折射,从不同侧面展现"天地"生养万物的功德。《管子·四时》对五时之德进行了初步阐释,春天之德"喜嬴而发出节",夏天之德"施舍修乐",季夏之德"和平用均,中正无私",秋天之德"忧哀,静正严顺",冬天之德"淳越,温怒周密"⑤。君主正是通过履行四时政令,将自己塑造成代表上天将四时之德惠及众生的神圣形象。

---

① 《管子·四时》,黎翔凤:《管子校注》,中华书局2004年版,第837—859页。
② 《隋书》卷九《礼仪志四》,中华书局1973年版,第188页。
③ (唐)萧嵩等:《大唐开元礼》卷九九至一〇二,民族出版社2000年版,第461、467、472、478页。
④ 《隋书》卷一二《礼仪志七》,中华书局1973年版,第265页。
⑤ 《管子·四时》,黎翔凤:《管子校注》,中华书局2004年版,第842—855页。

从管子的四时之德思想逐渐衍生出五时与五常相匹配的观念,并把五常所蕴含的政治道德寓意赋予了同样与五时存在匹配关系的五色符号。

"青,阳也,仁之色"①。春季行木德,木德为仁,故青色有"仁"之义。宋儒陈旸认为,"黑出为青,东方之色也,而仁于是乎显。"②春季、东方、木德与"仁"匹配的思想为象征春季的青色符号注入了"仁"的文化内涵。"春主施生,仁亦主施生。"③在古人看来,阳气上升、万物发生、大地复苏、欣欣向荣的春天充满了生命的希望,与仁"生生不已"的美好属性完全契合,因此赋予春天象征色——青色以"仁"的内涵。在古人看来,阳气上升、万物发生、大地复苏、欣欣向荣的春天充满了生命的希望,与仁"生生不已"的美好属性完全契合,因此赋予春的象征色——青色以"仁"的内涵。

"夏为火,火主照物而有分别,礼亦主分别"④。夏季行火德,火德为礼,故赤色有"礼"之义。孔颖达认为,夏天以火为意象,火象征光明,可以将一切事物的细微差别照得条理分明,足以与"礼"确立尊卑贵贱之分的政治功能匹配。象征夏天的赤色也被赋予了"礼"之义。

"素,阴也,义之色也"⑤。秋季、西方、金德与"义"匹配的思想,为象征秋季的素白之色符号注入"义"的文化内涵。从五行来看,秋天以金为意象,金可以割断事物,主刑杀,有决断之义。金的这种特性与"义"的伦理内涵是相通的。从物候来看,秋天万物收成,各得其所,寓意万事各得其宜,同样有决断之义;秋气肃杀,万物凋零,与"义"德所体现出来的严肃性相吻合,因此,秋天被赋予"义"的内涵,象征秋天的白色也成为象征"义"的色彩符号。

"青入为黑,北方之色而智于是乎藏"⑥。冬季、北方、水德与"智"匹配的思想为象征冬季的黑色符号注入了"智"的文化内涵。陈淳认为,"万物归根复命"的冬天与"见得万事是非都一定,确然不可易"的深沉智慧是绝妙的匹配,因此,象征冬天的黑色也具有了"智"的含义。⑦

"土在五常为信,在五色为黄,中为仁义礼智之枢纽。天下之事,合乎

---

① (宋)陈旸:《乐书》卷二一《礼记训义·乐记》,浙江大学出版社2016年版,第180页。
② (宋)陈旸:《乐书》卷二一《礼记训义·乐记》,浙江大学出版社2016年版,第181页。
③ 《礼记·中庸》孔颖达疏,《礼记正义》,(清)阮元校刻:《十三经注疏》,中华书局1980年版,第1625页。
④ 《礼记·中庸》孔颖达疏,《礼记正义》,(清)阮元校刻:《十三经注疏》,中华书局1980年版,第1625页。
⑤ (宋)陈旸:《乐书》卷二一《礼记训义·乐记》,浙江大学出版社2016年版,第180页。
⑥ (宋)陈旸:《乐书》卷二一《礼记训义·乐记》,浙江大学出版社2016年版,第181页。
⑦ 参见(宋)陈淳:《北溪字义》卷上《仁义礼智信》,中华书局1983年版,第22页。

此则吉,悖乎此则凶"①。"信"在经典文献中的解释主要是:诚、实、不欺。孔子认为,"君主诚信而取信于民,民则信任官府而有信心,由信而形成的上下交融与信任,乃是治平天下的根基"。傅玄"以信为人道之本",认为信是"天地运行和政治安危的关键"②。由此可见,"信"在五常中的枢纽地位,与土在五行中、黄色在五色中的中心地位是相符的。

被注入五常寓意的五色符号不但成为五时的标识,更是君主展示"代天行政"政治圣化形象的重要物质手段。正是这一次象征寓意的转型,促成了带有原始巫术特质的五时五方色彩符号在思想大合流过程中能够在阴阳五行、四时教令思想的实践方案中扮演关键角色,继而被地位蒸蒸日上的礼乐文化吸收接纳,成为其重要典籍《礼记》的核心组成部分,并在后来很长一段时间内受到追捧,从而能够对古代政治文化产生极为深远的影响。

历代朝廷多以《月令》的四时服色方案作为制定舆服制度的重要依据。例如,在车驾方面,几乎历朝都设有五时车。东汉设五时车,"各如方色"③。据《独断》记载,天子五辂各应五方之色,此外有五色安车、五色立车各五乘,称为"五时副车",俗称"五帝车"④。安车、立车都竖有相应颜色的旗帜,立车上的旗帜为"正竖",安车上的旗帜为"斜注"。马匹的颜色也随五时变化。东晋政权偏安江南,"旧章多缺","无复五时车,有事权以马车代之,建旗其上"⑤。后来又发明了一种办法,用五色木牛来代替五时车。这种五色木牛起源于西晋灭吴之后创立的"五牛旗"。所谓五牛旗,即"以五牛建旗,车设五牛,青赤在左,黄在中,白黑在右"⑥。东晋时以五色木牛代替五时车,把五色旗插在木牛背上,行进时让人抬着走。当时人还为这种替代物注入了美好的寓意。《晋书·舆服志》:"牛之义,盖取其负重致远安而稳也。旗常缠不舒旆,所谓德车结旌者也。惟天子亲戎,五旗舒旆,所谓武车绥旌者也。"⑦南北朝时,南北政权都曾重建五时之车制度。在南方,梁陈之际,车府被焚毁。陈文帝于天嘉元年下令"议造玉金象革木等五辂及五色副车"⑧。在北方,北魏孝文帝为了解决当时的社会矛盾和民族矛盾,推行以汉化政策为主要内容的政治改革,在礼仪上多仿汉制,备五辂,各依方

---

① (宋)胡震:《周易衍义》卷一,《景印文渊阁四库全书》第23册,第468页。
② 葛荃:《政德志》,上海人民出版社1998年版,第44—45页。
③ 《后汉书·舆服志》,中华书局1965年版,第3644页。
④ (汉)蔡邕:《独断》卷下,《景印文渊阁四库全书》第850册,第91页。
⑤ 《晋书》卷二五《舆服志》,中华书局1974年版,第764页。
⑥ 《晋书》卷二五《舆服志》,中华书局1974年版,第754页。
⑦ 《晋书》卷二五《舆服志》,中华书局1974年版,第764页。
⑧ 《隋书》卷一〇《礼仪志五》,中华书局1973年版,第194页。

色。北周继承历代旧制,建立六辂制度,即包括祭天所用的苍辂以及五时祭祀时所用的五色之辂,所建旗物更加精致。这一制度为它的继任者隋朝所继承。

在唐代,青翠之色是春季朝日活动的主色调。唐代文学家陆贽在《东郊朝日赋》中描绘了春分时节天子在东郊举行祭日之礼的盛大场面:"载青旂,俨翠华。"①这些都表明了五时五方色彩符号在政治生活中得到了持久的传承。

不过,还应该注意到这些用色行为表明,为了确保君主对权力的独占性,进入理性时代的政治思想仍需要通过延续远古社会赋予"时令"的神秘属性来强调圣人(君主)独一无二的超凡禀赋。在远古社会,自然律令被先民视为超越于人类社会之上的神圣秩序,是人类社会运行制度形成的重要依据。观象授时活动为氏族首领所垄断,甚至被视为只有政治首领才能拥有的神秘能力。这可以视作是君权天授观念的最初形态。延续了原始巫术基因的五时五方色彩符号在礼乐文化中的传袭,这就使得春秋战国以来新建构的理想政治人物"圣君"在拥有知识、道德等理性因素之外,仍保留着上古政治首领的神秘色彩。这也是"天人合一"政治思维的基本特征之一。

四、五方色彩符号与"君临天下"

利用五方色彩符号从空间上界定君主的政治地位,也是落实"天人合德"政治生活原则的重要途径之一。主要包括以下两种方式。

(一)利用五方色彩符号象征君主对天下四方的领有

庞朴曾经指出:"五方观念,首先是一种政治观念,是领有天下的事实之观念表现。"②因而,与五方相匹配的五色排列格局,既是以君主为中心的空间布局的艺术表达,也是以君主为权力核心的政治生活的文化象征。

社坛、封禅坛以色彩与方位相匹配为设色原则,不但具有象征天子与天地四方神明的沟通和感应的宗教意味,而且在政治生活中又转化为君临天下中心地位的映射。社坛是古代祭祀社神(土地之主)的场所。天子的大社以五色土构成。周公作雒时,"乃建大社于国中,其壝东青土,南赤土,西白土,北骊土,中央冒以黄土"。在天子分封诸侯时有一个象征性的仪式,就是把代表相应方位的颜色的泥土,裹以白茅,赐给诸侯作为其所封之地的"社"。这是天子赐予诸侯权力、土地、财富的象征。诸侯回到封地后要以

---

① (唐)陆贽:《东郊朝日赋》,《文苑英华》卷五五《禋祀二》,中华书局1966年版,第251页。
② 庞朴:《阴阳五行探源》,《中国社会科学》1984年第3期。

这种象征性的方色土在境内立社,对天子授予自己在这一方位领地内的权威加以确认。

> 天子太社以五色土为坛。皇子封为王者,受天子之社土以所封之方色,东方受青,南方受赤,他如其方色,苴以白茅,授之各以其所封方之色,归国以立社,故谓之受茅土。①

春秋时期钟离国君柏墓墓冢上的五色封土真实地反映了当时周天子权力式微,诸侯僭用天子礼仪的历史现象。

汉武帝时期的分封活动也践行了这一古礼。在分封策中用不同颜色的社坛指代分封的领地。立子闳为齐王,策曰:"受兹青社！朕承祖考,维稽古建尔国家,封于东土,世为汉藩辅。"立子旦为燕王,策曰:"受兹玄社！朕承祖考,维稽古,建尔国家,封于北土,世为汉藩辅。"立子胥为广陵王,策曰:"受兹赤社！朕承祖考,维稽古建尔国家,封于南土,世为汉藩辅。"②

即使是到了分封制式微、郡县制占绝对主导地位的时代,作为一个社会政治共同体的象征,社坛在古代政治生活中仍然具有举足轻重的地位。其筑造形制也承袭了以五色比象天下各方的原则。后周广顺三年九月太常礼院在奏议社坛制度的时候,建议社坛以"五色土筑之"。宋徽宗时期制定的《政和五礼新仪》中,规定太社坛"五色土为之"③。明代的社坛和稷坛都用五色土各依方位筑成,覆以黄土。社稷坛共处一墠,四方各开一门,以各方之色分别装饰,"东门饰以青,西门饰以白,南门饰以红,北门饰以黑"④。

封禅典礼,指的是在具有特殊政治意义的山岳及其周围祭天地。秦汉以后固定在泰山举行。《史记正义》:"此泰山上筑土为坛以祭天,报天之功,故曰封;此泰山下小山上除地,报地之功,故曰禅。"⑤在古代社会,神化了的山岳被视为君主地位、权力、领土的象征。出于宣扬君权正统性以及颂扬君主文治武功等目的,君主要在五岳独尊的泰山上举行封禅仪式。为此,

---

① (汉)蔡邕:《独断》卷下,《景印文渊阁四库全书》第850册,第90页。
② 《史记》卷六〇《三王世家》,中华书局1959年版,第2111—2113页。
③ (宋)郑居中等:《政和五礼新仪》卷一,汪潇晨、周佳点校,《中华礼藏·礼制卷·总制之属》第三册,浙江大学出版社2017年版,第61页。
④ 《明集礼》卷八《坛壝》,《景印文渊阁四库全书》第649册,第202页。
⑤ 《史记》卷二八《封禅书》,中华书局1959年版,第1355页。

诸多皇帝在泰山修建了封禅坛,规模形制虽然有所差别,但在设色方面却都不约而同地遵循了五色与五方匹配的原则。

这种设色方式后来又运用到都城和宫殿的建筑、皇帝的仪仗卫队中。如北魏的都城所开的四门就"各随方色"①。后周皇帝下令用五色土,按照"各随方色"的原则用五色土对其所御的天德殿各面墙壁加以涂饰②。皇帝每次出行,都要环绕以各种形制的五色旗幡。五方色彩设色方式从宗教礼仪到日常生活的延伸,是君主掌控四海心态极端强化的一种表现。

(二) 利用中位之色——黄色符号凸显君主的独尊地位

"是得黄中之色,而可以见四方之色也。"③黄色作为中央之色,可以环顾四方之色,这种特殊的方位属性逐渐与君主的中心地位产生联系。黄色也因此成为象征君主权力和地位的色彩符号。

君主所用的大麾之所以一般设为黄色,就是遵从了黄色所象征的方位与君主在天下四方之间所处的方位互相呼应的理念。麾曾经是古代战争中的一种指挥工具。《古今注》这样讲解道:"旄者所以指麾。"传说夏朝始设,因为尚黑,所以大麾也定为黑色。后来,逐渐演变成为一种仪仗,用于君主和贵族官僚的出行随从队列中。汉代以后,这种仪仗制度逐渐成熟,重要表现之一就是确立了以颜色区别使用者身份的规则:"乘舆以黄,诸王以朱,刺史二千石以纁。"④因此,君主所用之麾便有了一个固定的称呼"黄麾"。唐太宗取法前代,也将大麾制定为黄色。《开元礼义纂》称唐太宗"制大麾,色黄"的用意就是"取中方之正色"⑤。这种设色原则具有深邃的意义:一是对君主与周围人群方位关系的界定。如果说围绕在君主四周的五色车、五色旗模拟了君权掌控天下的空间结构,那么在这个空间结构中占据中央地位的君主理所当然要与中央之色——黄色联系在一起。二是君主与周边人群辐射关系的反映。之所以选择黄色作为大麾颜色是因为:"此仗最近车辇,故以应象,取其居中,导达四方,含光大也。"黄在秦汉典籍中确有被训为"光"的例子。如《风俗通义·皇霸》:"黄者,光也,厚也。"⑥《释名·释采帛》把黄训为"晃",也是因为黄色具有"犹晃晃,象日光色也"的特性⑦。以

---

① 《南齐书》卷五七《魏虏传》,中华书局1972年版,第984页。
② (明)顾炎武:《历代宅京记》卷五,中华书局1984年版,第92页。
③ (宋)胡瑗:《周易口义》卷一《坤》,中国社会科学出版社2021年版,第35页。
④ (晋)崔豹:《中华古今注》,中华书局1985年版,第11页。
⑤ 《宋史》卷一四八《仪卫志》,中华书局1977年版,第3466页。
⑥ (汉)应劭:《风俗通义·皇霸》,王利器校注:《风俗通义校注》,中华书局1981年版,第10页。
⑦ (汉)刘熙:《释名》卷四《释采帛》,丛书集成本,商务印书馆1939年版,第67页。

黄色作为君主的标识,正是为了象征君主像太阳一样焕发光芒,辐照四周。

天子车驾座位的用色也遵从了这一原则。南宋高宗渡江后卤簿仪仗尽毁,重新设计制作的玉辂设有四根柱子,"象地方也",而中间御座特别"纯以黄香木为之",其用意也是为了"取其黄中之正色也"①。

唐中宗时对社稷坛进行了改进,主要是增加了黄土覆盖的面积。这正是在展现君主对天下四方的统领基础上,进一步加强君主唯我独尊政治地位的重要表现。色彩的视觉冲击力一方面来源于色彩的鲜艳程度,一方面也来源于色彩所占的面积比例。在此之前的社稷坛,五色土全部集中放置于顶面,按照方位加以排布。这样,社稷坛顶面经过五种颜色的分割,给黄土留下的面积就只有不到数尺之多。这显然大大削弱了黄色所占的面积,从而降低了其视觉冲击力,不利于传递"上冒黄土,象王者覆被四方"的理念。于是张齐贤建议,社稷坛顶面完全由黄土覆盖,原先同在顶面的其他四方颜色则改为装饰坛四面和台阶②。这样就使得黄土覆盖面积得以大大扩充,在视觉效果上突出了黄土的形象,加深了观看者对黄土的印象,从而彰显了黄土所象征的王权。

由此可见,黄色成为君权的象征符号,是黄色的方位文化内涵与君权的政治内涵交融一体的产物,反映了传统时空色彩思维对政治文化的影响。不过,如果认为黄色象征中位,因此在逻辑上就天然具备了处于尊贵地位、成为君权象征符号的特性,这是不准确的,是对"地位"和"位置"这两个概念的混淆。"位置"相对于结构、布局而言,地位相对于等级而言,二者之间属于不同范畴,并不具备必然的关联和等值的关系。要将黄色符号的时空文化内涵与君主政治文化嫁接起来,还需要一定的哲学思辨作为基础。以下就对黄色地位变化的思想基础进行梳理。

1. 黄色地位辨析

事实上,在不同历史时期,在不同的场合下,黄色在五色体系中所处的地位是大相径庭的。其中一种情况是与其他四种颜色平起平坐。"五声、五味、五色亦莫非五行之所分著,其流行变动,皆迭相为休王也。"③现在我们说到某位历史人物登上皇位,常常用一个形象的说法:"黄袍加身"。这种说法仅仅适用于隋唐以后。因为,在隋唐以前,虽然已经出现黄色为君服之色的思想萌芽,但在现实的服制中,黄色尚未成为君权的象

---

① 《宋史》卷一四九《舆服志》,中华书局1977年版,第3484页。
② 参见(宋)王溥:《唐会要》卷一〇上《后土》,中华书局1955年版,第224—225页。
③ (清)孙希旦:《礼记集解》卷二二《礼运》,中华书局1989年版,第609—610页。

征符号。

在某些情况下,黄色甚至可能是卑贱的象征。《礼记·檀弓》郑玄注:"黄之色卑于纁。"①"黄裳"是等级低下的下士穿的,玄衣纁裳才是君主的祭服。这种被视为卑贱的黄色可能指的是未经过加工的素丝自然呈现的微微发黄的颜色。孔子穿着俭朴,整洁而无其他装饰,"绮罗锦绣不入于室",有"君子非黄白不御"的说法②。宋代学者阮逸指出,"黄白"指的是自然丝色③。缣是古代的一种丝织品。《释名》以"兼"训"缣",除了因为"其丝细致,数兼于布绢也",还因为可以"染缣为五色"④。也就是说缣织成之后需要经过染色才能使用。那么缣的本色是什么颜色呢?《淮南子·齐俗训》以黄色的缣譬喻人的本性:"缣之性黄,染之以丹则赤。"⑤透露出了黄色是缣的本色。由此可见先秦时期的黄色更接近于纺织物的本色,而不是后世龙袍上那种明亮鲜艳的色相,因此在当时人眼中也不是什么高贵身份的象征。《礼记·郊特牲》规定,主祭者"皮弁、素服",息田夫"黄衣、黄冠"⑥。郑玄认为黄衣、黄冠是助祭者特定的服饰。孙希旦对此进行了反驳,黄冠其实就是"台笠之属",野夫身份卑贱,参加祭祀时不像主祭者那样有"皮弁素服"等象征送别将终之物的祭服,穿着的不过是日常的"草服",黄衣、黄冠只是因"其色黄"而得名,并没有特别的等级象征寓意。⑦ 这两种说法虽然相悖,却都说明了黄色是地位较为低下的颜色。

在传统政治哲学中,黄色具有象征卑顺、忠孝的文化内涵。其文化依据有三。

第一,在与天、与君相对的时候,黄色代表的是受惠于天的地,臣服于君的臣。依据天尊地卑的原则,黄色理所当然地成了卑贱的象征,包含着顺从、忠义的内涵。

第二,在古汉语中,"中"又通"忠",因此与中匹配的黄色也可以用来象征忠孝。《左传》最先将黄色与"忠信"联系在一起。季氏的家臣南蒯将要

---

① 《礼记·檀弓》郑玄注,《礼记正义》,(清)阮元校刻:《十三经注疏》,中华书局1980年版,第1293页。
② (隋)王通:《中说校注》卷三《事君篇》,张沛撰,中华书局2013年版,第90页。
③ (隋)王通:《中说校注》卷三《事君篇》阮逸注,张沛撰,中华书局2013年版,第90页。
④ (汉)刘熙:《释名》卷四《释彩帛》,丛书集成本,商务印书馆1939年版,第69页。
⑤ 《淮南子·齐俗训》,何宁:《淮南子集释》,中华书局1998年版,第775页。
⑥ 《礼记·郊特牲》,《礼记正义》,(清)阮元校刻:《十三经注疏》,中华书局1980年版,第1454页。
⑦ (清)孙希旦:《礼记集解》卷二五《郊特牲一》,中华书局1989年版,第697页。

背叛主人,事前卜筮,得《坤》卦,卦辞为"黄裳元吉。"惠伯却不以为然,因为黄色乃是中之色,"中""忠"相通,"黄裳元吉"这样的大吉之卦只能应验在忠信之事上,而不是像南蒯背叛主人这样"深思而浅谋"的险事上。所谓"中不忠,不得其色;下不共,不得其饰;事不善,不得其极"①。

第三,五行中的土具有忠孝的道德寓意,因此与土匹配的黄色也被用来象征忠孝的政治道德。董仲舒所创立的天人感应学说,以天与地(土)影射君臣关系,以土与火影射父子关系。地虽然能够"出云为雨,起气为风",但是作为"天之肱股"②,不敢贪其功名,要将之归于上天③。土与火并功,但是作为"火之子",却不敢与火分享"功美"。因此,"忠臣之义,孝子之行,取之土。"臣之事君,应当效法地之事天。"事君,若土之敬天也。"④子之事父,应当效法土之事火。天尊地卑,臣(子)对君(父)要绝对恭顺、服从。五行之中土为最贵,"忠孝"是圣人最可贵的品德。⑤ 黄色象征地,具有忠孝、顺服的道德寓意。黄色为五色之首,因此被用来象征最重要的政治道德——忠孝。

也许是因为受到董仲舒将土与"忠孝"匹配的思想的影响,现代诗人闻一多将土的传统象征色——黄色灌注以"忠义"的象征含义,使董仲舒的思想转化为一种诗歌意象。

  生命是没有价值的白纸,
  自从绿给我以发展,
  红给了我热情,
  黄给我以忠义,
  蓝给我以高洁,
  粉红赐我以希望,
  灰白赠我以悲哀……⑥

由此可见,黄色并不是天然就具备了成为君权符号的特性和条件。自

---

① 《左传·昭公十二年》,《春秋左传正义》,(清)阮元校刻:《十三经注疏》,中华书局1980年版,第2063页。
② (汉)董仲舒:《春秋繁露·五行之义》,苏舆:《春秋繁露义证》,中华书局1992年版,第322页。
③ (汉)董仲舒:《春秋繁露·五行对》,苏舆:《春秋繁露义证》,中华书局1992年版,第316页。
④ (汉)董仲舒:《春秋繁露·五行之义》,苏舆:《春秋繁露义证》,中华书局1992年版,第322页。
⑤ (汉)董仲舒:《春秋繁露·五行对》,苏舆:《春秋繁露义证》,中华书局1992年版,第316—317页。
⑥ 闻一多:《色彩》,《闻一多选集》,四川文艺出版社1987年版,第72页。

隋唐以来,黄色仅限于皇室使用。黄色代表尊贵、代表至高无上的君权,这种观念逐渐深入人心,在人们的头脑中形成了一种自觉的视觉经验,以至于黄色最初的象征意义以及后来的发展变化历程在人们的头脑中已经变得模糊不清,对于黄色君权符号化所经历漫长而曲折的历史过程几乎完全淡忘了。

2. 作为自然符号的黄色

在中国,黄色作为五色之一,是较早受到关注的色彩之一。对黄色的认识和定义来源于先民所熟悉的黄色事物。在较早历史时期,黄色指代的主要是以下两类事物:与玄色(象征天)对应时,黄色是土地(母性)的颜色。据说,在商代武丁时期,黄色可能是用来祭祀土地神和谷物神的①。这种祭祀传统对后世思想产生了重要影响,强化了黄色与土地的密切联系。《周易·坤卦》:"天玄而地黄"。《周礼·冬官·考工记》:"地谓之黄。"②对于以农为本的传统中国而言,土地是万物之母。因此土地的颜色——黄色又成为母性的象征。对应方位时,黄色是中央之色。《逸周书·作雒》:"乃建大社于国中,其壝东青土,南赤土,西白土,北骊土,中央釁以黄土。"③

随着社会生活和语言文化的发展,黄色逐渐摆脱作为一种颜色的物质特性,成为具有表意、指代以及构词功能的语言符号。人们借用黄色来指代时令和方位,比如在《管子·幼官图》中用"黄后之井"来指代中央之井。借用黄色指代母性,比如《周易》中提到"黄牛"往往指的是母牛。借用黄色为某些事物命名,《礼记·郊特牲》中记载的一种祭器"黄目尊",便是取自黄色具有"中"之义:"黄目鬱气之上,尊也。黄者,中也。"④古代音律中有黄钟之音。古人认为律有形有色,以黄色来为元气律命名,乃取黄色具有的生养之义,赋予该音律"阳气施种于黄泉,孳萌万物,为六气元也"的内在含义⑤。与黄色匹配的其他事物日益增多,比如脏器中的"胃"、数字中的"五"、音调中的"宫"。这就使得黄色从特指某种颜色的物质性中摆脱出来,获得了广泛的象征功能。

此时与中央相配的黄色符号仍然带有比较浓重的自然宗教色彩。只有

---

① [英]汪涛:《颜色与祭祀:中国古代文化中颜色涵义探幽》,郅晓娜译,上海古籍出版社2013年版,第196页。
② 《周礼·冬官·考工记》,《周礼注疏》,(清)阮元校刻:《十三经注疏》,中华书局1980年版,第918页。
③ 黄怀信、张懋镕、田旭东等:《逸周书汇校集注》,上海古籍出版社2007年版,第534页。
④ 《礼记·郊特牲》,《礼记正义》,(清)阮元校刻:《十三经注疏》,中华书局1980年版,第1455页。
⑤ 《汉书》卷二一上,《律历志上》,中华书局1962年版,第959页。

当"土"由物质名词、"中"由方位名词和时间名词转化为具有强烈哲学色彩的抽象范畴,才能赋予黄色以具有高度思辨性的抽象意义,使之成为传统哲学思想体系以及在此基础上形成的政治主张中的重要范畴,并逐渐蜕变为象征君权的社会性、政治性符号。

3. 黄色君权符号化的思想基础

"中和"与"无为"两大重要思想充实和丰富了黄色的象征含义,使得黄色由一种自然符号转化为象征最高境界的文化性符号。君主圣化思潮则促使黄色与君权逐渐形成能指和所指的关系。这些都为黄色象征君权的文化内涵提供了重要的思想资源。

(1) 中和思想与黄色至尊

在政治哲学的发展过程中,"中"被赋予了"中和"的政治文化内涵,由方位概念逐渐转变为政治哲学概念。这一内涵又被注入与"中"密切相关的色彩符号——黄色,使得黄色成为"中和"思想得以物化的重要符号载体。

在古代中国,中和思想与阴阳五行思想密切相关。阴阳与五行被视作万事万物两大基本分类体系。阴阳之间的对立、消长关系,五行之间的相生相克关系普遍存在于事物之间以及事物内部,并且成为推动万事万物生生不已的原初动力,而阴阳和合是事物存在的最完美状态。

在把握和利用这对辩证关系的长期实践中,经过不断思考和总结,形成了关于"中"的比较系统和完善的哲学思想。"中"的思想是中央崇拜在哲学上的引申、抽象和升华。在一些命题的阐述中往往还保留着"中"曾经作为方位概念的痕迹,折射出其表示"中间"的基本含义,如"执其两端,用其中于民"[①]。不过,这个"中"并不是无原则的折中,而是对"过"与"不及"两极的超越,以和合阴阳、统御阴阳为归宿的辩证法则,因此又称作"中和"。"中和"这个范畴包含了以下两个层次的内涵:"中"指的是既涵盖了矛盾双方的优势,又摒弃了它们的缺陷,既达到了相当高的境界,又不至于走向极端和僵化,仍然保持着广阔的发展空间,具有旺盛而持久的生命力的境界;"和"指的是既能充分发挥各类事物的长处,又能够通过调和、平衡的作用使之达到和谐,从而体现出一种整体大于局部之和的优势。处在这样一种境界的事物其地位便可以获得"永贞"的地位和状态。

"中和"思想作为中国传统哲学最基本的理论支柱和思维方式,对中国

[①] 《礼记·中庸》,《礼记正义》,(清)阮元校刻:《十三经注疏》,中华书局1980年版,第1626页。

古典审美意识产生了极其深远的影响。这种影响在色彩审美观念上的最主要体现,就是五色体系中朱赤之色和黄色之间的地位次序发生了重大调整。上古社会人们一度以朱赤之色为美为贵。朱色的地位高于包括黄色在内的诸种颜色。朱色为天子、诸侯服色。黄裳为士所服。汉代,天子之门为朱色,取正阳之色,表示天子至尊的地位。三公阁署为次一等的黄色,表示谦逊。"朱门洞开,当阳之正色也。三公之与天子,礼秩相亚,故黄其阁,以示谦不敢斥天子。"[1]

然而,随着传统哲学思想的深入发展,以朱赤之色为至尊色彩的观念发生某种微妙的变化。古人在阴阳两极之间何为最佳点的选择问题上很早就形成了"过犹不及"、"盛极则衰"的观念,于是产生了"火色(赤色)不寿"的认识。[2] 黄色作为中和境界及其实现途径的象征色,逐渐取代正阳之色——朱赤之色,成为代表至臻至善境界和品质的颜色。

黄,象征"土"、万物即将迈向成熟的关键时刻——夏末秋初、中原大地,属中和之色。《周易》将颜色与爻位进行了匹配,其中黄色与"中"位(多为二、五之爻)对应,成为象征超越阴阳、符合中道之最高境界的颜色。

《周易·坤卦》:"黄裳元吉,文在中也。"《离》卦:"黄离元吉,得中道也。"因此,黄色又可以用来象征实现中和境界的重要途径——中庸,即"时中"和"执中"。胡瑗在对"黄裳元吉"进行解读时,指出君主的高贵不仅来源于其居中的位置,更在于这个位置具有包容四方、辐射四方的独特性:"得黄中之色,而可以见四方之色也",象征着君主普惠众生的博大胸怀与强大能力:"居中而施其美利,自内及外,自朝廷及天下"[3]。

《周易·坤卦》又称,黄色象征着君子"黄中通理,正体居位"的美好品质。指出君子只有把这种美好品性"畅于四肢,发于事业",才能成就完满无缺的王道[4]。胡瑗在对"黄中通理"的含义进行阐释时,把"黄中"视为一种道德概念,从而超越了方位概念的物质属性。他认为,正是这种"黄中之德"赋予了君主"能通天下之物理"的非凡禀赋[5]。道德和知识上的完美,为君主获得君临天下的资格提供了最有力的保障。后代儒生根据黄色象征中和的意义,认为君主应该穿着黄色中衣,以顺应损益时中之道。

---

[1] 《宋书》卷一五《礼志二》,第412页。
[2] 黄怀信、张懋镕、田旭东等:《逸周书汇校集注》,上海古籍出版社2007年版,第1011页。
[3] 胡瑗:《周易口义》卷一《坤》,中国社会科学出版社2021年版,第35页。
[4] 《周易·坤卦》,《周易正义》,(清)阮元校刻:《十三经注疏》,中华书局1980年版,第18页。
[5] 胡瑗:《周易口义》卷一《坤》,中国社会科学出版社2021年版,第39页。

（2）无为之道与"服黄静处"

土德与无为的密切联系使土地的象征色黄色成为无为之道的象征，这就进一步为它注入了至高无上的政治意义。

"无为而治"是中国古代重要的政治命题。它最先由老子提出，并逐渐成为百家共识。儒家把"垂衣裳而治天下"奉为君主统治的高明境界；墨子尚贤论的基本思路与无为论相通；申不害、韩非子则因为深受老子的影响，发展了深藏不露、君无事臣有事等等"无为"之术。秦汉以来，各种无为之术经过融合，被吸纳成为统治思想和主流文化的一部分。历代思想家大多把君主无为作为处理君臣关系的基本原则和为君之道的最高境界。

在形形色色的无为论中，主宰者、尊者都居于特殊的地位。《庄子·在宥》："何谓道？有天道，有人道。无为而尊者，天道也；有为而累者，人道也。主者，天道也。臣者，人道也。天道之与人道也，相去远矣，不可不察也。"①《荀子·王霸》："人主者，以官人为能者也。"②天与人、君与臣分别处于尊与卑、支配者与被支配者的地位。《管子·乘马》："无为者帝，为而无以为者王，为而不贵者霸，不自以为所贵，则君道也。"③在君主品分中，"无为"也是最高境界的标识。因此，许多思想家主张君主实行无为静因之术。在这个意义上无为之道实际上是一种为君之道。"无为"成为一种尊者的符号。

《慎子·威德》："天虽不忧人暗，辟户牖必取己明焉，则天无事也；地虽不忧人贫，伐木刈草必取己富焉，则地无事也；圣人虽不忧人之危，百姓准上而比于下必取己安焉，则圣人无事也。"④在这里，天、地、圣人都以"无为"为特征。思想家们将传统土地观念中的无为因素与"无为"、"静因"哲学相结合，对土德进行了高度抽象的阐释，使"土"从一个普通的物质名词转化为具有深刻内涵的政治哲学范畴，并以它所包含的伦理道德内容作为指导君主政治生活的规范。土地有生养万物之功，尊为五行之首而"不任部职"；君主有养育万民之劳，贵为天下之主而不亲自操办事务性工作。这就将土德、无为与君道联系在一起。

《管子》将土德的哲学含义赋予它的象征色——黄色，使之成为君主静处时所服之色，即"服黄而静处"⑤。土德流行之时，君主应当服黄，在政治

---

① 《庄子·在宥》，郭庆藩：《庄子集释》，中华书局1961年版，第401页。
② 《荀子·王霸》，(清)王先谦：《荀子集解》，中华书局1988年版，第213页。
③ 《管子·乘马》，黎翔凤：《管子校注》，中华书局2004年版，第84页。
④ 《慎子·威德》，许富宏：《慎子集校集注》，中华书局2013年版，第3页。
⑤ 《管子·轻重己》，黎翔凤：《管子校注》，中华书局2004年版，第1533页。

方针上应当实行静因之术,原因有三:首先,古人"天人合一"的思想体现在政治策略上是政治活动应当符合农业生产的规律,夏时农事繁盛,不应当有太过频繁的政治活动,以免干扰农业生产;其次,古人认为土德的内容之一是养万物,此时在政治上配合以"宽刑死,缓罪人"的政策,可以助长养气;最后,在古人看来,夏末阴气方生,为遵天时,君主也应当"静居"。① 象征静因之术的黄色与象征君主至尊地位的"无为"产生了必然的联系,黄色被笼罩上了一层尊贵的釉彩。

"无为"、"静因"作为一种方法论所要达到的最高境界是"自然"。"人法地,地法天,天法道,道法自然。"② 在老子看来,"自然"是超越于天地甚至道之上的一个最高范畴。这种思想对后世产生了极其深远的影响。《淮南子》的作者认为"至人之治"就是一种"随自然之性"的统治方式。③ 道家对"自然"问题的讨论和对"自然"境界的追求影响极其广泛。在此种政治思想潮流的影响下,黄色的象征内涵再次升华。《白虎通·号》:"黄者,中和之色,自然之性,万世不易。"④ "中和"是儒家政治思想中的核心范畴和至臻境界。"自然"是道家政治哲学中的最高范畴和最高境界。兼为二者的象征符号,使得黄色具有了"万世不易"的秉性,被提高到几乎与天地同等的、无以复加的地位。

在春秋战国时代形成的"中和"和"无为"两大重要思想充实和丰富了黄色的象征含义,黄色的特殊性和重要性日益凸显。在文献典籍中,对黄色的溢美之辞屡见不鲜。"五色莫盛于黄。"⑤ "色有五章,黄其主也。"⑥ 在《白虎通》一锤定音之后,黄色终于成为名副其实的尊色。独尊黄色成为中国延续两千年的传统。三国时期吴国废帝孙亮所作的《瑞应图》以黄色为四方之正色,因此黄龙为四龙之长⑦。宋代魏野在赞美菊花的金黄颜色时称之为"五色中偏贵"⑧。这些都是以黄色为五色之尊的典型事例。

---

① 《管子·五行》,黎翔凤:《管子校注》,中华书局2004年版,第874页。
② 《老子·二十五章》,朱谦之:《老子校释》,中华书局2017年版,第108页。
③ 《淮南子·本经训》,何宁:《淮南子集解》,中华书局1998年版,第572页。
④ 《白虎通·号》,(清)陈立:《白虎通疏证》,中华书局1994年版,第53页。
⑤ (汉)董仲舒:《春秋繁露·五行对》,苏舆:《春秋繁露义证》,中华书局1992年版,第316—317页。
⑥ 《淮南子·墬形训》,何宁:《淮南子集解》,中华书局1998年版,第355页。
⑦ (清)陈元龙:《格致镜原》卷九〇《祥瑞部》引《瑞应图》,《景印文渊阁四库全书》第1032册,第646页。
⑧ (宋)魏野:《东观集》卷四《咏菊》,《景印文渊阁四库全书》第1087册,第369页。

4.黄色符号化的完成

战国以来的圣化王权思潮对黄色的符号化起到了直接的促进作用。隋唐以后,黄色与君权的对应关系在朝廷法令规范和民间文化传统的双重作用下,获得了广泛的社会认同,完成了黄色象征君权的符号化进程。

(1)王权圣化与黄色君权符号化

圣化王权的观念将黄色与君主直接联系在一起。思想家们认为,中和与自然是常人无法企及,只有圣人才可能达到。因此,"中和"、"中庸"、"无为"、"自然"等概念与圣人、圣王崇拜思想的发展密切相关,都带有某种神圣的意味。先秦诸子皆言圣王,或认为圣人极高明而道中庸,或认为圣人无为而无不为。在他们看来,圣人最有资格成为统治者。随着圣王观念的发展以及与现实政治生活的结合,圣人称谓完成了由圣人最宜做王到帝王最有资格当圣人的文化变迁过程。象征君主美好政治品质的"黄"也渐渐由特定的圣化符号演变为普遍性的政治文化符号。

最先使黄色与圣王连为一体的是黄帝崇拜。黄帝是深受华夏先民敬仰的人文始祖。周王室姬姓诸国以黄帝为祖。齐、秦、楚、魏、赵等国也把自己的祖宗追溯到黄帝。因而《竹书纪年》、《世本》等先秦史书均以黄帝为纪年之始和帝王之首。在战国人看来,人类的精神文明和物质文明大多是黄帝及其臣属创造的。《易传》《商君书》《管子》《韩非子》《吕氏春秋》等都有相关记述。在许多人的心目中,黄帝不仅是人祖,还是神仙。据《史记·封禅书》记载,秦灵公尊黄帝为神。《吕氏春秋·十二纪》以黄帝为中央之神。《庄子》中的黄帝也颇有神仙气。无论人们将黄帝视为圣化的先君,还是视为神化的帝王,假托黄帝君臣的治国之道、道德之术有广泛的影响。在先秦诸子的著作中,上古圣王谱系的版本不尽相同,黄帝却是共同尊崇的圣君典范。源于稷下之学、盛行于汉代的黄老学说尤为如此。

到汉代,《春秋繁露》和《白虎通》更是把黄帝的地位提高到其他四帝之上,并对"黄帝"的帝号——"黄"进行了系统的阐释。主要有两层意思:第一,由于"帝号尊而谥卑"[1],在五帝中,其他四帝都是帝号在前而谥在后,然而黄帝却是一个例外,谥号"黄"由于是"首天之色",因此位于帝号之前。《通典》注在诠释"黄帝"之"黄"时,也强调了黄色具有承自天德的美好品质:"黄者,中和美色。黄承天德,最盛淳美。"[2]凌曙也认为这是因为"黄帝

---

[1] (汉)董仲舒:《春秋繁露·三代改制质文》,苏舆:《春秋繁露义证》,中华书局1992年版,第200页。
[2] (唐)杜佑:《通典》卷一〇四,中华书局1984年版,第549页。

同天,天不可屈,故首号黄"①。因此独在帝号之前,也就是《白虎通》所说的"美者在上"。将"黄"与"天"联系在一起,进一步提高了"黄"的地位。第二,黄帝"始制法度,得道之中,万世不易",后世君王虽然德与天同,但是没有制作文明之功,因此"不得复称黄也"②。可见,"黄"是一个象征着极高境界的称谓,只能赋予能够"得道之中"的圣王。这两部著作的作者借拔高黄帝的功绩和地位,强调黄色与"得道之中"、"自然之性"等圣王特质的关系,突出了黄色非同凡俗的尊贵地位。

在古文献中,"黄帝"亦可写作"皇帝"。"皇帝"一词为黄色注入了更多的圣化因素。"皇"与"黄"音训相通。《诗·豳风·东山》:"子之于归,皇驳其马。"③"皇",即黄白色。《尚书》、《诗经》常常将"皇"作为"上帝"、"天"、"王"、"帝"的修饰词。《尚书·周书·吕刑》:"皇帝清问下民。"④"皇帝"是对圣君帝尧的尊称。《诗经》中对"天"的呼告主要有多种表述形式:"苍天""皇天""昊天""旻天""上天"。郑玄对这几种称谓适用的语境进行了辨析:"'苍天',以体言之;尊而君之,则称'皇天';元气广大,则称'昊天';仁覆闵下,则称'旻天';自上降鉴,则称'上天'。"⑤由此可见,"皇"表达的是尊崇的寓意。如《大雅·抑》:"肆皇天弗尚,如彼泉流,无沦胥以亡"⑥说的是上天对周王不满,降下惩罚。而《周颂·雝》"燕及皇天"⑦说的是文王有德,因此上天没有降下任何灾异,一派祥和。二者寓意截然相反,却共同表达了对天命的敬畏。《大雅·皇矣》中的"皇矣上帝,临下有赫"⑧刻画了帝居高临下、洞察下土的威严形象。君主是上天的代理人,具有崇高的地位,因此也可以"皇"来修饰对君主的称谓。如《大雅·文王有声》:"皇王维辟,

---

① (汉)董仲舒:《春秋繁露·三代改制质文》凌曙注,苏舆:《春秋繁露义证》,中华书局1992年版,第200页。
② 《白虎通·谥》,(清)陈立:《白虎通疏证》,中华书局1994年版,第70页。
③ 《诗·豳风·东山》,《毛诗正义》,(清)阮元校刻:《十三经注疏》,中华书局1980年版,第397页。
④ 《尚书·周书·吕刑》,《尚书正义》,(清)阮元校刻:《十三经注疏》,中华书局1980年版,第248页。
⑤ 《诗·王风·黍离》郑玄注,《毛诗正义》,(清)阮元校刻:《十三经注疏》,中华书局1980年版,第330页。
⑥ 《诗·大雅·抑》,《毛诗正义》,(清)阮元校刻:《十三经注疏》,中华书局1980年版,第555页。
⑦ 《诗·周颂·雝》,《毛诗正义》,(清)阮元校刻:《十三经注疏》,中华书局1980年版,第596页。
⑧ 《诗·大雅·皇矣》,《毛诗正义》,(清)阮元校刻:《十三经注疏》,中华书局1980年版,第519页。

皇王烝哉"①,《周颂·武》:"于皇武王,无竞维烈"②都是歌颂周武王功业的伟大。这些都为"皇"字注入了神圣意义。

如果说在先秦时代,圣王概念还带有明显的理想色彩,超越于现实中的王之上,具有品评、约束等功能,那么秦始皇统一六国的丰功伟绩便为"圣与现实帝王合为一体"创造了基础。"圣"成为"王的附属物",成为王的天然品格,成为君主政权合法性的重要依据③。为了炫耀自己前所未有的功德,秦始皇兼采"三皇"、"五帝"之美号,确立"皇帝"为最高统治者的正号,一直沿用至帝制倾覆。汉代已降,"皇"从上古圣君的称谓逐步演变为普遍意义上的君主尊号。这一称谓的神圣色彩逐渐剥落的过程,反过来却是人君披上圣化外衣的过程。后世的皇帝无论凡愚贤明,一律称为圣或圣人,从而把王权、认识、道德和行为准则、价值标准完全合而为一了。

在汉代思想家的论证下,"皇"与"黄"的政治学意义得以进一步融合。黄科和皇科共同成为深察王号大意不可或缺的重要环节:"王者皇也,王者方也,王者匡也,王者黄也,王者往也。是故王意不普大而皇,则道不能正直而方;道不能正直而方,则德不能匡运周遍;德不能匡运周遍,则美不能黄;美不能黄,则四方不能往;四方不能往,则不全于王。"何为"美不能黄?"④《独断》以《逸周书》中谥号"皇"的含义——"靖民则法"训"黄"。⑤ 凌曙认为,所谓"美在其中"指的就是《周易·坤卦》中所说的"黄中"。这种说法再次强调了《周易·坤卦》提出的"黄"与"中"的联系⑥。《风俗通义·皇霸》中以《春秋繁露》、《白虎通》中黄帝之"黄"的特定含义——"中"解释三皇之"皇"⑦。"黄"与"皇"的政治学意义经过历代学者的融会贯通,不断地充实着对"皇帝"称谓的诠释,从而把君权观念推向了极致,也为黄色象征君权的符号化进程铺平了道路。

---

① 《诗·大雅·文王有声》,《毛诗正义》,(清)阮元校刻:《十三经注疏》,中华书局1980年版,第526页。
② 《诗·周颂·武》,《毛诗正义》,(清)阮元校刻:《十三经注疏》,中华书局1980年版,第597页。
③ 刘泽华:《中国的王权主义》,上海人民出版社2000年版,第446—449页。
④ (汉)董仲舒:《春秋繁露·深察名号》,苏舆:《春秋繁露义证》,中华书局1992年版,第289页。
⑤ (汉)蔡邕:《独断》卷下,《景印文渊阁四库全书》第850册,第94页。
⑥ (汉)董仲舒:《春秋繁露·深察名号》凌曙注,苏舆:《春秋繁露义证》,中华书局1992年版,第289页。
⑦ (汉)应劭:《风俗通义·皇霸》,王利器校注:《风俗通义校注》,中华书局1981年版,第10页。

(2)君权对黄色的垄断

从汉代开始,黄色与王道逐步建立其象征关系。《汉书·律志》:"黄者,中之色,君之服。"①

"黄屋"②是最早用于彰显王道的黄色事物。所谓的黄屋,并不是黄色的车子,而是以黄色为里衬的翠盖车。宋人黄震提出,以黄缯为车盖里是从战国沿袭下来的礼仪习惯。据《汉书》记载,刘邦被项羽围困在荥阳,情况危急之际,将军纪信挺身而出,提出用声东击西、瞒天过海的计策帮助刘邦脱身。纪信乘坐黄屋,假扮成汉王,声称城内粮食殆尽,汉王降楚。楚人山呼万岁,都聚集到城东去围观。真正的汉王刘邦则带着数十人乘机从西门成功出逃。最后,项羽见到纪信,发现被骗,将其烧杀。楚人甚至连项羽都对黄屋里坐着的人就是汉王深信不疑,可见在汉以前,黄屋作为君主身份的重要象征,已经深入人心。李斐注称:"天子车以黄缯为盖里。"③这种礼仪习惯到了汉代成为定制。据《独断》记载,黄屋为汉朝皇帝专属的车舆:"凡乘舆车,皆羽盖金华爪,黄屋左纛。"④这一礼制是为了映衬君主的德行,彰

---

① 《汉书》卷二一上《律历志》,中华书局1962年版,第959页。
② 其实,黄色一直使用在正服之内或者作为里衬。如《诗经》就出现了"绿衣黄里"的服装款式。受到正色与间色观念的影响,很多学者都认为这是在讥刺妾上僭、夫人失位的现象。此种说法,从古至今,不绝如缕。尤其是朱熹的《诗集传》更是一锤定音。以《诗集传》为代表的成见依旧影响了一大批现代学者。比如吴东平就认为,"'绿衣黄里'是说,用正色(黄色)作衣里,用间色(绿色)作衣面,这样里外不分就好像颠倒了夫人和贱妾的尊显与幽微的地位。'绿衣黄裳'是说用间色作上衣,用正色作下裳,这样上、下颠倒比里外不分更过分。在这里'黄'、'绿'二色不是用来说明衣服的颜色,而是用来区别贵贱的"(吴东平:《色彩与中国人的生活》,团结出版社2000年版,第54页)。有的学者甚至断然否定绿衣黄里、绿衣黄裳的存在,"此诗之'绿衣'若为褖衣,则是黑色,六衣之一,男与玄端相配,女为御于君之服,其色本正,黄色虽尊,亦六衣之一色耳。古者衣里皆用素纱,若黑衣以黄为里,是正色之衣用正色之里,于诗义不可通矣。此不过借色之正、间,衣之表、里,以见妾宠而妻弃,岂果有绿衣黄里之事哉?"(黄焯:《毛诗郑笺平议》,上海古籍出版社1985年版,第28页引程晋芳《诗毛郑异同考》(钞本))但他们似乎都忽视了"练衣黄里"(《礼记·檀弓》,《礼记正义》,(清)阮元校刻:《十三经注疏》,中华书局1980年版,第1293页)是一种基本礼制。黄屋实际上也是以黄为里的车子。这些都说明了黄色作为里衬或里服之色,是先民惯用的一种配色原则。一方面固然如有些学者所述的,因为早期染黄色的用料和技术仍不足以使得当时的表现出后世的那种高贵的色彩外观和特质,另一方面可能是因为遵循黄为中央之色的原则,因此常常在车盖、服饰的内部使用黄色。到了唐代,虽然黄色地位已经有所上升,但在车盖上仍沿用这一设色理念:"五辂之盖,旌旗之质及銮缨,皆从辂色,盖之里皆用黄"(《旧唐书》卷四五《舆服志》,中华书局1975年版,第1933页)。
③ 《汉书》卷一《高帝纪》,中华书局1962年版,第40—41页。
④ (汉)蔡邕:《独断》卷下,《景印文渊阁四库全书》第850册,第91页。

显君主的功业:"所以副其德,章其功也。"①

如果有人僭用黄屋,便会被作为一种罪状上报。如唐蒙在《上武帝通夜郎书》中,就以南粤王僭用"黄屋左纛"的行为来佐证其"名为外臣,实一州主"的罪名。②

不过由于黄屋所使用的黄色设于车盖里衬,车外的人无法看到,所以一直要到黄袍这样一种色彩面积大、位置显著、视觉冲击强烈的服饰为君主所专用之后,黄色才成为刺激人们对君主、君权产生联想的视觉形象。黄袍是从隋朝开始,与皇权发生密切联系的。隋唐天子"常服赤黄、浅黄袍衫",并为后世君主所认同并继承。宋代以后,黄袍已经完全成为君主的专用服饰。宋代天子大宴时服"赭黄、淡黄袍衫",常朝时服"赭黄、淡黄袄袍"③。明朝皇帝

---

① 《后汉书·舆服志》,中华书局1965年版,第3640页。
② 《汉书》卷九五《西南夷两粤朝鲜传》,中华书局1962年版,第3839页。
③ 《宋史》卷一五一《舆服志三》,中华书局1977年版,第3530页。淡黄袍衫是君主在某些特殊情况和场合下穿着的服色。陈彦青认为淡黄与赭黄的区别在于等级意义的差异(陈彦青:《观念之色:中国传统色彩研究》,北京大学出版社2015年版,第302页),这种说法在解释君臣服色差异时是可以成立的,但也应该注意到君主在某些情况下也会穿着淡黄色,这种特殊现象则应从色彩情感性的角度加以认识。依据"礼缘人情"的原则,古人常常用色彩在饱和度、明度等方面的外在差别来呈现内心情绪和情感的微妙差异(参见第一章第二节)。服用比常服稍微浅淡一些的颜色,作为从丧服到纯吉之服之间的过渡,是古代丧礼中的一种用色习俗。淳熙十四年,宋高宗驾崩,孝宗表现得极为悲痛,不但"号恸擗踊",而且还谕令宰相王淮表示不实行易月之制,而要效法晋武帝、魏孝文帝实行三年之丧。礼官以"苴麻三年难行于外庭"为理由加以劝阻。没过多久,礼官颜师鲁、尤袤等人就请求孝宗"改服素纱软脚折上巾、淡黄袍、墨银带"((宋)李心传:《建炎以来朝野杂记》乙集卷三《孝宗力行三年服》,中华书局2000年版,第547—549页)。不过从后来发生的事件可以推断,孝宗并未接受这个建议。金朝贺正使到杭州时,宋高宗驾崩不到两个月。在接见金朝贺正使的场合中,宋孝宗应该选择素服还是吉服,引发了争议。为了表示对金朝使者的尊重,有的大臣请求孝宗"权易淡黄袍",这已经是一种折中的做法,但周必大仍坚决反对,最后宋孝宗以缟素之服接受了贺正使递交的书信((宋)楼钥:《楼钥集》卷九九《神道碑少傅观文殿大学士致仕益国公赠太师谥文忠周公神道碑》,浙江古籍出版社2010年版,第1739页)。庆元六年,宋光宗去世,宋宁宗在大祥之日穿的是"素纱软脚折上巾、浅黄袍、黑银带"。礼官还建议"成服日至释服日前遇朝殿,所有合用帘幕并用缟素。其辇舆并御龙直执打从物等,权用浅黄包裹"。释禫礼结束后,也不能马上穿纯吉之服。皇帝要戴皂幞头,穿淡黄袍、佩乌犀带、履素丝鞋。皇太后也要去华饰;穿的衣服要"以淡黄罗制造",鞋也要穿浅色的。这种习惯从宋真宗景德年间就有了。显仁皇后去世,释禫礼后,大臣一再上表请高宗改换吉服临朝。太常寺上奏了宋真宗景德年间明德皇后去世后真宗衣着范例:"景德元年明德皇后大祥,皇帝服素纱软脚幞头、淡黄衫、黑银腰带,至禫除服常服。"高宗却表示"人子之孝,不能割情",因此在两天后的朝会中"且服淡黄袍"(《宋会要辑稿》,第1510—1511页)。这些案例都证明了淡黄色是丧服到吉服之间的过渡服色,淡黄与赭黄的区别主要在于情感含义的差异,前者作为比后者稍微浅淡的颜色,表示对逝者追念之情的延续。

常服袍色用黄①。《明史·舆服志》在讲述赐服制度的时候提到"闪黄乃上用服色"。皇帝却敕令南京织造了"闪黄补麒麟、仙鹤"赐给严嵩②，后者在朝廷权倾一时的特殊地位可见一斑。而《明史·舆服志》特别将此事载入史册，也正说明了这是打破君主专用黄色惯例的一个极为特殊的个案。到了清朝，由五德终始说确立服色的制度衰亡以后，五色地位平等、更迭为王的旧说不复存在，黄色完全确立了至尊地位。鲜明夺目的明黄色广泛运用于皇帝的舆服中，包括朝服（除祀天用蓝，朝日用红，夕月用月白外）、龙袍、雨衣、雨裳、朝带、吉服带、行带等③。以黄色为皇帝专用服色的舆服制度延续了隋唐宋元明数代，到了清朝发展到登峰造极的地步。

就连年仅六岁的顺治帝都明了黄色对于君权的重要象征意义。清太宗在入关前猝死，在生前没有预先设立储君的情况下，其弟多尔衮经过与其长子豪格的激烈斗争，将拥立年幼的第九子福临作为争夺权力的重要策略。年仅六岁的福临被推上了政治舞台，本可能陷入"主幼臣疑"的窘境，但他却在登基当天通过一系列行为表现了其政治上的成熟性，令人刮目相看。出宫时，因为天气寒冷，侍臣献上貂裘想为他御寒，他看了一眼以后拒绝了。后来又拒绝乳母和他一起登上象征权力的辇车："此非汝所宜乘。"登基仪式结束，回到寝宫，福临才回头向侍臣解释了他拒绝穿着貂裘的原因："适所进裘若黄里，朕自衣之，以红里，故不服。"他对貂裘里衬色彩的介意，表明了他对色彩符号象征寓意的深刻理解，并希望通过对君主服黄制度的恪守来向臣民强调自己的至尊地位和身份。登基仪式中的两个小插曲充分表现了年幼的顺治帝对君主权力以及垄断权力必要性有相当明确的认知。这或许是史官为了美化顺治帝，宣扬其具有兼祧大统的资质，对史实进行了艺术加工。不过，以红、黄之别作为印证顺治帝政治认知水平的事例，充分说明了色彩符号在政治文化中的重要意义。

综上所述，春秋战国以来，通过历代学者的深入论证，黄色与君权逐渐形成了能指和所指的关系。这种关系在隋唐以后的政治生活中得以物质化，促使黄色象征尊贵、象征君权的观念得到最大限度的认同，完成了黄色象征君权的符号化。

黄色原本是一种普通的物理色彩，可是经过历代思想家对其象征意义的层层累加和多次重建，已经抽象为一个以人种肤色、地理环境为自然基

---

① 《明史》卷六六《舆服志二》，中华书局1974年版，第1620页。
② 《明史》卷六七《舆服志三》，中华书局1974年版，第1640页。
③ 《清史稿》卷一〇三《舆服志二》，中华书局1977年版，第3035—3037页。

础、以原始崇拜(土地崇拜、方位崇拜)为心理基础,通过对君主权力、君王之道、君臣关系等问题的全方位思考所形成的哲学范畴和政治范畴,是正向思维与逆向思维的结晶,也是思想深化和制度强化的结果。黄色从五方之色之中脱颖而出,在五色体系中地位的上升过程,恰恰是君主统治逐渐摆脱神权、贵族政治的束缚、达到权力巅峰的历史。

第二节 五德服色符号与"天命—革命"思想的认同

在元代以前,历代王朝在建国之初都会把"改正朔,易服色"列为头等大事。改易服色制度其实质就是对服色符号的诠释和运用。作为当朝"改正朔,易服色"历史依据和理论依据的主要话语资源,三代服色的确立依据是服色符号诠释过程中的焦点。在历史上出现过三种比较重要的说法。第一种说法认为三代是依据所建之月的物候之色来确立服色的。第二种说法认为三代是依据为王朝受命时所降符瑞之色来确立服色的。第三种说法为五德终始理论。其中,五德终始说的影响最为广泛和深远,并在此基础上形成了五德服色符号,即乘木德的王朝尚青,乘火德的王朝尚赤,乘土德的王朝尚黄,乘金德的王朝尚白,乘水德的王朝尚黑。

这是因为五德终始学说是"天命—革命"思想发展演变的一个重要产物,在传统政治哲学框架中最能够为改易服色制度提供具有终极意义也因此最具备说服力的理论依据。"天命"是传统政治生活的最高依据和准则。"天命—革命"论是传统政治哲学最基本的理论预设。张分田指出,所谓"天命论"核心内容就是以"天命"作为"君权获得与更替的依据",而所谓"革命"就是"符合天命、道义的改朝换代"[1]。古人普遍认为,虽然君主制度具有绝对性、永恒性,一家一姓王朝却是相对的、暂存的。每个朝代的历年都有天定的期限。王朝更替被视为天道必然。因此,通过掌握天道规律来维系王朝天命不坠,也就成为绝大多数统治者孜孜以求的政治理想。五德终始学说对在古人眼中幽微难测的"天命"转移规律进行了揭示,为政治变迁的预测提供了理论依据。在改朝换代之际,五德终始学说为"犯上作乱"提供了"革命"的合法性依据。在王朝政权存续期间,五德终始学说又为政权的巩固提供"天命"的庇护,在政治生活中具有广泛的解释力和适用性,因此获得了极为普遍的社会认同。

---

[1] 张分田:《中国帝王观念》,中国人民大学出版社2004年版,第356—357页。

一、五德终始学说与五德服色符号的形成

一般认为五德终始说是齐国人、阴阳家著名代表人物邹衍在五行学说的基础上创立的。不过事实上,在《孔子家语》①中已经对帝王取法五行更迭而终始更生的思想进行了论述。

据记载,季康子向孔子请教五帝的实质内涵。孔子就把从老子那里听来的关于五帝的说法告诉了他。如果这种说法可靠的话,那也就是说帝王取法五行更迭的思想实际上是老子提出的,经由孔子得到了进一步传播。按照老子的说法,所谓"五帝"就是金、木、水、火、土五行的神格化,具有"分时化育、以成万物"的能力。而五行是古代帝王易代改号的依据。由于木行代表东方万物之初,因此五行用事是从木行开始的,古代帝王取法于此,首先以木德王天下,此后"则以所生之行相转承接"②。

此后,邹衍对这一思想进行了进一步的发挥和完善。不过,与《孔子家语》中五行相生说不同的是,他选取了五行相胜说作为阐释历史的依据,形成了五德终始的历史观:黄帝、夏禹、商汤、周文王按照土、木、金、火相胜相克的关系依次承继正统。因此,周以后的王朝也要按照这样的顺序依次更迭。邹衍的五德相胜说在当时是一门流行于诸侯之间的"显学",曾经被吕不韦编入《吕氏春秋》,得以进一步推广,后来成为"秦汉皇帝制度法定意识形态的重要组成部分"③。

到了西汉末年,在统治危机日益深化,在禅让之说此起彼伏的历史背景下,刘向、刘歆父子④对五德终始说进行了一次比较重要的改造,以"木火土金水"的五行相生代替"土木金火水"五行相胜的次序。与邹衍以土德王天下的黄帝为历史开端不同的是,刘歆以木德王天下的包羲氏(即伏羲太昊

---

① 《孔子家语》曾被认为是伪书,但近年来随着简帛文书的出土,发现河北定州、安徽阜阳的汉简与《孔子家语》存在着密切关系,确认了《孔子家语》的真实性。因此越来越多的专家学者认为书中的内容可以视为对早期儒家思想的较为可靠的记录,在孔子研究中的价值和地位也在逐步获得重新认识。
② 《孔子家语·五帝》,(魏)王肃:《孔子家语》,上海古籍出版社1990年版,第65页。
③ 张分田:《秦始皇传》,人民出版社2003年版,第255页。
④ 蒋重跃认为,东汉以来普遍承认新五德终始说为刘向父子创立,但从目前见到的文献看来,可以确定"系统地阐述过五行相生的五德终始说,有遗文可稽"的是刘歆(蒋重跃:《五德终始说与历史正统观》,《南京大学学报》2004年第2期)。汪高鑫认为新五德终始说的发明权完全属于刘歆一个人,而他的父亲刘向虽然发表过一些禅让言论,但"作为一位具有强烈的维护刘氏正统的忧患意识的思想家,他当然不希望看到刘氏政权出现禅让这种结局,故而他没有倡导五行相生之五德终始说的思想根基"(汪高鑫:《论刘歆的新五德终始说》,《中国文化研究》2002年夏之卷,第86页)。

氏)为帝系开端,其理论依据是《易传》中"帝出乎《震》"的说法。震在时间上象征万物始发的春天,为木气流行之时,因此刘歆认为"包羲氏始受木德"。他构建了一个全新的五德循环系统——太昊伏羲氏为木德,炎帝神农氏为火德,黄帝轩辕氏为土德,少昊金天氏为金德,颛顼高阳氏为水德;帝喾高辛氏为木德,帝尧陶唐氏为火德,帝舜有虞氏为土德,伯禹夏后氏为金德,成汤为水德,周武王为木德,汉朝为火德。这个古史系统大大扩充了邹衍创造的帝王世系,并为刘歆的新五德终始说提供了历史依据。王莽新朝以后,刘歆的新五德终始说基本取代了邹衍的五德终始说,成为此后历代王朝确立德运、制定服色的主要依据。

所谓五德服色符号,是在五色与"五德"匹配原则支配下形成的政治文化编码产物。

> 凡帝王者之将兴也,天必先见祥乎下民。黄帝之时,天先见大螾大蝼,黄帝曰:"土气胜",土气胜,故其色尚黄,其事则土。及禹之时天先见草木秋冬不杀,禹曰:"木气胜",木气胜,故其色尚青,其事则木。及汤之时,天先见金刃生于水,汤曰:"金气胜",金气胜,故其色尚白,其事则金。及文王之时,天先见火,赤乌衔丹书集于周社。文王曰:"火气胜",火气胜,故其色尚赤,其事则火。代火者必将水,天且先见水气胜,水气胜,故其色尚黑,其事则水。①

在王朝更替之际,当一种德运即将兴起的时候,上天会降下相应的符瑞,昭示一德已衰,一德将兴。五德的实质是与五行之德相应的五种政治模式。每一王朝都受特定的德支配,这种德的属性决定着最适宜一个王朝的政治模式。其基本规律是"五德转移,治各有宜,而符应若兹"②。因此,人间帝王要设立相应的服色以顺应天意,标榜自己建立的政权为天命所系。《礼纬·斗威仪》称,当君王治理国家卓有成效的时候,自然界还会出现与本朝德运之色相应的治平之征:"人君乘土而王,其政太平,则曰五色无主。君乘木而王,其政升平,则曰黄中而青晕。君乘火而王,其政颂平,则曰黄中而赤晕。君乘金而王,其政象平,则黄中而白晕。君乘水而王,其政和平,则黄中而黑晕。"③由于土行在五行中的特殊地位,土德王朝所获符瑞也比

---

① 《吕氏春秋·应同》,陈奇猷校释:《吕氏春秋新校释》,上海古籍出版社2002年版,第682—683页。
② 《史记》卷七四《孟子荀卿列传》,中华书局1959年版,第2344页。
③ (明)孙毂编:《古微书》引《礼纬·斗威仪》,丛书集成本,第363页。

较特别,"日五色无主"指的是太阳呈现出五色均匀的景象,任何一色都不占主导地位。其他四种德运的王朝所获符瑞则是日光以黄色为主,而日晕之色与各自德运相符。符瑞之说被纳入了五德终始说的理论体系,为服色符号蒙上了一层神秘色彩,使之披上了"君权天授"的合法化外衣。

五德终始说原本是论证改朝换代不可避免性的典型学说。"这套理论实际上承认,天人合一、阴阳配合、五行生克等注定君主政治有五种依自然顺序发生的类型。一代政治皆有其优点和缺陷,这种政治模式发展到一定程度就会不可避免地面临改易更革。"①由革命论又引出了"天下为公"思想,即把君位视作天下公器,从而否定了一家一姓永享天命、永居君位的可能性。但在现实政治生活中,五德终始说往往被统治集团改造和利用,成为巩固君主统治的理论工具。在五德终始说基础上形成的五德服色符号凭借符号所特有的对思维的诱导性和渗透性,在认同机制中发挥了独到的作用。五德被视为标志和论证王朝政权合法性的一种象征符号,而作为五德的色彩表达式,五种服色实际上也可以被视为象征王朝政权的五种符号。由五德终始学说指导设计的改易服色制度作为朝廷主导的一种国家行为,在反复操练的过程中强化了五色与五德的固定匹配关系,实现了服色的五德符号化。反过来五德服色符号又凭借其特有的对思维的支配性和渗透性,确保了社会大众对改易服色制度的思想内涵的自觉认同。特别是五德服色符号中包含的神秘寓意有助于强调政权"天授"的合法性,从而起到强化政治权威认同感的作用。

《孔子家语》中还记载了五德服色符号的另一种形式,即"修其母,兼其子",具体而言就是以本朝德运所生之德相应的颜色为服色,比如,木生火,火色为赤,因此木德的王朝尚赤。② 不过,这一理论除了用于解说传说时代和三代服色的象征意义外,在现实政治生活中并没有得到实践。这可能是这种服色的设定方式还需要经过"母子关系"的转换,无法激发人们对德运产生直接的联想,这就使得其符号化程度大打折扣,也就无法发挥符号对民众思维的支配作用。这也说明恰当的编码方式才能使得符号得到最广泛的社会认同并发挥支配社会大众思维的作用。

---

① 张分田:《中国帝王观念》,中国人民大学出版社2004年版,第370页。
② 《孔子家语·五帝》王肃注,(魏)王肃:《孔子家语》,上海古籍出版社1990年版,第66页。

二、五德服色符号对"天命—革命"思想的实践

宣告旧政权的覆灭、张扬新政权的肇基,这是五德服色符号的基本政治功能。《礼记·大传》:"圣人南面而治天下,必自人道始矣。立权度量,考文章,改正朔,易服色,殊徽号,异器械,别衣服,此其所得与民变革者也。"①服色、徽号以直接、明快的视觉形象,向天下臣民强烈地表明了新王朝除旧布新的承诺和决心,以此来获得臣民对新政权的信任,从而形成民心稳定、同心协力的新局面。无为并非道家的专利。对尧舜"垂衣裳而治天下"最高政治境界的推崇和追求是儒家无为政治思想的集中体现。作为后世统治者效法尧舜"垂衣裳而治"的实践形式,易服色制度是统治手段中不可或缺的文化策略,具有重要的政治功能。具体表现在以下三个方面。

第一,新的服色符号有助于新王朝向民众展现一个全新的政治面貌。历代学者常常以改服色理论来阐发易经《革》卦、《鼎》卦中的革命论思想。《革》卦包含着深厚的革命论思想。《革》卦是"离"、"兑"的组合。"离"代表火,"兑"代表水,而水火具有"相息而更用事"的特性。因此,郑玄认为"革"的含义就是"王者受命,改正朔,易服色"。②《革》卦中还有一个很重要的概念"虎变"。《周易·革》卦:"九五,大人虎变。"孔颖达疏:"尊以大人之德,为革之主,损益前王,创制立法,有文章之美,焕然可观,有似虎变,其文彪炳。"③孔颖达认为"虎变"譬喻新建政权在法令制度等方面的改弦更张。唐儒史征认为"虎变"实际上特指改服色。他指出,"虎变者,谓改正朔,易服色,取其文章炳焕。"④意思是说,新王朝确立了服色之后,礼乐完备,文章炳焕,就好像老虎把干涩枯燥的旧毛换成润泽鲜好的新毛,身上的花纹熠熠生辉。

"鼎"在古汉语中同样有革命的意思。《周易·序卦》:"革物莫若鼎。"⑤鼎在古代政治文化中具有特殊的象征意义,这可能与熟食在人类文明进化过程中具有举足轻重的意义有关,鼎作为一种可以"变生为熟"的炊具,自然也就成为文明的象征。进餐时排列的鼎的数量是等级身份的象征,显贵的家族被称作"钟鸣鼎食"之家。九鼎更是统治天下的最高权力的象

---

① 《礼记·大传》,《礼记正义》,(清)阮元校刻:《十三经注疏》,中华书局1980年版,第1506页。
② (唐)李鼎祚:《周易集解》卷十,商务印书馆1936年版,第240页。
③ 《周易·革》孔颖达疏,《周易正义》,(清)阮元校刻:《十三经注疏》,中华书局1980年版,第61页。
④ (唐)史征:《周易口诀义》卷五《下经二·革卦》,中华书局1985年版,第57页。
⑤ 《周易·序卦》,《周易正义》,(清)阮元校刻:《十三经注疏》,中华书局1980年版。

征。传说夏禹铸九鼎,象征天下九州。在三代,九鼎被视作传国之宝,鼎之迁移被视为权力的兴替,如商汤革命后将鼎迁往商邑,周武王伐纣后将鼎迁往洛邑,因此后人以"鼎祚"、"鼎命"指称国运。胡瑗认为,革故取新是《鼎》卦的核心内涵,圣贤之人要革除天下弊乱,就必须改正朔、易服色、殊徽号,变礼乐"以新天下之视听"①。

第二,新的服色符号有助于民众忘却旧王朝给他们留下的伤痛,并对新政权产生信任感。傅弈在给唐高祖的上书中充分阐述了这种功能和意义。针对"国制草具,多仍隋旧"的情况,傅弈指出,"乱世之后,当有变更"。他认为,隋朝君主违背天命,残害百姓,专峻刑法,杀戮贤俊,给天下臣民的心灵留下了久久难以愈合的伤痕和挥之不去的阴影,被滚沸的汤羹烫伤过的人即使是冷齑也要吹几口气才敢入口,被弓箭伤害过的鸟儿看到曲木都会受到惊吓,新建的王朝如果不拨乱反正,却继续沿用旧王朝的制度,不利于抚平民众的心理伤痕,取得他们的信任。因此傅弈认为,唐高祖应该立即"改正朔,易服色,变律令,革官名,功极作乐,治终制礼,使民知盛德之隆"②。

宋代经学家在阐释《革》、《鼎》卦内涵的时候,也指出易服色的意义在于消除饱受旧政之苦的人们对新政权怀有的疑虑和猜忌。"塞难初解,民心尚疑,犹恐未脱于难而又入于塞。故君子当行其教化,革其残暴之政,易服色、改正朔以新天下之耳目,使民心无所疑矣。"③在阐释《革》卦内涵的时候,胡瑗以井经久败坏必须淘治秽滓来譬喻王朝的更迭,认为天下暴乱,人民涂炭的时候必然会有大圣人崛起,拯治天下于水火,革掉旧王朝的命,使天下皆得安宁,可是愚昧的百姓因为久陷于涂炭,无法了解圣人的所作所为,仍然担心会重新陷入灾难,所以圣人不但要"丁宁诰戒,使民审知",还要改正朔,易服色,殊徽号,制作礼乐,通过"一新民之耳目"的方式"使天下之人皆出孚信于上"。④

第三,依据受命之符确立的服色符号能够强化民众对新政权合法性的认同。古人认为,王朝鼎革必须在天命的限定下进行。他们把天或者神视作创造并支配宇宙间一切的主宰者,把天命视作绝对权威。旧王朝暴君的天命是上天剥夺的,新王朝君主的权力同样也是上天赋予的。易代之际,上天往往会降下某些征兆,预示天命的转移。在五德终始说的影响下,人们认

---

① (宋)胡瑗:《周易口义》卷八《鼎》,中国社会科学出版社2021年版,第280页。
② 《新唐书》卷一〇七《傅弈传》,中华书局1975年版,第4059—4060页。
③ (宋)胡瑗:《周易口义》卷七《解》,中国社会科学出版社2021年版,第229页。
④ (宋)胡瑗:《周易口义》卷八《革》,中国社会科学出版社2021年版,第275页。

为这些征兆所呈现的色彩往往是德运的象征，包含着一德已衰、一德将兴的政治寓意。这些学说对于论证新王朝的合法性有着重要意义。新王朝大多是在讨伐旧王朝以及群雄纷争的动荡局面中艰难诞生的，在天下初定的情况下，民众的政治倾向常常是暧昧不明的：有的依附于不同政治势力，伺机而动；有的则依旧沉湎在对旧王朝的缅怀中，对新王朝充满了抵制的情绪；有的对新王朝是否能够带来更多的福利充满了疑虑。在民心涣散、不知所归的情况下，天命作为最绝对的权威，是确立王朝合法性最有效的文化依据。以德运之色或者受命之符的颜色为政权标志，是宣扬天命所在的主要形式之一。因此，古人才会把易服色视作确立政权合法性、取得民众政治认同感的头等大事。董仲舒反复论述，表明王朝顺应天命的合法性是改正朔、易服色的主要政治功能。"改正朔、易服色，所以应天也。""改正朔、易服色，以顺天命而已。"①

此后的儒生和统治者也多持这种观点。汉武帝元封七年，司马迁等人上书建议改正朔。汉武帝召见深明经术的御史大夫兒宽，向他询问改正朔、易服色之事。"宽与博士赐等议，皆曰：'帝王必改正朔，易服色，所以明受命于天也。'"②三国魏明帝即位以后有改正朔之意，经过朝廷激烈讨论之后，终于颁发了改历服色的诏书。明帝在诏书中说，从文帝黄初以来，诸儒一直在讨论是否应该改正朔的事情，我在当太子的时候就听说了，当时我就认为，孔子作《春秋》，通三统，为后世君主所效法，正朔、服色各不相同，都是因袭了五帝的做法，三代以降，虽然政权更迭的方式不同，但是"未有不改正朔，用服色，表明文物，以章受命之符也"，由此可见，何必认为不改才是对的呢③。

作为国家政权的象征符号，服色符号有着比五德终始说更加顽强的生命力。五德终始说在清代彻底消亡之后，曾经受其支配的易服色制度却得以留存。清人纳兰性德虽然不再以五德终始说解读三代服色，但仍然承认服色凝聚民心、确立权威的作用："随时损益，以新天下之耳目，一天下之心志"④。

三、历代王朝服色的确立

正如上文所述五德服色符号具有如此重要的政治功能，因此，以五德服色符号运用为核心的改易服色制度在元代以前一直是国家的一项重要政治

---

① 《汉书》卷五六《董仲舒传》，中华书局1962年版，第2510、2518页。
② 《汉书》卷二一上《律历志上》，中华书局1962年版，第975页。
③ 《宋书》卷一四《礼志一》，中华书局1974年版，第328—329页。
④ （清）纳兰性德：《礼记陈氏集说补正》卷三《檀弓》，《通志堂经解》第14册，江苏广陵古籍刻印社1996年版，第278页。

制度,受到高度重视。对当朝应该承袭何种德运的讨论有时甚至会从开国之初一直延续到当朝政权的后期。这主要是因为五德终始说是对王朝历史的概念化叙述,其编排存在着很大的弹性空间。这种弹性空间很大程度上来自汉儒刘歆新五德终始说的理论贡献——正闰说。他发展了董仲舒的"不完全摒秦论",将秦始皇以及古代的共工氏、帝挚彻底排除在正统序列之外,归属于所谓的闰位。这一理论创造的动机源于刘歆新五德终始说的主旨在于论证王莽代汉的合法性。汉为火德,新为土德,完全符合五行"火生土"的理论,这是王莽代汉的理论依据。黄帝以土德王天下,虞舜得土德,黄帝和虞舜的后代——王莽自然应该受土德,而汉朝政权和他们的祖先——尧则应该受火德,这是王莽代汉的历史依据。为了使这个历史依据得以完全成立,刘歆对正统序列中的古帝王进行一番删减,以便于把他要论证的汉室、王莽以及他们各自的祖先放到恰当的位置上去。① 刘歆的正闰说为后人将真实的历史转化为概念化的历史提供了理论基础。新建王朝在论证自己在五德循环系统所处的环节和位置以及应该接续哪一个前朝正统的问题上有了更多操作的空间。然而也正是这种可操作性,导致五德终始学说失去了客观性,最终走向了衰亡。

改易服色制度究竟起源于何时,一直以来众说纷纭。从现存文献看,新兴王朝依据五德更始的次序,改正朔、易服色以彰明天命的制度,始于秦始皇。因此现代很多学者认为服色之制实际上起源于秦始皇统一天下以后,三代所尚之色不过是后世儒生依据当时制度对三代历史理想化的想象和叙述。笔者认为,秦始皇所建立的这一整套服色制度,不会是一蹴而就的事情,在此之前一定经历了漫长的制度摸索过程。因此,本文从传说时代开始梳理服色制度的演变过程。

(一) 关于传说时代服色的各种说法

传说时代的政权究竟采用哪种服色,并没有确切的结论。除了黄帝以土德王天下是多数学者的共识之外,其他有关传说时代政权服色的说法往往是各执一词,聚讼不休。

《吕氏春秋》以"五德"及"符命"说来解释古代帝王之服色,认为代表"土气胜"的大螾大蝼是黄帝时代"其色尚黄,其事则土"的依据,代表"木气胜"的"天先见草木,秋冬不杀"现象是大禹时代"其色尚青,其事则木"的依据。②

---

① 参见汪高鑫:《论刘歆的新五德终始说》,《中国文化研究》2002年夏之卷。
② 参见《吕氏春秋·应同》,陈奇猷校释:《吕氏春秋新校释》,上海古籍出版社2002年版,第682页。

据《尚书纬·中候》记载，高阳氏尚赤，荐玉以赤缯；高辛氏尚黑，荐玉以黑缯；陶唐氏尚白，荐玉以白缯，有虞氏尚赤。但是，这些古代帝王都不在邹衍编排的五德序列之内，而与刘歆所编造的"颛顼高阳氏为水德"，"帝喾高辛氏为木德"，"帝尧陶唐氏为火德"，"帝舜有虞氏为土德"的五德序列完全不符，即使依据《孔子家语》"修其母，兼其子"的原则也解释不通。

据《拾遗记》记载，尧为火德，是因为上天降下火德之瑞。这种说法可能是受到了刘歆以尧为火德的影响。传说当时西海之西有一座浮玉山，山下有一个巨大的洞穴，洞中的水颜色像火一样通红，"昼则通晓不明，夜则照耀穴外"，即使是波涛灌荡，火的光辉也不熄灭，非常神奇。帝尧在位的时候，水中之光"烂起，化为赤云，丹辉炳映，百川恬澈"，因此游海者铭以"沉燃"二字，"以应火德之运"①。

很多学者都相信禹以水德王天下，这与大禹治水传说的广泛流传有密切关系。大禹治水有功，因此获得了象征天命的玄色之圭，这种说法为大多数人所认同。但是玄圭的来历则说法不一。唐代的孔颖达、清代的朱鹤龄等人认为玄圭是尧所赐。关于尧赐予禹玄圭的象征意义有两种看法。一种认为，"玄圭即是瑞玉，尧赐之以象水德，适为禹受命之符耳"②；另一种看法认为，玄是天的象征色。尧赐给禹天色之圭，表示治水成功乃"天功成"③。宋儒蔡沈认为是禹在水土既平之后，以玄圭为礼物，向舜报告治水成功的消息。水色为黑，因此禹选用了黑色的玉圭。④ 清儒胡渭认为禹并不是有意把玄圭作为自己受命于天的符瑞，只不过是他在治水的时候发现了一块黑色的玉，觉得非常奇特，因此雕琢为圭，献给了舜。⑤

总而言之，历代学者围绕传说时代政权服色展开了激烈的争论，互相抵牾之处甚多，不能一一列举。

(二) 关于夏、商、周三代服色的各种解说

三代服色制度存在的真实性也存在很多争议。有人认为，夏商周就各有所尚之色。所谓有扈氏"威侮五行，怠弃三正"指的就是他不肯奉行夏朝的正朔和服色。但也有不同意见。林之奇就认为，"改正朔，易服色"则始

---

① (晋)王嘉著、(梁)萧绮录，齐治平校注：《拾遗记》卷一《唐尧》，中华书局1981年版，第23页。
② (清)朱鹤龄：《尚书埤传》卷六《禹贡》，《景印文渊阁四库全书》第66册，第809页。
③ (清)胡渭：《禹贡锥指》卷二〇，《景印文渊阁四库全书》第67册，第847页。
④ 参见(宋)蔡沉著，王丰先点校：《书集传》卷二，中华书局2018年版，第86页。
⑤ 参见(清)胡渭：《禹贡锥指》卷二〇，《景印文渊阁四库全书》第67册，第847页。

于商,"自夏以前未尝有也"。① 至于服色的确立依据,有的以五德终始说解释三代所尚之色。有的认为所建之月的物候之色是三代所尚服色的依据。有的认为三代政权取得天下的方式才是解释三代所尚之色的真正依据。还有的以符瑞、神话来加以解释。

《吕氏春秋》以五德终始说解释三代所尚之色。"凡帝王者之将兴也,天必先见祥乎下民。……及汤之时天先见金刃生于水。汤曰:'金气胜。'金气胜,故其色尚白,其事则金。及文王之时,天先见火,赤乌衔丹书集于周社。文王曰:'火气胜。'火气胜,故其色尚赤,其事则火。"②

郑玄则认为三代是以所建之月的物候之色为服色。《礼记·檀弓》:"夏后氏尚黑……戎事乘骊,牲用玄。"骊是黑色的马。郑玄注:"以建寅之月为正,物生,色黑。"《礼记·檀弓》:"殷人尚白……戎事乘翰,牲用白。"翰是白色的马,《周易》有"白马翰如"的说法。郑玄注:"以建丑之月为正,物牙,色白。"《礼记·檀弓》:"周人尚赤……戎事乘骐,牲用骍。"骐是黑色鬣尾的赤马,骍是纯赤色的祭牲。郑玄注:"以建子之月为正,物萌,色赤。"③

宋儒应镛认为三代服色是以取得天下的方式为依据。"夏后治水而水德王,故其色尚黑。殷人征伐而以金德王,故其色尚白。周木德也而色尚赤,亦岂非取木之所生而用火之色乎。"④确立了"家天下"制度的夏朝虽然始于夏启,但是实际上肇基于大禹。大禹以治水赢得了天下归心,因此以水色黑为服色。商汤通过武力征伐赢得天下,兵器由金属制造而成,因此商朝以金德之色白为服色。周朝以木所生之火克金,因此崇尚火色赤。

吴幼清认为三代服色反映了各自的政治之道。夏朝和周朝崇尚"亲亲",因此以本朝德运所生之德的象征色为物色。夏以金德王,金生水,水色黑,所以夏朝尚黑。周以木德王,木生火,火色赤,所以周尚赤。殷朝崇尚"尊尊",因此以本朝德运所从生之德运的象征色为物色,殷以水德王,水为金所生,金色白,所以殷尚白⑤。

---

① (宋)林之奇撰,刘建国、张华、李沁芳、姚晓娟校点:《尚书全解》卷一二《甘誓》,北京大学出版社 2024 年版,第 237 页。
② 《吕氏春秋·应同》,陈奇猷校释:《吕氏春秋新校释》,上海古籍出版社 2002 年版,第 682—683 页。
③ 《礼记·檀弓》,《礼记正义》,(清)阮元校刻:《十三经注疏》,中华书局 1980 年版,第 1276 页。
④ (宋)卫湜:《礼记集说》卷一五《檀弓》引应镛,《通志堂经解》第 12 册,江苏广陵古籍刻印社 1996 年版,第 427 页。
⑤ (清)纳兰性德:《礼记陈氏集说补正》卷三《檀弓》引吴幼清,《通志堂经解》第 14 册,江苏广陵古籍刻印社 1996 年版,第 278 页。

有的学者则是以符瑞神话来解释三代德运和服色的由来。据《墨子》记载,有赤乌衔圭降周之岐社,表示:"天命周文王伐殷有国。"①岐山之阳、被后人称为"周原"的地方是周族文明的发祥地。为了躲避北方民族的侵扰,被周人尊称为"太王"的古公亶父率领部众跋山涉水,最终定居在岐山之阳这片膏腴之地。周人伐灭商朝的事业正是肇基于此。传说把周朝受命符瑞——赤乌降临的地方设定在这里,包含着印证周朝政权合法性的深刻意义。《宋书·符瑞志》也记载了一个关于周武王受天命的故事。周武王讨伐殷纣王,渡孟津时,到了河流中央,有一条白鱼跃入船中。武王俯下身子捉在手中。这条白鱼足有三尺长,鱼目之下有赤文成字,说的是"纣可伐"。就在武王燔鱼以告天的时候,又出现了"有火自天止于王屋,流为赤乌,乌衔穀焉"的神异景象,以回应武王的告祭②。后人解释说,赤乌所衔的穀是为了纪念周族祖先后稷之德。在这些神话中,都有赤乌的身影出现,它成为周朝的受命之符,被视作周朝尚赤的依据。

(三) 秦朝乘水德、尚黑

秦始皇确立秦朝以水德王天下,"衣服旄旌节旗皆上黑"③,这或许给时人留下了深刻印象,因此认为民众称为"黔首",也是缘于秦乘水德尚黑④。

秦对黑色的偏爱和崇尚有着非常深厚的历史渊源。嬴姓秦氏自认为是黑帝颛顼的后代。传说颛顼的后人中有一位叫作女修的女性,吞下玄鸟所陨之卵后,生下了儿子大业,也就是嬴姓族群的男性祖先。由此可见,嬴姓来源于以玄鸟为图腾的祖先。大业的儿子大费辅佐大禹治水有功,获帝舜赐予"皂斿",就是黑色的旌旗飘带,并赐嬴姓⑤。秦文公出猎,得黑龙出水之瑞⑥。这些都构成了秦始皇相信自己应水德之运,以黑色为尚的历史依据。

五德终始说认为,水主阴,阴主刑杀,水德政治模式采用法治,以刑罚为主。秦乘水运说为秦朝崇尚法制、重用狱吏、嗜好刑罚、刻薄寡恩的治国之术披上了自然理性的外衣。而秦始皇出于对阴阳五行学说的极度迷信,以水德自命,"刚毅戾深,事皆决于法,刻削毋仁恩和义,然后合五德之数。于

---

① 《墨子》卷五《非攻下》,吴毓江撰,孙启治点校:《墨子校注》,中华书局 2003 年版,第 222 页。
② 《宋书》卷二七《符瑞志上》,中华书局 1959 年版,第 765 页。
③ 《史记》卷六《秦始皇本纪》,中华书局 1959 年版,第 237 页。
④ 《史记》卷六《秦始皇本纪》,中华书局 1959 年版,第 239 页。这种说法存在着一些争议,请参见第二章第四节《等级服色符号与"天赋异禀"形象的塑造》。
⑤ 《史记》卷五《秦本纪》,中华书局 1959 年版,第 173 页。
⑥ 《史记》卷二八《封禅书》,中华书局 1959 年版,第 1366 页。

是急法,久者不赦"①,从而"使这种政治模式固定化,甚至凝固化,其结果是强化了这种政治模式的弊端"②。

从现存文献资料来看,改服色制度始于秦朝。秦朝制度是秦始皇在秦国地域性政治文化的基础上,大量吸收和继承先秦以及当时各国制度文化的产物。不过,秦朝仅仅是在统治疆域和政治制度上实现了大一统,文化大一统的任务还远未完成。只有到了汉代中期实现了对战国时期群雄割据造成的色彩鲜明的地域性文化的全面整合以后,德运和服色的思想才逐渐成为全社会认同的普遍意识。

(四) 汉朝确立乘火德、尚赤说的曲折过程

汉朝德运服色的确立过程比秦朝要复杂得多,前后经历了多次反复,先后出现了三种德运和服色,分别是火德赤色、水德黑色、土德黄色。水德黑色是对秦朝服色的继承。汉武帝时期确立的土德黄色把汉王朝的德运完美地纳入五德相胜的循环中③,但真正被后世视为汉政权符号的火德赤色实际上是在西汉末年才正式确立的,这次德运服色的改变起源于五德终始说在学术史上最重要的一次转型,即由五德相生说取代了五德相胜说。

刘邦政权最初以赤为服色,刘邦本人以及跟随他的很多人都相信刘邦是赤帝子的化身。"高祖乃立为沛公,祠黄帝、祭蚩尤于沛廷,而衅鼓旗,帜皆赤,由所杀蛇白帝子,所杀者赤帝子故也"④。陈鹏分析是因为刘邦起事之地——沛属于楚地,出于迎合楚人,取得支持的需要,才选择了楚人崇尚的赤色⑤。这种说法有一定道理。刘邦以赤色为尚,最早起源于赤帝子杀白帝子的传说,而这个传说就发生在他起事之初,宣扬的对象正是他押送的一批役徒,而这些人显然都来自出发地——楚地。据说,汉高祖刘邦还是一个亭长的时候,押送役徒到秦始皇陵所在的骊山,途中死了不少人。刘邦估计到了目的地人也都死光了,不如就在路上把他们放了,自己也走掉。在这些人中有十余人表示愿意追随刘邦。有一天夜里路过泽中的时候,前面探路的人回来报告说有一条大蛇挡住了去路。刘邦拔剑斩蛇。蛇分为两道,开行数里。这时出现了一位老妪,哭诉刘邦杀死了自己的孩子:"吾子,白帝子也。化为蛇,当道,今者赤帝子斩之。"大家都不相信,然而正当他们要

---

① 《史记》卷六《秦始皇本纪》,中华书局1959年版,第238页。
② 张分田:《秦始皇传》,人民出版社2003年版,第256—257页。
③ 参见吴凡明、杨健康:《五德嬗代与儒术独尊》,《船山学刊》2006年第2期。该文主要讨论了汉前期围绕确立德运服色问题展开的学术、政治之争。
④ 《汉书》卷一《高帝纪》,中华书局1962年版,第10页。
⑤ 参见陈鹏:《汉初服色"外黑内赤"考》,《史学月刊》2015年第4期。

辱骂老妪的时候,老妪却突然消失了。那些追随者心中称奇,从此更加敬畏刘邦。① 这个传说为刘邦蒙上了一层神秘的色彩,成为他据有天下的征兆。刘邦被立为汉王以后,也以此符瑞为依据,定赤色为汉政权所尚之色。

文帝时期,一些儒生提出以土德黄色为本朝服色。贾谊是力主汉为土德说的代表人物。他认为汉朝已经建立20多年了,现在天下和洽,应该改正朔、易服色、定官名、兴礼乐,于是"草具其仪法,色上黄,数用五,为官名,悉更奏之"。汉文帝虽然"谦让未皇",但从史书记载可以看出来事实上贾谊的上奏完全说到了他的心坎里。贾谊得到文帝的肯定,更加锐意推进改革,"诸法令所更定,及列侯就国,其说皆谊发之"②。然而,由于老臣周勃、灌婴等保守势力的阻挠,贾谊的改革以失败告终,导致西汉初年改服色之事暂时搁浅下来。陈鹏认为,这反映了文帝的权力尚不稳固,无法对以高祖功臣为主的军功集团形成挑战。③

在文帝时期,对服色问题的讨论一直是涉及汉初应该推行什么样的政治方针的重大问题,因此多次引起了人事上的变动。文帝十四年再次发起有关德运和服色的讨论。当时的丞相张苍"好律历",他力主水德说,并以河决金堤为符瑞,以冬十月为正,色尚外黑内赤④。服虔解释说,冬十月的时候,阴气外现,所以外尚黑,但阳气仍然埋伏在地底下,所以内尚赤。黑、赤并尚体现了秦朝制度以及刘邦建汉之初所行政策两者的结合。这表明张苍仍然打算继续推行刘邦时期以汉承秦制为特点的一些政策措施。陈鹏认为张苍提出"外黑内赤"说,是汉初政权中秦楚两大集团调和、博弈的结果,也是起事之初利用尚赤的楚俗与立国之后承袭尚黑的秦制相互结合的产物⑤。

鲁国人公孙臣对水德说提出异议,上书陈述五德终始说,认为汉以土克秦之水,因此应该为土德,遭到张苍的否定。文帝十五年,传说在成纪有黄龙出现。黄色是土德的象征色。因此文帝拜公孙臣为博士,"与诸生申明土德,草改历服色事"⑥。张苍遭到严重打击,"由此自绌,谢病称老",后来又因为"任人为中候,大为奸利"的政治失误,遭到文帝责备,遂病免⑦。

---

① 《汉书》卷一《高帝纪》,中华书局1962年版,第7页。
② 《汉书》卷四八《贾谊传》,中华书局1962年版,第2222页。
③ 参见陈鹏:《汉初服色"外黑内赤"考》,《史学月刊》2015年第4期。
④ 《汉书》卷二五上《郊祀志上》,中华书局1962年版,第1212页。
⑤ 参见陈鹏:《汉初服色"外黑内赤"考》,《史学月刊》2015年第4期。
⑥ 《汉书》卷二五上《郊祀志上》,中华书局1962年版,第1212—1213页。
⑦ 《汉书》卷四二《任敖传》,中华书局1962年版,第2099页。

吴凡明、杨健康认为,公孙臣与张苍等关于汉朝德运、服色的争论,不仅反映了是否承认秦朝在历史上的正统地位,而且也反映了汉王朝统治思想的嬗变。[1] 这种说法是正确的。但他们认为水德之说与汉初推行黄老政治有关,黄老政治不但讲求清静无为,同时也讲以法治国,刑德兼用,因此排斥儒家的土德说。这种说法则需要商榷。虽然在汉初的时候,法家被迫承担导致秦暴政的责任,但法家的影响始终没有真正消退。不但黄老政治讲"法治",一代大儒董仲舒同样主张刑德并用,表面上要"罢黜百家、独尊儒术"的汉武帝实际上走的是"王霸杂用"的政治路线。因此,是否将刑法纳入治国方针并不是黄老政治与儒家争论的焦点。他们的分歧实际上在于是继续推行无为而治的政治路线,还是把更多的权力抓在君主手中,建立一个强有力的中央政权。

改服色行动反映了平定诸吕之乱后朝野之间有一部分人包括文帝在内更新政治风气的强烈愿望,但先后发生的两次政治事件导致了改历服色之事屡遭挫折:一是贾谊被谗,二是赵人新垣平被告发所奏报符瑞有诈。汉文帝听从赵人新垣平的建议修建渭阳五帝庙,并对他上报的种种符瑞表现出了相当大的兴趣,这些都反映了文帝重新建立起国家宗教以巩固君主权威的愿望和努力。但是,不久后有人向文帝报告新垣平所言皆诈,文帝严惩了新垣平之后,从此"怠于改正服鬼神之事"。改服色之事再次被搁置起来[2]。文帝去世后,景帝继位,继续推行黄老政治。儒生在与黄老派的对抗中仍处于劣势,这种局面要到汉武帝时期才能得到改变。

文景之治为汉武帝储备了充实的物质基础。汉武帝从即位之初,就一心想要改变文景时期"清静无为"的统治方针,推行更加积极有为的政策。他看中了能够为他加强集权、巩固统治提供理论基础的儒家思想,于是在建元初年开始推行尊崇儒术的文化政策。在受到擢拔的儒生所主导的重建礼制运动中,改服色是其中一项重要内容。然而,汉武帝崇儒的举措引起了当时实力尚强的黄老派的强烈反弹,最终引发了与窦太后之间的冲突。这场冲突以赵绾、王臧被捕自裁,窦婴、田蚡免职告终。汉武帝暂时作出让步,将申公送回家乡,包括改服色在内的诸多崇儒举措被迫中止[3]。

不过,汉武帝并没有放弃崇儒的既定方略,他通过大量征用儒学之士,尤其是拜布衣公孙弘为丞相,提高儒学的政治地位,奠定了人人向儒的政治

---

[1] 参见吴凡明、杨健康:《五德终始与儒术独尊》,《船山学刊》2006年第2期。
[2] 《汉书》卷二五上《郊祀志上》,中华书局1962年版,第1214页。
[3] 参见《汉书》卷二五上《郊祀志上》,中华书局1962年版,第1215页。

局面。建元六年(公元前135年),窦太后去世后,崇儒的道路更加畅通无阻。汉武帝相继举行了封禅大典、明堂之礼。《汉书》赞曰:"孝武之世,文章为盛"。终于在太初元年(公元前104年),朝廷再次提出了改正朔易服色之事,"兒宽、司马迁等犹从臣、谊之言,服色数度,遂顺黄德。彼以五德之传从所不胜,秦在水德,故谓汉据土而克之",确立汉为土德,服色尚黄①。汉朝第一次正式确立了德运和服色。

到了西汉末年,关于汉朝德运、服色的问题又出现了新的变化。当时的西汉统治面临严重危机,禅让之说愈演愈烈,其中一个重要的理论支持就是"汉为尧后,有传国之运"。刘向编造了刘汉政权的发达史,认定汉朝刘家是古代帝王尧的后裔。"由是推之,汉承尧运,德祚已盛,断蛇著符,旗帜上赤,协于火德,自然之应,得天统矣。"②他的儿子刘歆提出新五德终始说作为汉室禅让的理论依据,亦以汉为火德,从而论证了西汉政权将为受土德的王莽所取代。有人据此怀疑,汉朝初年高祖尚赤并非真实的存在,所谓高祖斩白蛇、旗帜尚赤的传说都是西汉后期的张平子伪造的,所谓赤精子之谶是到了西汉末年哀帝、平帝年间才出现的。但现代学者汪高鑫认为这种说法并无充分证据,理由是刘邦确实曾经施行过尚赤的服色制度,但由于西汉中期以前的人们普遍相信邹衍"五德终始、从所不胜"的说法,按照这一次序,汉为火德是说不通的,再加上秦朝短祚,因此汉初人们都认为汉朝应该上接周朝正统,以水克火。后来到了刘歆创立以五行相生为基础的五德终始说的时候,为了论证汉为火德,应该禅让于土德,"久已搁置起来的'斩蛇著符'又重新派上了用场"③。这种说法是可取的。

综上所述,汉朝德运、服色的确立经历了两个重要阶段。西汉初年,德运服色问题与当时不同思想流派、政治路线之间的斗争有着密切的关联。尤其是汉为土德说的兴衰与汉初儒生命运的沉浮始终相伴随。刘歆的新五德终始说使刘邦时期的火德赤色获得了理论上的依据,最终在汉朝德运服色之争中大获全胜,成为象征汉代政权的色彩符号。

(五) 曹魏乘土德、色尚黄

三国鼎立,曹丕率先代汉称帝。他以魏政权乃受禅于汉的缘故,并没有立即改正朔易服色。"受禅于汉,因循汉正朔弗改。"不过,《宋书》的作者认为,曹丕所定的年号"黄初"已经透露出了魏受土德的观念。曹魏政权改历

---

① 《汉书》卷二五下《郊祀志下》,中华书局1962年版,第1270页。
② 《汉书》卷一《高帝纪》,中华书局1962年版,第81—82页。
③ 汪高鑫:《论刘歆的新五德终始说》,《中国文化研究》2002年夏之卷。

服色之事实际上是在魏文帝曹丕的儿子魏明帝曹叡时完成的。在当太子的时候,曹叡就撰文论述改历服色的必要性。"帝在东宫著论,以为五帝三王虽同气共祖,礼不相袭,正朔自宜改变,以明受命之运。"①但他即位以后也没有立即启动这件事情。直到史官在上疏中再次提及,明帝才下令诏三公特进、九卿、中郎将、大夫、博士、议郎、千石、六百石博议。讨论过程中众说纷纭,始终没有结果。青龙五年,山茌县报告有黄龙出现,有司认为这是魏受土德的符瑞。明帝这才在三月下诏改元,改当年年号为景初,更名"太和历"为"景初历",确定服色尚黄,牺牲用白,表明魏"得地统"②。

(六) 隋朝乘火德、色尚赤

隋朝初年,隋文帝召见崔仲方和高颖讨论改正朔易服色之事。崔仲方陈述了隋朝尚赤的两个依据——五德次序和相应的符瑞。第一,崔仲方编排了晋、北魏、北周相承的五德更始序列,"晋为金行,后魏为水,周为木",隋朝以火承木,得天正统。第二,隋文帝诞生的时候,出现了赤光之瑞,印证了隋受文德的天命。因此,他建议"车服旗牲,并宜用赤"③。隋朝是在文帝接受北周皇帝禅让的情况下建立的,依据五行相生原理,承周木德而为火德,是可以理解的,但崔仲方所编排的五德序列略去了魏晋南北朝时期存在过的诸多政权,人为痕迹未免太重。开皇元年(公元581年)六月癸未,文帝颁布诏书,宣布"其郊及社庙,依服冕之仪,而朝会之服,旗帜牺牲,尽令尚赤"。其理由与崔仲方所陈基本一致,一是有符瑞为证,"初受天命,赤雀降祥",二是依照五德终始原理,"五德相生,赤为火色"④。

(七) 唐朝土德尚黄以及五代德运衍变

唐高祖即位后,"推五运为土德,色尚黄"⑤。黄色成为唐代政权的象征。土生金,取代唐王朝的应该是受金德的政权,服色应该尚白,这种观念成为反唐势力的普遍共识。朱温篡唐后自奉金德,"以福建上献鹦鹉,诸州相继上白乌、白兔洎白莲之合蒂者,以为金行应运之兆,故名殿曰金祥",正殿东门为金乌门,望京门为金凤门⑥。

攻灭后梁、建立后唐政权的李存勖自认为唐朝后嗣,因此沿用唐朝的服色和年号。李存勖其实是西突厥别部沙陀人。他的祖父朱邪赤心曾经帮助

---

① 《三国志·魏志》卷三《明帝本纪》引《魏书》,中华书局1959年版,第108页。
② 《三国志·魏志》卷三《明帝本纪》引《魏书》,中华书局1959年版,第108页。
③ 《隋书》卷六〇《崔仲方传》,中华书局1973年版,第1448页。
④ 《隋书》卷一《高祖纪》,中华书局1973年版,第15页。
⑤ 《资治通鉴》卷一八五《唐纪一·高祖武德元年》,古籍出版社1956年版,第5971页。
⑥ 《旧五代史》卷三《梁书三·太祖纪》,中华书局1976年版,第50页。

唐朝镇压庞勋起义有功,赐国姓李,名为李国昌,他的父亲李克用也因为镇压黄巢起义而进封为晋王。在朱温灭唐后,李克用仍沿用唐朝年号,李存勖称帝后又采用"唐"国号,因此被视作唐朝的延祚。但当时有一些人并不认同。庄宗李存勖死后,明宗刚刚继位,霍彦威、孔循等就请求改国号以绝土德。他们认为,过去以唐为国号,是因为庄宗受唐赐姓,成为李唐宗属,但实际上现在唐天命已绝,"宜改号以自新"。明宗有些犹豫,就把这个提议下发给群臣讨论,群臣也是"依违不决"。这时,李琪提出,如果改了国号,便会使先帝地位合法性不复存在,陷入"便为路人,则茕然梓宫,何所依往"的尴尬局面。霍、孔改国号的提议其目的可能在于摆脱唐王朝的影子,使后唐成为一个真正具有独立意义的合法政权,但由于牵涉先帝的合法性问题,他们的提议最终没有被采纳①。

后唐覆灭后,后晋统治者认为唐朝土运彻底灭绝,因此重新以金德承唐之土德。后汉受水德。后周受木德。

(八) 宋朝乘火德、色尚赤

宋代是中国历史上最后一个由朝廷确立德运和服色的王朝。逼迫后周幼主禅让而建立的宋朝从建国伊始就确定以火德赤色为服色。建隆元年(公元960年)三月壬戌,宋太祖"定国运以火德王,色尚赤"②。这是开国之初有司依据五德相生之说,承后周之统,木生火,上书建议本朝"运膺火德,色当尚赤"③。

到了宋太宗的时候,由于已经基本结束了割据混战的局面,建立了中原和南方局部统一的国家,局势趋于稳定,大家开始把注意力转向国家政权合法性的问题上。其中德运与服色问题引起了较多议论。这些议论实际上牵涉如何认识和定位五代十国这段历史。

雍熙元年(公元984年)四月,布衣赵垂庆上书请求朝廷定金德为国运:"本朝当越五代而上承唐统为金德。若梁继唐,传后唐,至本朝亦合为金德。"这和以前很多将短祚或者割据一方而没有统一全国的政权排斥在正统序列之外的看法是相同的。他还列举了禅代以来出现的许多白色符瑞作为金德之应,希望皇帝"改正朔,易车旗服色,以承天统"。经过尚书省集议,常侍徐铉和百官奏议请求"祗守旧章,以承天佑"。他们反对越过五代上接唐统,认为"五运迭迁,亲承历数,质文相次,间不容发",绝对不能够"越数姓之上,继百年之运"。这种历史观非常重视政权(德运)之间的紧密

---

① 《新五代史》卷五四《李琪传》,中华书局1974年版,第617页。
② 《宋史》卷一《太祖本纪》,中华书局1977年版,第6页。
③ 《宋史》卷七〇《律历志》,中华书局1977年版,第1596页。

衔接,比起那些任意删减、编排的概念化的历史序列似乎更加接近历史的真相。不过对于五代历史的认识,他们同样通过正闰的分野,提出了独树一帜的看法。在他们看来,朱温开创的后梁作为一个以弑君篡权的不光彩的方式建立的政权,与后羿、寒浞、王莽一样"不为正统"。攻灭后梁、建立后唐政权的李存勖虽然不是汉人,但因为被唐王朝赐姓李,所建立政权又沿用唐国号,因此被看作是"亲雪国仇,中兴唐祚,重新土运"的李唐后裔,其政权是早已灭亡的唐王朝的恢复和延续。唐朝所受的土德实际上是到了后唐末帝在石敬瑭攻入洛阳后自焚的时候才算彻底中绝。而后梁不过是土运延续过程中的一个插曲,没有资格承唐之土德而受金德。真正有资格的应该是消灭后唐的后晋政权,接下来后汉受水德,后周受木德,到了宋朝"运膺火德",开国至今祭祀赤帝为感生帝已经二十五年了,不能轻易改变。太宗听从了徐铉等人的意见,沿用火德说①。

宋真宗时期,再次发生了质疑宋为火德说的声音,主要有张君房和董行父的金德说、谢绛的土德说等。他们关于宋代德运和服色问题的意见都建立在对五代历史独到见解的基础上,并有相应颜色的符瑞作为依据。

大中祥符三年(公元1010年),时任开封府功曹参军的张君房重提金德说。他同意朱梁不入正统的说法,但对晋、汉、周三个政权的德运表示怀疑,认为它们"行运之间,阴隐而难赜"。因此他另辟蹊径,从历法的角度来阐释宋代德运的确立依据:"太祖禅周之岁,岁在庚申。夫庚者,金也,申亦金位,纳音是木。盖周氏称木,为二金所胜之象。"金克木,宋为金德遵循的是邹衍的五德相胜说。张君房又列举了许多白色祥瑞作为宋朝"得金天之正气"的符应:"臣试以瑞应言之,则当年丹徒贡白鹿,姑苏进白龟,条支之雀来,颍川之雉至。臣又闻当封禅之时,鲁郊贡白兔,郓上得金龟,皆金符之至验也。"这次上书的结果是真宗没有给予任何答复②。

天禧四年(公元1020年),光禄寺丞谢绛提出土德说。首先,他指出李升在江南地区建立的南唐政权和后唐政权一样都延续了唐朝国祚,因此与之同时并立的后晋、后汉、后周"不得正其统"。其次,他认为五代的几个政权和秦朝一样"祚促而德暴",不能入正统,因此宋朝应该延续唐朝的土德。最后,他举出各种土德之符来印证自己的说法。这些土德之符包括三个方面:一是宋朝发祥地的地理位置,"国家飞运于宋,作京于汴,诚万国之中区矣",符合了土德在五行系统所处的中央之位。二是,当前出现的"四海给

---

① 《宋史》卷七〇《律历志三》,中华书局1977年版,第1596—1597页。
② 《宋史》卷七〇《律历志三》,中华书局1977年版,第1597—1598页。

足,嘉生蕃衍,迩年京师甘露下,泰山醴泉涌,作甘之兆,斯亦见矣。矧灵木异卉,资生于土,千品万类,不可胜道"的盛况,反映了"土为群物主"、"土爱稼穑、稼穑作甘"等土德带来的良好效应。三是,"太祖生于洛邑,而胞络惟黄;鸿图既建,五纬聚于奎躔,而镇星是主(镇星即土星)。及陛下升中之次,日抱黄珥;朝祀于太清宫,有星曰含誉,其色黄而润泽"。这些黄色符瑞都昭示了宋朝应该乘土德。谢绛提出土德说还有现实的考虑。他把宋兴土运视作解决当前面临的水患问题的策略之一。他认为,河水决溃的原因正是在于皇帝没有接受宋为土德的天心民意,出于五行胜克的考虑,也应该兴土运,以抑制水德之浸患①。

谢绛对五代历史的评说体现出宋代以来正统观重要的变化趋势——道德评价在正统标准中所占比重日益增大。当时的一些历史学家"对历史序列的编排给予了更多的价值关怀。他们以自己标举的道德准则为尺度,对历史进程进行道德评判,力图通过自己的主观设计,整理出一个道德化的历史秩序"②。在这种思想背景下,谢绛建议朝廷仿效汉朝"黜秦,兴周之火德以继尧","下黜五代,绍唐之土德"。但他以南唐延续唐祚的说法作为宋朝土德说的历史依据是不可靠的。南唐是否具有继承唐祚的合法性,本身就非常可疑。出身低微的李昪原本是吴国权臣徐温的养子,所以起名徐知诰。他在徐温死后掌控朝政,后来废掉吴王杨溥之后建立大齐政权。不久之后他突然又自称李唐后裔,把名字也改了,叫作李昪,建立了所谓的南唐。这种说法本身就非常令人怀疑。谢绛却用它来作为宋朝土德说的立论依据,显然不能令人信服。这可能是他的说法没有被采纳的主要原因之一。

宋为火德说经受住了多次挑战,最终得以确立。

从宋以前历代政权对本朝德运和服色的激烈讨论,可以看出五德终始思想作为立国之本,得到了统治集团高度关切。五德服色符号作为五德的物质体现,也成为德运之争中的聚焦所在。

四、五德服色符号的政治实践与政权正统性的建构

相对于改易服色制度这样一种国家政治行为,通过各种社会文化手段推行五德服色符号,更容易取得深入人心的社会效应,因而成为论证和宣扬王朝正统性更为重要的方式。具体措施主要有以下两种。

---

① 参见《宋史》卷七〇《律历志三》,中华书局1977年版,第1598—1599页。
② 杨世文:《历史序列的重新编排——宋代德运之争的文化意义》,《中国典籍与文化》1996年第3期。

一是附会各种符合德运色彩符号的自然现象和文化现象,作为受命之符,从而为政权正统性提供有力依据。

在历史上,每当即将改朝换代的时候,往往会有人将一些色彩现象与下一个王朝的德运联系起来,以此作为新政权获得天命的依据。根据刘歆的新五德终始说,汉为火德,继承汉统的新政权应受土德,因此西汉末年和东汉末年一而再、再而三出现黄色谶语,都是为乘土德的新政权的确立提供合法性依据。在西汉末年成帝的时候一度流传着预示王莽篡汉的黄雀谣:"邪径败良田,谗口乱善人。桂树华不实,黄雀巢其颠。故为人所羡,今为人所怜"。古人认为,桂为赤色,乃"汉火德之象";"华不实"说的是汉成帝没有继嗣;而黄雀指外家王氏。其后王莽篡位,自称土德,正是应了黄谶①。到了东汉末期,再次出现天降黄色符瑞的谣言。汉灵帝中平二年,洛阳城内流言虎贲寺出现"黄人",每日前往观瞻的人数以万计,以至于道路断绝。曹丕接受汉帝禅让,燔柴告天时,据说有黄鸟衔丹书集于尚书台,因此改元"黄初"。《宋书》认为这些都是魏国在为自己受土德以代汉之火德制造舆论:"此魏氏依刘向自云土德之符也"②。

晋为金德,色尚白。魏明帝青龙年间出现的白色符瑞被视为晋受金德而代魏土德的征兆。张掖郡柳谷中有一块黑色的巨石,广一丈,高三尺。黑为水行之色,因此传说这块石头是水星之精坠落以后变化而成的。到了东汉末年,这块神奇的石头渐渐显现出文彩,不过还不是很分明。魏明帝青龙年间,忽然发出了雷鸣般的震动声,"闻声百余里",黑色巨石竟然自己立了起来,并且由黑色变成了白色,还出现了牛马、仙人以及玉环、玉玦等图像和文字。这块由黑变白的石头据说是预示司马氏代魏的符瑞③。此外,在晋受禅那一年,北阙下出现了一道鸟雀形状的白光飞来飞去,后来布下罗网,捕到一只白色的燕子。众所周知,燕子一般都是黑色的,白色燕子非常罕见,因此被视为"神物",关在金子打造的笼子里,放在宫中。十来天过后,人们却惊奇地发现白燕子不知道到哪儿去了。这只神秘的白燕子也被当作是晋朝金德之瑞④。

南朝刘宋政权刘宋受水德,因此以黑色事物为符瑞。据说在东晋义熙八年的时候就已经出现了水德将兴的征兆:"太社生薰树于坛侧,薰于文尚

---

① (元)刘履:《风雅翼》卷一〇《黄雀童谣》,《景印文渊阁四库全书》第1370册,第179页。
② 《宋书》卷二七《符瑞志上》,中华书局1974年版,第779页。
③ 参见(宋)李昉编:《太平广记》卷一三五引《录异志》,中华书局1961年版,第965页。
④ 参见(晋)王嘉著、(梁)萧绮录,齐治平校注:《拾遗记》卷七《魏》,中华书局1981年版,第170页。

黑,宋水德将王之符也"①。

为了证明赵氏受火德的合法性,有宋一代,关于赤色符瑞的记载和传说不绝如缕。据说,宋太祖出生时"赤光绕室,异香经宿不散,体有金色,三日不变"②。真宗出生时,"赤光照室"③。仁宗的母亲梦见羽衣仙人从空中下降,仁宗出生时"宫中火光烛天"④。英宗出生时,"赤光满室,或见黄龙游光中"⑤。赤色是宋朝的德运服色,黄色是君权的象征,无不预兆着英宗注定成为九五之尊。孝宗的母亲梦见府君抱着一只赤羊,孝宗在秀州出生的时候,"红光满室,如日正中"⑥。

在以德运符瑞神化当朝帝王观念的影响下,北宋画家武宗元在为西京上清宫绘三十六天帝神像的时候,以宋太宗为赤明和阳天帝的原型,"以宋火德王,故以赤明配焉"。后来,宋真宗巡幸上清宫的时候从天帝神像中辨认出太宗的容貌,大吃一惊说:"此真先帝也。"立刻命人焚香再拜,叹其精妙,伫立良久⑦。

徽宗政和年间,"天下争言瑞应,廷臣辄笺表贺"⑧。其中有很多都是论证宋朝火德的赤色符瑞。比如在徽宗朝就出现了大量朱草。朱草是典型的祥瑞植物,历来备受珍爱。朱草也被称为"福草"。一说为一种可供染绛色的植物。一说为生长在长离山上的仙草。长离山是传说中的"天之南岳",位于南海之中。在这座山上的一切事物都是朱赤色的,有"朱宫绛阙、赤室丹房"等朱赤色建筑,也有"朱草红芝"等朱赤色植物,由赤帝天君赤熛怒镇守。这种想象和建构显然受到了朱赤之色与南方匹配观念的影响。朱草对于政治生活的意义重大。仲长统曾经在《昌言》中说:"今人主不思神芝朱草,而患枇杷荔枝之腐,亦鄙甚矣。"⑨在他看来,君主应该将昭示太平盛世的朱草,而不是那些只能满足口腹之欲的枇杷荔枝,作为政治生活中关注的焦点。

而在宋代,朱草更是因为与当朝德运之色相符,而被增添了应验火德符

---

① 《宋书》卷三二《五行志三》,中华书局1974年版,第941页。
② 《宋史》卷一《太祖本纪》,中华书局1977年版,第2页。
③ 《宋史》卷六《真宗本纪》,中华书局1977年版,第103页。
④ (明)徐应秋:《玉芝堂谈荟》卷一《帝王诞生瑞征》,《景印文渊阁四库全书》第883册,第4页。
⑤ 《宋史》卷一三《英宗本纪》,中华书局1977年版,第253页。
⑥ 《宋史》卷三三《孝宗本纪》,中华书局1977年版,第615页。
⑦ 《宣和画谱》卷四《武宗元》,《景印文渊阁四库全书》第813册,第93页。
⑧ 《宋史》卷三五二《王安中列传》,中华书局1977年版,第11124页。
⑨ 《太平御览》卷九七一引仲长统:《昌言》,中华书局1960年版,第4307页。

命的含义,得到加倍的重视。通过对宋以前载有朱草的文献,如纬书中对朱草寓意的解说、文学作品中使用朱草意象的语境、史书中对朱草出现情境的记录等进行梳理,可以发现朱草主要蕴含了以下几方面含义:一是"圣人之德无所不至"的征兆。《鹖冠子》对这种普遍性进行了更为详尽的解说:"唯圣人能正其音、调其声,故德上及泰清,下及泰宁,中及万灵,膏露降,白丹发,醴泉出,朱草生,众祥具。"[①]二是上天授意君主进行禅让的征兆。禅让,指的是天子让位于贤者。在传统政治观念中,禅让是一种具有至高道德境界的政治行为,无论是禅让者还是受禅者都是品行至善的圣人。在传统政治思想谱系中逐渐累积形成了尧舜禹禅让的美好传说,成为后世政治生活的最高榜样。在中古以前,有多次政权更迭都是通过禅让完成的。然而,在实际运作过程中往往充满了杀戮、胁迫和政治讹诈,禅让的说法不过是对弱肉强食、尔虞我诈的政治斗争的美化。为了掩盖受禅者实际上是夺权者的事实,往往需要通过美化其政治形象来强化其政治合法性,其中最为常见的一个途径就是搜罗各种奇异的自然事物和自然现象,将受禅者塑造成为受命于天的合法继任者。朱草被视为"受禅"的征兆之一。据史书记载,在魏文帝接受汉朝皇帝禅让之际,就出现了"朱草生于文昌殿侧"的异象。而在颁布的《梁禅陈诏》中也将朱草的出现作为禅让的依据之一。三是上天对君主孝行的嘉许。绛纱袍是中古时期的主要祭服之一,具有重要的政教意义。可以用来染绛的朱草备受重视。因此在宗庙这样举行重要祭祀典礼的场所中长出朱草,被古人看作是"君人孝"的符应。

作为德运符瑞时,朱草因其颜色与火相似,因此可以用于预示"火德",但同时作为一种植物,也可以用于象征"木德"。《礼斗威仪》中既有"君乘火而王,其政颂平,则地生朱草"的表述,也有"君乘木而王,其政升平,则福草生庙中"的说法。福草被认为是朱草的别称。[②]

到了宋代朱草更多地是作为"火德"符应的形象出现,从而强化了朱草与火德的对应关系。文彦博在《德号继明颂》中追溯了真宗以前宋朝历代皇帝的功绩。在称颂开国皇帝宋太祖时,为强调宋王朝肇基的政治合法性,文彦博将"朱草"与"丹鱼"并列为印证宋朝政权膺受天命的祥瑞之物,从而赋予了朱草以"协火德之景光,表炎灵之丕运"的文化内涵[③]。宋徽宗政和五年三月,南安军进献朱草,"正类珊瑚,分枝共干,体柔色朱"。善于逢迎

[①] 黄怀信:《鹖冠子校注》,中华书局2016年版,第150—151页。
[②] 《太平御览》卷八七三《福草》,中华书局1960年版,第3872—3873页。
[③] 文彦博:《德号继明颂并序》,申利校注:《文彦博集校注》卷二,中华书局2016年版。

的太师蔡京称其为"火德政平之应",上奏徽宗请求允许他"率百僚拜表称贺"①。王安中的《贺朱草表》可能就是其中的一篇,在文中他也将朱草视为自然界对宋朝乘火德的符应:"火德自然之应,瑞草时生。"②

赤乌也是火德朝代最热衷的符瑞之一。这是因为赤乌与历史上最富有传奇性、作为政治典范的渊源、对后世政治生活具有垂范功能和价值的朝代——西周有着密切的关系。赤乌被视为西周肇基的预告者。自春秋以来,儒、法、墨、阴阳等诸派经典中,都提到了西周将兴之际的赤乌符瑞。《吕氏春秋》在阐述五德终始思想,详细解释自然界出现的各种异象所预示的德运时,把赤乌与火德联系在了一起,认为这是西周乘火德的征兆:"赤乌衔丹书集于周社上,文王曰:'火气胜。'火气胜,故其色上赤,其事则火"。由此可见这一传说影响力之广泛。

赤乌传说成为塑造圣君形象、宣扬君权天授以印证政权合法性的话语范式。凡是以火德立朝的朝代在讲述本朝渊源时都免不了与赤乌产生千丝万缕的联系。如在汉朝开国太上皇刘太公的出生传说中,赤乌就扮演了重要角色。据说他的母亲"梦赤乌若龙,戏己而生执嘉"③。

赤乌实际上也就是传说中的朱雀。朱雀与青龙、白虎、玄武并称四灵,与五行中的火行相匹配,代表夏季和南方。朱雀还常被用来指代传统文化中非常重要的崇拜对象之一——太阳(日精),因此常常与白兔(玉兔)相连,譬喻太阳和月亮。如白居易的诗中就以"白兔赤乌相趁走"譬喻光阴在日月此升彼落之际不断流逝④。

北宋至道元年(公元960年),知通利军钱昭序献上的正是赤乌、白兔这样一对祥瑞组合。只不过,他借用阴阳学说、五德终始思想以及五色时空观念对这一符瑞组合的寓意进行了重新诠释。首先,赤乌和白兔分别代表了阳和阴中的符瑞:"乌禀阳精,兔昭阴瑞。"其次,更重要的是,与火德相契合的赤乌是以火德立朝的宋代繁荣昌盛的吉兆:"报火德蕃昌之兆。"最后,同样是非常重要的一点,这对符瑞组合出现的地点也具有特殊意义,通利军位于北宋与辽对峙的大名府防线上,战略地位较为重要。白兔之白,与五行中的金、五方中的西方匹配,白兔被狩,在钱昭序看来恰好预示了西方夷狄的降服:"示金方驯服之祥。"

---

① (清)徐松辑:《宋会要辑稿》,上海古籍出版社2014年版,第2604页。
② (宋)王安中:《初寮集》卷五《贺朱草表》,《景印文渊阁四库全书》第1127册,第97页。
③ (唐)欧阳询:《艺文类聚》卷九九《祥瑞部下·乌》引《帝王世纪》,上海古籍出版社1999年版,第1711页。
④ (唐)白居易:《劝酒》,谢思炜:《白居易诗集校注》卷二一,中华书局2006年版,第1708页。

不过,宋朝宋太宗或者说史官似乎把注意力都集中在了与宋朝德运相关的颜色即赤色上了。在和侍臣谈论此事时,宋太宗只提到了赤乌,也可能是史官只留意记下了宋太宗对赤乌的评价:"乌赤正如渥丹,信火德之应也。"①

在热衷德运符瑞之风的推动下,除了传统的祥瑞符号朱草、赤乌等之外,还有一些红色事物也被纳入了宋朝火运符应体系。如政和年间山西解州出现了红盐。王安中、赵承之、慕容彦达等人纷纷上表祝贺。由红盐奇观联想到宋朝德运,是这三篇贺表的共同之处。如王安中一再称颂红盐符瑞的出现是上天以"自然之应"的方式来昭示当朝的火德,是"炎运之隆"的表现②。慕容彦达将"方拟凝雪之姿"的盐田"忽示激丹之彩"的意外景观视为徽宗"德协炎灵"的符应③。赵承之盛赞红盐是"赫然之瑞"、"不世之符",体现了"炎精协序",验证了当朝的火德④。

除了共同歌颂当朝德运之外,这三篇贺表还从不同角度诠释了红盐奇观所反映的天人关系。王安中强调了天意的客观性,红盐奇观的出现是"天授之,非人力",从而肯定了徽宗"孝奉神明,功昭祖考"的美德毋庸置疑。慕容彦达强调了徽宗政治功业与红盐符瑞的相关性,认为正是由于徽宗足以"功昭烈祖"的政治作为和德行与宋朝所乘的火运完全契合,因而徽宗足以"功昭烈祖"的政治作为和德行完全符合与宋朝所乘的火运契合,不但实现了解州盐池这个"宝源"的恢复,保证了国储的丰足,更重要的是保障了宋朝祚命的永远延续。

据史书记载,历史上的红盐主要产于高昌、于阗等西域国家,作为珍稀之物进贡给中原王朝。因此,红盐也称为"戎盐"。政和元年和六年,解池两次出现红盐,实为罕见。再加上,在此之前,解州池盐刚刚解决了"至期而败"的难题,重新恢复了盐课,对于宋朝廷而言具有非同一般的重要意义。解池对于宋朝具有重要的战略意义,据记载,古代中国的南方地区主要仰赖海盐,而北方地区主要仰赖解州的池盐。而海盐的产出主要依靠人力,池盐的产出却必须仰仗天气条件的助力,所以有"解池之盐全资于天"的说法。在宋代,池盐的生产方式是通过在盐池周边挖掘畦垄,引入盐池里含有

---

① (清)徐松辑:《宋会要辑稿》,上海古籍出版社2014年版,第2592页。
② (宋)王安中:《初寮集》卷五《贺红盐表》,《景印文渊阁四库全书》第1127册,第97页。
③ (宋)慕容彦达:《摛文堂集》卷一一《贺红盐表》,《景印文渊阁四库全书》第1123册,第425页。
④ (宋)赵承之:《贺红盐表》,(宋)魏齐贤、叶棻编:《五百家播芳大全文粹》卷二上,《景印文渊阁四库全书》第1352册,第72页。

盐分的水,然后在夏秋之际,利用南风进行干燥,结晶成盐。如果南风没有如期而至,就无法干燥结晶。如果生产场地围护不严,混入其他水流,就会阻断盐脉。徽宗初年,就是因为雨水过多,外水漫入解池,导致盐水变质,无法结晶成盐。朝廷不得不大兴徭役,车出外水,才恢复了解池的盐课。解州池盐生产的恢复,对于宋朝廷而言,无异于上天对宋朝政权的一种眷顾,继而红盐奇观的出现,又再次肯定了宋乘火运的正统性。这是红盐之瑞引起如此强烈反响的重要原因。

除了利用符瑞现象论证王朝政权合法性,有些统治者还有意识地采取一些措施,以迎合符瑞、谶语。例如,隋唐时期,一度流传与白色有关的符谶。隋文帝开皇初年,太原流行这样一首童谣:"法律存,道德在,白旗天子出东海。"于是,隋朝皇帝"恒服白衣",以表明本朝政权具有符合天命的合法性[1]。

五德服色符号还常常成为化解政权认同危机的策略性工具。朱温篡唐后,自称以金德继唐朝的土德,崇尚白色。闽国的开创者王审知以巩固境内政权为要务,对在中原地区建立的任何政权一贯秉持拥戴奉行的态度,因此最先向朱温进献了白鹦鹉,以迎合他"引瑞物为受命之符"的心理需求。这可以说是以巧妙的方式最大程度地表达了效忠于后梁政权的诚意。随后,诸多州郡也相继进献了"白乌、白兔、洎白莲之合蒂者",共同促成了天下人对后梁政权"金行应运之兆"的认知。[2] 朱温利用这个机会,将内殿定名为金祥殿。朱温一生之中多次变换政治立场,先是参加王仙芝、黄巢的起义军,后来又归附唐朝,与李克用等人联合镇压起义军,立下军功,被唐僖宗赐名"全忠",以旌表其忠心,然而他最终还是背叛了唐朝,凭借曾经拱卫唐朝的武力控制了朝政,逼迫唐昭宗迁往洛阳后又将其杀害,立其子为哀帝后又逼迫唐哀帝禅位。这种接连不断大逆不道的行为势必为天下人所诟病。王审知带头通过进献符瑞之物的方式,证明朱温篡唐行为具有受天之命的合法性,这对于朱温面临的舆论危机起到了一定的缓解作用,同时有力地推动了其他地方首领对朱温政权的认同。王审知因此得到了丰厚的回报,于后梁三年被封为闽王,闽国的存在及地位得以正式确认。

当王朝统治遭遇严重危机的时候,朝廷更加注重利用与服色相符的颜色符瑞,来强化民众对本朝政权的忠诚度。南迁以后的宋室对于赤色符瑞的态度就是一个典型例证。遭受"靖康之变"的奇耻大辱之后,赵氏王朝的政权合法性受到了严峻挑战。正在此时,济州出现了"红光属天如赤乌翔

---

[1] (唐)温大雅:《大唐创业起居注》卷一,上海古籍出版社1983年版,第11页。
[2] 《旧五代史》卷三《梁书三·太祖纪》,中华书局1976年版,第50页。

耆"的符瑞,使朝野上下重新燃起了对宋室的信心和希望,被他们视作火德宋朝再次振兴的吉兆。这次符瑞也为徽宗的第九个儿子赵构登上帝位制造了符命依据。"初,济阴夜有红光烛天,如赤乌翔耆状,识者以为宋火德之符,于是济之父老军民以万计,诣大元帅府乞王即位于济。"①杨惟忠、张俊等人从这次红光事件联想到了周武王时候出现的赤色符瑞,联想到了汉光武帝重振汉室的光辉历史,因此也上书请求赵构尽快即位,成为带领他们重新振兴宋朝的领袖和支柱:"济州之瑞则红光见而火德符天命,彰彰著闻,周之武王,汉之光武,何以过此,大王其可久稽天命乎! 其可弗顺人情乎! 古人有言曰:'违天不祥。'愿大王亟即帝位,上留天心,下塞人望。"②

耿南仲等臣僚会集在麟嘉堂讨论康王即位之事的时候,诸将及官吏也纷纷议论红光事件。有的说是在济州,有的说是在南京(应天府,即今天河南商丘),"四邻郡邑初夜望济州红光属天如赤乌翔耆,皆谓是火光达旦。村人入城,乃知非火。识者谓火光乃宋火德之符,亦如周武王赤乌之瑞也。济州父老军人无虑万计,以祥光所发,乃诣麾下,乞王即宝位"③。由此可见,红光事件已经成为当时人关注的焦点,给予他们光复宋室极大的信心,也为他们拥立赵构填补空缺的帝位提供了充分的依据。

二是强化用色行为与德运的配合,最重要的举措莫过于五德服色符号在物质文化中的推广运用。

所谓服色包含哪些具体内容,历代经学家的解释大同小异。《礼记·大传》以"改正朔,易服色"为圣人南面而治天下必须履行的职责。郑玄和孔颖达都认为,服色指的是车马之色,但没有具体指出是何种用途的车马④。也有的学者认为"服"与"色"应该分别解释,"服"指的是服牛乘马之服的颜色,并指出这里所说的车马主要指的是"戎事所乘",比如夏乘骊马,殷乘翰,周乘骠;"色"指的是祭祀所用牲之色,比如夏用玄牡,殷用白牡,周用骍犅⑤。不过从历代的实践来看,服色并不仅仅限于车马、祭牲的颜色,还涵盖了服饰、旌旗、建筑、事物名号等许多方面。

一是祭祀服饰。在古代社会,祭祀被视为君主与上天沟通的重要方式。因此,君主在一些重要的祭祀活动中有时会选择与德运契合的服色,以表明

---

① (宋)宗泽:《宗泽集·附录·遗事》,浙江古籍出版社2012年版,第147页。
② (宋)徐梦莘:《三朝北盟会编》卷九〇,上海古籍出版社1987年版,第669页。
③ (宋)徐梦莘:《三朝北盟会编》卷九二,上海古籍出版社1987年版,第682页。
④ 《礼记·大传》郑玄注、孔颖达疏,《礼记正义》,(清)阮元校刻:《十三经注疏》,中华书局1980年版,第1506页。
⑤ (清)孙希旦:《礼记集解》卷三四《大传》,中华书局1989年版,第907页。

自己是天命的膺受者。如汉文帝郊见五帝祠时,"衣皆上赤",正是为了顺应汉初"赤帝子之符"①。

二是军队服饰或仪仗旗物。据《汉官仪》记载,秦汉司空骑吏以下的服色就是按照德运服色设计的:"司空骑吏以下皂袴,因秦水德,今汉家火德,宜着绛袴。"②

唐玄宗时期仪仗颜色的改换也是出于符合德运的需要。天宝十年,唐玄宗颁布了一道《诸卫队仗绯色幡改赤黄色诏》,一方面提出了具体的改易方案,一是下令所司做出黄色样品,立即开展生产,二是下令诸军职掌有使用火焰绯幡的地方要送付诸道进行改换,先前的赤色一律停用。另一方面对改换颜色的缘由和必要性加以特别详述。诏文指出改易服色的做法首先是继承了"三王继统质文互于相袭"的传统,有一定的历史依据;其次是遵循"五德承运,服色遵于必正,旗常改制,驿翰异宜"的原则;再次是旗幡的颜色有"表军国之容合声明之度"的特殊作用和意义,事关重大,不可因循,而应该根据德运之说加以调整;又次,指出改易德运服色是彰显国家"惟新"、发挥政治垂范作用的必要方式;最后指出改易德运服色的根本目的正在于通过顺应天道以获得上天的眷顾:"得天人致和,风雨时若。"③这份诏书透露出德运思想在物质文化的发展过程中留下的深刻烙印。

五德服色观念对深受华夏政治文化影响的周边少数民族政权也产生了影响,为其所沿用。在魏晋南北朝时期,就有拓跋氏自称土德,服色用黄。到了宋辽金对峙时期,金人则自称水德,因此以黑色作为出征旗帜的主色:"凡用师行征伐,旗帜尚黑,虽五方皆具,必以黑为主。"④

"国之大事,在祀与戎"。祭祀与军队是巩固王权的重要基础,因此也是德运服色使用的重点领域。但随着君主集权进一步强化,出于凸显"君权天授"形象的需要,在设色方面,越来越注重利用和发挥德运服色符号对社会普遍政治意识的渗透影响作用,从而导致了德运服色符号使用范围的不断扩大延伸。

三是车驾设色。从宋太祖开始,就对符合宋朝德运的朱色的运用表现出了异乎寻常的重视。在车舆的设计过程中,除了参考前朝的规制,也做了

---

① 《汉书》卷二五上《郊祀志上》,中华书局1962年版,第1213页;(宋)徐天麟:《西汉会要》卷十四《礼八·祭服》,上海古籍出版社2006年版,第145页。
② (汉)应劭著,(元)陶宗仪辑:《汉官仪》,(清)孙星衍等辑:《汉官六种》,中华书局1990年版,第116页。
③ 《唐大诏令集》卷九九,中华书局2008年版,第502页。
④ (宋)徐梦莘:《三朝北盟会编》卷二四四,上海古籍出版社1987年版,第1752页。

一些调整,其中一个重要的调整就是某些车舆的颜色被下令改为赤色。如"进贤车,古安车也。太祖乾德元年改赤质"。崇德车,"太祖乾德元年,改赤质"①。

四是君主的日常服饰。隋唐以来,黄袍已经成为大多数人认同的君主常服。黄袍甚至成为君权的象征符号②。不过,宋代皇帝除了黄袍之外,还常以红袍为常服,应该是与德运服色制度有关。《宋史·舆服志》记载,除了"赭黄、淡黄袍衫"之外,红袍也是宋代皇帝常服之一。此外,宋代舆服制度还规定皇帝参加后殿早讲时应该穿着红袍:"后殿早讲,皇帝服帽子、红袍、玉束带"③。据《东京梦华录》讲述,正月十六,万姓齐聚门下瞻仰天表,看到的正是一副"小帽红袍"的形象④。宋朝遗老方回在《续古今考》中回忆,皇帝常朝时一般穿着常服,即"幞头、红袍、玉带"⑤。

因此,在描绘宋代宫廷生活的诗词中,"红袍"是塑造皇帝形象的经典元素之一。宋白的《宫词一百首》其中一首记录了一次宫廷宴会的场景,宴会结束后皇帝更换了一件"赭红袍"⑥。王珪撰写的宫词中,更是多次着墨于皇帝的"红袍"。皇帝在赏牡丹时所穿的一身红色御袍,与"露苞初拆"的牡丹相映成趣:"压晓看花传驾人,露苞初拆御袍红。"⑦轻薄的春罗已经泅染上了鲜妍的红色。在透帘三丈日华高的明媚光线里,宫人正在交替使用金针、玉尺、龙剪等各种制衣工具,将之裁制成崭新的御袍⑧。

五是建筑。宋朝从开国之初,宫中殿宇就都用赤土刷染,饰以桐油,"盖以国家尚火德故也"。后来多用朱红漆。宋室南迁,在杭州重建政权之后,仍然延续了这种设色方式。只不过,高宗认为赤土桐油易于更修,而朱红漆所费不赀,且难以修整,因此决定沿袭祖宗惯例,复用赤土桐油⑨。

六是日常生活器物。唐玄宗天宝七年(公元748年)正月二十八日,太

---

① 《宋史》卷一四九《舆服志》,中华书局1977年版,第3490、3495页。
② 参见第二章第二节第三部分《五方色彩符号与"君临天下"》。
③ 《宋史》卷一五一《舆服志》,中华书局1977年版,第3530—3531页。
④ (宋)孟元老:《东京梦华录》卷六"正月",中华书局1982年版,第172页。
⑤ (元)方回:《续古今考》卷二七《天子治朝之位》,《景印文渊阁四库全书》第853册,第476页。
⑥ 宋白:《广平别集·宫词一百首》,载(宋)陈思编,(元)陈世隆补:《两宋名贤小集》卷五,《景印文渊阁四库全书》第1362册,第408页。
⑦ (宋)王珪《宫词》,载(明)毛晋编:《三家宫词》卷下,丛书集成本,中华书局1985年版,第63页。
⑧ (宋)王珪《宫词》,载(明)毛晋编:《三家宫词》卷下,丛书集成本,中华书局1985年版,第75页。
⑨ (宋)李心传:《建炎以来系年要录》卷一四八,胡坤点校,中华书局2013年版,第2805页。

常卿韦韬向唐玄宗建议"御案樽床帐,望去紫用赤黄",得到了玄宗的许可①。德运服色的使用范围开始从政教活动和仪仗卫队延伸到了日常生活领域。昭德皇后去世以后,为她建的昭德庙刚开始用的座褥之所以是赤黄色的,就因为是从宫禁中沿用而来的,直到贞元九年(公元793年)九月才下令改用紫色②。

而宋代着力钻研改进朱红器物的制造工艺,也是出于对火德之色的重视。各地进献的贡物,有很多为宫廷提供制造大量朱红器物的原料。蔡京曾在奏议中说:"陛下自即位以来,符瑞之应,靡有虚日。"其中堪造器物的"红色丝文"多达"一百二匦,计三千四百余斤"③。唐代开始发展起来的雕漆在宋代达到了成熟。其中剔红漆器被视为宋代最具有代表性的工艺美术,高濂盛赞宋人雕红漆器:"如宫中用盒,多以金银为胎,以朱漆厚堆至数十层,始刻人物、楼台、花草等像,刀法之工,雕镂之巧,俨若画图。"④宋人对红漆工艺的钟爱与精进,应该也是与宋代视朱红为符命之色有着密切的关系的。

这一色彩风尚导致宋代朝廷对朱漆产生了超出常量的巨额需求。因此宋朝从建国伊始就非常重视朱漆的生产,宋太宗太平兴国三年(公元978年)设置了"烧朱所",由僧人德愚、德隆负责,主要职责就是"掌烧变朱红以供丹漆作绘之用"⑤。

宋徽宗时,蔡京在修复明堂的设计方案中,对明堂的设色提出了诸多建议。这些建议除了吸收常见的五色与五方五时匹配的原则之外,还特别纳入了德运服色元素。他建议"堂、室、柱、门、栏、楯并饰以朱,则远以合三代之制,近以协所尚之色",正是为了服从"国朝以火德王,所尚者赤也,当以赤为本"的原则⑥。由此可见,对德运服色的迷信有时候甚至可以压倒一切。而这一切显然都是出于对维系王朝"天命"、强化政治认同的强烈心理需求。

服色符号以其强烈的视觉冲击力和情绪感染力,在民众的头脑中牢牢树立了服色象征政权的观念。天命论、革命论等与王朝嬗递相关的精妙哲学,通过五色符号这一表达形式,被转化成为一种通俗易懂的社会普遍意

---

① (宋)王溥:《唐会要》卷三二《乘车杂记》,中华书局1955年版,第585页。
② (宋)王溥:《唐会要》卷一八《缘庙裁制下》,中华书局1955年版,第361页。
③ (清)徐松辑:《宋会要辑稿》,上海古籍出版社2014年版,第2605页。
④ (明)高濂:《遵生八笺》卷一四,浙江古籍出版社2017年版,第568页。
⑤ (清)徐松辑:《宋会要辑稿》,上海古籍出版社2014年版,第3928页。
⑥ (清)徐松辑:《宋会要辑稿》,上海古籍出版社2014年版,第1181页。

识,长久地积淀在民众文化的最深层次。服色符号始终发挥着感召和凝聚民心的重大作用。历史事实证明,比起它所承载的五德终始说,服色符号具有更加顽强的生命力。

第三节　五色符瑞、眚祥符号与"天人感应"政治调节理论

五色符瑞、眚祥是传达上天对人间政治臧否态度的重要媒介。前者是解释专制权力合法性的重要依据,后者是限制专制权力过度膨胀的重要工具。二者的象征内涵构成了以"天人感应"为基础的专制政治思想的重要组成部分,在政治生活中的运用则有助于对专制权力进行适当的调节。

目前学界对传统政治文化中的符瑞和灾异学说已经进行了相当充分的研究。然而绝大多数学者对于符瑞与灾异文化的认识都不外乎如此:在科学尚不昌明的时代,人们对许多无法解释清楚的自然现象的神秘主义认识,为"天人感应"政治哲学的产生和发展提供了可能,从而为论证君权、规范君权提供了一种超越于世俗权力之上的"自然理性"依据。但对符瑞、灾异学说之所以能够获得如此广泛认同,产生如此深远影响的深层原因却探讨得很少。

其实,从符号学的角度来看,符瑞、灾异学说的形成与发展本质上就是物质现象"政治符号化"的过程,这一符号体系的诞生使物质现象转化为包含着丰富政治文化内涵的社会文化符号。作为传统政治思维的集中体现,符瑞和灾异符号一旦产生就具备了不为主观意志所支配的客观性,并反过来支配创造它的主体,成为了人们品评君主"有德"、"无德"时必须遵循的准绳,以及君主自我反省、自我调节的主要依据,从而有力地推动了君道理论中诸多基本原则在政治生活中的实践。

五色符瑞、眚祥符号的起源最早可以追溯到商周时期。从中国古代数术占候之学的早期发展阶段开始,色彩就被视为一种非常重要的征兆符号。古人将色彩与人事现象联系起来,作为判断吉凶和预言事态的重要依据。

兴盛于商周时期的龟卜,"色"是考虑占卜结果的一个重要因素。《周礼·春官·华氏》:"凡卜筮,君占体,大夫占色,史占墨,卜人占坼。"贾公彦疏:"色,兆气也者。就兆中视其色,气似有雨及雨止之等,是兆色也。"[①]参与占卜者依据不同的等级身份对烧灼之后的龟甲所呈现状态的各方面因素

---

① 《周礼·春官·华氏》,《周礼注疏》,(清)阮元校刻:《十三经注疏》,中华书局1980年版,第805页。

加以考虑，等级身份与所考虑因素在占卜程序中的重要性成正比。"色"由大夫考虑，其重要性仅次于由君考虑的"体"。龟卜中的色占主要是判断气的变化情况，以此来推测降水的情况。

以云气之色判断吉凶的占验方法源远流长。据《周礼·春官·保章氏》记载，保章氏"以五云之物，辨吉凶、水旱降丰荒之祲象"。具体而言就是占视日旁云气的颜色，每种颜色都预示着将要出现的某种情况，"青为虫，白为丧，赤为兵荒，黑为水，黄为丰"①。云气之色还被视为战争行动指南。"青色从城中南北出者，城不可攻。青色如牛头触人者，城不可攻。城中有气出于东，其色黄，此天城，不可伐。白气从中出，青气从北入及回旋者，军不得入城。"②

日月星辰的颜色也被赋予了不同的吉凶寓意。"五星色白圜，为丧旱；赤圜，则中不平，为兵；青圜，为忧水；黑圜，为疾，多死；黄圜，则吉。赤角犯我城，黄角地之争，白角哭泣之声，青角有兵忧，黑角则水。"③由此可见，色彩符号在占候之术中的运用是非常广泛的。

传统数术占候之学渗透到政治哲学中，形成了天人感应学说。感应论的符瑞、灾异学说是萌芽最早的政治哲学思维之一。越是古老的年代，政治生活的开展越是依赖对天意的揣测，因此越是离不开占候、巫术。巫祝在统治集团中占据着崇高的地位。君主自身就是"巫的首领"为多数学者所认同④。从君主制度诞生伊始，借"天命"神化王权就是其存在的重要前提和思想基础。在君权神化的过程中，符瑞符号的论证和美化功能必不可少。张光直认为，商周时期青铜器上的动物纹样起到了辅助沟通神人的作用。将张光直和容庚等学者整理的动物纹样，与后世谶纬之书中提及的各种符瑞动物比照，可以发现二者之间存在着承袭关系。张光直还指出，商周时期的人们已经将动物区分为有用的、无助的或者有害的多个类别。⑤青铜器上可以帮助人们与天沟通的"有用"的动物纹样或许可以被理解为符瑞符号的早期形态之一。

---

① 《周礼·春官·保章氏》郑玄注，《周礼注疏》，(清)阮元校刻：《十三经注疏》，中华书局1980年版，第819页。
② (宋)曾公亮等著，陈建中、黄明珍点校：《武经总要·后集》卷一八《占候三·云气占》，商务印书馆2017年版，第621页。
③ 《史记》卷二七《天官书》，中华书局1959年版，第1322页。
④ 参见陈梦家：《商代的神话与巫术》，《燕京学报》1936年第20期；杨向奎：《中国古代社会与古代思想研究》，上海人民出版社1962年版。
⑤ 张光直：《美术、神话与祭祀》，郭净译，生活·读书·新知三联书店2013年版，第43—74页。

而相反相成的灾异观念则起源于对君主制度的反思和批判。陈侃理认为,西周时期"道德之天",也就是天人之间在道德层面建立联系,是周人"自我警策和批判意识的折射",也为灾异天谴论提供了产生的前提,而通过对《左传》、《国语》中多样化灾异观的分析可以看出,出于对天的敬畏,重视灾异传统悠久,并形成了一套救禳仪式[1]。在形形色色的符瑞、灾异观念中,五色符瑞、眚祥是品评君主政治得失的重要准绳之一。

一、五色符瑞符号与天赋君权的认同

君主对人间政治生活中拥有绝对性和垄断性的权威,是传统君权理论的基本思路。确立君权绝对性的重要途径之一就是树立君主崇拜意识,强化君主作为上天代理人的神秘性以及君权来源于上天的神圣性,为推动民众服从乃至信奉君主的绝对权威提供广泛而坚实的社会心理基础。崇拜意识的生成往往就是将崇拜对象符号化的一个过程。其中符瑞作为"天赋君权"思想的物化载体,被视为最有效的神化符号。

符瑞指的是一种作为吉祥征兆的美好事物或者现象。古人通过将各种事物和现象分门别类,并与君主受命、政理顺畅等不同的政治现象联系起来,形成固定的匹配关系,这实际上就是五色符瑞符号的编码过程。其中色彩罕见而美好的事物和现象最容易成为象征太平盛世的政治文化符号。这是因为美丽的色彩总是给人以愉悦的感官体验,引起人们美好的联想。故而人们常常会对一些色彩鲜明的事物产生向往、景仰之情,并把它们和自身生活中一些令人愉快的事件和现象,特别是各类具有积极意义的政治现象联系在一起,如君主受命、政理顺畅等。因此也可以将五色符瑞视为一种具有美好象征寓意的政治文化符号。

这些不同色彩的符瑞符号尤其是五色俱全的符瑞现象,不但赋予了君主"天赋异禀"的神秘性,而且还借助其象征的各种政治文化内涵,从政治品格、道德品质、执政能力等不同角度把君主塑造成为集权威、尊严、美德、才智于一身的光辉形象。

赤兔或者白兔常常被视作吉祥的征兆。《瑞应图》:"王者德茂,则赤兔见。"晋《中兴征祥说》曰:"王者敬事耆老,则白兔见。"《天镜》:"人君好赏贲,则白兔见。"[2]兔子兼具温柔娴静、机敏灵动的两种截然相反的可爱特

---

[1] 陈侃理:《儒学、数术与政治——灾异的政治文化史》,北京大学出版社2015年版,第10—18页。

[2] (唐)瞿昙悉达:《开元占经》,中央编译出版社2006年版,第806页。

性,是中国人比较偏爱的一种动物。古人想象,在清冷月宫的桂树下,嫦娥寂寞凄凉的身影旁,有它默默相伴。这种对兔子强烈的喜爱之情,是把兔子作为吉兆的心理基础。

白狐被视为王者仁智之征。《宋书·符瑞志》:"白狐,王者仁智则至。"[1]狐狸在现代人看来是狡诈的代名词,可在古人的心目中,却是一种妩媚可爱的动物。《聊斋志异》中有许多狐仙与书生结缘的动人传说。其实,在《吴越春秋》中早就有以白狐九尾、大禹娶亲为主题的故事。"禹三十,未娶行到涂山,恐时之暮,失其度制,乃辞云:'吾娶也,必有应矣。'乃有白狐九尾,造于禹。禹曰:'白者,吾之服也;其九尾者,王之证也。'涂山人歌曰:'绥绥白狐,九尾痝痝。我家嘉夷,来宾为王。成家成室,我造彼昌。'天人之际,于兹则行。明矣哉! 禹因娶涂山,谓之女娇"。[2]《白虎通》解释说,狐死首丘不忘本,寓意大禹安不忘危,九尾寓意九妃得其所,子孙繁息,尾在身体后部,寓意后嗣繁盛[3]。从此以后,白狐就成为一种吉祥的符号。

白鹿被视为王者明惠之符。《宋书·符瑞志》:"白鹿,王者明惠及下则至。"[4]鹿是中国传统文化中一种非常重要的动物符号。鹿是王权的象征。"秦失其鹿,天下共逐之。"[5]"逐鹿"是争夺天下、争夺帝位的代名词。鹿与"禄"谐音,因此成为升官的吉兆。历代统治阶级以养鹿为好。先秦时期专门为帝王游猎而养鹿的园林称为"鹿苑",秦汉时期为皇帝饲养鹿的地方称作"上林苑"。白鹿尤其贵重。视朝之礼中的皮弁服特别选用白鹿皮制成。在汉代的时候,因为"钱益薄而物贵",商人到远处经商要携带大量钱币,非常麻烦,因此汉武帝和张汤想出了一个变通的办法,就是用天子苑所养白鹿之皮"方尺,缘以藻缋,为皮币,直四十万"。除了作为货币流通之外,"王侯宗室朝觐聘享,必以皮币荐璧,然后得行"[6]。由此可见白鹿的贵重。因此,白鹿的出现在古代被视作太平祥瑞的一种。

赤熊被视为国中没有奸人的吉兆。《孝经纬·援神契》:"赤熊见,则奸宄自远。"《宋书·符瑞志》:"赤熊,佞人远,奸猾息,则入国。"[7]熊是古人非常熟悉、用途极多的一种动物。古人有食熊掌的习惯。残暴的商纣王曾经

---

[1] 《宋书》卷二八《符瑞志中》,中华书局1974年版,第803页。
[2] 周生春:《吴越春秋辑校汇考》下卷第六《越王无余外传》,上海古籍出版社1997年版,第105—106页。
[3] 《白虎通·封禅》,(清)陈立:《白虎通疏证》,中华书局1994年版,第284页。
[4] 《宋书》卷二八《符瑞志中》,中华书局1974年版,第803页。
[5] 《史记》卷九二《淮阴侯列传》,中华书局1959年版,第2629页。
[6] 《史记》卷三〇《平准书》,中华书局1959年版,第1426页。
[7] 《宋书》卷二八《符瑞志中》,中华书局1974年版,第803页。

因为熊掌没有煮熟而杀死厨人。孟子说:"鱼我所欲,熊掌亦我所欲,二者不可得兼,舍鱼而取熊掌者也。"①由此可见,熊掌是一种难得的珍味,所以才会被用来譬喻高尚的人性——"义"。熊脂可以入药。《本草经》:"熊脂一名熊白,味甘,微温无毒,主治风痹。"熊还是一些姓氏部族的图腾。赵简公病得不省人事,五天后才醒来,说他到了天帝所在的地方,见到一头熊要捉住他,天帝命令他射杀熊,结果他把熊给射死了。有人说这寓意着天帝授命赵简公灭晋国二卿,因为熊是他们的祖先。② 赤熊尤为罕见,因此被视作吉兆。

苍鸟具有非常丰富的美好意蕴。苍鸟即鹰,在古代也被视为一种祥瑞。有的说天子孝悌,苍鸟则至。有的说是因为天子修行孝慈,被于万姓,不好杀生,苍鸟则来。③《礼纬·斗威仪》称,天子乘木运王天下,如果政治升平,南阳就会向天子进贡苍鸟。

浑身纯白或者尾巴呈现白色的鸟雀被古人视为祥瑞,"构巢人家,多为祥瑞"④。据《孝经纬·援神契》记载,在"王者爵禄均"的时候,往往会有白雀的出现⑤。此外,在"王者奉己约俭,台榭不侈,尊事耆老"的情况下,也有可能出现白雀⑥。

五色俱全的事物在自然界中非常罕见,因此常常被视为君德开明、政理太平的祥瑞。云气五色、日五色都被视为天下太平的征兆。京房认为,正月一日那天出现"云气五色备且精神,十二律气各具",预示着这一年里天下太平。⑦ 据说"政理太平"之时,太阳就会呈现五色⑧。"若云非云,若烟非烟,五色纷缊"之云,称为"庆云",被视为"太平之应"。⑨ 在古人看来,五色鸟、五色天鹿都是君主有道的征兆。据说,"世乐鸟五色,头上有冠,丹喙赤足,有道则见。"⑩《宋书·符瑞志》:"天鹿者,纯灵之兽也。五色光耀洞明,

---

① 《孟子·告子上》,(汉)赵氏注,(宋)孙奭疏:《孟子注疏》,(清)阮元校刻:《十三经注疏》,中华书局1980年版,第2752页。
② 《史记》卷四三《赵世家》,中华书局1959年版,第1788页。
③ 参见(明)孙毂编:《古微书》卷一九《瑞应图》,丛书集成本,商务印书馆1939年版,第374页。
④ (宋)彭□:《墨客挥犀》卷二《白雀》,中华书局2002年版,第297页。
⑤ (明)孙毂编:《古微书》卷二八《孝经纬·援神契》,丛书集成本,商务印书馆1939年版,第551页。
⑥ (唐)欧阳询:《艺文类聚》卷九九《祥瑞部下·雀》引《孝经纬·援神契》,上海古籍出版社1999年版,第1711页。
⑦ (唐)瞿昙悉达:《开元占经》卷一一一《候八谷贵贱及岁杂物蚕善恶》引《京房易占》,中央编译出版社2006年版,第768页。
⑧ (唐)欧阳询:《艺文类聚》卷一《天部上》引《礼纬·斗威仪》,上海古籍出版社1999年版,第4页。
⑨ 《宋书》卷二九《符瑞下》,中华书局1974年版,第836页。
⑩ 《太平御览》卷九二七《羽族部一四》,中华书局1960年版,第4120页。

王者道备则至。"①

凤凰是最具有代表性的五色祥瑞。凤是华夏先民想象中的一种神鸟，其毛羽五色，美轮美奂，冠于羽虫之首。因此，凤凰又是群鸟之长，古人有"百鸟朝凤"的说法。它的身影频频出现在美好动人的神话传说中，如吹箫引凤、凤凰涅槃等。中华民族对凤的崇拜由来已久，传说中的东方氏族部落首领名太皞，风姓，即凤也，乃是鸟身人面的句芒神，而另一位首领少皞名挚，其立时"凤鸟适至，故纪于鸟，为鸟师而鸟名"②。1976年在河南安阳殷墟妇好墓出土的一件非常精美的新月形玉凤。这些都是凤崇拜的例证。

凤不但是美的化身，它的神奇之处更在于能"知治乱"，因此与能"体信厚"的麟、能"兆吉凶"的龟、"能变化"的龙并称为"四灵"③。《山海经》说它是"五采而文，名曰凤皇。首文曰德，翼文曰义，背文曰礼，膺文曰仁，腹文曰信。……饮食自然，自歌自舞，见则天下安宁"④。凤凰成为"集五德于一身"的美好象征，因此被谶纬神学当作一种象征天下太平、君王有德的祥瑞。据说，"天命玄鸟，降而生商"的"玄鸟"其实就是凤凰。凤皇止庭、宫禽五色、乌化白等具有特殊颜色的动物与刍化为木、神龙见沼、蓍草生阶、神禾生、篚莆生厨、景星耀天、甘露降地等并称"尧十瑞"。⑤

史书常以五色祥瑞美化先王政治。传说黄帝修德立义，天下大治，有一次向天老询问道："余梦见两龙挺白图以授余于河之都。"天老回答道："河出龙图，洛出龟书。纪帝录，列圣人之姓号，兴谋治太平，然后凤凰处之。今凤凰以下三百六十日矣！天其受帝图乎？"于是，黄帝被斋七日，在"翠妫之川"看到"大鲈鱼折溜而至"，便与天老迎了上去，只见"五色毕具，鱼泛白图，兰叶朱文"，这便是上天授予黄帝的"录图"。⑥ 帝尧即政时，有"荣光出河，休气四塞。龙马衔甲，赤文绿色。甲似龟背，五色，有列星之分、斗政之度、帝王录纪、兴亡之数"⑦。舜葬于苍梧之野的时候，"有鸟如丹雀，吐五色

---

① 《宋书》卷二九《符瑞志下》，中华书局1974年版，第865页。
② 《左传·昭公十七年》，《春秋左传正义》，(清)阮元校刻：《十三经注疏》，中华书局1980年版，第2083页。
③ (宋)卫湜：《礼记集说》卷五七引方慤，《通志堂经解》第13册，江苏广陵古籍刻印社1996年版，第17页。
④ 《山海经》卷一《南山经》，丛书集成本，商务印书馆1939年版，第7页。
⑤ (清)宫梦仁：《读书纪数略》卷一七，《景印文渊阁四库全书》第1033册，第180页。
⑥ (唐)欧阳询：《艺文类聚》卷一一《帝王部一》引《河图挺佐辅》，上海古籍出版社1999年版，第209页。
⑦ (唐)欧阳询：《艺文类聚》卷一一《帝王部一》引《尚书纬·中候》，上海古籍出版社1999年版，第213页。

气如云,名凭霄,衔土成坟,垒珠成丘垄,名曰珠丘"①。

汉朝是历史上最热衷于祥瑞的朝代之一。两汉时期,有关凤凰出现的奏报多如牛毛。据《汉书·昭帝纪》记载,始元三年(公元前84年),"凤皇集东海,遣使祠其处"②。"宣帝幸河东之明年春,凤皇集祋祤,于所集处得玉宝。"③"凤皇集上林,乃作凤皇殿,以答嘉瑞。"④宣帝本始元年(公元前73年),"凤皇集胶东"⑤。本始四年(公元前70年),"凤皇集北海。"地节二年(公元前68年),"凤集鲁郡,群鸟从之。"神爵四年(公元前58年),"十月,凤皇十一集杜陵。"五凤三年(公元前55年)三月,"鸾凤又集长乐宫东阙中树上,飞下止地,文章五色,留十余刻,吏民并观"⑥。汉光武帝建武十七年(公元41年),"凤凰五,高八尺九尺,毛羽五采,集颍川郡,群鸟并从行列,盖地数顷,留十七日乃去"⑦。

在政治生活中,五色符瑞符号能够诱导民众形成统治者"天赋异禀"的政治思维。统治集团更是常常利用这种特有的功能刺激民众对"天命"的联想,从而为其政治合法性的确立进行有效的舆论铺垫。王莽正是借塞外蛮夷进贡白雉这一重要契机受封为"安汉公",迈出了僭取王权之路的重要一步。传说,周公摄国,制礼作乐,使天下获得了太平,故有南方越裳氏进献珍贵的白雉。白雉成为象征天子有德、四方来服的政治文化符号。受此影响,汉朝人把塞外蛮夷进献白雉看作是上天对王莽有周公辅佐天子之德的奖赏,因此建议赐予他"安汉公"的称号⑧。

李渊自命唐王期间"文武职员随才铨用,各得其所"。人们把俗姓李氏的僧人捕获的白雀以及停留在唐王牙帐前的白雀和这种政治现象联系在一起,认为白雀的出现表明了上天对李渊政治行为的肯定,对唐政权合法性的认可⑨。

各种纬书、史书以及民间传说中充斥着大量对五色符瑞的诠释与记载,这表明其政治象征意义已经获得社会大众的普遍认同,反过来这些不同层次的传播渠道再次强化了符瑞符号的象征意义对社会大众政治思维的支配

---

① (宋)朱胜非:《绀珠集》卷八,《景印文渊阁四库全书》第872册,第438页。
② 《汉书》卷七《昭帝纪》,中华书局1962年版,第221页。
③ (宋)李昉:《太平御览》卷一七三《居处部·宫》,中华书局1960年版,第844页。
④ 《汉书》卷二五下《郊祀志下》,中华书局1962年版,第1252页。
⑤ 《汉书》卷八《宣帝纪》,中华书局1962年版,第242页。
⑥ 《汉书》卷八《宣帝纪》,中华书局1962年版,第246、247、264、266—267页。
⑦ 《宋书》卷二八《符瑞志中》,中华书局1974年版,第794页。
⑧ 《汉书》卷九九《王莽传》,中华书局1962年版,第4046页。
⑨ (唐)温大雅:《大唐创业起居注》卷一,上海古籍出版社1983年版,第13页。

作用。传统梦文化中记载的许多神异之梦,如地位卑微的孕妇梦见预兆孩子具有非凡身份的五色现象,一文不名的书生梦见象征尊贵地位的五色事物,实际上是以符瑞色彩为意象表达对权力、地位强烈渴望的一种潜意识活动。这充分证明了人们对五色符瑞符号象征意义的强烈认同。而这种认同恰恰为人们无条件、无反思地接受统治者"天赋异禀"这一政治观念提供了广泛而坚实的社会心理基础,对他们绝对服从君权的行为起到了重要的引导作用。

二、五色眚祥符号与借"天"谴君的合法化

尽管君道理论的理想设计是将一切权力归属于君主,但在现实政治生活中,君主的政治过程不得不受到自然规律、经济规律以及社会政治法则等因素的制约,如果有所违背就可能招致严重的政治后果。通过对历朝历代经验教训的总结,从思想精英到统治集团都清醒地认识到君权具有相对性,提出了"天谴论"、"谏议论"等各种制约君权的重要理论[1]。与符瑞相对应的政治文化符号——灾异就是君主自我调节,臣民批评朝政的重要依据。

五色与五事之失相匹配,形成五色眚祥符号。五色眚祥是传达上天对人间政治臧否态度的重要媒介。以五行思想作为哲学基础的灾异符号体系比起符瑞符号体系更为严谨和系统。《尚书》洪范五行篇作传时,按照五行(木、金、火、水、土)的分类体系,将君主的行为规范分为"五事",伏生为该篇文字作传时,作了进一步发挥,将异常的自然现象尤其是灾害分别归因于五行之气失衡的结果,并依据五行映射关系将二者一一加以对应,认为君主如果违背"五事"规范之中的某一项,就会对相对应的五行之气产生不良的影响,使其失去本性,从而破坏自然界的有序运转,带来一系列的灾祸。董仲舒在《春秋繁露》中也对"五事"进行了阐释,并以"五事"作为帝王治民的准绳。他认为"五事"是人从上天那里接受的指令,王者进行修养并用于治理万民的指南,"五事"的提出为法令的明确、准绳的校正提供了重要依据[2]。

由于白、青、黑、赤、黄五色与金、木、水、火、土五行同样存在映射关系,异常的五色事物和现象也被纳入五行灾异体系中,成为君主"五事"之失的后果表现,并被赋予了一个特定的名称——眚祥。眚,原义是眼睛生翳,引申为日月之蚀,古人视为灾异,因此,眚也泛指灾异。祥,既可以指吉兆,也

---

[1] 张分田:《中国帝王观念》,中国人民大学出版社2004年版,第349—352页。
[2] (汉)董仲舒:《春秋繁露·五行五事》,苏舆:《春秋繁露义证》,中华书局1992年版,第389—390页。

可以指凶兆,在这里专指凶兆。东汉史家班固首创《五行志》,以五行为纲目,分门别类记载灾异,并以此品评先朝政治得失。五色眚祥是其中重要的门类之一。

(一) 青眚青祥

古人认为,青眚青祥是"木失其性"所带来的灾异之一。木失其性主要是因为君主不能做到"貌恭"。在他们看来,如果君主"田猎不宿,饮食不享,出入不节,夺民农时"①,就无法赢得臣子的尊重和敬畏,导致下不恭承,臣恣淫慢。在这种情况下就会出现"木不曲直"的异常状况——植物生不畅茂,出现折断、枯槁等现象,因而无法用于制作农具。木行之气不能正常运转所导致的灾害有很多种,包括"恒雨"、"服妖"、"龟孽"、"鸡祸"等等。

> 传曰:"貌之不恭,是谓不肃。厥咎狂,厥罚恒雨,厥极恶。时则有服妖,时则有龟孽,时则有鸡祸,时则有下体生上之痾,时则有青眚青祥。唯金沴木。"②

在古人看来,青色为木行之色,因此木气失常会带来青色的反常事物和现象,称为青眚青祥。在历代《五行志》中,青眚青祥被看作是统治者行为不端、自毁形象,从而招致祸患的危险信号。西汉昭帝时栖集在昌邑王的宫殿之下的鹈鹕就是一个典型例证。刘向认为,作为青祥的表现之一,青色水鸟是对昌邑王"驰骋无度,慢侮大臣,不敬至尊,有服妖之象"的警告③。

还有一个典型事例是《后汉书·五行志》对东汉桓帝时出现在光禄勋吏舍壁下的青气以及玉钩、玦的解释。据说青气和玉钩、玦预示了梁冀集团的覆灭。梁冀是汉顺帝扶持的外戚势力的代表人物。他独揽朝纲,任意废立皇帝,被汉质帝称为"跋扈将军"。桓帝永兴二年四月丙午,有人发现在光禄勋吏舍壁下"夜有青气",结果看到了"玉钩、玦各一"。古人以之为青祥。根据"玉,金类也。七寸二分,商数也。五寸四分,征数也。商为臣,征为事。盖为人臣引决事者不肃,将有祸也"的说法,古人认为,青气和随后发现的玉钩、玦是对梁冀"秉政专恣"的警告④。桓帝对梁冀早就心怀不满。这很可能是他为除掉梁氏而制造的舆论。不久以后,桓帝依靠以单超为代表的宦官势力,铲除了梁氏外戚集团。

---

① 《汉书》卷二七上《五行志》,中华书局1962年版,第1318页。
② 《汉书》卷二七中之上《五行志》,中华书局1962年版,第1352页。
③ 《汉书》卷二七中之下《五行志》,中华书局1962年版,第1416页。
④ 《后汉书·五行志一》,中华书局1962年版,第3274页。

这表明青眚青祥与"臣恣淫慢"有密切关系的观念已经对古人产生了深刻影响,成为他们批评君臣等秩不分的重要理论依据。

(二) 赤眚赤祥

古人认为,赤眚赤祥是"火失其性"产生的后果之一。火失其性主要是由于统治者不能做到"视明"。君主"视不明"具体表现在两个方面:其一,如果君主不能做到明辨忠奸,赏罚分明,反而"弃法律,逐功臣,杀太子,以妾为妻"①,使"亡功者受赏,有罪者不杀"②,就会导致朝廷失去基本的是非标准。其二,如果君主息于政事,臣子也不会勤勉,就会导致朝政效率低下,民生问题中的当务之急得不到及时的解决。在这些情况下将会出现"火不炎上"的情况。火行之气不能正常运行所带来的灾害有很多种,包括"恒燠"、"蠃虫之孽"、"羊祸"、"目疴"。

> 传曰:"视之不明,是谓不悊,厥咎舒,厥罚恒奥,厥极疾。时则有草妖,时则有蠃虫之孽,时则有羊祸,时则有目疴,时则有赤眚赤祥。惟水沴火。"③

由于赤色为火行之色,赤眚赤祥也被视为火气失常导致的后果之一。在历代《五行志》中,赤眚赤祥被看作是君主不能明察秋毫、分辨是非,导致太子被杀、功臣被逐、宗庙倾覆的危险信号。下面列举几个事例来加以论证。

赤眚赤祥被视为对国中可能出现尊卑不别局面的预警。《汉书·五行志》中对鲁襄公时妖女生赤毛的解释是一个典型例证。鲁襄公时,宋国有人生了一个长满赤毛的女子,扔在堤下。宋平公的母亲共姬的车夫看到后,收养了这个女婴,起名就叫作"弃"。弃长大后,嫁给平公,生子名佐。后来,宋国大臣伊戾谗太子痤而杀之,宋国大夫华元出奔晋,华弱奔鲁,华臣奔陈,华合比奔卫。京房认为,妖女生赤毛预示了后来发生的尊卑不别的局面。④

把赤眚赤祥视为太子被杀的征兆,这种说法在史书中屡屡出现。例如,汉惠帝二年,宜阳地区天降血雨,被视为吕后家族"逸口妄行,杀三皇子,建立非嗣"的征兆。当时,吕后临朝专权,打破高祖生前所立的"非刘氏而王,

---

① 《汉书》卷二七上《五行志》,中华书局1962年版,第1320页。
② 《汉书》卷二七中之下《五行志》,中华书局1962年版,第1405页。
③ 《汉书》卷二七中之下《五行志》,中华书局1962年版,第1405页。
④ 《汉书》卷二七中之下《五行志》,中华书局1962年版,第1419—1420页。

天下共击之"的规约,大肆分封吕氏子弟,形成了诸吕势力,把持当时朝政①。东汉桓帝建和三年(公元149年)七月,"北地廉雨肉似羊肋,或大如手。近赤祥也"。人们认为这是由于梁太后与外戚梁冀共同专擅朝政,诛杀良臣李固、杜乔,酿成当时天下皆知的一桩冤案。②

还有一个事例是西晋永康元年,尉氏地区的血雨被视为愍怀太子被杀的征兆。在赤祥预示太子被杀的观念影响下,古人认为,血雨是警告惠帝"不宜缓恣奸人,将使太子冤死",可是他却"愚眊不寤",最终导致太子当月就死于非命。

赤眚赤祥有时还被视为上天对统治者听信谗言、冤杀功臣的惩罚。晋愍帝建兴四年(公元316年)十二月,督运令史淳于伯因漕运延误被斩。当时人们都认为他罪不至死。滥用刑罚实际上是对法律威严的一种损害。据说在淳于伯受刑之后,当刽子手把刀上的血抹在柱子上的时候,出现了"血逆流上柱二丈三尺"的赤祥。在朝廷公论的压力之下,王导等人因为这起冤案被迫引咎辞职③。

北齐后主武平年间,血点从咸阳王斛律明月的住宅一直落到太庙,也被视为功臣被杀的征兆。古人认为,北齐国祚竟绝,重要原因之一就是后主没有领悟到血点为赤祥,是上天在警告自己不要错杀社稷大臣,反而听信谗言,杀害了"世为元辅,威著邻国"的斛律明月④。

古人将异常的赤色事物和现象与君主"视之不明"导致的种种错误决策、引起的种种不良后果联系起来,使得赤眚赤祥成为一种政治符号。

(三) 白眚白祥

古人认为,白眚白祥是"金失其性"造成的。金失其性主要是由于统治者不能做到"言可从"。在古人看来,如果君主好攻战,轻百姓,饰城郭,侵边境,穷兵黩武,劳民伤财,所行非是,那么他发号施令将没有人愿意听从,政令从而无法顺利推行。在这种情况下就会出现"金不从革"——金属无法熔化,或者进入火中就迅速熔解消失,或者铸造出来的器具出现裂痕,就好像人们不肯听从君主的命令一样,对金属的锻造也不能遂人心意。金行之气运行异常会导致多种灾害,包括"恒阳"、"诗妖"、"介虫之孽"、"犬祸"、"口舌之疴"。

---

① 《汉书》卷二七中之下《五行志》,中华书局1962年版,第1420页。
② 《后汉书·五行志一》,中华书局1965年版,第3302页。
③ 《晋书》卷二八《五行志中》,中华书局1974年版,第866页。
④ 《北齐书》卷一四《高思好传》,中华书局1972年版,第185页。

传曰:"言之不从,是谓不艾。厥咎僭,厥罚恒阳,厥极忧,时则有诗妖,时则有介虫之孽,时则有犬祸,时则有口舌之疴,时则有白眚白祥。惟木沴金。"①

白色为金行之色,因此白眚白祥也被视为金行异常的表现之一。古人将之与君主"言之不从"的种种具体表现联系起来。例如,传说秦始皇三十六年,各地到处出现各种"白祥"。如郑国人从关东来,到了华阴,"望见素车白马从华山上下",知道不是凡人,就停在路边等候,果然马车到了他身边以后,车上的人拿了一块玉璧给这位郑国人说:"为我遗镐池君",他趁机说了"明年祖龙死"。然后忽然就不见了。"祖"就是"始"的意思,"龙"指的是人君之象,"祖龙"说的正是秦始皇。这一年还有石头在东郡陨落,有些民众就在上面刻了"始皇死而地分"。《汉书》作者认为这些都是白祥,是在警告秦始皇"炕阳暴虐",会导致"号令不从",仿佛是"孤阳独治,群阴不附"。可是秦始皇不但"不畏戒自省",反而"夷灭其旁民",并命人把石头烧了。结果当年秦始皇就死了,再过了三年秦朝就覆灭了②。

在史书中,地生白毛作为一种白祥,往往被视作朝廷连年征战导致百姓疲于劳役的征兆。例如,晋成帝咸康初年地生毛,孙盛就警告这是民劳之异的征兆。晋成帝时,由于北方政权内讧,晋军乘机北伐,"方镇屡革,边戍仍迁,皆拥带部曲,动有万数","征伐征赋,役无宁岁",导致"天下扰动,民以疲怨"③。淝水之战之后,前秦统治瓦解,东晋乘势再次北伐,收复河南等大片失地。江南的民众再次陷入了经略多事、苦役连年的艰难境地。这些劳民政策都被古人与当时"地生白毛"的异象联系起来。《宋书》的作者认为东晋时期"地生白毛"的白祥频繁出现是因为东晋政权为了收复中原,多次北伐,战争频仍,百姓苦于劳役。

宋朝人受到这种观念的影响,也把白毛视为上天对人间劳役烦杂的警告。南宋高宗绍兴三年(公元1133年)八月,浙右地区发生地震,地上长出许多白毛,非常坚韧,无法拔断。当时的南宋政权正在进行抗金斗争,民众老少随军调度,有数十万人之多。于是,一首"地上白毛生,老少一齐行"的童谣在平江地区流传开来。④"老少一齐行"出自东晋时的一个典故。据说东晋北伐时,由于劳役苛烦,连妇女儿童都被军卒虏掠,随军而行,称为"老

---

① 《汉书》卷二七中上《五行志》,中华书局1962年版,第1376页。
② 《汉书》卷二七中上《五行志中之上》,中华书局1962年版,第1399—1400页。
③ 《宋书》卷三一《五行志》,中华书局1974年版,第924页。
④ (宋)庄绰:《鸡肋编》卷中,中华书局1983年版,第69页。

"小方",从而引发了遍地白毛的情形。

有些白祥则被视作君令不从、臣将危君的信号。《晋书·五行志》中对晋成帝咸和二年(公元327年)正月栖集在宫殿前面庭院里的鸥鸟的解释就是一个典型例证。东晋初年,势力渐强的冠军将军苏峻不满护军将军庾亮以幼帝母舅身份独揽大权的政治局面。当时出现的五只鸥鸟被视为一种白祥,据说预示了庾亮"苟违众谋,将召苏峻,有言不从之咎"。不久以后,苏峻联合祖逖之弟祖约起兵作乱,攻入建康,"宫掖焚毁,化为污莱"。《晋书》的作者认为这是对鸥鸟所预示征兆的应验。[1]

在古人看来,白眚白祥预示着君主"言之不从"的过失以及导致的后果。这种观念对古人解释异常的白色事物和现象产生了重要的影响。

(四) 黑眚黑祥

古人认为,黑眚黑祥出现的根源在于"水失其性"。水失其性主要是由于君主"听之不聪"造成的。在古人看来,如果君主"简宗庙、不祷祠、废祭祀、逆天时",刚愎自用,闭目塞听,就会导致"水不润下"——源流竭绝,川泽以涸,农田得不到灌溉,或者是洪水泛滥。[2] 由于邵公曾经以川壅比喻民口之壅的危险性,后世的政治预言家将二者联系起来,以水患为君主闭目塞听,最终导致王朝倾覆的征兆。水行之气不能正常运行,将会带来各种灾异,包括"恒寒"、"极贫"、"鼓妖"、"豕祸"、"耳疴"、"鱼孽"等。

> 传曰:"听之不聪,是谓不谋。厥咎急,厥罚恒寒,厥极贫。时则有鼓妖,时则有鱼孽,时则有豕祸,时则有耳疴,时则有黑眚黑祥。惟火沴水。"[3]

黑色是水行之色,因此黑眚黑祥也被视为水行之气异常的表现之一,与君主"听之不聪"的过失有密切的关系。在史书中,黑眚黑祥往往被视为上天对君主不善于倾听谏言的警告和惩罚。典型例证是《晋书·五行志》对三国时期吴国"有两乌衔鹊堕东馆"这件事情的解释。赤乌十二年(公元249年)四月,有两只鸟叼着乌鹊,坠落在当时的典教之府——东馆。孙权命令领丞相朱据"燎鹊以祭"。后人认为,这是羽虫之孽,属于火失其性,是对君主视不明的惩戒;同时又是黑祥,属于水失其性,是对君主听之不聪的

---

[1] 《晋书》卷二八《五行志中》,中华书局1974年版,第864页。
[2] 《汉书》卷二七上《五行志》,中华书局1962年版,第1342页。
[3] 《汉书》卷二七中之下《五行志》,中华书局1962年版,第1421页。

惩戒。孙权曾经英雄一世,到了晚年却日益骄逸,德行渐衰,好听谗言,终于导致了赤乌十三年的一场政治悲剧。太子孙和的同母弟、鲁王孙霸受到父亲的特别宠爱,待遇与太子"无殊"。二人渐渐产生摩擦,后来争权夺利的过程中两败俱伤。太子孙和被废,鲁王孙霸被赐死。在孙权准备废孙和立孙亮的时候,朱据、屈晃极力劝谏,也被牵连。后人认为,孙权既然册立孙和为太子,就应该在孙和与孙霸之间确立"上下有序、礼秩宜异"的尊卑礼法,可他却不听群臣谏议,而是采取"分宫别僚"、"禁断往来"的方式回避矛盾,并不能使二人化解宿怨①。二鸟衔乌鹊坠落于东馆,后人分析认为这是羽虫之孽,属于火失其性,是对君主视不明的惩戒;同时又是黑祥,属于水失其性,是对君主听之不聪的惩戒。可是孙权不能领悟灾异包含的惩戒之意,反而"加之以燎",真是"昧道之甚者也!"②

(五) 黄眚黄祥

在古人看来,黄眚黄祥是"土失其性"的后果之一,而土失其性通常是由于君主思心不睿造成的。睿与宽、容意义相通。因此"思心不睿"指的是君主缺乏宽大包容之心,从而造成土行之性失常。此外,君主如果一味"治宫室,饰台榭,内淫乱,犯亲戚,侮父兄",也会造成土行之气异常,导致稼穑不成③。土行失常带来的灾异具体表现为"恒风"、"脂妖"、"夜妖"、"华孽"、"牛祸"、"心腹之疴"等。

> 传曰:"思心之不睿,是谓不圣。厥咎霿,厥罚恒风,厥极凶短折,时则有脂夜之妖,时则有华孽,时则有牛祸,时则有心腹之疴,时则有黄眚黄祥,时则有金木水火沴土。"④

土行之色为黄,因此黄眚黄祥也被视为土行之气异常的表现,是由君主"思心不睿"的过失造成的。在古人看来,君主缺乏博大胸怀是造成黄眚黄祥的原因之一。《隋书·五行志》对梁武帝大同年间降下的黄色土雨的解释正是这种观念的反映。"梁大同元年(公元535年)天雨土,二年,天雨灰,其色黄,近黄祥也。"古人认为,当时的统治者梁武帝自以为聪明博达,其实缺乏宽大心胸,"恶人胜己。又笃信佛法,舍身为奴,绝道蔽贤",因此

---

① 《三国志·吴志》卷五九《孙霸传》,中华书局1959年版,第1372页。
② 《晋书》卷二八《五行志中》,中华书局1974年版,第862页。
③ 《汉书》卷二七上《五行志》,中华书局1962年版,第1338页。
④ 《汉书》卷二七卷下之上《五行志》,中华书局1962年版,第1441页。

上天降下土雨，对他表示惩罚①。

黄眚黄祥有时也被视为上天对君主好大喜功、劳民伤财的警告。其中一个典型例证是古人把开皇二年（公元582年）京师的土雨和隋炀帝在位期间的一场惨剧联系起来。当时隋炀帝大兴土木，兴建了包括营造东都、开凿运河、挖掘长堑、修筑西苑、建造宫室、修建长城、开凿驰道在内的数项巨大工程，耗费无数人力、物力。修建仁寿宫的时候更是发生了"颓山堙谷，丁匠死者大半"的惨剧。因此，开皇二年（公元582年）的土雨被认为是应验了"天雨土，百姓劳苦而无功"的说法②。

君主"思心不睿"将有黄眚黄祥的观念对古人有着非常深刻的影响。因此，古人在解释反常的黄色事物和现象时，常常将之与君主"思心不睿"的种种表现联系起来。

古人认为化解五色眚祥的根本办法在于人类的反省和改过自新，而君主作为一国元首，应该首先承担"五事"之失。

五色眚祥是君主自我反省、自我调节的主要动力。历朝历代很多君主都把自然界的诸多反常现象视为上天实施警告或者惩罚的表现，认为自己既然是天命的承担者，就应该通过自罪自责的方式来消除祸患，这也是公认的圣王明君必备的人格特征。例如，明宪宗成化十二年（公元1476年）七月出现的黑眚，引起了城中一片恐慌。据称起因是"民间男女露宿"看到"有物金睛修尾，状如犬狸，负黑气入牖，直抵密室，至则人昏迷……遍城惊扰，操刃张灯、鸣金鼓逐之，不可得"。这种恐慌甚至波及皇宫。"帝常朝，奉天门侍卫见之而哗。帝欲起，怀恩持帝衣，顷之乃定。"③为此，宪宗在宫禁之中亲自祭告天地，"以用度不节、工役劳民、忠言不闻、仁政不施四事自责"④。天赋君权，治乱在君，这是君主自罪自责的基本前提。上天通过眚祥对天命代理人的失德之举进行警示，这是君主理应畏惧天谴的依据。

君主在自我检讨的同时，往往还会要求臣工直言极谏。南宋高宗就曾经因为浙右地震且生白毛，下诏罪己求言。

眚祥与人事相关的思想，为臣工批评朝政提供了理论依据。眚祥在现实生活中的出现则为他们提供了事实基础。在专制政治中，进谏是臣民表达政治诉求、制约规范君主的主要手段。由于君主拥有主宰权，进谏的效果如何很大程度上取决于君主是否纳谏，因此臣民进谏必须十分注重选择适

---

① 《隋书》卷二三《五行志二》，中华书局1973年版，第659页。
② 《隋书》卷二三《五行志二》，中华书局1973年版，第660页。
③ 《明史》卷二八《五行志一》，中华书局1974年版，第456页。
④ 《明史》卷一四《宪宗本纪二》，中华书局1974年版，第173页。

当的时机,采用适当的技巧。五色眚祥频繁出现是臣民进谏的有利时机,以眚祥为事由品评政治、劝谏君主是臣民进谏的常用技巧。

纵观历代臣工的进谏,在格式和内容上有颇多相似之处。大多数谏议先是以《洪范五行传》等占候之学中的灾异天谴论为理论依据,指出君主的过失。其次以历史事实为佐证,强调"天地灾变,固非虚应"。最后结合朝廷面临的当务之急,要求君主检讨政治,纠正不德,有针对性地解决存在于当时的各种社会政治问题,以感动民心,感动上天,这样才能够巩固统治,转危为安。

下面结合几个实例展开分析。

第一个事例是北宋仁宗庆历三年,谏官孙甫针对十二月发生赤雪、地震等灾异的进谏。孙甫指出,作为一种赤眚,赤雪是"人君舒缓之应"。他陈述了这种过失所带来的严重后果——"政事弛,赏罚差,百官废职,所以召乱也"。紧接着,他列举了发生在晋朝的历史事实来加以佐证。西晋太康年间,河阴地区天降赤雪。晋武帝"怠于政事,荒宴后宫,每见臣下,多道常事,不及经国远图",上天降下了赤眚之怪以示警示。孙甫认为,仁宗应该吸取教训,及时修政。他提出了几项建议:"陛下救纾缓之失,莫若自主威福,时出英断,以慑奸邪,以肃天下。救阴盛之变,莫若外谨戎备,内制后宫。"具体而言,对外"切责大臣,使之预图兵防,熟计成败",对内裁省浮费,节制对后宫的恩宠。①

针对后宫的问题,孙甫特别再次上书进谏。他说,景福内宫原本是"祖宗积经费之余,以备非常之用"的地方,可近年来,诸路上缴的物帛大多归属于内库,引起了中外对宫中私费的质疑。唐代也曾经设置琼林、大盈二库供皇帝和后宫挥霍,当时的名臣杨炎、陆贽请罢之。现在的景福宫所积攒的财富数额就和唐代二库差不多。孙甫说,他还听说最近染院"计置染绫罗甚急,以备宫中支用",因为库藏的红罗去年冬天就已经用完了,可见宫中耗费是多么奢侈惊人。尤其是张修媛,"宠恣市恩,祸渐已萌"。孙甫指出,皇后才是正嫡,其余后宫不过是婢妾而已,与正宫"贵贱有等",因此"用物不宜过僭"。他以历史教训向皇帝提出了警告:"自古宠女色,初不制而后不能制者,其祸不可悔。"如果皇帝节省浮费,节制恩宠,就能够立即感动人心,消弭灾谴②。

---

① 《宋史》卷二九五《孙甫传》,中华书局1977年版,第9839页。
② (宋)孙甫:《上仁宗论赤雪地震之异》第二状,(宋)赵汝愚编:《宋名臣奏议》卷三九,《景印文渊阁四库全书》第431册,第440页。

第二个事例是北宋徽宗靖国元年,言官任伯雨针对赤气起于北方,光焰亘天,黑风在下,向西方消散等奇异天象,劝谏徽宗应该以唐末赤气预示的混乱政局为教训,"收主柄,抑臣下,严敕宫禁以防虑几微,训饬将帅以遏绝生事;用忠良,黜邪佞,正名分,歾奸恶;事至必断,无以宽仁伤大义,使阴邪小人无生犯上之心",这样,灾异就可以转化为休祥。①

针对徽宗准备在太一宫旁修建火星观以禳赤气之异的举动,任伯雨直言谏止。他再次向徽宗阐述了天降灾异是为了使君主意识到自己过失的道理,希望君主能够"益广聪明,判别贤佞,揽权纲以信赏罚,专威福以察功罪"。祈禳不能消变,修德才能弭灾。如果修德之效不如祈禳,为什么圣人没有记载在六经中。况且修建宫观,"其费不下百万矣","取之有司耶,则帑藏空虚,经费不足;取之有司,必且不办。取之内庭耶,则括刷内庭,亦已迫矣"。再者,河北一路物价昂贵,饥民遍地,从前年至今,流移满道。朝廷却一直无力救助。任伯雨建议"与其捐所急以事无用,孰若缓所用以恤所急",如此一来,朝廷的花费有了正当的名分和理由,恤民的恩惠又彰显了君主的圣德,人人鼓舞,天下相庆,君主损己便民之道赢得人心和天意,赤气之异自然会转化为祥瑞。②

从君主到大臣对五色眚祥与政治人事象征关系的认同,不但为君主的自我反省、自我检讨和自我约束提供了重要的参照,更重要的是在严酷的专制体制内为大臣对君主的批评谏言提供了某种庇护,从而也赋予了君权有限性的思想和观念以不容置疑的正当性和合法性。君主可以从肉体上消灭直言极谏的大臣,却无法从思想上消灭谏议传统;相反,再残暴的君主都必须标榜自己征求谏言的诚意以及面对谏言的度量。

第四节　等级服色符号与"天赋异禀"政治形象的塑造

从五时五方色彩符号、五色德运符号以及五色符瑞符号的运用情况已经可以看出,服色符号化是"天人合一"政治实践最重要的内容和表现之一。这是因为服色符号中五色与人相结合的密切程度远远超过了上述几种符号,是天与人的直接相融。如果说服装已经成为人体的延伸部分,构成人

---

① （宋）任伯雨:《上徽宗论赤气之异》,（宋）赵汝愚编:《宋名臣奏议》卷四四,《景印文渊阁四库全书》第431册,第528页。
② （宋）任伯雨:《上徽宗论建火星观以禳赤气》,（宋）赵汝愚编:《宋名臣奏议》卷四五,《景印文渊阁四库全书》第431册,第531页。

类形象的重要基础,那么服色符号就是这种延伸部分中最有标志意义的元素,对人类形象的塑造起到关键性作用。

正是因为深刻地意识到了这一点,古人把服色符号视为重要的物质和文化资源,制定了严密的分配规则。臧克和认为,在古人看来,衣裳乃是"身之彰",其功用和目的在于通过外在的文饰"'彰昭'其内美"[1]。而在此原则指导下设立的以色彩标识等级的服色制度,使得华夏先民形成了"颜色与服装总是存在着特别密切的联系"的观念意识。"这种意识投射凝集到文字体系上,便是诸多以形声方式构成的颜色字均以代表服装质料的'糸'来充当义类符号。"[2]这种按照等级分配服色资源的理念和制度,就导致了服色符号的等级化。统治集团往往凭借政治地位和政治权力,对一些具有非凡特质的色彩符号加以垄断,以此来塑造自己"天赋异禀"的超凡形象,以此来为自己的霸权地位和掠夺性权力加以粉饰,并加以巩固。

据史料记载,等级服色符号的起源较早。孔安国认为,从虞舜"以五采彰施于五色作服"开始,色彩就成为了等级身份的象征符号。这种说法虽然存疑,但据现代学者对西周服饰的研究,至迟在西周时期,就有了比较完善的等级服色制度。周王赏赐的等级差别就是通过服色来体现的。如黄盛璋通过对西周青铜器铭文相关记录的解读,指出,"色饰上的区别",也就是所谓的"昭其文",与"制度的有无"、"数量上的多寡"共同在服饰器用区分官职的过程中发挥重要作用[3]。田小娟对"芾"进行了深入专门的研究,认为"不同颜色的芾常与玉组佩并列,如朱芾恩黄、赤芾幽黄、赤芾五黄等,以显示等级与身份"[4]。

在后来的发展过程中,五色符号又通过吸收各种思想,获得了丰富的文化内涵,从而得以从更加多元的角度对等级身份加以界定和塑造。如在"阳尊阴卑"政治思维的影响下,形成了阳色为尊、阴色为卑的色彩等级化观念,这是等级服色符号形成的思想基础。古代等级服色制度对不同等级的服饰、车舆、建筑、器物等物质生活资料的色彩进行了严格的规定,为等级服色符号形成提供了制度基础。

等级服色符号的编码原则遵循着一定的规律,但每种色彩成为等级身份的象征符号都有其具体而复杂的原因和过程。因此,本节除对等级服色制度设色原则进行总体论述外,会结合一些具有重要政治意义的色彩符号,

---

[1] 臧克和:《中国文字与儒学思想》,广西教育出版社1996年版,第197页。
[2] 臧克和:《中国文字与儒学思想》,广西教育出版社1996年版,第203页。
[3] 黄盛璋:《西周铜器中服饰赏赐与职官及册命制度关系》,《传统与现代化》1997年第1期。
[4] 田小娟:《说"芾"》,《四川文物》2015年第4期。

对其形成条件和历史过程进行深入而细致的分析。

一、色彩等级化观念与等级服色制度

等级服色制度的实质是依据尊卑贵贱的等级利益原则对色彩资源进行分配,具体表现为数量和种类上的分配以及色彩符号与等级秩序的对应。前者使得对色彩资源的占有成为地位、权力和财富的象征。后者导致了色彩体系本身出现了等级化的倾向,即色彩从一种在物理性质上各具特色、不存在等级差异的物质现象转变为被赋予主观上尊卑贵贱之分的社会现象。标识身份地位是等级化的色彩符号特有的功能。

我们常说的"以衣冠取人",其中一个途径就是通过服饰的颜色来识别这个人所处的地位和等级。在唐代发生过这样一个凭衣色取人的故事。在安史之乱中,唐玄宗被迫出逃四川,刚到马嵬坡就在哗变军士的逼迫下缢杀杨贵妃。马嵬坡事变后,太子李亨奔往朔方节度使所在的灵武,不久即位,是为肃宗。肃宗即位后,派人寻访曾经受到杨国忠猜忌而隐居名山的名士李泌。李泌从嵩、颍之间冒着生命危险奔赴灵武谒见肃宗,"陈古今成败之机,甚称旨",肃宗甚至将他"延致卧内,动皆顾问"[①]。有一次,肃宗和李泌在一起,士兵们指着他们俩,悄悄地议论道:"衣黄者,圣人也。衣白者,山人也。"肃宗听说了以后,对李泌说:"艰难之际,不敢相屈以官。且衣紫袍以绝群疑。"李泌没有办法推辞只好接受了。当他穿上紫色的袍服去向肃宗谢恩时,肃宗笑着说:"既服此,岂可无名称!"[②]这样说道,肃宗从怀中掏出了任命李泌为侍谋军国元帅府行军长史的敕命。隋唐时期,品官服色等级制度基本确立,五品以上官员服紫,庶人服白。服饰颜色成为身份地位最直观的标识。士兵们的议论正是这种服色观念的反映。李泌穿上紫服后肃宗所说的那番话,同样表达了服色应该与身份品级相称的观念。由此可见,色彩已经成为等级社会中人们迅速识别交往对象身份、地位的重要依据。特定的颜色成为公认的标识政治等级的文化符号。

(一) 等级服色制度的思想基础

在染色技术不甚发达的时代,染织品由于工艺程度复杂、成本昂贵,属于具有一定稀缺性的奢侈品。色或者五色成为财富最直观、最显著的表现形式,因此也被视作欲望的隐喻和象征。《荀子·王霸》:"夫人之情,目欲

[①]《旧唐书》卷一三〇《李泌列传》,中华书局1975年版,第3621页。
[②]《资治通鉴》卷二一八《唐纪三十四·肃宗至德元年》,上海古籍出版社1956年版,第6996—6997页。

綦色,耳欲綦声,口欲綦味,鼻欲綦臭,心欲綦佚。此五綦者,人情之所必不免也。"①爱美之心人皆有之,对色彩的追求是人类的本能欲望之一。但是,这种欲望不能没有限度。《左传·昭公元年》:"天有六气,降生五味,发为五色,征为五声,淫生六疾。"②天以六气创造的五味、五色、五声为人类的生活提供了必要的保障,超出五色之外则属于过分的奢求。道家的看法也许更为极端,认为"五色"所譬喻的欲望是戕害人类天性的大敌。老子认为"五色令人目盲",因此主张连最基本的五色都予以摒弃。由于本章主要讨论的是在等级规范下的色彩使用原则,关于道家"散五采"的极端认识将在第七章中详细论述。

人类对色彩的欲望需要通过礼法来加以调节,而礼法的本质就是等级制度。以荀子为代表的古代思想家认为,礼的制定基于调节社会矛盾的需要。这种社会矛盾是由人类欲望的无限性与物质资源的有效性、欲望的平等性与社会关系的不平等性这两种矛盾引起的。这些矛盾促使人类超越"群"的本能,发展出了以"分"为基本精神的礼义和法。这种"分"当然不可能是平均分配,而是依据等级原则的有差别分配。在资源有限的条件下,"分"的原则实际上就是要求等级结构中的各个群体依据自己的身份、地位享有相应份额的物质资源,绝不允许僭越地位争夺分外资源的情况发生。

不过,杜绝僭越和争夺并不意味着完全取消民的欲望,礼法的意义恰恰在于利用民众的欲望来巩固君主统治。董仲舒对此有过透彻而辩证的分析:

> 民无所好,君无以权也。民无所恶,君无以畏也。无以权,无以畏,则君无以禁制也。无以禁制,则比肩齐势而无以为贵也。故圣人之治国也,因天地之性情,孔窍之所利,以立尊卑之制,以等贵贱之差。设官府爵禄,利五味,盛五色,调五声,以诱其耳目,自令清浊昭然殊礼,荣辱踔然相驳,以感动其心,务致民令有所好。有所好然后可得而劝也,故设赏以劝之。有所好必有所恶,有所恶然后可得而畏也,故设罚以畏之。既有所劝,又有所畏,然后可得而制。制之者,制其所好是以劝赏而不得多也。所好多则作福,所恶多则作威。作威则君亡权,天下相怨;作福则君亡德,天下相贼。故圣人之制民,使之有欲,不得过节;使

---

① 《荀子·王霸》,(清)王先谦:《荀子集解》,中华书局1988年版,第211页。
② 《左传·昭公元年》,《春秋左传正义》,(清)阮元校刻:《十三经注疏》,中华书局1980年版,第2025页。

之敦朴,不得无欲。无欲有欲,各得以足,而君道得矣。①

在董仲舒看来,对五色所象征的权力和财富的追求是人性好利的主要表现。圣人正是利用民众趋利避害的思想,设立等级制度以及赏罚制度,对民众的欲望加以刺激,又通过政治手段对他们实现欲望的渠道加以掌控。这种巧妙做法,能够迫使民众不得不老老实实地遵守等级社会的生存规则,对君主、上级等利益分配的主导者俯首帖耳。

应该看到,在古代社会,等级制度虽然严峻,但并非完全依靠暴力的手段来推行。张分田认为,中国传统政治思想的精妙之处就在于为等级制度注入了道德内涵,以道德关系讨论等级关系,以道德符号标示等级地位,向民众灌输道德高尚之人理应占据权位、卑贱愚昧之人理应接受教化的观念,从而使等级制度成为道德法则使然的合理存在。等级化的服色符号也具有了鲜明的道德意味。"夫礼服之兴也,所以报功章德,尊仁尚贤。故礼尊尊贵贵,不得相逾,所以为礼也。非其人不得服其服,所以顺礼也。顺则上下有序,德薄者退,德盛者缛。"②色彩既是等级的标识,也是道德的载体。比如,黄色象征着君主统治的中和之道与无为之道;紫色象征着朝廷重臣辅佐、匡卫天子之德。然而在现实政治生活中,德高者占据尊位的理念往往被颠倒过来,堕落为一种道德水平与等级地位成正比,即富贵者最高尚,贫贱者最卑下的庸俗思想。服色符号的道德内涵实际上变成了对各个等级群体人格的隐喻。张分田认为,这种将社会分层与道德分层混为一谈的现象,可能发端于统治者的自我意识和臣民对政治权威的崇拜。在统治者垄断权力、财富、文化的社会条件下,"优越的社会地位、较高的文化素养和实际利益的需要,使统治者群体在观念上形成排他性的集团归属感和认同感。悬殊的等级地位、文化素养和物质生活水平的差距,也会使广大被支配者对华贵、优雅、富裕的统治者产生敬仰、崇拜心理"。这种心理恰恰为等级制度注入道德价值意义,这为处在等级制度金字塔顶端的人成为道德符号提供了可能性。③ 由于道德不过是政治等级的象征符号,礼法所规定的色彩资源的分配表面上以道德水准为依据,其实质却还是以等级身份为准绳。

对色彩符号的神秘主义阐释,是维系等级服色制度的另一条重要途径。色彩符号与等级秩序建立对应关系的过程,实际上也是逐渐把自己的神秘

---

① (汉)董仲舒:《春秋繁露·保位权》,苏舆:《春秋繁露义证》,中华书局1992年版,第172—174页。
② 《后汉书·舆服志》,中华书局1965年版,第3640页。
③ 张分田:《中国帝王观念》,人民出版社2004年版,第242页。

性赋予等级秩序的过程,为论证等级秩序的天然合法性提供了神学上的依据。这种依据由于超然于现实社会而具有了某种客观性,因此无论是比起政治暴力,还是道德说教都更能打动人心。色彩符号的神性内涵起到了强化人们对等级制度认同的作用。

由此可见,服色符号的道德性和神秘性归根到底就是服色符号的政治性,前两者的发展是为后者服务的。统治集团出于自尊和强化政治认同的需要,往往会对那些具有神圣、高贵、吉祥、美好寓意的色彩符号产生更大的兴趣。缤纷绚烂的色彩以其赏心悦目的视觉效果、高尚美好的道德意蕴、吉祥神圣的文化寓意,成为体现统治集团的尊贵和威严最好的物质手段。《荀子·富国》:"为人主上者不美不饰之不足以一民也,不富不厚之不足以管下也,不威不强不足以禁(暴)胜悍也。故必将撞大钟、击鸣鼓、吹笙竽、弹琴瑟以塞其耳,必将雕琢、刻镂、黼黻、文章以塞其目,必将刍豢稻粱、五味芬芳以塞其口,然后众人徒、备官职、渐庆赏、严刑罚以戒其心。"①巍峨高大的宫殿楼阁、豪华奢侈的生活方式、气势恢弘的礼仪排场,无不体现着君权不可一世的气势以及君临天下的威严与皇家地位的彰显。这种意境和氛围强化了等级差别意识,对被统治者起到了一种"灌输"、"催眠"的作用,使其油然而生对君主顶礼膜拜的崇拜之心。在以强化君主崇拜为宗旨的礼乐制度中,君主的穷奢极欲得到了合法化。天子有权"重色而衣之,重味而食之,重财物而制之,合天下而君之,饮食甚厚,声乐甚大,台榭甚高,园囿甚广,臣使诸侯,一天下"②,这是人们普遍接受和认同的社会意识。如果说统治集团对色彩数量和质量的占有,体现的是一种经济上的占有,那么对寓意美好的色彩符号的垄断,则体现了一种文化上的优先选择权。正是这种财富和文化上的双重垄断,为他们的社会地位奠定了稳固的基础。

服饰在满足蔽体保暖的现实功能的基础上加以装饰和美化,并不是出于审美上的追求,而是出于合理调节各阶层欲望、确立等级差序的政治需要。"故为之雕琢、刻镂、黼黻、文章,使足以辨贵贱而已,不求其观。"③这种认识最终积淀为一种稳定的思维模式。等级化色彩符号体系被社会大众当作天经地义的文化常识想当然、无反思地加以信奉。色彩等级体系与社会等级秩序在他们的头脑中完全融为一体。《东京梦华录·民俗》:"其士农工商,诸行百户,衣装各有本色,不敢越外……街市行人,便认得是何色

---

① 《荀子·富国》,(清)王先谦:《荀子集解》,中华书局1988年版,第186页。
② 《荀子·王霸》,(清)王先谦:《荀子集解》,中华书局1988年版,第216页。
③ 《荀子·富国》,(清)王先谦:《荀子集解》,中华书局1988年版,第180页。

目。"①文中的"本色"乃"本分"之义。根据身份选择服色也是各阶层人群必须遵守的本分之一。五色分明的服饰使皇帝与臣属、贵族与庶民之间的等级差异一目了然,从而形成了一个井然有序的世界。而各个等级的人也通过适用于自身等级的色彩体系确立了真实而准确的身份感。

（二）历代等级服色制度的演变

等级身份的色彩符号化理念对后世有着举足轻重的影响。修定舆服制度以确立身份归属、凸显等级差序、强化等级观念,成为历代开国统治者首要考虑的问题,并且在历代礼法传统中始终占据着非常突出的地位。

先秦时期初步形成了天子舆服、佩饰以朱为基本色调、诸侯以赤为基本色调、士以青为基本色调的等级服色制度。

隋以前主要以印绶的质地和颜色来标识官位品阶。据说秦朝以前"民皆佩绶,金、玉、银、铜、犀、象为方寸玺,各服所好"②。后来情况发生变化,玺印成为权力的象征。各种文书敕命必须加盖玺印才能生效。玺印的质地和印绶颜色遂成为官吏品级的标识。秦朝的时候,辅佐天子处理政务的相国或者丞相"金印紫绶",主管军事的太尉"金印紫绶",负责监察的副丞相——御史大夫"银印青绶"。前后左右将军的官职在周朝末年就已经出现,秦代因之,赐"金印紫绶"③。

西汉时期对秦代官制多有继承,但也有一些变动。如汉高祖十一年(公元前196年)丞相更名为相国,赐绿绶。主管军事的官职变动比较频繁,印绶制度也不断调整。汉武帝建元二年(公元前139年)撤除太尉职位,元狩四年(公元前119年)设置大司马主管军事,冠以将军之号,宣帝地节三年(公元前67年)大司马不再冠以将军名号,也没有印绶。但是到了成帝绥和元年(公元前8年)恢复赐金印紫绶的做法。哀帝建平二年(公元前5年)再次取消印绶,仍然冠以将军,不久以后,元寿二年(公元前1年)复赐印绶,但去掉将军名号。成帝绥和元年(公元前8年)曾经将御史大夫更名大司空,赐金印紫绶,禄比丞相。后来哀帝时期其名号又经历了两次来回更改。吕后执政期间还恢复了古官职"太傅",赐金印紫绶,不久撤除,吕雉称制八年(公元前180年)复置,以后再次撤除,直到西汉末期哀帝元寿二年(公元前1年)才恢复,位列三公之上。平帝元始元年(公元1年)还恢复了太师、太保等古官职,赐金印紫绶,太师职位高于太傅,太保则低于太傅。④

---

① 孟元老:《东京梦华录》卷五"民俗",中华书局1982年版,第131页。
② (汉)卫宏:《汉官旧仪》卷上,(清)孙星衍辑:《汉官六种》,中华书局1990年版,第62页。
③ 《汉书》卷一九上《百官公卿表》,中华书局1962年版,第724—726页。
④ 《汉书》卷一九上《百官公卿表》,中华书局1962年版,第726页。

经过了西汉时期的多次调整之后,东汉时期形成了比较稳定的印绶制度。据《后汉书·舆服志》记载,天子黄赤绶,太皇太后、皇太后以及皇后与皇帝绶色相同。诸侯王赤绶。诸国贵人、相国皆绿绶。公侯将军紫绶,公主封君紫绶,九卿则按照俸禄级别赐予不同绶色,"二千石青绶,千石六百石黑绶,四百石三百石二百石黄绶"。《汉书·百官公卿表》以相国为"金印紫绶",因此古人认为《后汉书》中所记载的绿绶并不是通常意义上的绿色。徐广认为"绿"其实是"緑",緑是一种草的名字,染出来的颜色和绿接近,但也有人说类似于紫色。何承天认为,緑为紫色,绿绶就是绀绶,其色青紫①。秦汉时期紫色的染料由原先的朱赤汁变为紫草,染出来的颜色接近于深青色,这也许是引起歧义的原因。

魏晋南北朝是中央官制从"三公九卿"制向"三省六部"制过渡的时期,但基本沿袭秦汉时期以印绶颜色标识官吏品秩的做法。尤其是从晋朝开始,直接以颜色为等级命名,如"金紫光禄大夫"、"银青光禄大夫"等。色彩与身份地位的联系更加密切。

印绶颜色成为身份地位、权力、财富的象征,金印紫绶、银印青绶等象征尊贵身份的绶色也就成为人们争相追逐的对象。朝廷还常以赐金印紫绶等方式表示特殊的恩宠。崔骃的先人崔发因佞巧而受到王莽的宠幸,一直当到了大司空的职位。王莽听说他的母亲师氏能通经学百家之言,"宠以殊礼,赐号义成夫人,金印紫绶,文轩丹毂,显于新世"②。对于那些内附的少数民族政权首领,汉族朝廷亦以赐金印紫绶或假金印紫绶表示笼络。和帝永元十二年(公元100年)"冬十一月,西域蒙奇、兜勒二国遣使内附,赐其王金印紫绶"③,顺帝永建六年(公元131年)"日南徼外叶调王便遣使贡献,帝赐调便金印紫绶"等等④。实行印绶制度初期对印绶颜色的佩戴权限规定非常严格。东汉桓帝刚即位的时候,颇有一番励精图治的抱负,为了整顿官制,曾经下令"若有擅相假印绶者,与杀人同弃市论"⑤,可是不久统治就趋于腐败,开始公开卖官。到了灵帝时期发展出假印绶制度,也就是虽然没有授予实际爵禄,但允许借用该品阶的印绶。中平四年(公元187年)"卖关内侯,假金印紫绶,传世,入钱五百万"⑥。假印绶制度分为两种,一为

---

① 《后汉书·舆服志下》注引徐广、何承天,中华书局1965年版,第3674页。
② 《后汉书》卷五二《崔骃传》,中华书局1965年版,第1704页。
③ 《后汉书》卷四《孝和帝纪》,中华书局1965年版,第188页。
④ 《后汉书》卷一一六《南蛮列传》,中华书局1965年版,第2837页。
⑤ 《后汉书》卷七《孝桓帝纪》,中华书局1965年版,第290页。
⑥ 《后汉书》卷八《孝灵帝纪》,中华书局1965年版,第355页。

假印不假绶,一为印绶皆假。假印绶而官不给鞶囊的可以自己制作,只假印不假绶的不允许佩戴鞶囊——鞶囊是一种以皮革制成的小袋子,用来盛放印绶,因为是挂在腰间的,所以也称作"傍囊"①。

到隋唐时期,品官服色制度确立。隋炀帝时,"师旅务殷,车驾多行幸。百官行从,唯服袴褶,而军旅间不便。至六年后,诏从驾涉远者,文武官皆戎衣。贵贱异等,杂用五色。五品以上,通着紫袍,六品以下,兼用绯绿,胥吏以青,庶人以白,屠商以皂,士卒以黄"②。这本是隋炀帝为便于百官跟随自己巡游的权宜之计。唐因袭隋制,对各品级官员的服色进行了明确规定,遂为"不易之制"。社会上对等级地位的认知标准也逐渐由印绶颜色转向品官的公服颜色。公服颜色比起印绶颜色具有更加强烈的视觉效果,其强化色彩与等级对应观念的效果更加显著。紫、绯、绿、青等颜色成为官员品阶的代称。唐宣宗曾经以论诗为借口召韦澳入屏秘密商议对付宦官专权的谋略。韦澳建议"择可任者与计事"。宣宗回答:"朕固行之矣。自黄至绿,自绿至绯,犹可,衣紫即合为一矣。"③在这里,宣宗正是以官服颜色——紫、绯、绿等来指代各个品阶的官员。

品官服色制度确立以后,也衍生出了类似假印绶的借服制度。尤其是在宋代,由于官、职、差遣分离,也就是说官只是用来确定官位、服色、俸禄等待遇,其实是一种虚衔,职是授予文官的荣誉头衔,也没有实际职务,只有差遣才是官员担任的实际职务,而且都是临时指派,通常冠以"判、知、权"等称谓。从宋太宗开始,多次颁发诏令,允许被授予实际职务的官员借用比自己品阶高的服色。例如,太平兴国二年(公元977年),宋太宗下诏允许"朝官出知节镇及转运使、副,衣绯、绿者并借紫。知防御、团练、刺史州,衣绿者借绯,衣绯者借紫;其为通判、知军监,止借绯"④。由于借服制度的推行,宋代官员服色实际上是由实际职务决定的。有些品阶较低的官员服色由于实际职务较高,所着服色可能高于品阶较高但是实际职务较低的官员。

此外,宋代还有一些根据特定情况赐服的规定。比如,南宋政府规定"若官卑而职高,则特许者有三:自庶官迁六部侍郎,自庶官为代制,或出奉使者是也。又有以年劳而赐者,有品未及而借者,升朝官服绿,大夫以上服绯,莅事至今日以前及二十年历任无过者,许磨勘改授章服。"⑤

---

① 《晋书》卷二五《舆服志》,中华书局1974年版,第773页。
② 《隋书》卷一二《礼仪志七》,中华书局1973年版,第279页。
③ 《新唐书》卷一六九《韦澳传》,中华书局1975年版,第5155—5156页。
④ 《宋史》卷一五三《舆服志五》,中华书局1977年版,第3561页。
⑤ 《宋史》卷一五三《舆服志五》,中华书局1977年版,第3563页。

表1：唐代以后的等级服色制度具体规定

	唐	宋	元	明
一品	紫	紫	紫	绯
二品	紫	紫	紫	绯
三品	紫	紫	紫	绯
四品	深绯	朱	紫	绯
五品	浅绯	朱	紫	青
六品	深绿	绿	绯	青
七品	浅绿	绿	绯	青
八品	深青	青	绿	绿
九品	浅青	青	绿	绿
资料出处	《新唐书》卷二四《车服志》	《宋史》卷一五三《舆服志五》	《元史》卷七八《舆服志一》	《明史》卷六七《舆服志三》

二、等级服色制度的基本设色原则

纵观中国古代服饰史，从公卿贵族到平民百姓，从特定的礼仪场合（嘉、吉、军、宾、凶等五礼）到日常生活中，各种器物、服饰色彩斑斓，美不胜收。在这令人眼花缭乱的色彩符号图景之下所潜藏的编码方式，基本上都遵循了"天人合一"的政治哲学原则，即都是借助色彩的自然属性差异，以及在自然基础上形成的社会属性差异来对不同人群加以标签化。具体表现在以下几个方面。

（一）阳色为尊，阴色为卑，中央之色最贵

由上一节的附表可以看出，历代等级服色制度基本上是以纯阳之色（红色系）为尊、少阳之色（青色系）次之。这一原则显然受到了传统阳尊阴卑论的深刻影响。阴阳是中国古典哲学的重要范畴之一，被用来解释自然、社会、人生的一切对立统一现象。从自然界中的先后、始终、动静、晦明到人类社会中的尊卑、贵贱、存亡、得失等现象，都是一阴一阳的具体表现。阴阳属性是存在于一切事物之中的普遍特性。在传统社会中，社会政治关系就是以阴阳关系来定位。儒家认为，"阳尊阴卑，注定君臣之分，贵贱有恒"；"阳刚阴柔，阳动阴静，注定君道刚严，臣道柔顺"；"阳纯一，阴驳杂，注定君道无为，臣道有为"；"阳善阴恶，注定君主道德完善，臣民道德残缺"[①]。这

---

① 刘泽华、张分田主编：《政治学说简明读本》，南开大学出版社2001年版，第238—239页。

就为君主处于阳位,具有尊、贵、刚、健、主等属性,臣民处于阴位,具有卑、贱、柔、顺、从等属性找到了终极性的哲学依据,将这种君臣上下的政治关系上升到"天秩"的高度,赋予了不可侵犯的神圣性。色彩同样有阴阳之分。尊卑贵贱的等级秩序与色彩阴阳属性一一对应,便形成了阳色为尊,阴色为卑的设色原则。在传统哲学观念中,阳属事物更多地被赋予了美好的寓意,因此,阳色也被视为美的象征。阳色鲜明醒目的视觉效果及其象征的道德境界,与统治集团尊贵的地位、完善的道德高度契合;阴色黯淡、朴素的外观及其蕴涵的文化内涵,与下层民众卑微的身份、有缺陷的道德形成呼应。

由于阴阳属性并非两个极端,又细分为老阳、少阳、老阴、少阴等几个层次,因此阳尊阴卑的设色原则又进一步细化为"阳以老为尊,阴以少为贵"①,形成了象征纯阳属性的朱色最为尊贵,象征少阳属性的青色次之,象征至阴的黑色最为卑贱的色彩等级序列②。在冠礼和籍田礼中,天子、诸侯、士所佩之纮,严格按照色彩等级序列设色。"朱者,正阳之色,天子以为纮;青者,少阳之色,诸侯以为纮;缁者,阴之色,士以为纮。"③从天子、诸侯到士,各有不同规制的束带,以素即白色生丝或者练即白色熟绢制成,分别以不同颜色加以装饰。天子"体阳而兼乎下",故其带"朱里而裨以朱绿"。朱色为正阳之色,绿色则是"少阳之杂",即由少阳之色青色与中和之色黄色间杂形成的。诸侯"虽体阳而不兼乎上",故不能像君主那样饰以朱里,只能裨以朱绿,比天子稍次一等。大夫"体阴而有文",故饰以玄华。玄色也就是缁色为"阴之体",华则"文之成"。士阶层纯为"体阴",因此只能饰以缁色④。北齐时期,朝廷分配给诸州镇戍的礼仪乐器颜色,同样遵循了赤、青、黑的等级差序:"诸王为州给赤鼓,皇子增给吴鼓,上刺史给青鼓,中州以下及诸镇戍给黑鼓,皆有衣色如之。"⑤

作为纯粹的正阳之色,朱色在古人心目中的地位非同寻常。纯朱色装饰的尊贵程度甚至超过了彩度值极高的五色装饰。始冠之冠,天子用"玄冠朱组缨",诸侯用"缁布冠缋缕"。缋指的是五采之文。按理说,彩度值越高的装饰越尊贵,古人对朱红色的偏爱和崇拜却打破了这种设色原则。在

---

① (宋)胡瑗:《周易口义·系辞上》,白辉洪、于文博、[韩]徐尚贤点校,中国社会科学出版社2021年版,第410页。
② 需要特别指出的是,与黑色相近的玄色由于被视作天的象征色,因此在某些情况下也作为尊色使用。
③ (宋)陈祥道:《礼书》卷五,元刻明修本。
④ (宋)陈祥道:《礼书》卷五,元刻明修本。
⑤ (宋)陈旸:《乐书》卷一三九,浙江大学出版社2016年版,第794—795页。

他们看来,"五采虽美,不若正阳之纯也"①。

对朱色的崇尚一方面固然来源于原始人类对太阳、对火的崇拜;另一方面也可能与染料有某种密切的关系。古人对色彩的认识很多都是来源于矿物染料。比如《说文解字》以"青"从"丹",丹有赤丹井之义②,这就表明了对青色的认识与矿井的密切联系。肖世孟认为,古代的青色染料有相当部分来源于对蓝铜矿和孔雀石等矿石的研磨和淘澄③。因此,可以推断,古人对朱色的认识可能也会和朱砂有密切的关系。考古发现表明,朱砂是最早被赋予特殊文化寓意的染料之一。它之所以备受珍视,可能是因为丹砂不管怎么研磨,都不会改变原有的颜色。矿物染料的特性也使得朱砂染成的颜色不易褪色。《吕氏春秋·诚廉》:"丹可磨也,而不可夺赤。"④这一特性在后来更被赋予了"诚信"的道德意义。而诚信是传统伦理的核心价值。很多重要仪式上的文书包括告庙、封功臣等都会使用丹书。

朱赤之色占据着至尊地位,特别是朱砂染成的颜色更是备受珍视。这一情况直到中古时期才发生了改变。随着中和哲学的发展,寓意中和之道的黄色一跃而为五色之首,成为象征君主至尊地位的色彩符号。不过,朱赤之色地位虽不如前,却仍然是尊贵身份的标识。比如,"朱门"、"朱轩"、"朱轮"等红色器物都是贵族生活的象征符号。士庶对朱色的使用仍然受到限制。

而阴色往往和较低阶层的人群联系在一起,如少阴之色白色,至阴之色黑色。"黔首"就是一个典型的例子。从司马迁开始,有不少学者认为秦代平民百姓之所以被称为"黔首",主要是因为秦朝乘水德尚黑。这种说法固然有一定道理。但两个问题应该加以特别注意。

从逻辑上来说,统治集团一般都会把具有高贵意义、受到高度推崇的颜色据为己有,用来作为低层群体的称呼可能性较小,这就使得"黔首"与水德说有关的说法仍然需要存疑。

从语言发展的史实来说,"黔首"之称并非秦朝的发明。苏诚鉴对"黔首"一词来源和用法进行了梳理。在来源问题上,苏诚鉴赞成张传玺的看法,即"看来这个名称最早可能是魏国的方言,与民同义,后来逐渐传开"⑤。

---

① (宋)陈祥道:《礼书》卷九,元刻明修本。
② (汉)许慎著,(宋)徐铉校定:《说文解字》卷五下,中华书局1963年版,第106页。
③ 肖世孟:《先秦色彩研究》,人民出版社2013年版,第24—29页。
④ 《吕氏春秋·诚廉》,陈奇猷校释:《吕氏春秋新校释》,上海古籍出版社2002年版,第640页。
⑤ 张传玺:《更名民曰黔首的历史考察》,《北京大学学报》1980年第1期。

在此基础上,他对"黔首"一词出现的文献进行了分析,发现这个名称在《吕氏春秋》中出现最多,在其他先秦典籍出现频率则很低,在云梦秦简中则"根本没有"。据此,他推断"黔首"并非秦地的官方用语,是秦朝"更名民曰黔首"是吸收其他地方方言的产物,主要是出于"向山东六国,特别是属'三晋'的中原地区人民,表示一视同仁,消除畛域"的政治考虑①。另一位学者陶之甘也根据在秦始皇廿六年以前就已经写成的《吕氏春秋》判断,黔首与水德说无关②。

由此可见,"黔首"一词与水德说的联系恐怕并没有前人认为的那么密切。后来还有一些学者认为"黔首"称呼可能"就是从当时老百姓通常以深色巾帻为头衣的角度命名的"③。此外,"黔首"还有一个同义词"黎民"。而"黎"同样有"黑色"之义。宋人蔡沈认为,"黎,黑也。民首皆黑故曰'黎民'。"④因此,不论"黔首"的真实语义如何,它都与"黎民"一词共同印证了黑色与平民百姓的密切联系,甚至可以认为在这一历史时期,黑色很可能就是象征平民身份的色彩符号。

白色作为阴色之一,同样常常被用于指代较低阶层的群体。在《史记》中,司马迁用"白衣"一词强调了公孙弘在位列天子三公之前的平民身份:"公孙弘以《春秋》白衣为天子三公"⑤。《汉书》中"闻之白衣"的说法,颜师古将之训为"给官府趋走贱人,若今诸司亭长掌固之属"⑥,也就是低级官吏。在唐代,白衣同样与较低阶层人群联系在一起。正如上文提到的,唐肃宗时,士兵正是通过李泌身着"白衣"推断出他的身份:"衣白者,山人也。"⑦有时"白衣"也用来指代被免除职务的官员或官员的亲属。如《新唐书》中以"白衣"描述因战败而被皇帝削去官职的封常清去接受高仙芝军队管辖的情形⑧。唐代宰相令狐绹的儿子经常仗势欺人,时人以"白衣宰相"议论他⑨。"宰相"既反映了他的家世背景,又讥讽了他的霸道行为,而冠以

---

① 苏诚鉴:《"天下之民不乐为秦民"——试探"更名民曰黔首"的历史渊源》,《安徽师范大学学报》1981年第3期。
② 陶之甘:《秦始皇更名民曰黔首》,《社会科学战线》1985年第3期。
③ 杨学军:《与先秦两汉冠服文化相关的词语考释》,《北京师范学院学报》1982年第4期。
④ (明)胡广等:《书经大全》卷一,《景印文渊阁四库全书》第63册,第246页。
⑤ 《史记》卷一二一《儒林列传序》,中华书局1959年版,第3118页。
⑥ 《汉书》卷七二《龚胜传》,中华书局1962年版,第3082—3083页。
⑦ 《资治通鉴》卷二一八《唐纪三十四·肃宗至德元年》,上海古籍出版社1956年版,第6996页。
⑧ 《新唐书》卷一三五《封常清传》,中华书局1975年版,第4581页。
⑨ (明)郎瑛:《七修类稿》,上海书店出版社2009年版,第259页。

"白衣",指出他并未获取功名的现实身份,加以反讽。唐宋以来,随着科举制度在官员选拔机制中逐步占据主导地位,"白衣卿相"一词也开始频繁出现,用来指代才华出众,有望金榜题名的平民书生。"卿相"意在表明其有位列公卿潜在实力,而冠以"白衣",则是为了强调其仍未有功名的平民身份。由此可见,在古代,白色被视为平民百姓的身份符号。

(二) 在色相相同、阴阳属性相同的情况下,纯度高者为尊,纯度低者为卑,明度高者为尊,明度低者为卑

色相、纯度、明度是色彩的三个要素。色相指的是色彩的相貌特征和相互区别。色彩因波长不同的光波作用于人的视网膜,人便产生了不同的颜色感受。现代色彩学的色相具体指的是红、橙、黄、绿、青、蓝、紫。波长越长的颜色对视觉的冲击力越大。纯度指的是色素的饱和度。现代色彩学意义上的红、橙、黄、绿、青、蓝、紫纯度最高,而在每一色系所属的其他颜色都比它们低一些,比如红色系中的橘红、桃红,都比红色纯度低,而这些颜色之间的纯度也不相同。五正色可能就是纯度相对最高的五种颜色。五间色则是纯度相对较低的五种颜色。古代各民族多以纯色为尚。中国也不例外,所以才会以五正色为贵,以五间色为贱。明度,是指色彩的深与浅所显示出的程度。所有的颜色都有明与暗的层次差别。这层次就是"黑"、"白"、"灰"。任何一个有彩色渗入白色,明度会提高,渗入黑色明度则会降低,即变浅或者变深。

在传统色彩文化中,色彩的尊卑与纯度、明度都有关系。朱色和赤色这两种颜色虽然都属于象征阳属的红色系,但是由于纯度、明度的不同,其尊卑意义也有所区别。朱色是最纯粹的赤色,"朱色者,色之纯赤者也。"[1]朱色以其纯度、明度较高,最能体现阳属事物充满生命活力的特性,因此被视为最尊贵的颜色,通常只有天子和具有特殊身份的诸侯才能使用。《诗经·小雅·斯干》:"朱芾斯皇,室家君王。"郑玄注:"芾者,天子纯朱,诸侯黄朱。"[2]对不同纯度和明度的朱色进行了更为细致的辨析。《礼记·玉藻》:"天子素带朱里,终辟。"孔颖达依据郑玄对《诗经》的笺注,对"朱"、"赤"的区别进行了辨析:"黄朱色浅,则亦名赤韨也。大夫赤韨色又浅耳。"[3]从染色工艺过程来看,"染绛一入谓之縓,再入谓之赪,三入谓之纁,

---

[1] (宋)易祓:《周官总义》卷三〇,《景印文渊阁四库全书》第92册,第674页。
[2] 《诗·小雅·斯干》,《毛诗正义》,(清)阮元校刻:《十三经注疏》,中华书局1980年版,第437页。
[3] 《礼记·玉藻》,《礼记正义》,(清)阮元校刻:《十三经注疏》,中华书局1980年版,第1481页。

朱则四入"。① 因此,染色所得结果为"色浅曰赤,色深曰朱"②。纯朱之色饱和度较高,色彩较为浓艳,黄朱之色(有的学者认为就是纁色)相比之下显然颜色较浅,纯度也较低,赤色更浅,因此分别由天子、诸侯、卿大夫三个不同等级使用。清儒陈乔枞则认为:"诸侯惟得用赤绋,入为王臣,始加赐朱绋。天子、三公、九卿,皆服朱绋葱衡。"③意思是说天子和被封为王臣、参与中央政治决策、具有特殊身份的诸侯都可以服朱绋,而没有担任三公九卿的普通诸侯则只能服赤绋。无论哪种说法是正确的,但是色彩的尊卑与纯度、明度的密切关联是毋庸置疑的。肖世孟通过对博物馆许多漆器的观察发现,"在一定的颜料工艺水平下,器物越贵重,朱砂的纯度越高"④,而器物的贵重程度显然是与等级身份成正向匹配的。这也证明了色彩的纯度是影响色彩等级的重要因素。

(三) 彩度值高者为尊,彩度值低者为卑

"彩度值"这个概念是由宋建明提出来的。他通过对中国传统色彩体系的深入研究,发现了一种独特的"彩调"现象。所谓"彩调",指的是多种色彩依据一定的规则和谐地组织在一起的产物。而对"彩调"内部构成方法进行调控的过程中存在着一个"'彩'之'度'的把握问题",因此宋建明又引出了一个新的概念——"彩度"。所谓"彩度",指的是"画面中彩色数值程度的关系"。衡量"彩度"量级的标准是"根据画面中参与的'彩色系'色域的种类之数(而不是具体的色谱数)","参与的'彩色系'色域数愈多,其彩度值也愈高"。"彩度值"最高的是赤、橙、黄、绿、青、紫等六个色域颜色成分都在一个色调中出现的情况;而"彩度"值最低的则是单个色域的色调。宋建明认为,在古代中国,"彩度"的彩色值与色彩效果很早就"被用作传统宗法制度色彩观的工具,来确立'色彩舆服制度'衡量的标准,并在实践中潜在地起着作用","服饰上所用的织绣彩越多,表明该服装的主人社会地位的级别就越高。因为服饰配色的彩度值越高,服彩之象自然也就越华丽,工艺制作的难度和成本也就越高;反之,就都相应地降低。"

彩度值原则与阳尊阴卑原则和纯度、明度原则并不矛盾。这是因为,虽然色彩体系内部有尊色、卑色的等级之分,但并不意味着各个阶层只能使用

---

① 《仪礼·士冠礼》郑玄注,《仪礼注疏》,(清)阮元校刻:《十三经注疏》,中华书局1980年版,第950页。
② 《礼记·月令》孔颖达疏,《礼记正义》,(清)阮元校刻:《十三经注疏》,中华书局1980年版,第1365页。
③ 王先谦:《诗三家义集疏》引陈乔枞言,中华书局1987年版,第619页。
④ 肖世孟:《先秦色彩研究》,人民出版社2013年版,第64页。

对应的颜色。在古代，色彩资源的分配还遵循另外一个原则——"上得兼下，下不得僭上"。也就是说处在较低等级者不可以使用对应于较高等级的颜色，这是确凿无疑的，但是处在较高等级者可以使用对应于该等级以及以下等级的一切颜色。如此一来，较高等级者在色彩资源种类和数量的占有上也优先于较低等级者。

彩度值原则在古代舆服制度中有充分的体现。例如，先秦时期，不同等级身份的人死后，所用率带色彩的种类数量有所差别。《礼记·杂记》："诸侯、大夫皆五采，士二采。"①东汉的时候，统治集团中各个阶层的玺印绶采种类依照等级依次递减。天子以及太皇太后、皇太后、皇后等人的玺印"黄赤绶，四采，黄赤缥绀"，诸侯国贵人、相国"皆绿绶，三采，绿紫绀"，公、侯、将军"紫绶，二采，紫白"②。

在衣裳方面也是如此。《后汉书·舆服志》："公主、贵人、妃以上，嫁娶得服锦绮罗縠缯，采十二色，……特进、列侯以上锦缯，采十二色。六百石以上重练，采九色，禁丹紫绀。三百石以上五色采，青绛黄红绿。二百石以上四采，青黄红绿。贾人，缃缥而已。"③

由于等级越高的人占有的色彩资源越多，在色彩使用方面受到的限制越少，能够享有的色彩种类范围越大，最终导致了彩度值高者为尊，彩度值低者为卑原则的形成。

彩度值原则的形成，有着复杂的经济和文化原因。宋建明虽然揭示了彩度值与等级成正比的关系，但对于这种关系形成的原因，他的解释并不完整。工艺难度和经济成本固然是一个十分重要的因素，色彩符号的文化意义也不容忽视。古人认为，色彩是事物内在特质的外在表现形式，色彩越齐全的事物，表明其性能和功效越完备，五色俱全的事物是汇聚了山川云雨、五行四时、阴阳昼夜之精华的产物，可谓得天性之全，无所不备，是异常珍贵的宝物。再者，每种色彩都包含特定的道德文化内涵，色彩越齐全，象征着道德越完备。因此，不同程度的彩度值，实质上是不同水平的能力和道德的象征。古人认为，等秩与能力和道德成正比，当然也就和彩度值成正比。这种观念是彩度值高者为尊，彩度值低者为卑原则形成的重要文化基础。

有学者对宋代建筑工艺著作《营造法式》中的彩画形式特征和形式法

---

① 《礼记·杂记》，《礼记正义》，（清）阮元校刻：《十三经注疏》，中华书局1980年版，第1555页。
② 《后汉书·舆服志》，中华书局1965年版，第3673—3674页。
③ 《后汉书·舆服志》，中华书局1965年版，第3677页。

制进行了研究,证明等级越高的彩画,不但所使用的颜色纯度和明度相对更高,对比度也更高,从而呈现出彩度值较高的效果①。从她归纳的用色规律来看,等级较高的彩画更多地使用青、朱、绿等阳色,而等级较低的彩画多使用白、墨等阴色以及较为黯淡的土黄色。由此可见,以阴阳等级关系、纯度高低差异为基础的等级服色原则获得了广泛的认同,并在社会文化各个领域得到了普及和推广。

(四) 物以稀为贵

某些特殊材质的色彩等级判定并不遵循彩度值原则、阴阳属性原则以及纯度、明度原则,而是以珍稀少见为贵。比如,古人对白色的态度较为贬抑,一是因其为丧服之色,所以非常忌讳,常以其他颜色代替,二是因其为少阴之色,一般作为较低阶层人群的服色,然而玉石、狐裘却是例外,皆以白色为贵为美。

玉器是一种重要的文化符号。它既可以作为沟通神人的礼器,也可以作为彰显统治阶层高贵品德的装饰物。在古代社会存在着以玉的品质譬喻君子之德的观念。《孔子家语·问玉》：

> 温润而泽,仁也;缜密以栗,智也;廉而不刿,义也;垂之如坠,礼也;叩之,其声清越而长,其终则诎然,乐矣;瑕不掩瑜,瑜不掩瑕,忠也;孚尹旁达,信也;气如白虹,天也;见于山川,地也;珪璋特达,德也;天下莫不贵者,道也。诗云："言念君子,温其如玉。"故君子贵之也。②

《礼记·玉藻》中有"君子无故,玉不去身"的说法。从天子、诸侯、卿大夫到士,按照等级佩戴不同品质的玉石。《礼记·玉藻》："天子佩白玉而玄组绶,公侯佩山玄玉而朱组绶,大夫佩水苍玉而纯组绶,世子佩瑜玉而綦组绶,士佩瓀玟而缊组绶。"孔颖达疏："玉有山玄、水苍者,视之文色所视也者。玉色似山之玄而杂有文,似水之苍而杂有文。……尊者玉色纯,公侯以下,玉色渐杂。"③也就是说佩玉的颜色不是越斑斓越好,而是越纯净越好。白玉最贵。而玉绶的颜色也以与玉色相得益彰为准则,而不再以阴阳属性原则为准。天子佩戴白玉,用"玄组绶",因为白色与黑色相配最相宜;公侯佩戴山玄玉,配红色比较美观,所以用"朱组绶"。由此可见,天子与公侯所

---

① 李路珂:《营造法式彩画研究》,东南大学出版社2011年版,第309页。
② 《孔子家语·问玉》,(魏)王肃:《孔子家语》,上海古籍出版社1990年版,第90页。
③ 《礼记·玉藻》孔颖达疏,《礼记正义》,(清)阮元校刻:《十三经注疏》,中华书局1980年版,第1482—1483页。

用的玉绶不再拘泥于阳色——朱色为尊、阴色——玄色为卑的原则。

　　白玉成为尊贵身份的象征,这可能有两方面的原因:一方面,像白玉这样纯净度较高的玉石比较罕见,所以十分珍贵,自然只能供给地位尊贵的人佩戴。另一方面,更重要的是中国有着独特的玉文化。玉作为一种佩饰,是为了显示佩戴之人的德行,玉色越是纯净,所象征的道德境界就越是完美。古人常以纯白或者洁白来赞美一个人品德高洁,可能就是来源于以玉比德的观念。中国自古以来就有圣王崇拜的传统,因此很早就萌发了地位越是尊贵的人其德行就越是高尚的观念,因此,天子应该佩戴象征最高道德境界的白玉,而臣子佩戴纯净度较低的玉石表示谦逊,不敢与天子比较德行。

　　白色动物也因为珍稀罕见而受到古人的特别珍爱。他们把白色动物视为一种吉祥的征兆,赋予其美好的文化寓意。在各种纬书和瑞应图谱中,大量充斥着白鸠、白雀、白乌、白兔、白狐、白狼、白鹿、白虹、白鱼、白龙、白龟等白色祥瑞动物的记载。由白色动物皮毛制成的服饰十分贵重,只有身份高贵的人才能享用。

　　白狐是一个典型的例子。周文王以包括白狐在内的珍贵礼物换得自由,并取得了攻伐方国的权力,为周族夺取天下奠定了有力的基础。周族在灭商之前很长的一段时期内就一直占据着西方强国的地位。由于周人势力对商朝统治产生了严重威胁,被商朝封为"牧师"的周人领袖季历被商王文丁所杀。季历的儿子周文王虽然仍然向商朝称臣,却暗中加紧了灭商的步伐。他向周围方国发动战争,形成了对商朝的包围圈。于是商纣王将文王囚禁在羑里。文王听从姜太公的建议,给商纣王送了各种贵重的礼物表示臣服,其中就有出产于西海之滨的白狐。商纣王因此相信了文王对自己的忠诚,不但赦免了他,而且授予他攻伐方国的权力,派遣他攻打崇国[1]。

　　白狐裘因数量稀少、工艺繁复而贵。在古代中国,白狐非常罕见,很多人都否认白狐的真实存在,认为狐只是在腋下有少量白毛,因此往往要采集好多只狐的腋毛才能连缀成一件白狐裘。白狐裘又轻又暖,深受贵族的喜爱,因此常常被当作非常贵重的礼物。田子方曾经以狐白之裘送给老师子夏。子夏当时居住在卫国,过着"缊袍无表,二旬而九食"的清贫生活。田子方听说了,就派人给老师送了一件白狐裘,因为担心老师不肯接受,就说:"吾假人,遂忘之。吾与人也,如弃之。"言下之意是自己生活富裕,东西有的是,老师不必客气。可是子夏还是谢绝了。田子方很奇怪,就问老师为什么我有您

---

[1] (清)陈寿祺辑:《尚书大传》卷二《商书·西伯戡耆》,《景印文渊阁四库全书》第68册,第398页。

无,您却不愿意接受。子夏回答:"伋闻之:妄与不如遗弃物于沟壑。伋虽贫也,不忍以身为沟壑,是以不敢当也。"子夏的回答其实包含了这样一个意思,以自己的等级身份并没有资格穿白狐裘,因此田子方是"妄与",乱给东西还不如把东西遗弃在沟壑,子夏我再贫穷也不能让自己变成跟沟壑一样①。

孟尝君用一件白狐裘换回了自己的性命。孟尝君出使秦国,被秦昭王命为秦相。后来有人对秦昭王说:"孟尝君贤,而又齐族也。今相秦,必先齐而后秦,秦其危矣。"于是秦昭王囚禁了孟尝君,准备杀死他,以绝后患。孟尝君派人去求秦昭王的宠妃幸姬说情。幸姬答复说求情可以,但要求以孟尝君的白狐裘作为回报。孟尝君确实有一件价值千金、天下无双的白狐裘,可是已经献给了秦昭王,再没有第二件可给幸姬。孟尝君很是发愁。这时,有一位善为狗盗者挺身而出,"夜为狗,以入秦宫臧中,取所献狐白裘至,以献秦王幸姬"。幸姬得到梦寐以求的白狐裘,当然是心花怒放,马上替孟尝君向秦昭王求情。很快孟尝君就被释放了。②

由于白狐裘是如此的贵重,一般人是没有资格穿着的。《礼记・玉藻》:"士不衣狐白。"郑玄注:"辟君也。狐之白者少,以少为贵也。"③此外,白狐裘还被赋予了美好的寓意,成为"德之成"的象征,因此作为人君之服,表示君主道德完美无缺。而士的德行不及人君完备,故不敢衣狐白④。白狐裘成为尊贵身份的象征,普通人无权染指。不过,在实际情况中也有例外。春秋战国时期,为了壮大本国实力,各国诸侯都非常注重选贤任能,不惜一掷千金以表现对人才的仰慕和敬重,其中就包括馈赠白狐裘。景公曾经赐给晏子"狐之白裘,玄豹之被,其赀千金"。晏子"辞而不受,三反"。为了说服晏子接受,景公很谦逊地说:"寡人有此二,将欲服之。今夫子不受,寡人不敢服。与其闭藏之,岂如弊之身乎?"晏子回答:"君就赐,使婴修百官之政。君服之上而使婴服之于下,不可以为教。"⑤晏子的意思是说,您赐给我白狐裘,是为了让我修饬百官之政,可是您穿着白狐裘在上面,我穿着白狐裘在下面,妨害了君臣有别、尊卑有序的礼法,这样做无法成为百官的表率,也就谈不上修饬百官之政了。在这段论述中,晏子对百官的心态和反

---

① 《说苑》卷四《立节》,向宗鲁:《说苑校正》,中华书局1987年版,第80页。
② 《史记》卷七五《孟尝君列传》,中华书局1959年版,第2354—2355页。
③ 《礼记・玉藻》郑玄注,《礼记正义》,(清)阮元校刻:《十三经注疏》,中华书局1980年版,第1479页。
④ (宋)陈祥道:《礼书》卷一三,元刻明修本。
⑤ 《晏子春秋》卷七《外篇下・景公使梁丘据致千金之裘晏子固辞不受》,吴则虞编著:《晏子春秋集释》,中华书局1962年版,第486页。

应的推断,恰恰说明了白狐裘象征高贵身份已经成为一种思维模式,对人们的思想、言论和行为都具有强烈的支配和指令作用。

(五) 神秘性至上

统治者常常喜欢利用具有神秘寓意的色彩来附会自己"天赋异禀"的非凡特质。因此,神秘性至上就成为等级服色制度的重要原则之一。紫色是一个特别典型的例子,虽然屡遭主流意识形态贬抑却仍能够备受推崇,正是神秘性至上原则发挥作用的结果。

现代很多学者都把紫色视为卑贱之色,认为其地位是在汉代以后才发生了改变,这其实是在儒家话语误导下对紫色文化地位的误解。孔子强调紫色是对正色——朱色的混淆,具有迷惑性和颠覆性的思想对后世影响巨大,甚至扭曲了后人对"紫"的造字依据的认识。由于古人的色彩观念是在生产劳动和日常生活中与各种颜色所附着的事物接触的过程中逐渐抽象形成的,所以颜色字的创造留下了具象思维的深刻痕迹。汉代学者刘熙对"紫"的训诂受到正色与间色对立观念的束缚,将"紫"训为"疵",认为紫色是"五色之疵瑕以惑人者也"[①]。这显然不符合"紫"字造字起源于古代印染工艺的真实情况。在古代中国,丝织物的印染十分重要也十分发达。许多颜色字的创造都与其有密切关系,比如带有"糹"旁的红、绿、绯等等。"紫"字的发明正是参考了丝织印染及其原料——茈草这两方面的因素。

此外,从经济角度考虑,紫色印染的成本比较昂贵[②]。君主对紫色的偏爱和过度使用往往会加重百姓的负担,这可能是古人故意贬抑紫色的另外一个原因。当齐桓公向管仲询问如何劝诫群臣节俭时,管仲建议他要以身作则,放弃使用一些奢靡之物,其中就包括"桂之浆"、"狐白之裘"和"练紫之衣"[③]。君主对紫色的强烈兴趣还会引起紫色织物价格的上涨,并对丝织品市场价格产生负面影响。齐桓公好服紫衣,齐人争相效仿,形成举国服紫的风气,导致市场上出现了"五素易一紫"的反常现象。为了扭转当时的服色潮流,恢复市场价格秩序,在管仲的劝说下,齐桓公只能违心地宣称对紫色的

---

① (汉)刘熙:《释名》卷四《释彩帛》,丛书集成本,商务印书馆1939年版,第68页。
② 肖世孟认为《韩非子》记载的齐桓公所偏爱的紫色服饰是由成本高昂的动物贝紫,而不是一年生草本的普通紫草染成的,因此才会那么珍贵。他的另一个理由则是由于贝类会散发出恶臭,所以齐桓公才会以"吾甚恶其臭"作为排斥紫服饰的理由。这种看法有一定道理(氏著:《先秦色彩研究》,人民出版社2013年版,第81页)。但他对紫草的认识则存在一定的误解。紫草虽然是"可以大量生长"的草本植物,但它的价格相对于其他染料还是较为昂贵的,用紫草染成衣服的价值自然也不会太低廉。关于紫草价值的论述请参见第八章第二节。
③ 《说苑》卷二〇《反质》,向宗鲁:《说苑校正》,中华书局1987年版,第524页。

厌恶:"吾甚恶紫之臭。"当有人穿着紫色的衣服进来的时候,他就装出十分厌恶的样子,说:"少却,吾恶紫臭。"如此三番几次,终于使得齐国好服紫的风气渐渐减退①。由此可见,对紫色的排斥可能并非时人内心的真实意愿。

现代学者在论述紫色的卑贱地位时常引用朱紫对立的文字表述作为论据。如《楚辞·逢尤》:"朱紫兮杂乱,曾莫别诸。"王逸注:"君不识贤,使紫夺朱。世无别知之者。"②由此可见,古人常以间色紫色譬喻奸臣,并与譬喻贤良的正色朱色相对照。在上古时代,"朱紫"常被并置,成为一对由含义截然相反的词构成的词组,用于譬喻清与浊、忠与奸之间的对立。如"夫明者独见,不惑于朱紫;听者独闻,不谬于清浊。"③"朱紫同色,清浊不分,故使奸滑柱滥。"④"陛下不加清澄,审别真伪,复与忠臣并时显封,使朱紫共色,粉墨杂糅。"⑤"仁义荒怠,佞伪驰骋,红紫乱朱。"⑥紫色作为卑微的间色,被用来譬喻混淆视听、迷惑人心的奸臣,成为朱色所象征的贤良忠臣的对照。可是,要知道,"朱"和"紫"既是一组反义关系,在某些情况下又是同义关系,都是用来表示身份的尊贵。"人生但如此,朱紫安足僭。"⑦"台阁之内,朱紫充满。"⑧"朱紫满门,荣冠当时。"⑨"满朝朱紫贵,尽是读书人。"⑩"朱紫"成为炙手可热的权势和地位的代名词。

事实上,在先秦典籍中已经透露出了紫色崇拜观念的蛛丝马迹。从齐桓公时代开始,紫色在实际生活中已经成为君服之色,成为尊贵身份的象征。尽管后人在评注《礼记》中关于"玄冠紫緌,自鲁桓公始也"⑪时,认为是在批判鲁桓公使用间色作为冠緌,是一种违背礼制的恶劣行为,因此被记录下来作为对其他君主的警诫,却透露了一个重要信息,那就是紫色已经成为高级贵族的服色。一般臣子穿着紫色,便有僭越的嫌疑。近年来随着简

---

① 《韩非子·外储说左上》,(清)王先慎:《韩非子集解》卷一一《外储说左上》,中华书局1998年版,第282页。
② 《楚辞·逢尤》王逸注,《楚辞补注》卷一七《九思·逢尤》,中华书局1983年版,第316页。
③ 《后汉书》卷三六《陈元传》,中华书局1965年版,1231页。
④ 《后汉书》卷六一《左雄传》,中华书局1965年版,2017页。
⑤ 《后汉书》卷六一《黄琼传》,中华书局1965年版,2038页。
⑥ (东汉)赵岐:《孟子题辞》,《孟子注疏》,(清)阮元校刻:《十三经注疏》,中华书局1980年版,第2661页。
⑦ (唐)韩愈:《喜侯喜至赠张籍张彻》,《韩愈全集校注·诗·元和元年》,四川大学出版社1996年版,第402页。
⑧ 《新唐书》卷一二三《萧至忠列传》,中华书局1975年版,第4372页。
⑨ 《新唐书》卷一四八《田弘正列传》,中华书局1975年版,第4784页。
⑩ (宋)张端义:《贵耳集》卷下,中华书局1985年版,第63页。
⑪ 《礼记·玉藻》,《礼记正义》,(清)阮元校刻:《十三经注疏》,中华书局1980年版,第1477页。

帛文献的出土,在一些遣策中与紫色服饰器物相关的记录,也逐渐改变了人们对先秦紫色观念的认识。如长沙仰天湖楚墓墓主人是大夫一级的贵族,在遣策中记录了紫□之绘、紫锦之席等紫色物品①。还有包山战国楚墓墓主人是楚国左尹,在遣策中记录了紫韦之帽、紫拜(箐)、紫绅等紫色物品②。

遣策所记录的虽然是随葬品,但按照"事死如事生"的习惯,这些物品的颜色和样式应该与其生前所常用的较为接近。从这些遣策可以看出,紫色广泛运用于先秦贵族的日常生活中,不但包括服饰,也包括了一些日用品。而战国中期墓葬中出土的"一凤一龙相蟠纹绣紫红绢禅衣"③,从纹样到工艺来看应该是高级贵族的服饰,这更以实物的形式证实了紫色纺织物在先秦时期贵族生活中的流行。可见先秦贵族对紫色的偏好和使用已经成为一种普遍的社会现象。

由此可见,虽然被儒家一再贬斥为象征奸邪、受人贬抑的"间色",紫色却仍然以其象征神秘、吉祥、尊贵的文化内涵,在历朝历代都备受推崇,这才是紫色观念的本来面相。那么对紫色的崇拜来源于什么呢?很多学者认为,对紫色的崇拜很可能是源于古代北极星崇拜和道教思想④。但他们对这个话题都只进行了简单扼要的论述,对紫色符号的内涵、功能及其社会影响缺乏更深入、细致的分析。

1."紫微"、"紫宫":天庭、皇宫之色

古人崇拜的北极星所在区域被称为"紫微",直接促成了紫色文化内涵的嬗变以及在传统色彩体系中地位的提高。在古代社会,北极星所在区域对于生活在北半球的很多民族来说,北极星是他们判断方位、分辨季节的重要坐标。它所在的位置被当作整个天空的中心。"东西南北皆取正于北辰,故谓北辰为天枢,为大辰。"⑤在古代中国,对北极星的崇拜由来已久。在殷商时期,人们用商代开国之君成汤的庙号"太乙"来命名北极星,后来受道家思想的影响又称为"太一"⑥。由于北极星看上去几乎不动,所以被思想家视作是天道的体现:"太一之精,通合于天。"⑦在《竹书纪

---

① 参见中国简牍集成编辑委员会:《中国简牍集成》第17册《湘桂赣青陕》,敦煌文艺出版社2005年版,第1146—1147页。
② 参见陈伟等:《楚地出土战国简册》,经济科学出版社2009年版,第118页。
③ 黄能馥主编:《中国美术全集·工艺美术编·印染织绣》,文物出版社1985年版,第6页。
④ 参见"导论"部分前人成果综述。
⑤ (明)章潢:《图书编》第二册,卷一六《天道总叙》,上海古籍出版社1992年版,第3页。
⑥ 王晖:《论商周秦汉时期上帝的原型及其演变》,《中国历史博物馆刊》1999年第1期。
⑦ 《文子·自然》,(战国)文子撰、李定生、徐慧君校释:《文子校释》,上海古籍出版社2004年版,第322页。

年》中,北极星所在的星空区域被称为"紫微"①。北极星被汉代最高统治者尊奉为至上神上帝之后,"紫微"区域又被称为"紫宫"。紫色因此成为"神秘性的象征"。

北极星崇拜在中国古代具有重要的政治意义,是论证君权至上的重要依据。星辰"体生于地,精发于天"②,因此常被用来譬喻人间秩序。孔子曾经以北极星譬喻有德明君:"为政以德,譬如北辰居其所而众星拱之。"③郑玄说:"太一者,北辰之神名也。居其所曰太一,常行于八卦日辰之间,曰天一,或曰太一,出入所游息于紫宫之内外,其星因以为名焉。故星经:曰天一、太一,主气之神。行,犹待也。四正四维,以八卦神所居,故亦名之曰宫。天一下行,犹天子出巡狩,省方岳之事。"④帝王在人间的地位和活动与北极星在天空中的位置和运转有相通之处。李约瑟曾经说过:"北极星是中国天文学的基本根据。这一点和以小喻大的背景有关。天上的北极星相当于地上的帝王,官僚政治农业国家的庞大组织,自然是不知不觉地围绕着帝王打转的。"⑤

至上神北极星成为至尊君主的象征,因此北极星所在的紫宫也成了皇宫的别称。如"今都长安,正位紫宫,成其为天子。"⑥《三秦记》则明确指出:"未央宫一名紫宫。"⑦皇宫中的许多宫室殿阁也常常以"紫"为名,如"紫阁"、"紫房"、"紫闱"、"紫苑"。如"紫极殿"是北周皇帝大会群臣之处。在唐代,"紫宸殿"是内朝正殿。"紫微殿"是皇帝接收俘虏的地方。可见,以紫为名的殿阁一般都是皇宫中比较重要的场所。

司马迁把对应人间辅政大臣的其他星象也纳入"紫宫"范围,因此,紫宫又成为以皇帝为首的最高权力中心的代名词。《史记·天官书》:"中宫天极星,其一明者,太一之常居也。旁三星三公,或曰子属。后句四星,末大星正妃,余三星后宫之属也。环之匡卫十二星,藩臣。皆曰'紫宫'。"⑧这

---

① 方诗铭、王修龄:《古本竹书纪年辑证》,上海古籍出版社1981年版,第244页。
② 《隋书》卷一九《天文志》引述张衡《灵宪》,第504页。
③ 《论语·为政》,《论语注疏》,(清)阮元校刻:《十三经注疏》,中华书局1980年版,第2461页。
④ 《周易·乾凿度》卷下郑玄注,《景印文渊阁四库全书》第53册,第875页。
⑤ [英]李约瑟:《中国科学技术史》第4卷,科学出版社1975年版,第143页。
⑥ (晋)袁宏:《后汉纪》卷2《光武皇帝纪》,《景印文渊阁四库全书》史部第61册,第511页。另一种说法认为紫宫只是未央宫的一个部分。
⑦ (宋)宋敏求撰,辛德勇、郎洁点校:《长安志》卷三《宫室》引《三秦记》,三秦出版社2013年版,第176页。
⑧ 《史记》卷二七《天官书》,中华书局1959年版,第1289页。

种观念对后世产生了很大影响。在诗歌中,大臣辅助皇帝处理政务的机构常常以"紫"为雅称,如"紫楹"、"紫署"等等。最典型的例子是,唐开元年间,因中书令"掌佐天子,执大政,有藩臣匡卫之义",故取象于天上的紫微星,改中书省为紫微省,中书令称为紫微令①。

在古人看来,京城的布局也是对以紫宫为中心的宇宙秩序的再现。明人丘濬说:"京都为四方之极,亦犹紫宫为周天之极也。有京师以为四方之极,有帝王以建惟皇之极,则其为所以'赫赫厥声,濯濯厥灵'者,有以耸万国之观瞻,为万民之仪表,传之于千万世而无穷矣。"②以天人合一为设计理念的建筑模式确保了帝王在政治生活中的中心地位,有力地强化了帝王观念中的神秘主义因素,在帝王是人间神明的形象塑造过程中发挥了十分重要的作用。

紫色被视作汉代至上神北极星神所居住的天宫之色,进而与皇宫、官署联系在一起,获得某种神秘、尊贵的意味。

2."紫坛"、"紫气":神秘、吉祥之色

在汉代,紫色在国家祭祀活动中扮演着十分重要的角色。汉武帝接受谬忌的建议,修建太一神祠,以郊祭之礼祭祀居住在紫宫的北极星神。泰一祝宰"衣紫及绣"③。郊祀天地时所设的神坛以及帷幄亦为紫色。颜师古认为这是为了在人间营造神界般的氛围,以接引天上神明的降临。《汉书》收录了《天地》、《天门》等《郊祀歌》十九章。《天地》:"爰熙紫坛,思求厥路。"颜师古注曰:"紫坛,坛紫色也。思求降神之路也。"④《天门》:"星留俞,塞陨光;照紫幄,珠煔黄。"颜师古注曰:"紫幄,飨神之幄也。"⑤东汉光武帝建武二年(公元26年)规定的五帝神坛"其外为壝,重营皆紫,以像紫宫"⑥。紫微崇拜以及紫色在祭祀活动的大量运用给紫色蒙上了一层神秘的光环,使紫色和神异现象的联系日益紧密。这体现在以下几个方面。

首先,紫色是一种神仙之色。符子把紫色事物附会在神化的黄帝身上,创造出黄帝驭紫虬的神话故事。《汉武帝内传》所描绘的神仙境界中许多事物都设为紫色。如西王母所在的宫殿叫"紫兰室",所乘的车为"紫云之

---

① (明)周祈撰,王卫峰笺证:《名义考笺证》卷四《地部·紫微堂》,上海古籍出版社2021年版,第134页。
② (明)丘濬撰,金良年整理:《大学衍义补》卷八五《都邑之建》,朱维铮主编:《中国经学史基本丛书》第4册,上海书店2012年版,第41页。
③ 《史记》卷一二《孝武本纪》,中华书局1959年版,第469页。
④ 《汉书》卷二二《礼仪志》,中华书局1962年版,第1057—1058页。
⑤ 《汉书》卷二二《礼仪志》,中华书局1962年版,第1061—1062页。
⑥ 《后汉书·祭祀志》,中华书局1965年版,第3159页。

辇"。在她那里,大殿中"以紫罗荐地","太上之药"为"中华紫蜜";她向汉武帝出示的珍贵秘笈或是"盛以紫锦之囊",或是"藏于紫陵之台……约以紫罗之素"①。

其次,紫色事物和现象作为一种美好的祥瑞,和甘露、凤凰等神秘事物一起成为人们为君主歌功颂德的依据。《宋书》中记载了两次紫色祥瑞:"宋孝武帝大明元年五月壬子,紫气从景阳楼上层出,状如烟,回薄良久。""明帝泰始二年三月丙午,黄紫云从景阳楼出,随风回,久乃消。"②

最后,紫色时常出现在帝王将相、达官贵人周围,暗示着他们与生俱来异于常人的禀赋和命运。他们降生的时候或者居住的地方或者所到之处,往往伴随着紫气"腾起"、"属天"的特异现象。比如,"望气者陈安宝见太祖身上黄紫气属天。安宝谓亲人王洪范曰:'我少来未尝见军上有如此气也。'"③武帝起事前,"所住斋常有五色回转,状若蟠龙,其上紫气腾起,形如缴盖。望者莫不异焉"④。武丁贵嫔"初产有神光之异,紫气满室,故以'光'为名。相者云'当大贵'"⑤。紫气越来越多地和具有特殊政治地位的人联系在一起,因而也被视作尊贵身份的象征。有关紫气情节的渲染成为史家作传的惯用手法。

郝晋阳、韩剑南对魏晋南北朝碑刻中的颜色词"紫"的语义内涵进行了分析,认为"紫本是表示颜色的形容词,但在魏晋南北朝'紫'常修饰富贵威严的事物,于是增添了'显贵'的附加义。并且经过反复使用,'显贵'义逐渐突现,凝固成了中心义素,具有约定俗成性。这种变化的文化基础是在长期的心理认同中潜移默化形成的,因此人们再接触这个词时,不再关心物质到底是不是紫色,而是随意选用另一语素与'紫'搭配,表示'富贵'义"。文章列举了一些以"紫"为语素的词汇作为例证,如《元显儁墓志》中的"紫引"表示富贵族姓的血脉代代相连,繁衍壮大。《寇霄墓志》中的"紫宝"以"紫"修饰坟墓的婉称"宝"(堡),"明显是为了突出身份的高贵"。《元恩墓志》中的"紫叶"指的是富贵的世家族姓。由此可见,"附加义'富贵'义突显,成为中心义素,排挤了'紫'初始的语源义——颜色义"⑥。

---

① (东汉)班固:《汉武帝内传》,《西京杂记(外五种)》,上海古籍出版社2012年版,第71—88页。
② 《宋书》卷二九《符瑞志下》,中华书局1974年版,第836页。
③ 《南齐书》卷一八《祥瑞志》,中华书局1972年版,第353页。
④ 《梁书》卷一《武帝纪》,中华书局1973年版,第4页。
⑤ 《南史》卷一二《武丁贵嫔列传》,中华书局1975年版,第339页。
⑥ 郝晋阳、韩剑南:《魏晋南北朝碑刻中的颜色词"紫"》,《乐山师范学院学报》2004年第9期。

东汉末年出现的道教在其形成过程中大量吸收神仙方术思想，因此也和紫色结下了不解之缘。为了与势力日益增长的佛教相抗衡，道教编造了老子骑青牛出函谷关，教化西域的故事。故事中包含了"紫气东来"的典故。传说函谷关令尹喜见紫气东来，知道有真人路过，果然遇见老子，得老子所传《道德经》而成仙。① 道教中许多神仙的尊号都带有"紫"字。如"玉清中元宫紫清六道君"、"紫虚高上元皇道君"、"太素高虚上极紫皇道君"、"紫明太微九道高元玉晨道君"、"紫元太微八素三元玄晨道君"等。道教的真诀往往称为"紫字"之书，有时也称作"紫书""紫简"。唐朝皇帝为道士薛颐修建道观，称为"紫府"。

随着道教影响的日益广泛和深入，越来越多的文人、学者从道教思想中汲取艺术创造的文化资源。尤其是到了唐代，与老子同姓的李氏王朝为了神化皇权，大力弘扬道教。唐太宗于贞观十一年二月颁布《道士女冠在僧尼之上诏》，声称李氏王朝是在道家无为思想的指导下，才取得平定天下的丰功伟绩的："朕之本系，起自柱下。鼎祚克昌，既凭上德之庆；天下大定，亦赖无为之功。"②因此，他确立了道教位居佛教等其他宗教之上的基本政策。有唐一代，道教的地位得到了前所未有的提高，其势力得到很大的发展，对当朝和后世的政治、经济、社会和思想文化都产生了深远的影响。

对道教的推崇使人们对道教所崇尚的紫色产生了强烈的兴趣乃至偏爱。唐代以降，由"紫"构成的词汇在文学作品中的使用频率大幅度提高。以颇有道教气息的"紫气"为例，在唐代以前各种著作中共出现19次，而仅在《全唐诗》中就出现85次，为唐以前的4.5倍之多。如，"黄云随宝鼎，紫气逐真人"③"真人降紫气，邀我丹田宫"④"蓬莱紫气温如玉"⑤"红霞紫气昼氤氲，绛节青幢迎少君"⑥等。由于神仙、道人多在深山高谷中修行，在人们的想象中，紫气应该是这些地方常见的现象。因此，紫气成为后世山水风光诗歌中最常见的意象。比如"青山翔凤凰，紫气绕吴关。"⑦"西山紫气飘

---

① （明）焦竑：《老子翼》卷七，中华书局1985年版，第174页。
② （宋）宋敏求编：《唐大诏令集》卷一一三，中华书局2008年版，第589页。
③ （唐）张说：《奉和圣制度蒲关应制》，《全唐诗》卷八八，中华书局1960年版，第964页。
④ （唐）张说：《寄刘道士鸟》，《全唐诗》卷八九，中华书局1960年版，第978页。
⑤ （唐）钱起：《山中寄时校书》，《全唐诗》卷二三六，中华书局1960年版，第2606页。
⑥ （唐）皇甫冉：《少室山韦炼师升仙歌》，《全唐诗》卷二四九，中华书局1960年版，第2795页。
⑦ （元）潘牧：《怀古十二诗》，《赵氏铁网珊瑚》卷七，《景印文渊阁四库全书》第815册，第478页。

环珮,北极寒光照冕旒。"①等,都是以紫气来渲染关隘峡谷云雾缭绕、峻秀神奇的景象。

在神仙思想和道教信仰的影响下,紫色从特指北极星神所在的天宫之色演变成为广泛的神仙境界之色,与神秘、吉祥和尊贵等文化内涵建立了普遍意义上的对应关系。

3."紫绶"、"紫服":尊贵、奢华之色

由于紫色所具有非同凡俗的意义以及紫色染料的稀缺性和昂贵价格,紫色是只允许具有一定政治地位的人享用的颜色,因此是高贵身份的象征。

秦汉时期,主要以印绶的质地和颜色来标识身份等级。皇亲贵族以下的高级贵族——公侯将军佩金印紫绶,九卿佩银印青绶。因而,青紫渐渐成为高官厚禄的代名词。汉朝人夏侯胜少孤好学,苦读儒家经典,官至太子太傅。他每每授课时常对诸生说:"士病不明经术。经术苟明,其取青紫如俛拾地芥耳。"②到了晋代,更是直接以颜色来为等级命名,如"金紫光禄大夫"、"银青光禄大夫"等。金紫光禄大夫作为较高级别的头衔名号,使紫色与尊贵身份形成能指与所指的对应关系成为可能。

隋唐时期,品官制度最终确立,并形成了以官品定服色的衣冠制度。紫色为五品以上高级官员专用服色。不过,从现实情况来看,这种服色规定并不那么严格,而是具有一定的灵活性,主要表现在以下两个方面:一是,退休官员也有服紫的资格。唐代品官属于流官。官宦的衣冠服饰随着职位的变动不断发生变化,退休后也就失去了穿着本来服色的资格。但是,情况在开元九年(公元721年)发生了变化。中书令张嘉贞奏请允许致仕官员佩戴鱼袋,以表示皇帝对他们的荣宠。从此,退休官员也享有佩鱼袋、服朱紫的特权,得以继续保持尊贵身份。二是,皇帝常常破格恩准一些级别不够的官员穿着绯紫,称为"借服"。于是,一些权臣就借机滥用职权,任意提高子孙或亲信的服色品级。唐代宗时,鱼朝恩把持朝纲,其幼子令徽十四五岁就获赐绿袍。没过多久,鱼令徽与同列争忿,回家向父亲告状。鱼朝恩大怒,翌日上朝时要求皇帝特赐金章紫服以跃居同僚之上。皇帝尚未开口,鱼朝恩就让人捧着紫衣上前。鱼令徽立刻跪下谢恩。在鱼朝恩的步步紧逼之下,皇帝竟然只能笑着回答:"小儿章服,大称。"③入宋以后,高官子弟依靠恩荫获赐紫服形成制度化。这标志着新型官僚贵族阶层的形成。紫服从品官制

---

① (明)胡应麟:《送王敬美先生入贺万寿二首并寄徐子与右参黎惟敬秘书》,《少室山房集》卷四九,《景印文渊阁四库全书》第1290册,第310页。
② 《汉书》卷七五《夏侯胜列传》,中华书局1962年版,第3159页。
③ 《新唐书》卷二〇七《鱼朝恩列传》,中华书局1975年版,第5865页。

度中游离出来,渐渐与官阶脱节,既是三品以上高级官员的标识,也是仅次于皇帝权势和身份的象征。唐玄宗在太子李亨的逼迫下退居太上皇之位时,"释黄袍,着紫袍"的举动象征着他交出最高权力,但仍然具有极其尊贵的身份和地位。由此可见,紫色此时已经高踞诸色之上,成为仅次于黄色的尊贵之色。

入唐以来,除了高官贵族,还有一类人也享有穿着紫色的特权,就是道士和僧人。道士受赐紫衣,与上文中提到的唐朝皇帝对道教的推崇有关。僧人赐紫则始于武则天时代。武则天是中国历史上唯一的女皇帝,其权力的合法性要比男性皇帝受到更大的挑战。因此,她不得不借助神权的力量来巩固自己的政治地位。为了与唐朝男性皇权的宗教基础——道教相抗衡,武则天选择了佛教作为她标榜权力合法性,取得政治认同的有力工具。为了迎合她的心意,薛怀义和法明等九位僧人共同策划了"造《大云经》,陈符命,言则天是弥勒下生,作阎浮提主,唐氏合微"的舆论,并因此得到了"并封县公,……皆赐紫袈裟、银龟袋"的奖赏[1]。这种奖掖僧人的方式为后代皇帝所继承,遂成惯例。佛教进入中国以后,为了适应中国的文化土壤,在思想和制度方面努力实现"中国化"。僧人赐紫制度是佛教文化与中国政治文化进一步融合的一个典型例证,从而也使得对紫色的推崇扩展到了佛教界。紫袈裟成了一些僧人毕生追求的无上荣耀。"僧从晦住安国寺,道行高洁,兼工诗,以文章应制。上每择剧韵令赋,亦多称旨。晦积年供奉,望紫方袍之赐,以耀法门。上两召至殿。上谓之曰:'朕不惜一副紫袈裟与师,但师头耳稍薄,恐不胜耳。'竟不赐。晦悒悒而终。"[2]这些本应看破红尘、淡泊名利的僧人们为了一袭紫袈裟而大喜大悲、乐极生悲的故事,在史书中可谓屡见不鲜。

在神仙思想中意味着神秘和吉祥,在政治生活中象征着尊贵,这是紫色符号的两个主要文化内涵。二者相辅相成。神秘与尊贵这两种意蕴在很多"紫"色词汇中往往同时存在。比如,"紫诏"有时指的是皇帝的诏令,如"紫诏征贤发帝聪"[3];有时指的是神仙的旨意,如"紫诏随鸾下玉京,元君相命会三清"[4]。统治集团在称号、建筑等方面以"紫"命名,在舆服、器物等方面以紫为饰,利用紫色的神秘意味来烘托自己的特殊身份,塑造权威的形象。紫色成为奢华的象征。在文学作品中常常以"紫"来渲染宫殿栋宇的

---

[1] 《旧唐书》卷一八三《薛怀义传》,中华书局1975年版,第4742页。
[2] (唐)裴庭裕:《东观奏记》卷下,中华书局1994年版,第130页。
[3] (唐)章碣:《浙西送杜晦侍御入关》,《全唐诗》卷六六九,中华书局1960年版,第7652页。
[4] (唐)吕岩:七言诗,《全唐诗》卷八五六,中华书局1960年版,第9661页。

富丽堂皇。如"木衣绨锦,土被朱紫"①"丹楹缥壁,紫柱虹梁"②"朱紫尚耀于衢路,绮縠犹侈于豪家"③。

为了保证贵族对紫色的垄断,历朝政府开始对紫色的使用加以限制。比如,东汉政府规定,嫁娶时,除公主、贵人、妃以上以及特进、列侯以外,其他人禁止使用"丹紫绀"④。以后历朝对穿用紫色的资格也都做了比较严格的限定。朝廷通过法律暴力的手段,规定了紫色与特殊政治身份的联系,不断强化紫色不同凡俗的特性,使紫色地位不断提升。

4. 紫色:"与黄同意"之色

随着紫色在现实生活中的尊贵地位日趋巩固加以解释和论证,在一些相术之学中,紫色的文化地位被推到了无以复加的崇高地位。

紫色与象征君权以及君道最高境界的政治文化符号,位居五色之首的黄色一样,都是"中"的象征色。在古代汉语中,"极"包含着"中"的含义。"紫"和"黄"是最常用来形容"极"的两个颜色词。在空间方位上,如果说黄色象征着地之中,紫色就象征着天之中。在时间上,紫色与黄色同样是四时之中的象征,包含了"四时胎养之气",因此也是"旺在四季,更无休囚"的吉祥之色。"紫气天中八时分,兰台月角得财频。法令生来逢印信,终是刑名不及身。寿上俄然一字横,家中新妇喜分明。天门川字将军禄,天井圆珠享大荣。玄璧福堂知积庆,若当地阁创家居。山根忽有终加职,驿马全生喜有余。玄璧左边迁官职,山林精舍喜相须。陂池位上增余福,中岳横纹贵自如。"紫色孕育着四时之中乃至人的一生当中一切美好的前景和希望,因此《紫色吉凶歌》中所列举的在不同情形下出现的紫色预示的都是吉祥的征兆。在书中,紫色被提高到了"与黄同意"的尊贵地位⑤。

明代的王逵赋予了紫色以阴阳相和的哲学内涵,进一步把紫色推向了万物主宰的至尊地位。根据间色形成法则,紫色由相克的两种基本元素——北方水、南方火的象征色黑色、赤色间杂而成,为北方间色。王逵认为,正色与间色并不是正与邪、是与非、贵与贱之间的相克与对立,而是两种基本元素之间的融会贯通。作为水与火的象征色间杂而成的颜色,紫色象

---

① 张衡:《西京赋》,萧统编:《文选》,上海古籍出版社1986年版,第61页。
② (东汉)刘梁:《七举》,(唐)欧阳询:《艺文类聚》卷五七《杂文部三·连珠》,上海古籍出版社1999年版,第1025页。隋代杜公瞻编辑的《编珠》认为是三国的刘桢所作。
③ (后周)黎季明:《又上书》,(明)梅鼎祚编:《后周文纪》卷二,《景印文渊阁四库全书》第1400册,第98页。
④ 《后汉书·舆服志》,中华书局1965年版,第3677页。
⑤ (后周)王朴:《太清神鉴》卷三,商务印书馆1939年版,第40页。

征着水与火的相反相成、交流会通。水,代表至阴;火,代表至阳。作为水火相交之色和"天枢"之色,紫色又是阴阳两种势力处于"相交、既济、流通"关键状态的象征。① 在王逵看来,如果说是"水火相交,阴阳相感"产生了万物,那么象征阴阳相和、水火会通的紫色就是"万物之主宰"。② 这也就是为什么天垣被称为紫微,而天子面南拱北之处被称为"紫宸"。

神秘性至上原则使得紫色符号在发展过程中终于摆脱了儒家"间色"、"奸色"污名化的干扰,甚至进一步提升到了几乎与至尊之色——黄色同等的地位。

从等级服色制度诸多设色原则可以看出等级服色制度的两个特点:其一,古人正是通过将色彩的自然属性与等级身份的社会属性、政治属性进行巧妙类比,在服色与等级之间建立了稳定的匹配关系,使得等级服色制度建立在"自然理性"的基础上,从而获得了超越世俗的神圣性,促进了民众对等级服色观念的无条件认同,为维系和巩固等级制度提供了重要保障。其二,等级服色设色原则充分诠释了等级社会的基本精神和逻辑法则。随着这些匹配原则的不断完善,利用色彩符号标识道德高低、凡俗之别从而强化其等级之分这一统治方略,逐渐被转化成为操作性很强的制度原则,等级与色彩相匹配、等级与道德成正比等一系列观念也得到了普及和强化。

第五节 五色符号对"天人合一"政治哲学的重要意义

五色符号为"天人合一"政治哲学的具象化与制度化提供了重要的媒介和渠道。五色符号本身就是人类"与天地相参"的典型产物,在其形成与运用过程中,无不渗透着"天人合一"的思维模式。古代中国人在遵循色彩现象的自然属性和规律的前提下,赋予自然色彩现象以政治、道德、宗教等诸多象征寓意,使其成为一种文化符号,又将这些符号运用于社会生活的建构。天人合一政治哲学也因此将五色视为天道自然的象征,不仅在理论建构过程中有意识地借用大量五色现象作为隐喻或论据,而且通过具有政治象征功能的五色符号的反复运用与操作,对社会普遍政治意识产生了深远影响。

在政治生活中对五色符号的运用,这种看似残留了远古"巫术"思维的政治活动,绝不像某些学者所认为的纯粹是荒谬或者狂妄的。恰恰相反,五色文化在"天人合一"政治思维及其实践的发展过程中发挥了举足轻重的

---

① (明)王逵:《蠡海集·事义类》,中华书局1985年版,第37页。
② (明)王逵:《蠡海集·天文类》,中华书局1985年版,第1页。

推动作用,为传统政治文化的充实与完善作出了独到的贡献。

首先,五色符号的运用将抽象玄妙的"天人合一"政治思维,转化为具有很强操作性的政治礼仪和法度,如五时服色、五德服色制度等,使得"天人合一"政治思维能够对政治生活切实发挥指导作用。

其次,借助符号的形象性、直观性,将"天人合一"政治哲学中的许多基本内涵,如解释政体起源的"君权天授"思想、论证君权规范的"天谴君主"思想等,转化为通俗易懂的政治价值理念。

再次,通过五色符号在各种礼仪操作中的反复演示,借助符号特有的影响力和渗透性,使其包含的政治价值理念为上自君主、下至草民各个阶层所熟知接受并最终认同,从而对社会普遍政治意识与政治行为起到引导、形塑作用,对统治集团内部、统治集团与被统治阶级之间错综复杂的政治关系起到调整、制衡作用,为传统政治结构和秩序长达数千年的延续与发展提供了强有力的保障。

最后,五色符号的运用使"天人合一"政治哲学对政治生活的规范功能得到了最大程度的发挥。

规范性思维是中国传统政治文化的主要特征之一,就好像今天不同颜色的交通灯、指示牌一样,色彩符号也具有指示人们应该做什么,不应该做什么的规范功能。不同时令的服色不但带有顺应时令之气的巫术性质,同时也起到时刻提醒君臣民在这一时段的职责以及行为禁忌的作用。五色眚祥警示人们应该检讨自身行为中的失当之处。色彩符号是等级和权力的象征,也是责任和义务的象征。彩度值与等级成正比,因此占有色彩资源越多的阶层被认为能力和道德越高,承担的职责也越多。色彩成为等级的标识,因此各个阶层群体的行为应该与服色象征的等级地位相称。那些象征尊贵地位身份的色彩符号为等级权威注入了制约因素,一方面肯定他们的威严;另一方面又对他们提出了很高的要求。

对于君主的规范更是在不断发展和完善中达到了登峰造极的程度。张分田指出,人们在君与天、君与臣、君与德等一系列关系中认识和界定君主,进而提出了详尽具体的君主规范。这就形成了以君主自我调节理论为重点的统治思想。"道高于君"是典型的君主规范思想。"道"是人们政治认同与政治批判的最高标准和原则。它涵盖了中国传统政治哲学、社会政治关系、政治准则和道德规范,把圣王之制和圣王之道奉为最高理想。至此,王权、认识、道德、政治和社会规范合而为一①。黄色象征君主至高无上的权

---

① 参见张分田:《中国帝王观念》,中国人民大学出版社2004年版,第727—728页。

力,但同时包含了对君主的美好期望和要求。黄色的政治文化内涵中的中和之道与无为之道,作为中国传统政治思想中的两大支柱,既是对君主制度合法性的认同和对君权本质特征的整体性认识,也是规范、品评和批判君主的重要准则。白黑之黼中的斧钺之形象征君主拥有决断天下一切事物的威权,白黑之色则要求君主要在义(公平正义的道德原则)、智(正确的政治判断)的前提下决策。

君主在享有五色的同时所必须承担的责任是思想家讨论的焦点。荀子认为君民之乐应该建立在"国安"的基础上,而"国安"是君主勤于治理的结果,因此当代君主"急逐乐而缓治国"是非常危险的行为,这种"好声色而恬无耳目"的行为既愚蠢又可悲。"目欲綦色,耳欲綦声,口欲綦味,鼻欲綦臭,心欲綦佚"是人之常情。但是享有这"五綦"要具备一定的先决条件,所在的国家必须是"万乘之国","可谓广大、富厚矣,加有治辨、强固之道焉",这样才能"恬愉无患难"。那些只知道追求享乐而怠于政事的国君并不是真正懂得"乐"之内涵的人,不可避免地要走向"身死国亡"的悲哀境地。① 他以周文王为正面例子,说明君主在治平天下的前提条件下追求"五极",才能享受到真正的快乐和荣耀:"文王监于殷纣,故主其心而慎治之,是以能长用吕望身不失道,此其所以代殷王而受九牧也。远方莫不致其珍,故目视备色,耳听备声,口食备味,形居备宫,名受备号,生则天下歌,死则四海哭,夫是之谓至盛。"②

在这种思想影响下,历代思想家都要求君主要具备节俭之德,避免过度消耗需要花费大量人工物力才能完成的色彩奢侈品。例如,黼虽然是礼制规定必须使用的文饰之一,但是由于制作工艺非常复杂,"黼黻文绣纂组害女工"③,因此被归为皇帝应该加以节制的奢靡之物。尸子以当今君主的"黼衣九种"与尧的"大布"作比较,劝诫君主应有俭德。④ 唐太宗李世民指出,帝王不应该耽溺于对"高台深池、雕琢刻镂、珠玉珍玩、黼黻绨纷"的喜好之中,否则就会造成一连串的严重后果,"如此则赋敛重。赋敛重,则民财匮,民财匮,则饥寒之患生焉",最后落得个"人神愤怨,上下乖离,佚乐未终,而倾危已至"的下场。⑤

由此可见,政治性色彩符号对不同阶层的人群皆有一定的规范作用。

---

① 《荀子·王霸》,(清)王先谦:《荀子集解》,中华书局1988年版,第211页。
② 《荀子·解蔽》,(清)王先谦:《荀子集解》,中华书局1988年版,第389页。
③ (汉)贾谊著,阎振益、钟夏校注:《新书校注》卷三,中华书局2000年版,第103页。
④ 《太平御览》卷八〇引《尸子》,中华书局1960年版,第374页。
⑤ 吴云、冀宇校注:《唐太宗全集校注》,天津古籍出版社2004年版,第610—611页。

在古代社会中,这种规范作用往往是通过法律和社会舆论两种手段方式来实现的,更重要的是在天人合一政治哲学的渗透和干预下所形成的五色符号不但具有很强的规范性,还凭借自身作为自然现象的客观属性,为各种政治规范披上了"自然理性"的外衣,使得这些政治规范对于社会中的每个成员而言具有很难抗拒的强制性,从而保证了这些规范的有效性。

第三章　五色帝崇拜与"天人合一"的政治宗教化

五色帝崇拜是对五行这一天人媒介的政治信仰。五行作为宇宙基本物质元素，对于人类生活具有举足轻重的影响力，因而最终被推向了"神格化"，形成了五帝崇拜。

古人认为五色帝主司四时五行，因此又把它们称为五行之神、五精之君。五色帝是集中体现五行系统属性与功能的神格符号。五行具体表现形态——五时、五方、五德等等，都被纳入五色帝的统辖范围。因此，五帝的别称可谓各形各色。

以五方命名，分别为东方帝、南方帝、西方帝、北方帝、中央黄帝。

以职能和德性命名，分别为灵威仰、赤熛怒、白招拒、叶光纪、含枢纽等。在古人看来，这是对其职能和德性最好的摹写。《隋书·礼仪志》："春迎灵威仰者，三春之始，万物禀之而生，莫不仰其灵德，服而畏之也。夏迎赤熛怒者，火色熛怒，其灵炎至明盛也。秋迎白招拒者，招集，拒大也，言秋时集成万物，其功大也。冬迎叶光纪者，叶拾，光华，纪法也，言冬时收拾光华之色，伏而藏之，皆有法也。中迎含枢纽者，含容也，枢机有开阖之义，纽者结也。言土德之帝，能含容万物，开阖有时，纽结有法也。然此五帝之号，皆以其德而名焉。"[1]

以五色来为五帝命名，则最为普遍，分别为青帝、赤帝、黄帝、白帝、黑帝。

此外，古人有时还会将作为五行之神的五色帝与历史上三皇五帝之五帝联系在一起。《礼记·月令》以太昊、炎帝、黄帝、少昊、颛顼为五时之帝，东汉祀典以太昊为东方帝，以炎帝为南方帝，以少昊为西方帝，以颛顼为北方帝[2]。不过，五色帝与作为历史人物的五帝之间关系具有很大不确定性，

---

[1] 《隋书》卷七《礼仪志二》，中华书局1973年版，第128—129页。
[2] 《史记·五帝本纪·索隐》所引述的《尚书纬·帝命验》亦以五色为作为历史人物的五帝命名："五府，五帝之庙。苍曰灵府，赤曰文祖，黄曰神斗，白曰显纪，黑曰玄矩。"不过，《史记·五帝本纪》中提及的五帝具体指的是黄帝、颛顼、帝喾、尧、舜，与官方祭祀的五色帝系统有一定的出入。其实，作为历史人物的五帝究竟指的是哪五位，历史上也有很多种版本。第一种认为，五帝指的是黄帝、颛顼、帝喾、尧、舜。第二种认为，五帝指的是太昊、炎帝、黄帝、少昊、颛顼。

时而合而为一,时而又并行不悖。宋代祀典就是将五色帝视为一个有别于五帝的神祇系统,而以五帝伏羲(常金仓认为在东汉时期伏羲与太昊已经合而为一)、颛顼等配祀于五色帝。

春秋战国以降,五色帝逐渐成为国家祭祀的主要对象,祭祀场所、器物等的用色基本都遵循与五时、五方一一对应的原则。这反映了阴阳五行观念已经成为"天人合一"、"道法自然"政治实践的主要指导原则,为五色文化在这一时期的极大发展提供了重要的思想基础。

第一节 五帝畤的形成与发展

《周礼》中已有关于祭祀五帝的条目。《周礼·天官·掌次》:"朝日祀五帝。"①《周礼·春官·小宗伯》:"兆五帝于四郊。"②郑众以五色之帝解之,并为五帝分别命名:"东方青帝灵威仰,南方赤帝赤熛怒,中央黄帝含枢纽,西方白帝白招拒,北方黑帝叶光纪。"③但由于《周礼》成书年代尚有很大争议,至少不能完全视作周代礼制的真实记录,因此文中出现的"五帝"名号不能视作五色帝概念的历史源头。况且,五帝的含义非常复杂,既可以指神祇,也可以指人君。此五帝是否为郑众所说的五色之帝,更不可妄下断言。

五色帝祭祀传统的形成始于嬴秦建国之初。西周末年,政治陷于昏乱。周幽王荒淫无道,重用奸佞,宠爱褒姒,多次烽火戏诸侯。更为严重的是他违背宗祧继承制度,废黜申后及太子宜臼,终于引起众怒,招致申侯于公元

现代学者徐旭生从两种说法的出处以及所属的地域文化来认识这二者的性质。他认为前者出于《大戴礼记·五帝德》,属于东方学说,后者出于《吕氏春秋》,属于西方学说(参见徐旭生:《中国古史的传说时代》,广西师范大学出版社2003年版,第238—243页)。常金仓则认为,应该从不同学派特色的角度来认识二者的属性,前一种说法中的五帝是儒家推崇的古代圣君,"充分肯定礼乐文明在社会进步中的地位"的儒家当然要把"开启礼乐文明的史前人物"——尧舜纳入五帝行列,后一种说法中的五帝实际上为五方帝,"含有浓厚的五行色彩",因此是阴阳家学说的观点(常金仓:《五帝名号考辨》,《陕西师范大学学报》2003年第5期)。从《礼记·月令》和东汉祀典的提法可以看出,作为五行之神的五色帝与阴阳家的五方帝关系更加密切一些。

① 《周礼·天官·掌次》,《周礼注疏》,(清)阮元校刻:《十三经注疏》,中华书局1980年版,第676页。
② 《周礼·春官·小宗伯》,《周礼注疏》,(清)阮元校刻:《十三经注疏》,中华书局1980年版,第766页。
③ 《周礼·天官·掌次》郑玄注引郑众,贾公彦疏引《春秋纬·文耀钩》,(清)阮元校刻:《十三经注疏》,中华书局1980年版,第677页。

前771年联合缯国等一同起兵。此时,真正的报警烽火却再也得不到诸侯的反应,只有秦襄公等少数人率兵勤王。在犬戎攻克镐京、西周灭亡之后,诸侯拥立先前被废的太子宜臼即位,史称周平王。秦襄公护送平王东迁,因此被封为诸侯,获赐岐西之地,建立了秦国。

在这次封赏中,嬴秦除获得了土地和臣民这两项重要立国条件,更重要的是还得到一系列政治特权,获得了巨大的政治名分资源,成为华夏王权在西部地区的合法代表。秦襄公"自以为主少皞之神,作西畤,祠白帝,其牲用骝驹黄牛羝羊各一"①。这是五色帝祭祀传统的开端。司马迁对秦的这一举动的评论是"僭端见矣"②。很多学者对这种说法提出了异议。元代学者马端临认为秦既然是西方地域的领主,祭祀主司西方之神——白帝少皞也是无可厚非的,至于后来陆续建立的青帝、黄帝、炎帝之畤就是"非所祭而祭"了③。清代学者秦蕙田认为,《秦本纪》中所说的"上帝"不过是西方白帝,而非《索隐》所说的昊天上帝④。应该说,始列诸侯的秦襄公未必敢于公然违背周家王纲礼制,但从这件事可以看出,随着政治地位的显著提高,嬴秦的政治心态已经发生了重大转变。秦国祭祀白帝的举动蕴藏着深刻的政治意义,绝非一些礼家认为的沉迷于鬼神信仰。它不但要表明自己对西方地域的主宰权,而且要进一步证明自己主宰西方地域是享有天命、获得王命的结果,其根本目的就是为了让人们承认秦国存在的政治合法性。

秦穆公时期,再次出现了与西方白色有关的祥瑞。秦穆公出狩的时候,天空中忽然雷声大震,撞击起火,而后化成一群白雀,衔丹书栖集在穆公的车上。在先秦时期,神鸟衔丹书而至是受天命的象征。周王朝就是以赤鸟衔丹书栖于岐社为受命之符的。在秦穆公的故事中,雀为白色,这可能是因为秦在西方。秦穆公是春秋五霸之一,他基本占据了关中地区,初步奠定了霸王之业。白雀衔丹书的祥瑞,既是秦国出于标榜霸业的需要,也是秦国随着实力增强,其政治野心和自信心日益膨胀的反映。

继秦襄公作西畤之后,陆续又有秦宣公作密畤于渭南,祭青帝;秦灵公作吴阳上畤,祭黄帝,作下畤,祭炎帝。到了秦始皇的曾祖父秦昭襄王时,经过商鞅变法的秦国已经把势力推进到中原,令周王室也只能对其曲意逢迎。在位时间长达56年的昭襄王更是把秦国的国力和地位推向了前所未有的

---

① 《史记》卷二八《封禅书》,中华书局1959年版,第1358页。
② 《史记》卷一五《六国年表第三》,中华书局1959年版,第685页。
③ (元)马端临:《文献通考》卷六九《郊社考》,中华书局2011年版,第2132页。
④ (清)秦蕙田撰,方向东、王锷点校:《五礼通考》卷六《吉礼六·圜丘祀天》,中华书局2020年版,第341页。

高峰。他自称"西帝",纳周天子为自己的臣属。虽然秦昭襄王称帝最终失败,但是这一事件标志着秦国已经正式迈开了谋求统一天下的步伐。就是在昭襄王末年,"王郊见上帝于雍"。这里的上帝指的是供奉于雍的白、青、黄、赤四色帝。

秦始皇统一天下后,"惟雍四畤上帝为尊",四色帝由秦国的地方信仰一跃而为国家信仰中的最高神,受到系统而严格的祭祀:"故雍四畤,春以为岁祷,因泮冻,秋涸冻,冬塞祠,五月尝驹,及四仲之月月祠。"①雍四畤从秦地纷纭众多的祠祀之中脱颖而出,被封为至高至尊之神,这或许可以视作秦始皇作为天下共主的地位在神界的映射,与他业已建立的以大一统为基本特征的社会政治体系是相适应的。

汉朝前期,对于秦朝的雍四畤有所继承和发展。进入关中后,刘邦询问有关上帝祭祀的前朝故事。有人回答:"四帝,有白、青、黄、赤帝之祠。"刘邦追问道:"吾闻天有五帝,而有四,何也?"众人莫知其说②。刘邦旋即自己解决了这个问题:"吾知之矣,乃待我而具五也。"于是设立了黑帝祠,称为北畤③。至此,五帝祭祀系统终告完成。汉高祖依据五色符号系统,完善了五帝系统,并作为国家政治信仰的最高神,五色帝祭祀相当于后世的郊祀祭天。《文献通考》称:"汉高帝立黑帝祠,而以为事天之事毕矣。"④汉前期以五帝之祀为事天之事。祭祀五帝被称作"郊"。这是五色文化地位达到顶点的重要标志,也从一个侧面反映了阴阳五行思想已经跃升为国家政治意识形态。

汉初关于五帝畤的祥瑞之说非常之多,这对五帝畤的兴盛起到了推波助澜的作用。例如,汉文帝十五年(公元前165年),黄龙见于成纪。文帝以之为土德之瑞,拜公孙臣为博士,让他与诸生"申明土德,草改历服色事",并下诏说:"有异物之神见于成纪,无害于民,岁以有年。朕亲郊祀上帝诸神,礼官议,毋讳以劳朕。"礼官向文帝解释了"郊"礼的含义:"古者天子夏躬亲礼祀上帝于郊,故曰郊。"于是文帝"始幸雍,郊见五帝,以孟夏四月答礼焉"⑤。就在同一年,赵人新垣平向文帝报告,他通过望气之术看到长安东北有神异之气幻化五彩,好像是头戴冠冕的人。根据"东北神明之

---

① 《史记》卷二八《封禅书》,中华书局1959年版,第1376页。
② 清人何焯认为,秦始皇尚黑,但独不设黑帝祠,可能是因为"秦自以水德,黑帝则自当之,故不立北畤耳"((清)何焯:《义门读书记》卷一三《史记上》,中华书局1987年版,第206页)。
③ 《史记》卷二八《封禅书》,中华书局1959年版,第1378页。
④ 《文献通考》卷六九《郊社考》,中华书局2011年版,第2132页。
⑤ 《史记》卷一〇《文帝本纪》,中华书局1959年版,第430页。

舍;西方神明之墓也"的说法推断,五色之气出现在东北方向是天降祥瑞的表现,应该立刻祭祀上帝,以合符应。于是,文帝下令在渭阳修建五帝庙,其规格体制、祭祀程序与雍五畤相当。第二年,文帝亲自前往渭阳郊见五帝,出现了"权火举而祠,若光辉然属天"的奇异景象。文帝大喜过望,"贵平上大夫,赐累千金",并"使博士诸生刺《六经》中作《王制》,谋议巡狩封禅事"。又有一次,文帝出长门时,"若见五人于道北",于是在五人站立的地方设立了五帝坛,以五牢祠之①。

这些都说明在汉初的时候,皇帝对五帝畤还是比较重视的。尽管后世对五帝之祀多有非议,认为这不过是秦地方的淫祀,"其祠本不经,而诸畤之怪妄尤甚",并称赞汉高祖"虽有重祠敬祭之诏,而卒不亲享"是明达之举②,但五帝之祀在当时毕竟相当于后世的郊祀祭天,其重要性不可忽视。据《史记·封禅书》和《汉书·郊祀志》记载,汉文帝、景帝、武帝都曾经于冬十月行幸五帝畤,或者派祠官于岁时前往祭祀。这些都为五色帝在国家祭祀体系中享有崇高的政治和宗教地位奠定了重要的基础。

第二节 五色帝的文化内涵

古人认为,作为分管五行系统的职能神,五色帝的主要管辖范围涵盖了五行映射系统中的诸多方面,包括掌管时令和方位、主司五德等。这就使得五色帝实际上成为象征五行系统的神格符号。

掌管时令、方位是古人最早赋予五帝的职能。秦襄公自以为西方地域的主宰,故设立西畤以祠白帝,说明了白帝与西方之间的匹配关系。汉高祖设立黑帝之畤,称作北畤,证明黑帝与北方之间的匹配关系。

五帝不但掌管方位,还掌管时令。《礼记·月令》以五帝与五时相配:孟春、仲春、季春"其帝大皞",孟夏、仲夏、季夏"其帝炎帝",夏秋之际"其帝黄帝",孟秋、仲秋、季秋"其帝少皞",孟冬、仲冬、季冬"其帝颛顼"。《汉书·魏相列传》:"东方之神太昊,乘《震》执规司春;南方之神炎帝,乘《离》执衡司夏;西方之神少昊,乘《兑》执矩司秋;北方之神颛顼,乘《坎》执权司冬;中央之神黄帝,乘《坤》《艮》执绳司下土。兹五帝所司,各有时也。"③由此可见,作为五方之神的五帝同时具有司掌五时的职能。古代学者普遍认

---

① 《史记》卷二八《封禅书》,中华书局1959年版,第1382—1383页。
② 《文献通考》卷六九《郊社考》,中华书局2011年版,第2132页。
③ 《汉书》卷七四《魏相传》,中华书局1962年版,第3139页。

为五帝具有主宰五时的能力。《礼记·礼器》："飨帝于郊,而风雨节,寒暑时。"郑玄注："五帝主五行。五行之气和而庶征得其序也。"①可见,五帝掌管的五行之气,具体而言就是寒暑五时以及风雨物:"木为雨,金为旸,火为燠,水为寒,土为风。"这种说法为后世学者所继承。叶时认为,"五帝,五行之精气,则主宰乎四时"②。毛应龙认为,"五帝乃五气之神"。③"五行之精气""五气"主要指的是五时之气。孙希旦认为,五帝主宰的是运行于天的四时之气,五神即五帝的佐官——木官勾芒、火官祝融、后土、金官蓐收、水官玄冥主宰的是运行于地的五行之质④。

从掌管五时这一功能又衍生出了另一项重要职能——主宰五德。"天有五行,木火金水土,分时化育,以成万物。其神谓之五帝。古之王者,易代而改号,取法五行,五行更王,终始相生,亦象其义。"⑤五帝本义乃是五行四时的主宰。后来因为人间君王改朝换代、变更名号,取法于自然界五行转化的规律,五帝又被视为五种王朝德运的主宰。孔子的答案基本囊括了五帝文化的根本要义:五帝乃五行之神,主宰四时流转与五德终始。从《孔子家语》对五帝内涵的阐发可以看出,五帝的政治文化内涵来源于时令思想。这与五帝之说来源于对天时表现出超乎寻常重视的黄老学派始祖——老子的说法,从思想逻辑上来看是一致的。

后来,随着五行映射系统的细化,五色帝的职能范围也逐渐扩大,最终成为一个包罗万象的文化系统。作为时令之神,五色帝是五时物候的创造者;作为方位之神,他是五岳的统辖者;在五德终始的历史循环中,他又以感生帝的形象出现。五色帝虽然管辖的是人间事务,但其精神存在于天上,因此与星象又产生了联系。下面分别加以详述。

一、五色帝与星象

五色帝是主司五行系统中各类事物的职能神。星辰是五行系统中唯一隶属于天空的事物,具有高高在上的神秘性,因此古人将星辰想象成五帝精气所化,或者是五帝的居住之处。关于五帝与星象的关系说法很多,主要有

---

① 《礼记·礼器》郑玄注,《礼记正义》,(清)阮元校刻:《十三经注疏》,中华书局1980年版,第1440页。
② (宋)叶时:《礼经会元》卷三《郊庙》,《通志堂经解》第13册,江苏广陵古籍刻印社1996年版,第585页。
③ (元)毛应龙:《周官集传》卷五《春官·宗伯》,《景印文渊阁四库全书》第95册,第855页。
④ (清)孙希旦:《礼记集解》卷一五《月令》,中华书局1989年版,第404页。
⑤ 《孔子家语·五帝》,(魏)王肃注:《孔子家语》,上海古籍出版社1990年版,第65页。

以下几种情况。

(一) 五色帝与五官

《史记·天官书》把星象分为五大区,中官、东官、西官、南官和北官。后人一般把"官"写作"宫",认为五帝就是天上五宫的主神。《石氏星经》对五帝所司有系统的阐述。据说,"东宫青帝",主司配属木行的各种事物,司春,司木,司东岳,司东方,司鳞虫。"西宫白帝",主司配属金行的事物,司秋,司金,司西岳,司西方,司毛虫。"南宫赤帝",主司配属火行的事物,司夏,司火,司南岳,司南方,司虫羽。"北宫黑帝",主司配属水行的事物,司冬,司水,司北岳,司北方,司介虫。"中宫黄帝",主司配属土行的事物,司四季,司中岳,司中土、黄河、江汉、淮济之水,司黄帝之子孙,司倮虫[1]。

除了中宫以外,东南西北四宫各有代表的星象,东宫之象青龙,西宫之象白虎,南宫之象朱雀,北宫之象玄武,这就是众所周知的四象。四象实际上是由天赤道附近二十八宿划分而来的。苍龙由角、亢、氐、房、心、尾、箕七宿组成。白虎由奎、娄、胃、昴、毕、觜、参七宿组成。朱雀由井、鬼、柳、星、张、翼、轸七宿组成。玄武由斗、牛、女、虚、危、室、壁七宿组成。四象是以与星象相似的四种动物形象再加上各宫所属方位的象征色来命名的。这四种动物也被视作五帝分别主司的各类虫兽之长。

四象是中国古代文化中的重要象征符号。在许多艺术装饰中都有四象的出现,用来表示四个方位。在堪舆文化中,四象被视作四方的保护神。作为道教至为重要的神祇之一的玄天上帝,就是以四象之一的玄武为原型的。供奉玄帝的庙宇通常又称为玄武庙。宋真宗大中祥符年间为避宋朝虚构的始祖赵玄朗之名讳,玄武庙改称真武庙。真武神一般都被塑造成黑衣形象,伴随着黑云出现。有一种说法,玄帝十五岁出家,誓断妖魔,得到玉清紫元君所授无极上道,遂能越海,从翼、轸之星下方经过,最后居住在冲高紫霄面阳之处。五百年后,他以"被黑衣、被发、跣足"的形象回到了北方本位[2]。

在玄武庙中出现与黑色或者龟蛇有关的祥瑞常常引起古人的特别关注。据说,宋朝天禧年间,由于在修建醴泉观的时候发现龟蛇,道士以为真武神现身,于是描绘了一幅北方之神像,"披发,黑衣,仗剑,踏龟蛇",随从者执黑旗。宋徽宗为了一睹真武圣像,曾经宿于真武殿中。结果在正午时分出现了黑云蔽日、大雷霹雳的奇异景象,火光之中出现苍龟巨蛇。徽宗祝

---

[1] 《文献通考》卷二七九《象纬考二》引《石氏星经》,中华书局 2011 年版,第 7619—7651 页。
[2] (明)徐应秋:《玉芝堂谈荟》卷一七《玄天上帝》,《景印文渊阁四库全书》第 883 册,第 391 页。

香再拜,又是一声霹雳,龟蛇都消失了,只见一只巨足塞于殿下①。

(二) 三垣中的五帝座

三垣指的是环绕着北极、靠近头顶天空的区域,分为紫微垣、太微垣和天市垣。紫微垣位于北天中央,为三垣的中垣,又称作紫微宫、紫宫,相当于地上的皇宫,因此古代皇宫也称作紫宫。太微垣位于紫微垣下的东北角,为三垣的上垣,相当于地上的中央政府。天市垣位于紫微垣下的东南角,为三垣中的下垣,分别以诸侯、宗正、宗人以及屠肆、列肆、车肆等都市街区命名。

作为辅佐天神的重要神祇,五帝的地位和职能与人间的辅政大臣十分类似,因此在象征人间政治权力中心的紫微垣和太微垣中都有以五帝座命名的星座。紫微垣中的称为"五帝内座"。太微垣中的称为"五帝座"。"五帝座"位居太微垣的中心,这与五帝的重要地位是相呼应的。

五帝座中五星的排列情况恰好是以一颗星为中心,环绕四星,完全符合五行以土为中央、其他四行分居四方的排列方式。《宋史·天文志》:"内五帝坐五星,内一星在太微中,黄帝坐,含枢纽之神也。……四帝星夹黄帝座,四方各去二度。东方,苍帝灵威仰之神也,南方,赤帝赤熛怒之神也,西方,白帝白招拒之神也,北方,黑帝叶光纪之神也。"②明人徐应秋也这样描述了五帝座的排列情形:"五星在太微宫中。其中星为黄帝座。黄帝,含枢纽之神也。东一星为青帝灵威仰。南一星为赤帝赤熛怒。西一星为白帝白招拒。北一星为黑帝叶光纪。"③

(三) 五色帝与五大行星

古代占星学说中还存在着将五色帝与五大行星联系在一起的说法。五大行星包括岁星(即今天所说的木星)、荧惑(火星)、镇星(古代也作填星,今天称为土星)、太白(金星)、辰星(水星)。古人对五大行星的认识与五行思想密切相关。刘起釪甚至认为五行的原始意义就是天上五星的运行,而我们今天熟悉的金木水火土本来并不是称作五行,而是称作五材。后来,古人通过将地上的五材与天上的五行联系起来思考,才将天上五行的神秘性赋予地上的五材,最终,"五材"这一"物质意义很显豁"的词汇被"五行"所取代,形成了今天以金木水火土为五行的认识。④ 五材与五行(星)从此结下了不解之缘。

---

① (明)徐应秋:《玉芝堂谈荟》卷一七《玄天上帝》,《景印文渊阁四库全书》第883册,第391页。
② 《宋史》卷四九《天文志二》,中华书局1977年版,第985页。
③ (明)徐应秋:《玉芝堂谈荟》卷一九《经星名数》,《景印文渊阁四库全书》第883册,第439页。
④ 刘起釪:《五行原始意义及其分歧蜕变大要》,[美]艾兰(S.Allan)、[英]汪涛、范毓周编:《中国古代思维模式与阴阳五行说探源》,江苏古籍出版社1998年版,第152页。

五星和五行系统中的其他事物如五德、五时、五方、五色、五脏等建立了匹配关系。《抱朴子》中记述的一种服食五星之气的修炼方法，就是建立在这种匹配关系基础上的："春向东，食岁星青气，使入肝，夏服荧惑赤气，使入心。四季之月食镇星黄气，使入脾。秋食太白白气，使入肺。冬服辰星黑气，使入肾。"①《星学大成》所收录的《三辰通载》将五星与五德、五方、五色匹配，还赋予了五星以政治道德寓意，将之与五常相配。木德东方岁星，其色青，其性仁慈。火德南方荧惑，其色赤，其性礼。土德镇星，其色黄，其性信。金德太白星，其色白，其性义。水德辰星，其色黑，其性智。② 道教对五星大神形象的塑造反映了五星与五色的匹配关系。清灵真人裴君在太华山西洞玄石室里修炼的时候，有五位神人降临，赐予他神诀和神芝。东方岁星大神"巾青巾，着青衣，柱青杖，带《通光阳霞之符》"，所赐的神芝为青华之芝，所出的神诀为青书一卷。南方荧惑大神"巾赤巾，着赤衣，柱赤杖，带《四明朱碧之符》"，所赐的神芝为丹华之芝，所出的神诀为《龙胎太和丹经》。中央镇星大神"巾黄巾，着黄衣，柱黄杖，带《中元八维玉门之符》"，所赐的神芝是黄华之芝，所出的神诀是《四气上枢太元黄书》八卷。西方太白星大神"巾白巾，着白衣，柱白杖，带《皓灵扶希之符》"，所赐的是白华之芝，所授的是《太素玉箓宝玄真经》三卷。以上四星大神的衣着和所赐神芝的颜色、所授神诀书名中的颜色词都与五行之色相吻合，只有北方辰星大神有所出入，改玄黑之色为苍色，"巾苍巾，着苍衣，柱苍杖，带《郁真箫凤之符》"，赐苍华之芝，授《苍元上箓北斗真经中命四旋经》四卷。③

　　正是在五行事物与五星匹配的认识基础上，出现了五色帝与五星相关联的说法。《郝氏续后汉书》将五星视为五行之精、五帝之神、五气之耀的载体，并与五色、五德、五事进行匹配，赋予其丰富的文化内涵。其主要内容有：

　　岁星乃"木行之精，苍帝之神，震气之曜"，其色青，其德为仁，与五事中的"貌"匹配，统辖配属木行的事物，主春，主谷及百果草木，主岱宗，主东方的齐鲁及东夷。当岁星"清润安静"的时候预示着"天子寿昌，天下安宁，人民尚德，风雨时顺，百谷丰登"。

---

① （明）孙毂编：《古微书》卷二《尚书纬·考灵曜》引《抱朴子》，丛书集成本，商务印书馆1939年版，第39—40页。
② （明）万民英：《星学大成》卷一四至一七《三辰通载》，中央编译出版社2015年版，第393、414、437、458、480页。
③ （宋）张君房：《云笈七签》卷一〇五《传·清灵真人裴君传》，中华书局2003年版，第2269—2270页。

荧惑为"火行之精,赤帝之神,离气之曜",其色赤,其德为礼,与五事中的"视"匹配,统辖一切配属火行的事物,主夏,主南岳,主南方的吴楚及南蛮。当荧惑赤明净润,轨道无变的时候预示着"上下有礼,不僭不忒,王道和平"。

填星乃"土行之精,黄帝之神,坤气之曜",其色黄,其德信,与五事中的"思"匹配,统辖配属土行的事物,主稼穑、土功、丧葬、复土之事,主嵩岳,主三河宋、郑。当填星"黄润明静,轨道无变"的时候预示着"有土之君,厚下安宅,四鄙不耸,民狎于野,时和岁丰,无物产之妖"。

太白星乃"金行之精,白帝之神,兑气之曜",其色白,其德义,与五事中的"言"相配,统辖配属金行的事物,主秋,主西岳,主西方的秦陇羌戎及西域,主罚,即金革、兵械、行陈、法令、师众、律度、车骑、部曲之事。当太白星"白光静润,轨道无变"的时候预示着"天子有道,中国安疆,师贞而丈人吉"。

辰星乃"水行之精,黑帝之神,坎气之曜",其色黑,其德智,与五事中的"听"相配,主司一切配属水行的事物,主冬,主北岳,主燕赵、代北、北夷诸旃裘之国引弓之民,也就是北方游牧民族。当辰星"黑润,轨道无变"的时候预示着"天子惠泽逮下,汪濊涵泳,万民丰乐,理法平而无冤民,四夷来王,中国安疆,河汉安流,民无水害"。①

繁星闪烁的苍穹对于古人有着非同寻常的意义。他们依据自然季节转换与天空中日月星辰位置变化之间的关联,通过对天象的观测确定历法。这些关于天象的经验和知识不仅对实际的农业生产起到特别重要的作用,也与人类精神文明的发展密切相关。《周易·系辞》:"古者包牺氏之王天下也,仰则观象于天,俯则观法于地,观鸟兽之文,与地之宜,近取诸身,远取诸物,于是始作八卦,以通神明之德,以类万物之情。"②天道法则构成了传统政治哲学的思想资源与理论基础。星空区域的分野与人间行政区划一一对应。星官星座以人间社会的组织结构和等级秩序命名。日月星辰的运动规律及其异常变动成为人事预言的依据。星象与五帝建立了匹配关系之后,不但将丰富的文化内涵赋予了五帝范畴,并且进一步强化了五帝的神秘属性。

---

① (元)郝经:《郝氏续后汉书》卷八四中下《历象》,《景印文渊阁四库全书》第386册,第375—386页。
② 《周易·系辞》,(清)阮元校刻:《十三经注疏》,中华书局1980年版,第86页。

二、五色帝与物候

五色帝作为五行之神,掌管配属五行的各类事物,其中包括五时。在古人的想象中,是五色帝赋予了五时以不同性质的时气,因而才形成了四季分明的物候现象。

(一) 青帝与生机盎然的春季

据说,主司春季的青帝是天帝的长子。《大易通解》:"帝出乎震,东方木行之青帝,为上帝之长子也。在《易》言之,则乾元寄于震,初阳气至,春发于东方,以振发生意者是也。"[1]《周易》震卦取象于雷,春雷滚滚,震动天地,蛰伏了一冬的昆虫、百兽纷纷爬出了自己的洞穴;在雷声中落下的绵绵春雨滋润着干涸的大地,给河边、田埂、山峦涂上了一抹油汪汪的新绿。这一抹新绿在漫山遍野之间的蔓延,是春日最鲜明的特征,也是春日最美妙之处。震卦之色为竹苍筤色。"竹初生之时色苍筤,取其春生之美也。"[2]古人选择青色作为象征春天的风向——东方以及取象于春雷的震卦的色彩符号,是对春日意象最好的提炼。震卦的卦象描绘了春天时节万物复苏、生机勃勃的美好景象。这是天地之间阳气开始萌动的最初产物,因此,春季的化身——青帝被视作天帝的长子。由于青是象征春天的色彩符号,因此驾着有青色轮子的车舆成了青帝形象的主要特征。[3]

"青帝邀春隔岁还。"[4]青帝是春天的召唤者。"萱草初长花未开,共知青帝领春回。"[5]青帝是春天物候的主宰者。人们普遍认为,青帝收去凛冽的寒气[6],送来煦暖的和风[7],洒下酥油般珍贵的春雨,让稻谷以野草般的速度迅速而茂盛地生长。[8]

---

[1] (清)魏荔彤:《大易通解》卷一五《说卦传》,《景印文渊阁四库全书》第44册,第555页。
[2] (宋)魏了翁辑:《周易要义》卷九《说卦》,《景印文渊阁四库全书》第18册,第289页。
[3] (清)乾隆皇帝:《御制诗集·初集》卷二〇《新春恭奉皇太后驾幸圆明园作二首》:"柳眼花心各待春,传言青帝驾青轮"(《景印文渊阁四库全书》第1302册,第335页)。
[4] 王初:《青帝》,《全唐诗》卷四九一,中华书局1960年版,第5558页。
[5] (宋)张公庠:《宫词》,(宋)陈思编,(元)陈世隆补:《两宋名贤小集》卷三二三《张泗州集》,《景印文渊阁四库全书》第1364册,第551页。
[6] (宋)韩维:《南阳集》卷一一《和三哥立春即事》:"青帝收寒岁令回,彩幡今胜下天来"(《景印文渊阁四库全书》第1101册,第603页)。
[7] (唐)李咸用:《春风》:"青帝使和气,吹嘘万国中"(《全唐诗》卷六四五,中华书局1960年版,第7388页);(唐)韦庄:《立春》:"青帝东来日驭迟,暖烟轻逐晓风吹"(《浣花集》卷三,《四部丛刊》本,第5a页)。
[8] (元)刘秉忠:《藏春诗集》卷三《田家》:"青帝布恩先畎亩,谷生如草雨如膏"(《北京图书馆古籍珍本丛刊》,书目文献出版社1991年版,第194页)。

"青帝未教春满目,玄冥还有岁寒心。"①春寒料峭,春雪飘零,是主司冬天的玄冥和主司春天的青帝尚未完成交接的缘故。但也有诗人把春雪看作是欢迎青帝回归人间的一种方式:"六出试妆梅欲妒,万花飘絮柳难如,云凝惨送元冥斾,风舞欢迎青帝车。"②更有乐观的诗人想象春雪表达了青帝对人间的特别关爱,在"金丝未偏千门柳,玉叶才分五岭梅"的早春季节,他似乎对芳信尚微的人间产生了怜悯之心,裁出"六出之花"来增添春的消息③。

竞相开放的百花是青帝最得意的杰作。梅花绽放,带来春天里的第一抹艳色和第一缕芳香。因此,人们把她比喻为"青帝宫中第一人"④,"青帝宫中第一妃"⑤。古人惊艳于牡丹的国色天香,因此认为牡丹是青帝特别偏爱的花卉:"青帝恩偏压众芳,独将奇色宠花王。"⑥青帝为它们倾注了比别的花卉更多的心血:"青帝工夫在牡丹。"⑦海棠是青帝偏爱的另一种花。"青帝行春信自专,精心知向海棠偏。"⑧对于青帝把"轻红如杏素遮梨,直似佳人照碧池"的海棠开花日程安排得这么晚,有些人不禁发出了怨言,于是诗人劝他们看在"已是化工教艳绝"的份上,"莫嫌青帝与开迟"。⑨

"连理枝头花正开,妒花风雨便相催。愿教青帝长为主,莫遣纷纷点翠苔。"⑩惜春的人们想象,如果留住青帝,就能留住春天,如果让青帝永远主宰人间,就能让花儿在枝头芳容永驻。明代诗人甚至产生了这样的奇思妙想,如果能够获得堆到北斗星那样高的黄金,他愿意都用来向青帝购买催生万物的东风:"草芽半吐参差碧,花蕊初开浅淡红。安得黄金高北斗,尽输

---

① (宋)虞俦:《尊白堂集》卷二《和子长县尉林同年立春后十日风雪大作访客不值》,《景印文渊阁四库全书》第1154册,第37页。
② (宋)施枢:《春前一日雪》,(宋)陈思编,(元)陈世隆补:《两宋名贤小集》卷二九五《芸隐倦游稿》,《景印文渊阁四库全书》第1364册,第358页。
③ (宋)华镇:《云溪居士集》卷一三《立春日雪》,《景印文渊阁四库全书》第1119册,第407页。
④ (元)释明本:《和冯海粟作》,《梅花百咏·附录》,《景印文渊阁四库全书》第1366册,第580页。
⑤ (宋)陆游:《剑南诗稿校注》卷一四《雪后寻梅偶得绝句十首》:"青帝宫中第一妃,宝香熏彻素绡衣"(上海古籍出版社1985年版,第1101页)。
⑥ (宋)韩琦:《牡丹二首》,《安阳集》卷六,《北京图书馆古籍珍本丛刊》,第257页。
⑦ (宋)虞俦:《尊白堂集》卷四《剪牡丹有感》,《景印文渊阁四库全书》第1154册,第94页。
⑧ (宋)李定:《海棠》,(宋)陈思编:《海棠谱》卷中,(宋)欧阳修等著,王云整理校点:《洛阳牡丹记(外十三种)》,上海书店出版社2017年版,第63页。
⑨ (宋)李定:《和〈海棠〉》,(宋)陈思编:《海棠谱》卷中,(宋)欧阳修等著,王云整理校点:《洛阳牡丹记(外十三种)》,上海书店出版社2017年版,第64页。
⑩ (宋)朱淑真:《落花》,(明)李蓘:《宋艺圃集》卷二二,《景印文渊阁四库全书》第1382册,第936页。

青帝买东风。"①

青帝是主宰百花王国的统治者。"草芳木秀一番新"正是他行使威权、造化万物的结果②。于是有人向青帝推荐"巧如鸡距锐如簪,蘸紫濡红粉不深"的木笔花作为青帝的侍臣和辅佐:"青帝合教随侍史,万花国里写春心"③。

在青帝主司花朵开放观念的影响下,人们把那些在其他季节开放的花儿也归功于青帝。唐代诗人王毂看到泉州的刺桐花在盛夏季节开得如此红火,不免"直疑青帝去忽忽,收拾春风浑不尽"④。花期本在春季的牡丹出人意料地在隆冬季节盛开,让人怀疑主司冬季的玄帝变成了主司春天的青帝。⑤ 黄巢相信青帝可以主宰百花的花期。在那首广为流传的菊花诗中,他怜悯在满院西风中绽放的菊花"蕊寒香冷蝶难来"的凄清处境,因此发出了这样的豪言壮语:"他年我若为青帝,报与桃花一处开"⑥。

不过,百花的命运也不全由青帝掌控,有时候天帝会干预青帝经营百花的事业。唐代诗人黄滔曾经悲叹娇美绝伦的木芙蓉因为"天嫌青帝恩光盛",而被留给了萧瑟的秋风和寂寥的雪地的惨淡命运。⑦ 有时淫雨会毁掉青帝刚刚成就的功劳。"青帝方成万物春,如何淫雨害芳晨?"⑧对于那些自己无法掌控的命运,青帝是无奈的,也是多情的。"十日好花都去尽,可怜青帝用功深。"⑨随着落红遍地,绿树成荫景致的出现,时节渐渐由暮春转入了初夏。

(二) 赤帝与烈日炎炎的夏季

据说,赤帝主司夏季。夏季给人的炎热感觉与火焰是相近的。赤帝名号"赤熛怒"的内涵完全符合古人对炎炎夏日的体验以及由此引发的想象。熛有"迸发的火焰"之义,怒的含义之一是"气势强盛"。作为火和骄阳的本体色,赤色是最能够形象地概括夏季特征的颜色,因此成为象征夏季的色彩

---

① (明)薛蕙:《考功集》卷八《春日漫兴十二首》,《景印文渊阁四库全书》第1272册,第90页。
② (元)侯克中:《艮斋诗集》卷一三《惜春二首》:"青帝行权万物春,草芳木秀一番新",《景印文渊阁四库全书》第1205册,第515页。
③ (宋)李龏:《木笔》,(宋)陈起编:《江湖后集》卷二〇,《景印文渊阁四库全书》第1357册,第956—957页。
④ (唐)王毂:《刺桐花》,《全唐诗》卷六九四,中华书局1960年版,第7987页。
⑤ (明)朱诚泳:《冬日牡丹》:"爱日微暄破锦丛,永春园内小亭东。虚疑玄帝为青帝,却讶寒风变暖风。松竹有情同晚节,雪霜何处避春红。眼前生意多如许,可是能回造化功"(《小鸣稿》卷五,《景印文渊阁四库全书》第1260册,第252页)。
⑥ (唐)黄巢:《题菊花》,《全唐诗》卷七三三,中华书局1960年版,第8384页。
⑦ (唐)黄滔:《木芙蓉三首》,《全唐诗》卷七〇六,中华书局1960年版,第8130页。
⑧ (宋)程颢:《新晴野步二首》,《二程集》卷三《明道文三》,中华书局1981年版,第478页。
⑨ (宋)邵雍:《邵雍集》卷一九《洛阳春吟》,中华书局2010年版,第504页。

符号。赤帝被视为夏季的主宰者。

"离宫划开赤帝怒,喝起六龙奔日驭。"古人将夏季的炎热归因于赤帝的怒气。在赤帝怒火的折磨之下,"下土熬熬若煎煮,苍生煌煌无处处。火云峥嵘焚沉寥,东皋老农肠欲焦"①。当赤帝行使炙烤人间的威权,在太虚之中耀武扬威的时候,嚼吞冰雪也无济于事,频频地摇动扇子,汗水却仍然像断了线的珠子不停地滚落,孩子们使劲晃动竹子,希望能获得一丝凉风。② 由于相信炎热天气是赤帝带来的,古人甚至把"秋老虎"现象也归罪于赤帝欺负白帝子。"六月不热八月热,白帝子为赤帝欺。行天骄日自阳燧,曳地妖云仍火旗。"③

人们不满于赤帝带来的骄阳与炎热,可是气候异常的时候,却又会埋怨赤帝没有尽到自己的职责。五月本是天气逐渐炎热的时节,可是,主司夏季的朱明之神却不知躲到哪里去了,弄得人间一派秋意。人们怀疑是赤帝藏起了驭日之龙,导致江南久雨不晴,寒意逼人④。淫雨、积涝使人不禁抱怨"赤帝空持大火权"⑤。

七月流火,预示着秋季的降临。"南方赤帝骑龙尾,啾啾夜渡银河水"⑥,赤帝的身影渐渐消失在人们的视线中。接替他的将是主司秋季的白帝:"白帝来时赤帝归,年年流转不违时。"⑦

(三) 白帝与成熟、疏朗的秋季

白是象征秋天的色彩符号。因此古人认为,白帝主司秋季。白帝的"银旗玉甲"给人间带来了清冷的寒意。在他的指挥下,"雪毛老虎排天门,飕飕凉气吹黄昏"。雪毛老虎显然指的是四象之中象征秋天、守护西方的白虎。在天门一字排开的白虎将凉气吹向人间,预示着秋天的来临。⑧ 敏

---

① (唐)释齐己:《白莲集》卷一〇《苦热行》,《四部丛刊》本,第2a页。
② 《雁过声》:"赤帝当权耀太虚,半点南来熏风意,任吞冰嚼雪成何济。扇频挥,汗如珠,空持损玉骨冰肌。移身傍翠微,儿童撼竹求风至,烦暑也得释片时。换头终朝,院落静悄,徒然有龙香凤膏,鸾笙象板无心好。万般愁,万般恨,这闷怀,教我难熬。空教人易老,那堪暮雨帘前闹,比俺泪珠,兀自少"((清)王奕清:《御定曲谱》卷六,《景印文渊阁四库全书》第1496册,第503—504页)。
③ (明)王世贞:《弇州四部稿》卷四一《秋热》,《景印文渊阁四库全书》第1279册,第519页。这首诗蕴藏了刘邦斩蛇的典故。
④ (元)宋褧:《燕石集》卷三《五月寒》:"朱明避事秋万里,葛潯罗塵索裴绮。赤帝藏龙天漏水,白鸟苍蝇冻缩觜"(《景印文渊阁四库全书》第1212册,第382页)。
⑤ (清)赵执信:《因园集》卷三《苦雨》:"黯黯山城惟积水,沉沉夏日更如年。骄龙逆作穷秋气,赤帝空持大火权"(《景印文渊阁四库全书》第1325册,第326页)。
⑥ (元)李昱:《七月辞》,《草阁诗集·拾遗》,《景印文渊阁四库全书》第1232册,第69页。
⑦ (宋)陈著:《本堂集》卷一八《次韵吴竹修立秋日》,《景印文渊阁四库全书》第1185册,第86页。
⑧ (元)张宪:《玉笥集》卷三《秋来》,《景印文渊阁四库全书》第1217册,第401页。

感的诗人最先感觉到风中的丝丝凉意,开始换下了轻薄的葛衫。他们纷纷猜测,或许明天白帝就会重返署衙,治理人间。① 当白帝扬起马镳,主司夏季的炎帝就准备撤离人间了。② 辅佐炎帝的火官祝融催促炎帝收回炽热的骄阳,起驾离去;白帝手持信节降临九州,施行清商之令③。白帝与炎帝交接主宰人间权力的命令一颁发,用来乘凉的蒲葵扇子,轻盈薄透的绨葛凉衫等等消暑之物纷纷举起了投降的旗子。④ 白帝主宰下的人间呈现出一派崭新的气象,秋高气爽,景致清逸。

"薄云疏雨作还休,白帝撩人巧变秋。"⑤俗话说,一场秋雨一场凉。一场淅淅沥沥、乍落又停的秋雨之后,美丽的西子湖也被白帝披上一身秋装。天真的诗人在游览白龙洞的时候,突发奇想,白色是秋天的象征色,那么能够上天入海、行云作霖的白龙是不是也和秋天有某种关联呢,它是不是常常陪伴白帝将清秋洒落人间,带来秋雨霖霖,为尘寰洗去炎炎雾气。⑥

"水阔苍梧野,天高白帝秋。"⑦白帝带来的秋风秋雨涤除了夏天的闷热与烦躁,天地之间呈现出一派高远、苍茫、深阔的气象。万木萧萧而下,百花簌簌而落。虽然"令传白帝敛繁华"⑧,但这并不是一个萧索、死寂的世界。秋天自有独特的幽韵与芬芳。桂菊双清,兰花飘香,芙蓉、海棠竞相争妍。这一切当然都是出自白帝的恩泽与匠心。造物主是那么吝惜鲜艳的荣华,怎么肯轻易惠及幽深角落里的花葩,因此"迩来合萧条,凄风寄蒹葭"的兰花出身未必高贵,不过是偶然受了白帝的恩泽,才有了难以遮掩的傲人芳香。⑨ 秋海

---

① (清)乾隆皇帝:《御制乐善堂全集定本》卷三〇《夏兴三十首》最末一首:"消夏才教脱葛衫,藤萝月影上巘岩。秋声欲倩欧阳赋,白帝明朝又署衙"(《景印文渊阁四库全书》第1300册,第537页)。
② (宋)章甫:《自鸣集》卷四《新凉》:"白帝扬镳后,炎官退舍初"(《景印文渊阁四库全书》第1165册,第406页)。
③ (明)黄仲昭:《未轩文集》卷九《内阁试新秋诗》:"祝融促驾收炎光,白帝持节行清商"(《景印文渊阁四库全书》第1254册,第514页)。
④ (元)杨公远:《野趣有声画》卷下《次韵立秋》:"白帝交承下令时,蒲葵绨葛竖降旗"(《景印文渊阁四库全书》第1193册,第760页)。
⑤ (宋)道潜撰,孙海燕点校:《参寥子诗集》卷八《同周元翁著作、范明远秘校西湖夜泛各赋一首》,上海古籍出版社2017年版,第167页。
⑥ (元)张仲深:《子渊诗集》卷二《白龙洞》:"常陪白帝行清秋,要与尘寰洗炎雾"(《景印文渊阁四库全书》第1215册,第327页)。
⑦ (唐)杜甫:《暮秋将归秦留别湖南幕府亲友》,(清)仇兆鳌:《杜诗详注》卷二三,中华书局1979年版,第2089页。
⑧ (明)陆深:《俨山集》卷一二《玉笋十八首》,《景印文渊阁四库全书》第1268册,第73页。
⑨ (宋)毛滂:《东堂集》卷一《育阁黎房见秋兰有花作》:"偶出白帝恩,未必黄钟家"(周少雄点校:《毛滂集》,浙江古籍出版社2012年版,第6页)。

棠的绽放是一种摄人魂魄、灿烂惊心的美。诗人不禁要感激白帝幻化出红玉般的嫩蕊，描绘出如此这般明丽动人的秋景图："微云澹日映寒流，画出西园一幅秋。白帝幻成红玉蕊，金风吹绽碧枝头。睡余艳艳真妃子，梦罢憎憎一解愁。"①芙蓉花"自性淡伫羞迎逢"，却得到了白帝的特别恩准，"白帝有令毋纤秾，霜纨雾縠许在列"，在姹紫嫣红之中成为一道独特的风景。②诗人在清幽、醇厚的桂花芬芳中悄然入梦，恍惚来到了白帝之乡，畅饮着琼浆玉液。"清梦曾游白帝乡，手挥云汉酌天浆。"③秋光虽清浅，秋花却繁盛。其实何必走那么远的路去寻访松柏兰菊，为之吟咏称颂，白帝无意中留在山亭四隄的那些不知名的小野花更是楚楚可怜，幽静可爱。"山亭新破一方苔，白帝留花满四隄。野艳轻明非傅粉，秋光清浅不凭材。乡穷自作幽人伴，岁晚谁为静女媒。可笑远公池上客，却因松菊赋归来。"④

秋天的月色分外皎洁，仿佛悬挂在白帝心头那面刚刚打磨过的护心镜。⑤月亮将皓白的光彩完满无缺地奉献给了白帝主司的秋天，甚至连月中那片被想象成桂树的黑影都销匿了。⑥与白帝共游寰宇的美好经历让素娥展开了欢欣的笑颜。⑦古人将秋天视为一年中赏月的最佳时节。一轮圆月从海上冉冉升起，顿时将寰宇照耀得一片澄澈，银河星汉也黯然失色，不禁让人怀疑这皓白的颜色得益于对白帝特权的专擅。⑧

"律侵白帝，独抽穗于麦畦。"⑨白帝赐予人间秋色成熟之美。麦稻飘香的季节即将来临。"喜看白帝酿西成"是乾隆皇帝热爱秋天的重要原因。他为秋天写下了无数诗篇："桑畦稻陇均堪赏，写出终年望岁情。"⑩秋天的

---

① （宋）喻良能：《香山集》卷一一《亦好园海棠秋开红英满树》，中华书局2019年版，第208页。
② （宋）林景熙：《林景熙诗集校注》卷一《白拒霜》，浙江古籍出版社1995年版，第78—79页。
③ （元）周权：《此山诗集》卷七《谢惠桂花赋》，《景印文渊阁四库全书》第1204册，第41页。
④ （宋）王安石：《王安石全集》卷六七《钟山西庵白莲亭》，上海古籍出版社1999年版，第520页。
⑤ （唐）裴夷直：《同乐天中秋夜洛河玩月》："白帝心边镜乍磨"（《全唐诗》卷五一三，中华书局1960年版，第5857页）。
⑥ （宋）韩琦：《安阳集》卷一七《壬子仲秋对月》："一轮徐出海东头，皓彩全供白帝秋。桂迹自消安在斫，宝光无缺不因修"（《北京图书馆古籍珍本丛刊》第85册，第309页）。
⑦ 蔡复一：《闰六月望立秋集张园玩月时积雨新霁》："全领素娥笑，新从白帝游"（（清）郑方坤：《全闽诗话》卷七，福建人民出版社2006年版，第393页）。
⑧ （宋）韩琦：《安阳集》卷二《中秋对月送姚辟教授南归》："坐看玉轮从海上，皓色疑专白帝权"（《北京图书馆古籍珍本丛刊》，第239页）。
⑨ （清）乾隆皇帝：《御制乐善堂全集定本》卷一三《麦秋赋》，《景印文渊阁四库全书》第1300册，第395页。
⑩ （清）乾隆皇帝：《御制诗集·初集》卷一五《新秋瀛台即景》，《景印文渊阁四库全书》总第1302册集部第241册，第287页。

树枝挂满了累累硕果。柑橘是其中的珍品之一。有了橙黄诱人的柑橘,再也没有人批评白帝的粗陋了。①

秋老虎是常见的天气现象。凉爽的西风迟迟不到,暑气依旧流连人间,天气热得连嫦娥都摇了一夜的团扇。诗人杨万里认为是因为白帝没有携带可以送来凉意的羽衣,炎官却撑起了火伞②。乾隆皇帝更是被秋老虎搅得不得安宁,不免疑心白帝和自己一样,权力受到了太多的牵制。③

乾隆皇帝常以尽得白帝之精神来称赞秋景图画之神似。他非常欣赏《古木丛篁》,称赞王绂在"写出不须邀白帝"的情况下,就能完美地呈现出"澄心一幅净如空,古木数枝态作风"的秋色神韵。④ 在他看来,董邦达的《篆山清晓图》细致入微地描绘了"爽澄兰沼波吹细,风度松林籁泛轻"的秋色,其神韵之妙,令人怀疑是"白帝精神昨夜入,虚堂飒沓此时生"⑤。他从《枫林秋意》描绘的"千林叶绘峰"的秋色中感受到了"一夜霜吹宇"的浓浓秋意,"萧萧且未下,熠熠转如浓"的秋叶如此之美,"仿佛天孙织,依稀白帝逢"⑥。

在秋天接近尾声的时候,白帝刚刚想要起驾踏上归途,玄神却已经先赶到了⑦。尚属秋季的九月,菊花的清香犹在酒中飘泛,然而持续数日的浓雾,在连夜紧吹的北风之后,晶莹的初雪忽然充满了寂静的天空。看来,玄英之巧手堪与白帝之雄浑一争高低呢。⑧

---

① (宋)王十朋:《梅溪先生文集·后集》卷一三《柑》:"白帝谁云陋,黄柑亦自香"(《王十朋全集》,上海古籍出版社2012年版,第398页)。

② (宋)杨万里撰,辛更儒笺校:《杨万里集笺校》卷四一《秋夜极热》:"白帝羽衣浑不带,炎官火伞却将来"(中华书局2007年版,第2183页)。

③ (清)乾隆皇帝:《御制诗集·初集》卷三四《热》:"炎官恣婪尾,白帝疑无权。轻风纵送爽,赤日势正昍。亦知匪久长,有如深春寒。时令苟不协,孜孜心鲜安。或谓借鬱蒸,坚好益大田。今秋兆已佳,宜旸获倍焉。或谓当秋热,恐有疾病人。已嫌意靡适,更听言两端。至理契中庸,因悟为君难"(《景印文渊阁四库全书》第1302册,第520页)。

④ (清)乾隆皇帝:《御制诗集·初集》卷三四《王绂〈古木丛篁〉用倜间问题者韵》,《景印文渊阁四库全书》第1302册,第522页。

⑤ (清)乾隆皇帝:《御制诗集·二集》卷一九《董邦达〈篆山清晓图〉》,《景印文渊阁四库全书》第1303册,第432页。

⑥ (清)乾隆皇帝:《御制诗集·二集》卷五六《题方琮山水图·枫林秋意》,《景印文渊阁四库全书》第1304册,第148页。

⑦ (元)袁桷:《清容居士集》卷八《秋雪》:"白帝欲返驭,玄神已先驱"(浙江古籍出版社2015年版,第207页)。

⑧ 王琢:《辛未九月二十一日雪》:"几日西郊雾,连宵北墉风。菊花犹泛酒,雪片忽填空。……岂料玄英巧,来争白帝雄"((金)元好问编,张静校注:《中州集校注》卷七,中华书局2018年版,第1843—1844页)。

（四）黑帝与雪花飞舞的冬季

玄黑之色是象征冬季的色彩符号，因此古人认为，黑帝（也称玄帝）主司冬季。寒冷是冬季气候的主要特点。诗人想象黑帝住在一个"惨淡阴灵"的地方。① 冬日的严寒令人难以忍受。人们通过穿棉袄、晒太阳、烤火等方式来驱寒取暖，并殷切期盼着春天的早日来临："八埏蝼蚁厌寒栖，早晚青旗引春帝。"② 不过也有人善于品味冬夜的美妙滋味，乐于享受冬夜的别样风情。乾隆皇帝就说："人苦冬日短，我爱冬夜长。"诗人在温馨雅致的氛围中推敲诗句，并没有感觉到冬夜的寒冷，不禁叹咏："招摇正指北，黑帝方司辰。三余饶乐事，华屋夜如春"③。在冬雪满天的日子里绽放着香艳与妩媚的梅花也印证了黑帝并非只有专职司杀的冷酷一面，主宰百花的大权并不全由青帝垄断。④

雪花飘舞是冬日特有的景观。黑帝将美丽的雪花均匀地洒向人间的每一个角落。⑤ 玄帝（黑帝）在大地上铺陈开来的一场大雪，让万千村落都陷入了一片混茫之中。俗话说，瑞雪兆丰年，是因为大雪会冻死很多对庄稼有潜在威胁的害虫。可是诗人觉得还不如直接减免租税，宽缓物役，何须劳动玄帝降下如此声势浩大的一场雪来压死遗留田间的蝗虫。⑥ 雪花是主司冬季的玄帝对人间的恩赐，因此玄帝成为祈雪仪式的祷告对象。天子禋祀玄冥，祈祷黑帝，以求瑞雪膏泽四海，来年仓廪无忧。

河冰涣然而释，煦暖的太阳仿佛长着金色翅膀的小鸟在天空中逡巡，白鹭重新回到了曲池边，鱼儿在水晶般清澈的池塘中游弋。黑帝收去了他统

---

① （元）王恽著，杨亮、钟彦飞点校：《王恽全集汇校》卷二八《岳庙谢雪偶题》："惨淡阴灵黑帝家"（中华书局 2013 年版，第 1392 页）。
② （唐）陈陶：《冬夜吟》，《全唐诗》卷七四五，中华书局 1960 年版，第 8471 页。
③ （清）乾隆皇帝：《御制乐善堂全集定本》卷一七《冬夜偶成》："人苦冬日短，我爱冬夜长。皓月悬长空，翔风飘碎霜。重帘垂氍毹，红烛明深堂。博山炷水沉，和以梅蕊香。敲诗不觉冷，漏永夜未央。招摇正指北，黑帝方司辰。三余饶乐事，华屋夜如春"（《景印文渊阁四库全书》第 1300 册，第 425 页）。
④ （宋）周元举：《梅花次韵三首》："怪底穷冬雪满天，一枝香艳媚尊前。未应黑帝专司杀，谁道青阳独擅权"（（宋）陈思编，（元）陈世隆补：《两宋名贤小集》卷八二，《景印文渊阁四库全书》第 1362 册，第 824—825 页）。
⑤ （宋）郑獬：《郧溪集》卷二五《杭州喜雪》："吴儿经年不识雪，忽惊大片遮空来。黑帝不分苦荒拙，六花一夜随风开……"（《景印文渊阁四库全书》第 1097 册，第 337 页）。
⑥ （元）何中：《知非堂稿》卷六《雪》其二："我疑玄帝巧铺张，万落千村入混茫，但得减租宽物役，何须如许压遗蝗"（《北京图书馆古籍珍本丛刊》第 94 册，书目文献出版社 1996 年版，第 491 页）。

治人间的神威,寒冷的冬日渐渐离去,春天又回到了人间。①

伴随着五色之帝交替统治人间,驾驭万物,世间经历了春夏秋冬的一个轮回。春花秋月,夏雨冬雪,天地之间,大美无言。春生夏长,秋收冬藏;春戴柳,夏插艾,秋登高,冬赏雪。古人在与自然节律的相随相合之中感受到了天人和谐、时序整饬之美。他们以色彩为语言,借助色彩的情绪、性格与文化内涵之间的微妙变化,生动而准确地反映了自己对时令变迁的细腻感受。青、赤、黄、白、黑,应合着时节的流转,明暗相迭,冷暖相谐,体现出时间与空间的韵律之美。

三、五色帝与五岳

中华山岳文化尤其是五岳文化源远流长,意蕴深厚。"太昊氏为青帝,治岱宗山;颛顼氏为黑帝,治太恒山;祝融氏为赤帝,治衡霍山;轩辕氏为黄帝,治嵩高山;金天氏为白帝,治华阴山。"②古人将五岳崇拜与五色帝崇拜结合起来,以五色帝为五岳之神,以五岳为五色帝的居住之处。

青帝是天帝的长子,这就决定了青帝及其所治的泰山所具有的特殊地位。在古代宗法制度和传统家庭结构中,嫡长子具有举足轻重的地位。作为始祖的代表,作为家族遗传基因以及文化传统最纯粹最集中的体现,作为家族血缘、权力和财富在两代人之间交接的转折点,嫡长子在不断繁衍、分支的宗族中始终占据独尊地位,在宗族生活中起着支配作用。青帝作为天帝的长子,其地位和作用与人间的嫡长子是相对应的。青帝所治的泰山也具有"五岳独尊"的特殊地位。《白虎通·封禅》:"王者易姓而起,必升封泰山何?报告之义也。始受命之日,改制应天,天下太平功成,封禅以告太平也。所以必于泰山者何?万物之始,交代之处也。"③泰山不但是王朝更替、天命转移的象征地,也是新生命的孕育之处,独具出岫为云,化云行雨,膏泽大地,滋润万物的神奇力量。大中祥符元年(公元1008年)在泰山南麓修建青帝观,祀奉东岳,宋真宗下诏加号广生帝君,并在亲笔御书的《广生帝君赞》中称泰山为"生育之地,灵仙之府"④。这篇赞文在当年十月二十七日被刻在青帝观中的石碑上。郝经称赞泰山有"储膏溢泽,蒸为桑土,衣被天下,民

---

① (清)乾隆皇帝:《御制诗集·初集》卷一三《春冰》:"鼓鞴阳和金翼飞,逡巡黑帝已收威。曲池鹭立猜鱼负,环浦晶明借日晞"(《景印文渊阁四库全书》第1302册,第248页)。
② (明)陶宗仪:《说郛》(宛委山堂本)卷七下引《枕中书》,(明)陶宗仪:《说郛三种》,上海古籍出版社1988年版,第334页。
③ 《白虎通》卷六《封禅》,陈立:《白虎通疏证》,中华书局1994年版,第278页。
④ 宋真宗:《广生帝君赞》,(清)顾炎武:《求古录》,《景印文渊阁四库全书》第683册,第665页。

无寒苦,播为阳春,狐犷天宇,发育万物"之功①。传统宗法思想的基本内容是保证宗族生命的不断繁衍和持续繁盛。嫡长子在传宗接代过程中具有绝对重要的功能和地位。对天帝长子青帝所统辖的泰山的崇拜是宗法思想和嫡长子独尊思想的特殊表现。

地处南国的南岳衡山,其别名、相关传说故事都与象征南方的红色系产生了密切联系。古人将南岳衡山称作"朱陵之灵台"。在他们看来,衡山是赤帝居住、活动之处。"赤帝馆其岭,祝融托其阳。"②"隆隆翠光照南溟,是为朱陵赤帝庭。"③"上馆赤帝朱鸟飞。"④"斯乃赤帝之所幸,祝融之所栖。"⑤在南岳供奉、祭祀赤帝的活动被列入官方祀典。诗文中有很多对赤帝祭祀盛典的描绘。例如,唐代诗人吕温的《奉敕祭南岳》:"皇家礼赤帝……致斋紫盖下,宿设祝融侧。"⑥宋代诗人戴复古的《南岳》:"南云缥渺连苍穹,七十二峰朝祝融。凌空栋宇赤帝宅,修庙翼翼生寒风。朝家遣使严祀典,御香当殿开宸封。愿四海,扶九重,干戈永息年屡丰。"⑦

西岳华山属于白帝的管辖范围。李白将华山视为"白帝金精运元气"的产物。⑧ 在张宇初的笔下,华山是一个"白帝金精荧彩周"的神奇境界。⑨ 据说,曾经有一位山人居住在华山上,过着"夜随金精朝白帝"的神仙般的生活。⑩ 探访白帝、寻求真源是人们攀登华山的目的之一。"稍待秋风凉冷后,高寻白帝问真源。"⑪"此日重来华岳游,为问真源寻白帝。"⑫

北岳恒山是黑帝的势力范围。张嘉贞形容恒山"其顶也,上扶乾门黑

---

① (元)郝经:《郝文忠公陵川文集》卷一《泰山赋》,《北京图书馆古籍珍本丛刊》第91册,书目文献出版社1996年版,第499页。
② (唐)徐坚:《初学记》卷五《地理上·衡山第四》引徐灵期《南岳记》及盛弘《荆州记》,中华书局1962年版,第97页。
③ (宋)华镇:《云溪居士集》卷五《次韵和湖南运判司勋曹公衡山行》,《景印文渊阁四库全书》第1119册,第365页。
④ (元)元明善:《跋南岳寿宁观碑后》,孙原理辑:《元音》卷二,《景印文渊阁四库全书》第1370册,第431页。
⑤ (明)俞安期:《衡岳赋》,(清)黄宗羲编:《明文海》卷一六,中华书局1987年版,第123页。
⑥ (唐)吕温:《吕衡州集》卷二《奉敕祭南岳十四韵》,《景印文渊阁四库全书》第1077册,第606页。
⑦ (宋)戴复古:《戴复古集》卷一《南岳》,浙江大学出版社2012年版,第18页。
⑧ (唐)李白:《西岳云台歌送丹丘子》,《李白集校注》,上海古籍出版社1980年版,第488页。
⑨ (明)张宇初:《岘泉集》卷四《题华山仙掌图》,《景印文渊阁四库全书》第1236册,第508页。
⑩ (明)李梦阳撰,郝润华校笺:《李梦阳集校笺》卷二一《太华山人歌》,中华书局2020年版,第580页。
⑪ (唐)杜甫:《望岳》,(清)仇兆鳌注:《杜诗详注》卷六,中华书局1979年版,第485页。
⑫ (明)冯从吾:《少墟集》卷一〇《重游华山有感》,《景印文渊阁四库全书》第1293册,第182页。

帝之宫观,其足也,下捺坤轴玄神之都府。"① 王禹偁以"下建玄冥之宅,旁临黑帝之居"譬喻北岳庙的重修。② 由于统辖北岳的黑帝也是主司冬季的主神,古人习惯于到北岳庙求雪、谢雪。"岧嶤觚爵动云霞,惨淡阴灵黑帝家"似乎成了北岳风光的最大特色。③

除了现实大地上的五岳,民间传说还想象在蓬莱海上的神仙天界和人间陆地上一样也有五岳灵山,同样由五色帝分别镇守。广乘山,乃天界的东岳,在东海之中和人间的泰山一样是"五岳发生之首"。山上有碧霞之阙、琼树寒林、紫雀翠鸾、碧藕白橘等以青色为主的珍稀之物。青帝天君灵威仰统领仙官兵吏镇守此山。木德之星——岁星之精居住在九气青天之内。长离山,乃天界的南岳,在南海之中,因此以取象于火、南方、夏季的离卦命名,这是一个红彤彤的神仙世界:"上有朱宫经阙,赤室丹房,朱草红芝,霞膏金醴"。天下刚刚得道的神仙都要拜谒这里的宫殿。这座山由赤帝天君赤熛怒镇守。火德之星——荧惑居住在二气丹天之内。丽农山,乃天界的西岳,在西海之中,呈现出一派素净莹白的景象:"上有白华之阙,三素之城,玉泉之宫,瑶林瑞兽。"此山由白帝天君白拒招镇守。金德之星——太白之精居住在七气素天之内。广野山,乃天界之北岳,在北海弱水之中,为阴气之主,由黑帝天君叶光纪镇守。水德之星——辰星之精居住在五气玄天之内。④

五色帝分别统辖五岳,他们各异的气质与职能赋予五岳以各不相同的风貌和神性,为五岳增添了许多美好的传说和神秘的色彩,强化了人们对五岳的崇拜,大大丰富了五岳文化的内容。

四、五色帝与五德

古人相信,五色帝主宰五德,历代帝王之兴必定是感应了太微垣五帝中代表本朝德运的那一位而出生的。《春秋公羊传·宣公二年》:"五帝在太微之中迭生子孙,更王天下。"⑤《礼记·大传》郑玄注:"王者之先

---

① (唐)张嘉贞:《北岳恒山庙碑》,(宋)姚铉编:《唐文粹》卷五〇,《景印文渊阁四库全书》第1343册,第700页。
② (宋)王禹偁:《重修北岳庙碑铭》,雍正《山西通志》卷一九四,《景印文渊阁四库全书》第549册,第357页。
③ (元)王恽著,杨亮、钟彦飞点校:《王恽全集汇校》卷28《岳庙谢雪偶题》,中华书局2013年版,第1392页。
④ (宋)潘自牧:《记纂渊海》卷八六《仙道部·蓬壶阆苑海上五岳灵山》,中华书局1988年版,第2979—2980页。
⑤ 《春秋公羊传·宣公三年》何休注,(清)阮元校刻:《十三经注疏》,中华书局1980年版,第2278页。

祖皆感大微五帝之精以生，苍则灵威仰，赤则赤熛怒，黄则含枢纽，白则白招拒，黑则汁光纪，皆用正岁之正月郊祭之，盖特尊焉。"①他们都认为历代帝王与太微五帝有着直接的亲缘关系。因此，作为历代帝王的始祖，五色帝又被称为"感生帝"。"感生帝，即五帝之一也。帝王之兴，必感其一。"②

感生帝崇拜是五德终始说与帝王感生说的结合。在天人感应学说大行其道的思想背景下，郑玄等人将帝王感生传说纳入了儒家的思想体系，成为当时政治神学的一部分，后来又与五德终始说融为一体，形成了感生帝之说。尽管这种学说在当时以及后世都引起了很大的争议，遭到了很多诟病③，但是感生说和五德终始说作为神化王权的理论工具，始终受到许多君

---

① 《礼记·大传》郑玄注，《礼记正义》，(清)阮元校刻：《十三经注疏》，中华书局1980年版，第1506页。
② 《宋史》卷一〇〇《礼志三》，中华书局1977年版，第2461页。
③ "桓谭、贾逵、蔡邕、王肃之徒疾之如仇"((宋)陈祥道：《礼书》卷七一《禘礼》，第7a页)。到了宋代，方兴未艾的理学对汉儒的附会、怪诞之说更是深恶痛绝。有人向朱熹询问玄鸟之卵、大人足迹、汉高祖斩白蛇是否确有其事，朱熹一口否定。"否曰：'岂有此理！尽是鄙俗相传、傅会之谈'"((宋)黎靖德：《朱子语类》卷八七《礼类·月令》，第2239页)。闽学著名传人林之奇的外兄李樗也认定"感生帝赤熛怒、含枢纽、白招炬、灵威仰，皆以谶纬之言惑圣人之经，不足信也！"((宋)李樗、黄櫄：《李仲黄实夫毛诗集解》卷三七，影印通志堂经解本，第492页)。历代学者否定郑玄等人感应之说的理由主要有以下三个方面：其一，感生之说不见于经传，感生帝祭祀不符合古制。"感生帝之说，两汉以前未闻有此，自《周礼注》创为此说。六朝而下，历世遵行，祀法大坏。"(《钦定礼记义疏》卷八《曲礼下》，《景印文渊阁四库全书》第124册，第241页)这是否定感生之说最直接最简单的理由。其二，感生之说是对经典的扭曲。《孔子家语》论述了帝王正统与五行、五帝的关系。王肃认为，孔子要阐明的是历史上的改朝易代、政权更迭，取法于五行运转的自然规则的道理，况且五帝都是黄帝的子孙，又怎么会是太微之精所生。郑玄等人关于五帝、感生帝的说法完全是对孔子言论的误读((宋)章如愚：《群书考索》卷二七《礼门·郊祀类》，广陵书社2008年版，第173—174页)。其三，感生之说有悖于儒教伦理准则。清人惠周惕在阐释《诗经·大雅·生民》时抨击了郑玄、张融等人的感生之说。他认为，《生民》赞美的是姜嫄敦厚的美德。后妃有德，君王才能够齐家，这是治国平天下的前提条件。正是在姜嫄美德的辅佐下，帝喾政权才有了如此深厚稳固的基础。郑玄却杜撰了姜嫄在郊禖之时履大人足迹，感上帝之气而生稷的荒诞之说。后来又有张融从而附会，认为诗中只言其母不言其父，正是暗示了稷是姜嫄感上帝而生："配合生子，人道之常。诗但叹其母，不美其父，明知姜嫄感上帝之气而生稷也。"孔颖达更是把"上帝不宁"解释为"人不当共天交接，今乃与天生子，子虽生讫，其心不宁"。惠周惕认为且不论这些说法是多么的秽亵不经，既然稷不是帝喾所生，那么只要祭祀姜嫄祭祀上帝就可以了，又何必配祀帝喾，岂不是多此一举。战国时期杨墨的无父无君论曾经遭到孟子的猛烈抨击，说杨墨是"禽兽也"。虽然圣人无父说有利于神化君权，符合儒家尊君的理论归宿，但是一些特重人伦的儒学家还是无法接受这种说法。惠周惕就认为郑玄的感生邪说势必推导出像杨墨那样"悖于理而背于教"的危险言论((清)惠周惕：《诗说》卷下，《景印文渊阁四库全书》第87册，第27页)。

主和儒生的推崇。他们以五德终始说与感生说来解释王朝更迭、天命转移的政治历史,关于孔子"不有天下"的解释恰好是一个反证。

孔子、周公、伊尹都是儒家推崇的圣贤,按照"内圣外王"的逻辑,他们应该登上天子宝座,成为像尧舜那样施行仁政、名垂千古的圣贤明君,可是历史事实并非如此,这是儒学传人必须面对并加以转圜的一个重要问题。五德终始说和感生帝观念兴起后,成为解释孔子未能为天下主的另一种理论依据。传说孔子感黑帝而生。据《春秋纬·演孔图》记载,孔子的母亲颜氏游太蒙之陂时,梦见"黑帝使请与己交",并告诉她:"女乳必于空桑之中。"后来,颜氏果然在空桑生下了孔子,因此起名孔丘。[①] 纬书认为,孔子是黑帝之精,属水德,周以木德王天下,虽然孔子生在木德衰败之际,可是按照五德终始规律,"黑不代苍",因此虽然有远胜于尧舜的圣德,所述为王者之道,其弟子有王佐之才,孔子却无法君临天下,只能作经垂世。

感生帝观念和五德终始说实际上都属于天命论的范畴。天命转移正是透过五德终始的形式表现出来的。通过对孔子政治命运的解读,儒家学者证明了在谁更有资格成为君主的问题上,天命的重要性远远胜过德行。王权也因为有了天命的"保护",具有了神圣性和至上性。这是为什么感生帝说与五德终始说一样,虽然不见于经传,屡遭诟病,却仍然为很多君主和尊君论者所推崇,有着非常广泛的影响。

在古人看来,君主是五色帝的子嗣,甚至就是五色帝的化身。把汉朝开国皇帝刘邦说成是赤帝或者赤帝子,就是一个典型的例证。在很多文学作品中,常以赤帝或者赤帝子来指代汉高祖或者汉政权。刘邦的家乡沛中也被称作赤帝乡。[②]"赤帝创业"说的是刘邦奠定了大汉的基业。[③]"良臣远识存真隐,赤帝雄心赋大风"[④]"城池寂寞旧山河,赤帝归来万乘多。龙去鼎湖无日返,大风犹唱沛中歌"[⑤]记述的是刘邦衣锦还乡,与故人父老共饮,百感交集之际,击筑高唱《大风歌》的故事。所谓"赤帝薄儒冠"[⑥]说的是刘邦原本十分轻视儒生的,有一次以便溺于儒冠中来戏弄儒生的故事。光武帝

---

① (唐)欧阳询:《艺文类聚》卷八八《木部·桑》引《春秋纬·演孔图》,上海古籍出版社1999年版,第1519页。
② (唐)鲍溶:《鲍溶诗集》卷五《沛中怀古》:"烟芜歌风台,此是赤帝乡。赤帝今已矣,大风邈凄凉"(《景印文渊阁四库全书》第1081册,第550页)。
③ (清)滕天绶:《汉丞相忠武侯诸葛孔明墓祠碑》,雍正《陕西通志》卷九〇,《景印文渊阁四库全书》第556册,第357页。
④ (宋)赵公豫:《燕堂诗稿·留侯庙》,《景印文渊阁四库全书》第1142册,第200页。
⑤ (明)余翔:《薛荔园诗集》卷三《经沛中作》,《景印文渊阁四库全书》第1288册,第88页。
⑥ (清)施闰章:《施愚山集·诗集》卷三《咏古杂诗》之三,黄山书社1992年版,第34页。

刘秀复汉被视作赤帝之灰的复燃。①"赤帝子大炽四百年,天厌其热,洎献烬矣。"②诸葛亮扶汉未果。后人将他的失败归结为天命注定要熄灭赤帝子的火焰。

隋朝乘火德之运,王劭依据《河图》纬书解说隋朝德运,神化隋朝政权,为受禅于后周提供天命依据。《河图帝通纪》称:"形瑞出,变矩衡,赤应随,叶灵皇。"文中"赤应随"指的是"赤帝降精,感应而生隋也",所以隋朝以火德为赤帝天子。担心要为废周静帝而自立这种行为背上恶名的文帝对隋合符命之说自然是甘之如饴,把王劭视为至诚的忠臣,对他"宠锡日隆"③。

宋代也以火德王天下,因此有些诗文中的"赤帝"亦指宋政权。王世贞《岳王墓》一诗中的"空传赤帝中兴诏"表达了对宋高宗口口声声要中兴宋室,却宠信奸佞,枉杀忠臣的愤懑和不满。④

由此可见,五色帝在社会政治生活的方方面面都扮演了重要的角色。因此,即使是在汉武帝以后五色帝虽然从至上神降格为从属于天的职能神,但是在古人的心目中仍然具有崇高的地位。五色帝所承担的职能和完成的使命被视为天道的具体表现。天为体,五帝为用。五帝作为五行之主,是天道功用的体现。宋儒杨复认为,"惟皇上帝、昊天上帝、皇天上帝之类,以气之所主言,则随时随方而立名,如青帝、赤帝、黄帝、白帝、黑帝之类,其实则一天也。"他指出,"天"好比理学中"性"的概念,是本体性的东西,是最高最完备的道理;"帝"是气的主宰者,好比理学中"心"的概念,是感应的主体;五色帝则好比"仁、义、礼、知、信之心","随感而应者也",是感应之后呈现出来的不同状态。⑤ 天道原则惟有通过五色帝职能的具体操作才能真正落到实处,才能与自然万物、人类世界产生感应。

第三节　五色帝祭祀的主要内容

由于五色帝对政治生活的重要意义,五色帝祭祀成为传统政治祭祀活动的重要组成部分。在一年中几乎所有的大型祭祀活动——五时迎气、孟

---

① （元）陈栎:《历代通略》卷一《东汉》,《景印文渊阁四库全书》第688册,第14页。
② （唐）孙樵:《孙可之文集》卷八《刻武侯碑阴》,上海古籍出版社2013年版,第75页。
③ 《隋书》卷六九《王劭传》,中华书局1973年版,第1606—1607页。
④ （明）王世贞:《弇州四部稿》卷四〇《岳王墓》,《景印文渊阁四库全书》第1279册,第503页。
⑤ （宋）卫湜:《礼记集说》卷一三引杨复,《通志堂经解》第12册,江苏广陵古籍刻印社1996年版,第416—417页。

夏常雩、秋享明堂、冬至圜丘，以及特别隆重的封禅典礼中，五帝都是重要的祭祀对象。

一、迎气、雩祀、明堂、圜丘、封禅

五郊迎气旨在保证四时不失、农事顺遂、政令顺畅，因此具有重要的政治意义。它始于汉明帝永平年间，指的是君主在四立之日以及季夏，分别在不同的方位，迎候时令之气，祭祀五帝。所谓四时之气也就是四时之风，是导致四时物候产生的重要条件。从殷代开始就有四风与四方存在固定对应关系的成说，因此君主要在不同方位迎候时气[①]。立春之日于东郊祭祀青帝，立夏于南郊祭祀赤帝，立秋于西郊祭祀白帝，立冬于北郊祭祀黑帝，其目的在于"示人奉承天道，从时训人之义"[②]。迎气之礼有时也在明堂举行。

孟夏常雩，指的是在农历四月举行的求雨仪式。[③] 在"靠天吃饭"的古代农业国家，水旱雨旸不仅关系到一年的年景收成，关系到朝廷经济储备的亏盈，也关系到百姓生活的安康、社会局势的稳定，甚至还关系到江山政权的巩固。古人对水旱灾害的解释之一就是天谴暴政。有关改朝换代的猜测和预言往往与灾异论紧密相连。在这种情况下，上自朝政下至地方政绩，都是容易引起市井议论、人言耸动的敏感话题。现实的政治困境要求朝廷和地方官府必须采取一切在古人看来切实有效的措施。官方举行雩祀，表达了统治者对民生问题的极度关注，是统治集团重民、爱民、养民的重要表现。雩祀对象历代有所差别，有的是祭祀五精之帝，有的是祭祀昊天上帝，配以五帝，但是五帝始终是必祭的神祇。

秋享明堂，指的是季秋九月在明堂举行的报享之礼。此时，万物成熟，因此要向神祇和祖先表示感激之情。明堂制度起源很早，在上古时期兼备祭祀、布政、教化等诸多功能，但是随着时间推移，礼制败坏，许多细节渐渐

[①] 冯时：《中国天文考古学》，中国社会科学出版社2007年版，第231页。
[②] 《文献通考》卷六八《郊社考》，中华书局2011年版，第2103页。
[③] 萧放认为，上古雩礼实际上是对龙星的迎送仪式，分为春雩、秋雩，分别是在春二月龙星初升之时和秋八月龙星降沉之时。后来因为岁差的关系才改在了孟夏四月（萧放：《岁时——传统中国民众的时间生活》，中华书局2002年版，第20页）。对于祭祀时间改变这一问题，古代学者也作过解释，一般认为是因为夏天阳气过盛，抑制了属阴的降水的发生，常有旱灾发生，所以才改在夏天举行求雨仪式。雩祀举行的方位，历代有所差别。在以南方位进行祭祀是主流，如西汉在东南郊、魏、后魏、隋、唐前期在南郊，唐高宗以后在南郊的圜丘。只有梁武帝时，认为雨水为阴类，在南郊祭祀是以正阳求之，非常荒谬，而东方非盛阳，又是生养之地，与雨水功能相类，因此将雩坛迁往东郊，大同年间又在东郊的籍田兆内设雩坛。

模糊不清。后人在重建明堂之礼时无所依据,只能"引天地、四时、风气、乾坤、五行、数象之类以为仿像"①。祭祀对象也游移不定,"由汉及唐,或祠太一五帝,或特祠五帝,或除五帝之坐,合称昊天上帝,或合祭天地,或配以祖,或配以群祖"②,除了晋武帝时很短的一个时段内撤除五帝神位以外,其他朝代都有在明堂之礼中祭祀五帝的惯例。

冬至圜丘,指的是冬至在南郊高于地面的圆土丘上举行的祭天仪式。天属阳,因此祭天于南郊;天高高在上,祭祀于圜丘是为了与天更加接近。冬至是一年之中昼最短、夜最长之日,古人此时,阴气达到极盛,阳气始萌,在岁时上是一个重要的关节点,因此冬至成为仅次于元旦(正月初一)的重要节日。冬至圜丘之礼是一年九次祭天仪式中最隆重的一次。在圜丘之礼中,五帝作为昊天上帝的配神受到祭祀。冬至圜丘在古代具有特殊的政治意义。只有天子才具有与天沟通的权力。天子通过这种特权来强化对人间的统治。

二、高 禖

高禖之礼是古代帝王祈求子嗣的礼仪。后嗣问题是王室的头等大事。它不单单是一个家庭问题,更是一个国家问题,涉及国祚的延续、政权的稳定等重大问题。因此,历代王朝对高禖之礼都非常重视。随着时代的变迁,高禖之礼祭祀的主神也在发生变化,如汉、隋、唐以禖神为主神,明代以皇天上帝为主神。宋代还有过向感生帝求嗣的做法。在北齐、宋和金三个政权举行的高禖之礼中,青帝是重要的主神之一。

高禖之礼一般在春天举行。这与古人对春天的认识有着密切的联系。在古人看来,人间的爱情、婚姻、生育与自然界的生命繁衍是相通的。春天时节,大地复苏、万物生长、农事始兴、欣欣向荣的景象使人们很容易联想到男女的婚姻、后代的繁衍,因此,求子活动也多在春季的几个重要岁时节日里举行。常建华在《岁时节日里的中国》中作了详尽的介绍。③ 一是二月一日中和节。这个节日是由唐朝政府创立的,其主旨是"俾其昭苏,宜助畅茂"。"献生子"是中和节的重要习俗。二是三月三日上巳节。上巳的一种解释就是"求子"。"巳"即"子","上巳"即"尚子",因此上巳的原初意义是为了求子④。象

---

① 《新唐书》卷一三《礼乐志》,中华书局1975年版,第337页。
② (宋)陈祥道:《礼书》卷八九《祀明堂》,元刻明修本,第2a页。
③ 参见常建华:《岁时节日里的中国》,中华书局2006年版。
④ 孙作云:《关于上巳节(三月三日)二三事》,《诗经与周代社会研究》,中华书局1966年版,第322页。

征春天以及五常之"仁"的青色与生命的萌发有着密切的关联,因此也常常被运用在求子活动中。中和节的"献生子"活动中就有以"尚以青囊盛百谷、瓜、果、子种,互相遗送"的习俗①。

求子活动中最盛大最隆重最正式的要数列入国家祀典的高禖之礼。高禖之礼起源很早。在《月令》记载,古天子于玄鸟来临之日亲自祭祀高禖,授以弓矢于高禖之前,是求男之祥。玄鸟指燕子。燕子来巢是春天的显著物候之一。郑玄认为,"燕以施生时来巢人堂宇而孚乳,嫁娶之象也",这可能就是古人选择玄鸟来临之日祭祀高禖的原因。他还据此推断,高禖之祀起源于高辛氏之世,"玄鸟遗卵,娀简吞之而生契,后王以为媒官嘉祥而立其祠焉。变媒言禖,神之也"②。或许可以这样理解,玄鸟遗卵的传说与古人对春天燕子来巢孵卵的物候观察有关。蔡邕则认为高辛氏之前已有禖神,高辛氏之配姜嫄就是因为跟随丈夫祭祀高禖之神,才得到神的眷顾,履大人足迹生下后稷的。史书中有确切记载的高禖之祀始于汉武帝时期。汉武帝二十九岁得子,这在早婚早育的古代算是比较晚的了,而子嗣对于皇室乃至社稷具有重大的政治意义。汉武帝当然欣喜异常,于是在城南立高禖之祠,祭以特牲。后汉承袭了这一礼制。北齐、宋、金三个政权的高禖之礼一度将青帝设为主神,置于坛上,而把高禖之神设于坛下。明代改祀皇天上帝,配以高禖,但从所设木台的位置在皇城东永安门北象征春季的震方,可以看到还是受了前朝青帝祭祀传统的影响③。

在高禖之礼中,青帝由木德的化身、春天的主宰、东岳的主神,转化成为掌管生育的神祇。古人对青帝的歌颂集中在青帝所具有的"仁"的美德之上。例如隋朝时,在明堂祭祀五帝时则赞颂青帝具有"开元布泽,含和尚仁"④的美德,在东郊举行迎青帝之礼时所用的乐曲以"木德惟仁"⑤歌颂青帝。宋儒陈襄在《明堂祀圣祖英宗五帝文·青帝》中称颂青帝"仁昭左圣"⑥。元儒郝经在《泰山赋》中称颂泰山的主神——青帝"既高而大又神而仁"⑦。在道教文

---

① (宋)吴自牧:《梦粱录》卷一《二月》,浙江人民出版社1980年版,第6页。
② 《礼记·月令》郑玄注,《礼记正义》,(清)阮元校刻:《十三经注疏》,中华书局1980年版,第1361页。
③ 《明史》卷四九《礼志三》,中华书局1974年版,第1276页。
④ 《隋书》卷一三《音乐志下》,中华书局1973年版,第299页。
⑤ 《隋书》卷一五《音乐志上》,中华书局1973年版,第362页。
⑥ (宋)陈襄:《古灵集》卷二《明堂祀圣祖英宗五帝文·青帝》,《景印文渊阁四库全书》第1093册,第505页。
⑦ (元)郝经:《郝文忠公陵川文集》卷一《泰山赋》,《北京图书馆古籍珍本丛刊》第91册,第499页。

献中也以仁为青帝的品德和属性。"仁则人也,故尊于东方,曰:'青帝之仁。'"①"仁"有生生之义。青帝化育了生机盎然的春天,带来滋养百物的雨水,统辖着万物之始、交代之处——泰山,掌管人类生命的孕育,是从自然界到人类的一切生命种类繁衍和延续的操控者,因此也具有"仁"的美好属性。

三、感生帝祭祀

从北周开始到宋代,历代朝廷都要依据本朝德运祭祀感生帝。一般说来,木德的王朝祭祀青帝,火德的王朝祭祀赤帝,土德的王朝祭祀黄帝,金德的王朝祭祀白帝,水德的王朝祭祀黑帝。

帝王与五色帝之间的血缘关系在今天看来是一种无稽之谈,可是在古代帝王神化观念中绝非虚妄,它被实实在在地落实在礼制中,成为"天子之孝"应尽的义务之一。孝作为宗法伦理道德的概括,是中国古代社会最原始最基本最稳定的文化因子,对于贵贱上下一律适用。每个人在社会中都要同时扮演多种角色,君主在政治上是人君,在家庭中是人子,"至少要同时兼有一主一奴两种角色"②,因此有遵守孝规范的义务。"故虽天子必有尊也,言有父也。"③由于君主具有不同于普通人的神性,因此天子之父既可以指在人间现实存在、与他具有实际血缘关系的父亲,也可以指与他存在感生关系、赋予他神性的神祇——感生帝。对感生帝的供奉和祭祀是"天子之孝"的一项主要内容。这种看似虚拟的伦理关系却将天与王的"合一"关系落到了实处,因此对这一伦理关系的维护成为统治者特别重视的伦理义务之一。

关于感生帝祭祀问题的讨论,汉儒有所涉及。感生帝祭祀是禘的一种。所谓"禘",一为大禘之祭,这是天子专有的权力;二为天子诸侯宗庙五年一次的禘祭;三是宗庙四时之祭中夏天举行的祭祀称为"禘"。感生帝祭祀应该属于第一种。《礼记·大传》:"礼,不王不禘。王者禘其祖之所自出,以其祖配之。"④赵匡对感生帝祭祀的功能和意义做了比较贴切的阐释。"不王不禘,明诸侯不得有也。所自出,谓所系之帝。禘者,帝王既立始祖之庙,

---

① (宋)张君房:《云笈七签》卷五六《诸家气法》,中华书局2003年版,第1217页。
② 张分田:《亦主亦奴——中国古代官僚的社会人格》,浙江人民出版社2000年版,第277页。
③ 《孝经·感应章》,《孝经注疏》,(清)阮元校刻:《十三经注疏》,中华书局1980年版,第2559页。
④ 《礼记·大传》,《礼记正义》,(清)阮元校刻:《十三经注疏》,中华书局1980年版,第1506页。

犹未尽其追远尊先之意,故又推寻始祖所自出之帝而追祀之,以其祖配之者,谓于始祖庙祭之,以始祖配祭也"。① 禘,也就是对帝王家室的追根溯源,这一追,就追到了天界、神界。感生帝崇拜是帝王祖先崇拜向神秘主义的发展。

据现存资料,感生帝祭祀始于北齐。据《隋书》记载,北齐朝"祀所感帝灵威仰于坛,以高祖神武皇帝配"②。北周继承了这一礼制。《周书·武帝本纪》:"保定元年春正月……甲寅,祠感生帝于南郊。"③隋、唐、宋历代政府都承袭了这一礼制。隋文帝"孟春上辛,祠所感帝赤熛怒"④。隋炀帝"大业元年孟春祀感帝","改以高祖文帝配"⑤。唐代亦祭感生帝于南郊。宋朝政府对感生帝尤其重视。开国之初,太祖乾德元年(公元963年),太常博士聂崇义上书建议奉赤帝为感生帝,"每岁正月,别坛而祭,以符火德"。第二年,太常礼院上书请求"昊天从祀,请不设赤帝坐"⑥。这一做法主要是为了突出感生帝赤帝的尊贵地位。后来,宋朝政府在儒生们的建议下又对感生帝祭祀制度进行了多次修订。淳祐年间,宋理宗下诏将他的潜邸改为龙翔宫以奉感生帝⑦。在修建过程中,朝廷"大兴土木、拓开辇路、增广祠庭",不惜"七八百家之居屋随手毁除",以致"一万余口之黔黎聚头嗟怨"⑧。

《礼记·礼运》:"故政者,君之所以藏身也。是故夫政必本于天,殽以降命。……降于五祀之谓制度。"⑨孙希旦在对国家政治制度设置依据进行阐释时,指出祭祀五行之神的五祀是天下政治制度的本源:"五行者,见象于天为五星,分位于地为五方,行于四时为五德,禀于人为五常,播于音律为五声,发于文章为五色,散于饮食为五味,是天下之制度莫不本之,故制度出于五祀"⑩。而在五祀中广泛运用的五色符号,其象征内涵同样建立在阴阳

---

① (宋)卫湜:《礼记集说》卷八四引赵匡,《通志堂经解》第13册,江苏广陵古籍刻印社1996年版,第155页。
② 《隋书》卷六《礼仪志一》,中华书局1973年版,第115页。
③ 《周书》卷五《武帝本纪》,中华书局1971年版,第64页。
④ 《隋书》卷六《礼仪志一》,中华书局1973年版,第117页。
⑤ 《隋书》卷六《礼仪志一》,中华书局1973年版,第119页。
⑥ 《宋史》卷一〇〇《礼志三》,中华书局1977年版,第2461—2462页。
⑦ 《宋史》卷四三《理宗本纪》,中华书局1977年版,第837页。
⑧ (明)黄淮、杨士奇等:《历代名臣奏议》卷三一一《灾祥》,上海古籍出版社1989年版,第4027页。
⑨ 《礼记·礼运》,《礼记正义》,(清)阮元校刻:《十三经注疏》,中华书局1980年版,第1418页。
⑩ (清)孙希旦:《礼记集解》卷二二《礼运》,中华书局1989年版,第604页。

五行学说的基础上。五时、五方、五事、五德都是存在于五行映射系统中的事物,其相关学说都与五行观念有密切的关系,因此它们之间有许多相通之处。作为统辖五行系统中各类事物的职能神,五色帝是对五行系统的神格化。随着五行被推上神坛,以五时、五方、五德等思想学说为主体内容的天人合一政治哲学也披上了宗教化的外衣,对社会普遍政治意识的控制性得以大大增强。

第四章　五色文化与"天人合一"政治哲学的社会普及

五色符号在政治生活中的广泛使用,五色帝崇拜的广为流传,大大提升了五色文化的影响力,使五色文化成为了传统文化的重要组成部分,并对其他文化形态产生了重要影响。从庙堂之高到江湖之远,从诗词歌赋、绘画塑像到民间故事、歌谣、谶语,都出现了五色符号的"身影"。这些文化领域对五色符号的运用,在很多情况下是出于对其所包含的"天人合一"政治意涵的认同。如对五色德运符号的运用,是建立在承认"君权天授"的基础上的;对五色眚祥符号加以利用,是因为深信异常的五色现象是天谴君主的征兆。

一方面可以说,五色符号的普遍运用,是"天人合一"政治哲学深入人心的表现;另一方面,五色符号又会在运用过程中,推动"天人合一"政治哲学的传播和普及,促进"天人合一"政治理念对社会大众政治意识的形塑。因此,对五色符号在传统社会文化领域的使用情况进行梳理,有助于了解"天人合一"政治哲学对传统社会产生影响的方式、范围和程度。

第一节　五色符号与文学艺术中的指代手法

人们通过色彩这一直观的形式来认识世界,也利用色彩这一形象的语言来表述他们对生活和世界的理解。

受到五色符号观念的影响,画家常常利用色彩符号来表现不同政权时期的人物形象。西周以木德立国,"冕尚青"被认为是画师应该注意的配色原则。孔子被画成"服章甫之冠"的形象,是因为他自称殷人,祖籍宋。殷朝尚黑,服饰形制为玄端章甫。殷朝灭亡后,殷人后裔被封于宋,保持原来的文化传统,"行其正朔,服其文物",所以祖籍宋的孔子也应该是一副殷人的打扮。汉朝以火德尚赤,因此画像中的汉朝人多服赤帻。舜以土德尚黄,因此画家应该以"服黄冠"来表现他的形象。[①]

历史上关于汉元帝后宫生活的传说中,以汉代火德之色赤色暗喻元帝。

---

① (宋)米芾:《画史》,山西教育出版社2018年版,第90—91页。

皇后与宫奴赤凤私通,而赤凤同时又和昭仪私通。为此,皇后和昭仪发生了一场纠纷。元帝听到了关于皇后和昭仪争宠于赤凤的一些传言,就去问昭仪。昭仪回答得十分机智巧妙:"后妒我耳,以汉家火德,故以帝为赤凤。"元帝深信不疑,并且非常高兴①。

黄色在皇室中的大面积使用,必然对天下万民产生强烈的视觉冲击,影响着他们对君主和君权的直观印象和理性认识,使他们对一切黄色事物都会条件反射地联想到君主。因此,在很多文学作品中,常常用各种黄色事物来象征君主。

如黄屋作为皇帝车驾的别称,逐渐成为皇权的象征,从而为黄色与皇权之间建立联系提供了重要基础。黄屋与天子居住处所——紫宸共同作为君主权威的象征。萧绎才会以"不以紫宸为贵,不以黄屋为尊"来赞颂梁高祖依靠的是君德、王道而不是强权政治②。沈约在《辩圣论》中将黄屋与皇权的另一个象征物——玉玺并称,以譬喻君主的尊贵地位。他同样反对君主把黄屋、玉玺所代表的权力和地位而不是王道的实现作为政治活动的宗旨和目标:"若不登九五之位则其道不行,非以黄屋、玉玺为尊贵也。"③对以黄屋象征君主权威这一思维定式的辩驳恰恰反映了这一观念的社会普遍性。

黄袍作为皇权的象征符号,成为帝王生活记录和帝王故事叙述中的重要道具。在很多诗文中常以黄袍指代君主。陆深为自己因为陪伴"金紫客"而能够常睹"赭黄袍"感到幸运④。蒋冕表面上称赞明月"偏照赭黄袍"的灵性,实则称颂了皇帝备受上天眷顾的超凡地位:"明月似能知圣意,清光偏照赭黄袍"⑤。

黄袍的穿和脱意味着皇权的得与失。从隋王改服纱帽黄袍并受册玺,到唐玄宗被迫为把握实权的儿子唐肃宗披上黄袍,再到陈桥兵变中赵匡胤黄袍加身,这些都象征着对皇权的占有。而唐玄宗释黄袍,着紫袍,后晋皇帝在契丹主的逼迫下脱黄袍服素纱,则意味着权力的丧失。

特别是在宋朝,黄袍象征皇权已经深入人心,因此在历次权力更迭中,

---

① (宋)曾慥:《类说》卷一《赵后外传·赤凤自为姊来》,《北京图书馆古籍珍本丛刊》第62册,书目文献出版社1996年版,第21页。
② 萧绎:《高祖武皇帝谥议》,《艺文类聚》卷一四,上海古籍出版社1999年版,第266页。
③ 沈约:《辩圣论》,《艺文类聚》卷二〇《人部四·圣》,上海古籍出版社1999年版,第362页。
④ (明)陆深:《俨山集》续集卷六《和蒲汀显陵道中柳阴小憩四首》,《景印文渊阁四库全书》第1268册,第696页。
⑤ 蒋冕:《元夕应制》,(明)曹学佺编:《石仓历代诗选》卷四三二,《景印文渊阁四库全书》第1392册,第730页。

黄袍都"扮演"了关键的角色。最耳熟能详的故事莫过于宋太祖"黄袍加身"。赵匡胤跟随后周世宗南征北战,势力逐渐坐大。柴荣驾崩后,继位者柴宗训年仅七岁,无形中造成了一种权力真空。公元960年,赵匡胤北上抵御所谓的契丹北汉联军,刚刚离开京城二十公里,在陈桥驿就发生了"黄袍加身"事件。先是由其亲信制造舆论,攻击幼帝的合法性,煽动士兵产生另立新君的念头。经过一夜周密的准备,据说就在赵匡胤醉酒未醒之际,在赵匡义和赵普的授意下,一群将士冲了进来,把一件黄袍(一说为撕裂的黄旗)披在了赵匡胤身上,并山呼万岁。赵匡胤顺势接受,就此建立宋朝。不同版本的传说对披在赵匡胤身上的实物表述有所区别,或袍或旗,如果是蓄谋已久,黄袍有可能是早已准备好的;如果是事出突然,仓促中撕裂黄旗代用也有一定的合理性,但对颜色的表述却是众口一词,这充分证明了黄色象征君权观念已经获得了高度认同。

此后,在"杯酒释兵权"的故事中,赵匡胤日夜寝食难安的也正是担心开国功臣们会仿效自己炮制出一出"黄袍加身"的戏码。尽管当年陈桥兵变的支持者们纷纷给他吃定心丸:"今天命已定,谁敢复有异心",但宋太祖还是不放心,说虽然你们没有异心,可是如果你们的属下贪图富贵,到时候把黄袍披在你的身上,你不想谋逆也做不到了①。

虽然赵匡胤用"杯酒"成功防范了开国功臣,但此后宋代的多任皇帝似乎都在一再重演"黄袍加身"的戏码。传说宋神宗病危之际,他的两个同母弟弟觊觎皇位,借口探病常来打听消息。朝中官员也是暗潮涌动。蔡确等人先是支持神宗的同母弟弟,被高太后的侄子拒绝后,又转而拥戴神宗年仅九岁的第六子赵佣,而且还想与始终支持赵佣的王珪争夺策立之功。高太后早已属意赵佣,为了保证他顺利继位,更在神宗弥留之际,就秘密派人先赶制了一件"十岁儿可衣"的黄袍,以备"上仓猝践祚"②。正是这一举动令后人对其胆识魄力和智慧称赞不已。

无独有偶,密制黄袍之事在光宗禅位宁宗之际再度发生。据说宋光宗把宁宗叫到帘内,再三面谕。可是,宋宁宗担心背负不孝罪名,俯伏涕泣,不肯从命。于是光宗让韩侂胄也进到帘内,由他把黄袍交给宁宗,并扶着宁宗前去即位。还有一说是,光宗让赵汝愚来劝说宁宗。赵汝愚劝谏宁宗要以"安社稷定国家"为孝,如果坚持不肯继位,引起变乱,反而不能尽孝。众人趁势给宁宗披上黄袍,扶上宝座。赵汝愚等人率领百官跪拜,造

---

① (宋)司马光:《涑水记闻》卷一,中华书局1989年版,第12页。
② 《邵氏闻见后录》卷二《哲庙实录》,中华书局1983年版,第11页。

成宁宗登基的既成事实,而这件黄袍据说是关礼早就让姻亲傅昌期事先准备好的①。

而在宁宗身后,宗室内部竟然再度上演了一出"黄袍加身"的戏码,只不过这次是一个失败的结局。宁宗朝权臣史弥远权势熏天,引起了太子赵竑的极端不满,放言要在登基之后流放他。史弥远非常惊恐,另外拥立赵贵诚为皇帝,是为理宗赵竑被逐出都城。含山狂士潘甫和弟弟潘壬谋划辅佐赵竑夺回皇位。他们两人率领"太湖亡命数十人",以红半袖为暗号,趁着夜色翻墙进入赵竑的府邸。赵竑吓得赶紧换上破衣服躲了起来,可是最后还是被拥护者找到,簇拥着他来到州治。这些人还从东岳行祠取来了龙椅,然后强行把黄袍披在了赵竑身上②。赵竑知道这次谋逆没有成功的胜算,就主动报告了朝廷,并出兵讨伐,结果最后还是被逼自缢而死。

这些故事半真半假,难以考证,但是可以确认的一点就是,故事的编造者都不约而同地选择了黄袍作为故事中的关键性道具,由此可见,黄袍确乎已然成为君权的象征符号。

这种思维习惯甚至一直延续到了今天。在"一点地带"网站上展示了一款名为"三蓝绣明黄地六龙大坎肩"的戏装,并特别说明这是扮演皇室亲王角色专用,其他阶层的角色则必须用其他颜色。宋俊华对传统戏剧服饰的符号性进行了研究,认为在传统戏曲舞台上,黄色是表示尊贵身份的色彩符号③。正如上文提到的,黄色不是君主服饰的唯一颜色。戏曲舞台上的服装颜色是对真实生活中君主服饰色彩的一种提炼,体现出中国传统特有的"写意而不写实"、"以一当十"的美学特征。"戏曲的程式虽具有一定的抽象和虚拟倾向,但由于演员与观众的默契而成为一种可以感知的表现形式。传统戏曲中的帝王服饰源自和加工于现实或某一历史阶段的服装样式,完成于以观众的认同和约定俗成中。"④戏曲表演既是在草根民众中传播官方意识、精英思想的重要途径,也是草根民众思想文化观念的重要反映。戏曲舞台上帝王角色的服饰颜色,表明了草根民众对君主的一种符号化认识。反过来,戏曲表演又进一步强化了臣民头脑中黄色与君权等值、黄色专属于君主的观念。

---

① (宋)周密:《齐东野语》卷三《绍熙内禅》,中华书局1983年版,第41—42页。
② (宋)周密:《齐东野语》卷一四《巴陵本末》,中华书局1983年版,第252页。
③ 宋俊华:《中国古代戏剧服饰研究》,广东高等教育出版社2003年版,第187页。
④ 周晓亚:《从五方之色到等级界定——戏曲帝王服饰色彩流变考析》,《戏曲艺术》2001年第3期。

第二节　五色符号与谶纬民谣中的暗喻规则

政治异动是古人非常关注的社会话题之一,因此,在古代政治生活中充斥着大量的谶纬之说和民间歌谣,或是预测政治走向,或是解读政治传闻,或是传播政治谣言。在这些谶语和民谣中,常常运用大量的暗喻,可能是为了增加神秘色彩,也可能是出于隐讳的需要。五色符号以其丰富的政治文化内涵,成为最常见的喻体之一。

与本朝服色相符的符瑞被视为国运振兴的一种征兆。例如,在唐朝军队与吐蕃对峙的关头,正是一个与土德黄色有关的梦兆增强了军民的信心。当时,吐蕃进犯便桥,唐朝军队处于不利境地。代宗在巡幸时还看到了一些不祥的征兆,因此忧心忡忡。当天晚上,他梦见穿着黄色衣服的童子在帐前唱了一首歌:"中五之德方峨峨,胡呼胡呼可奈何。"代宗把梦详细地复述了一遍。侍臣以黄色为土德之兆,"咸称土德当王、吐蕃破灭之兆也"[1]。果然当月郭子仪就与李忠义、王仲升就克复京都,吐蕃大溃,从而加深了社会大众对德运之说的信念。

与本朝服色发生冲突的色彩现象则往往被视为国运即将出现危机的不祥征兆。例如,干宝认为,"自明帝,终魏世,青龙、黄龙见者,皆其主兴废之应也"。青为木德之色,魏受土德,不胜木,因此青龙出现对于魏而言并非什么好的征兆。更何况青龙出现在井中,刘向曾经说:"龙贵象而困井中,诸侯将有幽执之祸也。"而曹魏时期的龙瑞皆出现于井中,这似乎都是"居上者逼制之应"[2]。还有一个典型事例是,太兴年间士兵流行以绛囊缠束发髻,被视作对尚白的晋朝政权的严重威胁。发髻在头顶上,属于人的最顶部。有人根据《周易》的说法,认为乾为首,为君道;囊为坤,为臣道。晋主金德,士兵却用与金德相克的火行之色绛色囊缠束发髻,是臣道上侵皇权之象[3]。古人把这件事和晋元帝永昌元年(322年)的王敦之乱联系起来。当时,王敦、王导兄弟权倾朝野,对君道威严构成了严重挑战。元帝以征讨胡族的名义,重用刘隗、戴渊等人都督司、兖、青、徐等州诸军事,对王敦加以防备。王敦感觉受到威胁,遂于永昌元年起兵,攻陷都城建康,一举清除了与自己敌对的政治势力。谋事不成的元帝在忧愤中死去。

---

[1] (唐)苏鹗:《杜阳杂编》卷上,中华书局1985年版,第1页。
[2] 《晋书》卷二九《五行志下》,中华书局1974年版,第902页。
[3] 《晋书》卷二七《五行志上》,中华书局1974年版,第825页。

如果出现了与本朝服色相符的眚祥,古人就会认为国运将有不测。例如,晋怀帝永嘉元年二月,"洛阳东北步广里地陷,有苍白二色鹅出,苍者飞翔冲天,白者止焉"①。有人认为,步广乃是周朝时狄泉盟会的地方,白鹅暗指晋朝,苍鹅暗指胡族,白鹅止步、苍鹅冲天的景象,预示着后来发生的匈奴刘渊、羯族石勒等胡族"相继乱华",而西晋怀、愍二帝沦灭非所等一系列政治事件。

一些包含该王朝服色颜色词的图谶、谣言也被视为对国运的预示。例如,汉朝尚赤,因此包含"赤"字的图谶成为预言汉朝国运重振的依据。西汉末年,南阳人延岑据汉中,自称武安王,其护军邓仲况拥兵南阳阴县为寇。刘歆的侄子刘龚(一说为刘向的曾孙)是他的谋士。苏竟善图谶。在写给刘龚的书信中,他以汉为火德说为依据分析了汉室的政治命运:"孔丘秘经,为汉赤制,玄包幽室,文隐事明,且火德承尧,虽昧必亮。"②当时人们普遍非常相信图谶之说,因此刘龚和邓仲况接受了苏竟的劝说,最终投降。可见,汉为赤制的说法深得人心,为双方所共同接受。

晋朝自认为乘金德而兴,服色尚白,因此在当时流行的谣言中常以"白"色词语隐喻晋朝政权。流传于晋愍帝建兴年间的一首包含"白"色词语的江南歌谣预示了西晋灭亡、东晋偏安的政治命运。"訇如白坑破,合集持作甒。扬州破换败,吴兴覆瓿甄。"③坑是一种瓦瓮,质地刚硬,属于金类,因此和白色一样都是以金德王天下的晋朝政权的隐喻。"訇如白坑破"暗喻西晋的灭亡。八王之乱后,西晋政权逐渐衰落。趁着各地流民起义、西晋王朝疲于应付之机,内迁少数民族多次起兵,造成永嘉之乱。晋怀帝被俘,洛阳城遭到洗劫。西晋大臣虽然夺回了长安,并拥立司马邺为帝,是为晋愍帝,然而,苦苦支撑不到五年时间,就又遭到匈奴侵袭,长安陷落,西晋最终难逃灭亡的命运。

又如晋惠帝元康年间,京城洛阳地区流传着这样一首童谣:"南风起,吹白沙,遥望鲁国鬱嵯峨,千岁髑髅生齿牙。"这首童谣预言了贾后与外戚贾谧合谋陷害太子之事。童谣中提到的"南风"是贾后的名讳。"白沙"暗指太子,因为白色是晋朝服色,愍怀太子小名叫作沙门。"南风起,吹白沙"暗示了太子的命运。鲁国是外戚贾谧的封地④。据《晋书》记载,惠帝司马衷是个白痴。他的皇后贾氏凶狠暴戾、嫉妒成性,司马衷"畏而惑之"。外

---

① 《晋书》卷二八《五行志中》,中华书局1974年版,第864页。
② 《后汉书》卷三〇上《苏竟列传》,中华书局1965年版,第1043页。
③ 《晋书》卷二八《五行志中》,中华书局1974年版,第845页。
④ 《晋书》卷二八《五行志中》,中华书局1974年版,第844页。

戚贾谧仗着贾后的尊贵地位,恃宠骄纵,甚至连太子也不放在眼里。他屡次与太子发生矛盾,并向贾后报告太子"广买田业,多畜私财以结小人"等不端行为。贾后本来就因为太子并非己出而怀有戒心,在贾谧等人的煽动下更是担心将来太子继位会有废后之忧。他们设计以谋逆的罪名废掉太子,并将他迫害致死①。

流传于晋海西公太和年间的民间歌谣"青青御路杨,白马紫游缰;汝非皇太子,那得甘露浆"中的白马暗喻司马奕和他的三个儿子,因为白色是晋朝的服色,而马象征皇族。紫色暗示司马奕的即位不符合正统,"游缰"预言了他和三个儿子被马缰缢死的下场。东晋建立以后,由于统治集团内部争权夺利,同样是内乱频繁。哀帝驾崩后,没有后嗣,司马奕以母弟身份继承大统,后被桓温所废。在司马奕和他的三个儿子死后第二天,南方进献甘露,可是他们已经享受不到了,古人认为这是应验了"汝非皇太子,那得甘露浆"的预言。据《宋书·五行志》记载,在司马奕被废前夕,还曾经流传过另外一首歌谣:"犁牛耕御路,白门种小麦"。白门指的是司马奕的住宅。据说,司马奕被废以后,吴地的农人在他家门前耕种小麦,和歌谣预言的一模一样。②

第三节　五色符号对社会舆情的引导作用

杨春时根据"能指与所指的关系即符号与意义的关系"对符号的形态进行了划分,色彩符号首先是一种"激唤性符号"。所谓激唤性,指的是"能指与所指间有心理上的联系,即能激发某种情绪欲望,具有某种价值意义"③。服色符号激唤作用主要来源于两个方面:一是视觉形象鲜明、醒目,对被号召者的情绪有强烈的激唤作用;二是服色符号的政治文化内涵对人们心理和情绪的强烈暗示作用。这些都决定了它对社会大众的言行具有极大的导向作用。

北宋景德年间的宋辽战争中就是利用象征君权的色彩符号,在君主鼓舞士气的过程中发挥了极好的作用。正当宋军与契丹军队对峙之际,宋真宗到澶州督战,一些臣僚乞求真宗驻跸澶河以南,而寇准固请过河以振军威。宋真宗终于下定决心渡河,可是御驾过桥时,士卒竟然没有人山呼万岁。左右侍从都感到诧异,于是有一位大臣请求"急张黄屋",黄色的繖盖

---

① 《晋书》卷五三《愍怀太子传》,中华书局1974年版,第1457—1463页。
② 《宋书》卷三一《五行志二》,中华书局1974年版,第917页。
③ 杨春时:《艺术符号与解释》,人民文学出版社1989年版,第39页。

刚一打开,对岸一下子就爆发出山呼万岁之声,"士气欢振"①。正是象征皇权的色彩符号让人们真切地感受到了皇帝的在场,从而受到极大的鼓舞。甚至有人将"澶渊之盟"归功于这段小插曲。从中也可见色彩符号对情绪的调动作用,这种作用甚至强大到可以提升战斗力。

作为王朝政权获得天命的重要依据,与服色相关的事件、传言具有双重的政治功能。对于当政者而言,与本朝服色相关的符瑞有助于政权合法性的确立。宋朝尚赤,因此宋室南迁之后,红巾成为号召勤王的标识。在金朝统治下的河东之民"心怀本朝","所在结为红巾,出攻城邑,皆用建炎年号"。史称红巾军"略无所惧,是年于泽潞之间,劫左副元帅尼雅满寨几复之",因此,金朝"捕红巾甚急",可主管此事的官吏总是抓不到真的红巾军,就捉拿平民来搪塞朝廷,有的甚至将全村杀害,这就导致了更多壮丁投奔红巾军,"而红巾愈盛矣"②。

而对于在野者而言,与新服色符号相关的符瑞常常为他们伺机而动、揭竿而起提供舆论准备。在古代社会,起事者常常将服色符号作为号召民众的重要标识。由于服色符号并不是单纯的号召和动员标识,往往还是起事者政治纲领的集中概括和形象表达,因此才会对民众产生巨大的凝聚力和向心力。例如,汉高祖九世孙刘秀就是通过恢复汉的国号,沿用西汉服色,来重新唤起人们对刘姓王朝昔日荣光的记忆。"建社稷于洛阳,立郊兆于城南,始正火德,色尚赤。"③后来,在西晋时期的一次起义中,领袖张昌的做法如出一辙。他"以汉祚复兴,有凤凰之瑞,圣人当世"煽动百姓,"从军者皆绛抹头,以彰火德之祥。百姓波荡,从乱如归"④。

元末的红巾军起义也充分利用了服色的号召作用。反元势力纷纷打出复宋旗帜号召天下百姓,因此以宋所尚的火德之色——赤色为标识。韩山童自称宋徽宗八世孙,当主中国。邹普胜、刘福通等人起义时都"以红巾为号"⑤。朱元璋曾经以"巾衣皆绛,赤帜蔽野"形容红巾军气势之盛⑥。

色彩符号的激唤作用不仅体现在对情绪的煽动上,还表现为对心理的暗示作用。五色昔祥与人事关联的政治理念逐渐普及成为一种社会普遍性意识,对从君主到民众都起到了强烈的心理暗示作用,因此才能够成为一

---

① (宋)释文莹:《续湘山野录》,中华书局1984年版,第70页。
② (宋)熊克:《中兴小纪》卷二,福建人民出版社1983年版,第28页。
③ 《后汉书》卷一上《光武帝纪上》,中华书局1965年版,第27页。
④ (晋)干宝:《搜神记》卷七,中华书局1979年版,第101页。
⑤ 《元史》卷四二《顺帝本纪五》,中华书局1976年版,第891页。
⑥ (明)朱元璋:《明太祖文集》卷一四《纪梦》,《景印文渊阁四库全书》第1223册,第144页。

种批评矫正朝政的利器。明宪宗成化年间,朝廷商讨开通惠河之事,引起民间的广泛议论,最后演变成为一场黑眚扰乱民间的谣言事件,搞得人心惶惶。为了平息事态,朝廷不得不暂时搁置了这项计划。由此可见,在五色眚祥符号这一有力武器的辅助下,民声民情对于朝政的影响力也是不容忽视的。

服色在政治异动中扮演的重要角色,使得人们对于那些与服色有关的事件和传言总是表现出异乎寻常的敏感。尤其是在政局暧昧不明的时候,舆服、徽号的变动往往会引起民情骚动。宋朝靖康年间,天气非常寒冷。钦宗听信王俊民"借春以召和气"的建议,下令城中张挂青色旗帜以顺应木德,首先从辛永宗管辖的东壁开始。当时辛永宗正在整顿军纪,有些苦不堪言的士兵趁机传出了"永宗反矣,不然何以易旗帜"的谣言。在金兵进逼、民心狐疑的混乱局势下,民众对旗帜颜色的更改本来就非常敏感,再加上谣言煽动,不免群情激奋,聚集到宣德门,引起了一场骚乱。结果无辜的辛永宗及其数十名部将被不明真相的群众杀死[①]。由此可见,服色符号化观念对民众心态、社会舆论的影响之大。

正是由于色彩符号对于社会舆情有着如此重要的影响,以至于有些君主对于与五色相关的传闻和谣言的反应几乎到了神经过敏的地步。声势浩大、后果严重的周武帝灭佛运动起因之一就是周武帝对"有黑相当得天下"这一谶语的忌讳。南北朝时,僧人多穿黑色的缁衣。缁衣、缁流成为沙门的别称。"识真者咸共叹息,白黑送者数千人。"[②] "白黑门徒,万有余众。"[③] "缁素"、"白黑"喻指僧人与俗众。周叔迦认为僧人服缁可能来自道家,释道皆服缁衣,以冠、巾区分,黄冠成为道士专称,缁衣则为沙门别号。[④] 沙门净土,不承想因为黑衣惹来了麻烦。北齐时流传"有黑人次膺天位"的谣言,[⑤]又有人称稠禅师"黑衣天子也"。[⑥] 文宣皇帝高洋"惶怖",想要杀死稠禅师。稠禅师问明原因以后,予以驳斥:"斯浪言也。黑无过漆漆,可作邪"。[⑦]

---

① (宋)徐梦莘:《三朝北盟会编》卷六四,上海古籍出版社1987年版,第483—484页。
② (唐)释智升:《开元释教录》卷三,《景印文渊阁四库全书》第1051册,第77页。
③ (唐)释智升:《开元释教录》卷六,《景印文渊阁四库全书》第1051册,第155页。
④ 周叔迦:《佛教基本知识》,中华书局2005年版,第137页。
⑤ (唐)释道宣:《广弘明集》卷六《叙列代王臣滞惑解》,《景印文渊阁四库全书》第1048册,第295页。
⑥ (唐)释道宣:《广弘明集》卷八《叙周灭佛法集道俗议事》,《景印文渊阁四库全书》第1048册,第320页。
⑦ (唐)释道宣:《广弘明集》卷六《叙列代王臣滞惑解》,《景印文渊阁四库全书》第1048册,第295页。

这才免除一死。但是这一谶语的影响并未消除,北周太祖宇文泰在关中建立西魏政权的时候,"衣物旗帜并变为黑,用期讹谶之言"。周武帝也很忌讳黑衣僧人,因此下令沙门并着黄衣,"未禁黑故"。后来更因为道士张宾"以黑释为国忌,以黄老为国祥"的进言,周武帝从此"信道轻佛,亲受符箓,躬服衣冠"。① 当然,周武帝灭佛根本的还是由于经济原因,当时的北朝寺院占有了太多了田产和劳动力,对政府财政收入和兵源产生了严重影响,势必引起周武帝的极度不满。经过前后两次灭佛之后,寺庙成为王公宅第,僧人复为编户,一度"民役稍希,租调年增,兵师日盛"。② 只不过,黑衣人得天下的谶语为周武帝灭佛提供了更加强有力的依据。

综上所述,五色符号正是借助其灵活多变的譬喻功能,将"天人合一"政治哲学理念转化为生动形象、易于理解的文学艺术形象,借助其强烈有效的视觉刺激和心理暗示作用,最大限度地发挥"天人合一"政治哲学对社会大众的鼓动作用,从而大大促进了"天人合一"政治哲学在社会大众中的普遍性影响。其影响之深远,甚至超出了预期。譬如五德终始说对社会大众认识和解读五色现象产生了举足轻重的影响。甚至在统治者自身都放弃了五德终始说之后,五德终始思想仍在民间有着某种残余。南宋以后,改服色制度发生了重大变化,不复以五德终始说作为理论依据。元朝是少数民族建立的王朝,对汉人的五德终始说没有什么好感。然而,元末的红巾军起义仍是利用服色的号召作用。反元势力纷纷打出复宋旗帜号召天下百姓,因此以宋所尚的火德之色——赤色为标识。韩山童自称宋徽宗八世孙,当主中国。邹普胜、刘福通等人起义时都"以红巾为号"③。朱元璋曾经以"巾衣皆绛,赤帜蔽野"形容红巾军气势之盛④。《皇明启运录》记载的一个传说,也依稀还能够看到五德终始说的残余影响。据说,明太祖朱元璋的母亲陈太后曾经梦见一个穿红色衣服的神仙送给她一个"奕奕有光的药丸"。陈太后吞下药丸,醒来后,"异香袭体,遂娠焉"。当朱元璋在盱眙红庙出生的时候,"远近见火光烛天,邻近二郎庙夜徙一百二十步水次,红苔如线,泛水如练,丹彩可挹,异香经宿不散"⑤。这显然是在"太祖以火德王"谶言影

---

① (唐)释道宣:《广弘明集》卷八《叙周灭佛法集道俗议事》,《景印文渊阁四库全书》第1048册,第320页。
② (唐)释道宣:《广弘明集》卷一〇《叙任道林辨周武帝除佛法诏》,《景印文渊阁四库全书》第1048册,第361页。
③ 《元史》卷四二《顺帝本纪五》,中华书局1976年版,第891页。
④ (明)朱元璋:《明太祖文集》卷一四《纪梦》,《景印文渊阁四库全书》第1223册,第144页。
⑤ 转引自(明)徐应秋:《玉芝堂谈荟》卷一《帝王诞生瑞征》,《景印文渊阁四库全书》第883册,第5页。

响下编造出来的一个神话。由此可见五德终始说在民间影响之深远,从而为民众认同"天人合一"政治哲学中的核心思想——"君权天授"奠定了坚实的社会心理基础。

第五章　五色符号化规则与"天人合一"的思辨特征

美国学者彼得·贝格尔认为,人类所创造的文化系统(主要指社会秩序、体制和法则)具有天生的不稳定性,需要一个合理化的过程,也就是"赋予社会制度终极有效的本体论地位",以此"尽可能地掩盖其被建造的性质"①。古代中国人就特别善于运用自然现象来比附人间的政治秩序和政治观念,以此论证社会秩序、政治制度和伦理道德是自然法则的应用形式,因此具有永恒的合理性。从自然现象到政治符号的转化过程,实际上也是政治思维具象化的过程,这一过程必然要遵循政治思维的思辨规则,因而政治符号也就成为窥探政治思维逻辑的最佳媒介。

第一节　从五色政治符号的建构方式看"天人合一"思维的理论逻辑

五色政治符号的形成与运用,表面上是以五色现象解读人事活动,以五色功能影响政治生活,从而借助自然理性因素将政治神秘化、神圣化,使其成为天经地义、具有永恒合法性的存在。然而这种所谓的自然理性,实质上是从政治文化建构的需要出发,按照政治文化的思维逻辑,对五色事物及现象进行文化"想象"与功能诠释的产物。可以说,五色政治符号的形成与运用集中反映了"天人合一"政治哲学最核心的思辨特征:以政治解读自然,以自然附会政治,二者互为表里、循环论证。五色符号的建构基本上都遵循了这一理论逻辑。

在五色符瑞、眚祥符号的建构过程中,五色作为一种自然现象,本来是无目的的状态,却因为被附加了反映"天意"的功能和意义,而与人事、政治建立了确定的对应关系,从而成为具有政治象征内涵的社会文化符号。

在等级服色符号的建构过程中,五色原本是一种在物理性质上各具特色、不存在等级差异的物质现象,却被赋予了尊卑贵贱之分的社会文化内

---

① [美]彼得·贝格尔(Peter L.Berger):《神圣的帷幕——宗教社会学理论之要素》,高师宁译,何光沪校,上海人民出版社1991年版,第41—42页。

涵,成为标识身份地位的政治文化符号。

在五色伦常符号的建构过程中,五色的政治伦常寓意看似来源于对时空自然属性的认识。然而这种所谓的自然属性却是古人借用政治道德哲学加以解读的产物。

"天人合一"政治哲学的思想内涵正是通过附会和灌注于五色符号这一重要媒介,得以渗透到社会普遍政治意识并成为其理论预设和基本命题,从而对社会大众的政治理念实现了有效的形塑。

第二节　从政治礼仪中的用色法则看"天人合一"的实践逻辑

从五色符号在政治生活中的运用情况来看,"同类相应"是"天人合一"政治哲学实践逻辑的主要特点。

所谓"同类相应",实际上就是现代人类学中论及的原始信仰中互渗性思维的残留。在互渗性思维中,把色彩作为异质事物之间共同属性的思维方式,是色彩及其象征物得以形成符号指示关系的必要认知基础。而同属于五行系统中任何一个分支如五色、五方、五时等的异质事物之间可以互相作用、互相影响的理论预设,更是五色符号能够对行动产生指令作用的重要思维保障。

从先民使用赤色铁矿石粉象征灵魂,确保亡者能够再生的做法开始,色彩这一从不同事物中归纳出来的共同属性,使古人可以在不同事物之间建立联系,并利用这种联系来对已经存在的事物、已经发生的事情的性质或者即将出现的事物、即将发生的事情的趋向作出判断,并且利用这些知识,安排荐新、迎气、穿着时服等具有浓厚宗教和巫术色彩的活动,以期能够达到与神明的沟通,获得神明的眷顾,促使事情向有利的方向发展。这就类似于物理学中的共振现象。物理学认为,物体发生振动时,由于形状、大小等物理特性的原因,起初会以不同频率振动,但最终会稳定在某个频率上,这个频率就是该物体的固有频率。如果此时从外部增加一个策动力,其频率和该物体的固有频率一致,振动幅度就会达到最大,物体将获得最大能量。"同类相应"的原则遵循着类似的逻辑。五行映射系统中的不同事物拥有共同的内在属性,就好像共振过程中的不同事物拥有共同的固有频率一样。古人相信将特定的时间节点和空间方位与色彩等物质手段进行精心的匹配之后,就能对同属于五行系统某一特定分支的事物产生积极影响,使其发挥的能量达到最大,从而使巫术或者祭祀的结果最优化。

唐玄宗时期瀛州司法参军赵慎言在对郊礼中设色规则的批评显示了同类感应原则是设色规则设置的核心逻辑。开元八年（公元720年），赵慎言对当代礼制提出了一系列建言，其中就包括郊礼中的用色问题。他认为，虽然当代的祭器裀褥已经做到了"总随于五方"，唯独五郊工人、舞人的衣服颜色"乖于方色"，舞人经常持皂饰，而工人总是穿绛色的衣服，在他看来是"深为不便"。赵慎言请求对工人衣服进行更换，使其"各依方色"。而他提出批评和建言的依据就在于他从《周礼》"以苍璧礼天，以黄琮礼地，以青珪礼东方，以赤璋礼南方，以白琥礼西方，以元璜礼北方"的仪文中提炼出"五天帝德，色玉不同"的用色规则，摸索出周人"四时文物，各随方变"的意图在于"冀以同色相感，同事相宜"，并认为这对于实现"阴阳交泰"起着关键性的作用①。

同类感应原则在神道设教的重要手段之一——五色帝祭的用色法则中表现得最为典型。依据祭祀程序不同，五色帝祭祀可以分为几种情况：一种是五帝合祀，主要是在郊祀、雩祀、封禅的时候进行；一种是在不同时令，在不同方位祭祀其中相应的一位，比如五时迎气之礼；一种是针对某种情况，固定只祭祀其中一位，比如以祈嗣为目的的高禖之礼只祭祀青帝。在这些祭祀中都渗透着通过五色符号实现与五行之神互相感应的思想观念。祭祀场所、器物等的设色基本上都遵循与方位、时令相呼应的原则，具体表现在以下几个方面。

五帝的坛位以各方之色装饰。例如，唐玄宗多次在正月的时候迎气于东郊，后因为祀所隘狭，重建东郊青帝坛，"坛上及四面皆青色"。建成后亲祀时，有瑞雪之应，百官拜贺②。

祭祀礼仪中的舆服、旌旗颜色与时令、方位严格对应。东汉时期的五郊迎气之礼中，"立春之日，夜漏未尽五刻，京师百官皆衣青衣，郡国县道官下至斗食令史皆服青帻，立青幡"③。"立夏之日，夜漏未尽五刻，京都百官皆衣赤，至季夏衣黄"，"先立秋十八日，郊黄帝。是日夜漏未尽五刻，京都百官皆衣黄至立秋，迎气于黄郊，乐奏黄钟之宫，歌《帝临》，冕而执干戚、舞《云翘》《育命》，所以养时训也。""立秋之日，夜漏未尽五刻，京都百官皆衣白，施皂领缘中衣，迎气于白郊。""立冬之日，夜漏未尽五刻，京都百官皆衣皂，迎气于黑郊。"④据《皇览》记载，天子迎春气时旗旄尚青，迎夏气时旗

---

① （宋）王溥：《唐会要》卷三二《雅乐上》，中华书局1955年版，第594页。
② 《旧唐书》卷二四《礼仪四》，中华书局1975年版，第913页。
③ 《后汉书·礼仪志上》，中华书局1965年版，第3102页。
④ 《后汉书·礼仪志中》，中华书局1965年版，第3117—3125页。

旗尚赤，迎秋气时旗旌尚拜，迎冬气时旗旌尚黑①。地方郡邑只举行迎春之礼，"立春之日，皆青幡帻，迎春于东郭外。令一童男冒青巾，衣青衣，先在东郭外野中。迎春至者，自野中出，则迎者拜之而还"，其他三时不迎②。

祭祀所用玉器，其颜色、形制都具有象征时令和方位的特定含义。祭祀青帝时所用玉圭为东方之色——青色，形状尖锐，象征春物初生之时萌芽尖而嫩绿的形态；祭祀赤帝时所用的玉璋为南方之色——赤色，呈现半圭状，象征夏物半死；祭祀白帝时所用玉琥为西方之色——白色，形态威猛，象征秋天的肃杀凌厉；祭祀黑帝时所用的玉璜为北方之色——黑色，呈现半璧状，璧乃礼天之玉，半璧状的玉璜象征冬天"惟天半见"的景象——草木枯落，万物闭藏，唯有星宿仍然在天闪烁。所用牲币各随玉器之色。冬至圜丘之礼中加上苍璧礼天，黄琮礼地，为六合之色，合称六器。牲犊各随其色。秋享明堂与圜丘相似。据《隋书》记载，隋朝还有一种"通帛之旗"，供郊丘之祀中使用，分别为苍旗，青旗，朱旗，黄旗，白旗，玄旗，恰好与郊祀中的"六器"对应③。

从北周到隋朝的一段时间内，除了祭坛装饰、礼服、礼器、旌旗之外，甚至连冕色、辂色都要视五帝所属的方色而定。"祀东方上帝及朝日，则青衣青冕；祀南方上帝，则朱衣朱冕；祭皇地祇、祀中央上帝，则黄衣黄冕；祀西方上帝及夕月，则素衣素冕；祀北方上帝，祭神州、社稷，则玄衣玄冕"，加上祭祀昊天上帝时"苍衣苍冕"，共六种颜色④。青辂用于祭祀东方上帝即青帝；朱辂用于祭祀南方上帝即赤帝；黄辂用于祭祀中央上帝即黄帝；白辂用于祭祀西方上帝即白帝；玄辂用于祭祀北方上帝。加上祭祀昊天上帝的苍辂，"通漆之而已，不用他物为饰"，用于正月上辛日圜丘之礼中，专供皇帝所乘，共为六色之辂⑤。诸公只有"各象方之色"的方辂，而无苍辂⑥。郊祀所用通帛之旗为"苍旗"、"青旗"、"朱旗"、"黄旗"、"白旗"、"玄旗"，分别对应天之色和五方之色，用于"享先皇、加元服、纳后"的玉辂配以青龙之旗、朱鸟之旗、黄麟之旌、白兽之旗、玄武之旐，加上苍辂所用的太常三辰（绘有日、月、五星）⑦。皇后也有五色之辂，"五时常出入则供之"，苍辂则是前往命妇家时专用⑧。

---

① （清）秦蕙田撰，方向东、王锷点校：《五礼通考》卷三一《吉礼·五帝》引《皇览》，中华书局2020年版，第1316页。
② 《后汉书·祭祀志下》，中华书局1965年版，第3204页。
③ 《隋书》卷一〇《礼仪志五》，中华书局1973年版，第199页。
④ 《隋书》卷一一《礼仪志六》，中华书局1973年版，第244页。
⑤ 《隋书》卷一〇《礼仪志五》，中华书局1973年版，第196页。
⑥ 《隋书》卷一〇《礼仪志五》，中华书局1973年版，第197页。
⑦ 《隋书》卷一〇《礼仪志五》，中华书局1973年版，第198页。
⑧ 《隋书》卷一〇《礼仪志五》，中华书局1973年版，第197页。

高禖之礼对青帝的祭祀所用器物多仿五帝之祀,以青色系为主。北齐礼制,青帝设在坛上,北方南向,配帝太皞东方西向,高禖之神在坛下东陛的南边,西向。每年玄鸟到来之日,皇帝亲自率领六宫举行祈子仪式,"礼用青珪束帛"①。宋代祀青帝始于仁宗时期。仁宗未有子嗣,殿中侍御史张奎于景祐四年(公元1037年)请皇帝亲祀高禖。于是,仁宗下令有司定高禖之礼,最后确定了"筑坛于南郊春分日祀青帝""配以伏羲、帝喾,以禖神从祀"的礼仪制度。当年春分,皇帝派官员致祭,"主用青石"②,礼用"青玉、青币",乐章祀仪以青帝之祀为准,尊器、神位一如勾芒③。皇后和后宫嫔妃在宫中亦举行一系列相配合的祭祀仪式。宝元二年(公元1039年)果然诞下皇子,仁宗下令由辅臣前往报祀,其礼仪以"春分仪"为准。嘉祐二年(公元1057年),禖坛徙于南郊坛东。神宗年间,礼官上奏说,既然现在高禖之礼以青帝为主神,其坛高度和面积就应该如青帝之制,按照青帝之坛广四丈高八尺的规格来扩建。不过,这样做似乎也不妥当,因为"祀天以高禖配,今郊禖坛祀青帝于南郊,以伏羲、高辛配,复于坛下设高禖位,殊为爽误",不如依照古郊禖"改祀上帝,以高禖配,改伏羲、高辛位为高禖,而彻坛下位"。但是皇帝最终下诏"高禖典礼仍旧,坛制如所议"④。后来的徽宗、高宗高禖之礼亦以青帝为主,配以伏羲、高辛,从祀为简狄、姜嫄。与宋政权并立的金政权也向青帝求嗣。金章宗未有子嗣。尚书省臣于章宗明昌六年(公元1195年)奏行高禖之祀,于是在春分日祀青帝伏羲氏、女娲氏⑤于坛上,姜嫄、简狄位于坛之第二层,"其斋戒、奠玉币、进熟,皆如大祀仪。青帝币玉皆用青"⑥。

　　青是象征有"生生"之义的"仁"的色彩符号,青帝是主司生命繁衍的神祇。高禖之礼中运用的青色符号,强化了青帝的神性和功能。在青色器物营造的神圣氛围中,古人似乎可以强烈地感受到青帝的庇佑。

　　感生帝祭祀的程式、所用器物,大多以五帝祭祀为准,稍加损益。因此五色与五行匹配的设色原则也适用于感生帝祭祀。隋朝以赤熛怒为感生

---

① 《隋书》卷七《礼仪志二》,中华书局1973年版,第147页。
② 以石为神主始于魏,虽然在晋惠帝时,有博士议论高禖置石不见经传,但是石崇拜上自朝廷下至民间一直都十分盛行,这可能和古代的男根崇拜有关。
③ 《宋史》卷一〇三《礼志六》,中华书局1977年版,第2511页。
④ 《宋史》卷一〇三《礼志六》,中华书局1977年版,第2512页。
⑤ 女娲是伏羲的妻子,和伏羲一起开创天地,并以黄土造人。女娲还是婚姻制度的创置者:"祷祠神祈而为女媒,因置昏姻。"((清)马骕撰,王利器整理:《绎史》卷三引《风俗通义》,中华书局2002年版,第21页)
⑥ 《金史》卷二九《礼志二》,中华书局1975年版,第723页。

帝,祭祀所用牲为"骍犊"①。宋朝亦以赤帝为感生帝,祭祀时"牲用骍犊二,玉用四圭有邸,币如方色"②。

由此可见,五色符号在五色帝祭祀中的恰当运用,被视为确保"神人沟通"效果的关键因素。"天"这一原本虚无缥缈的神秘存在借助"同类相应"的实践逻辑,在五色符号中获得了具象化,从而得以在"人"的生活中落到实处。这一实践形式提升了"天人合一"政治哲学的可操作性,进而增强了"天人合一"政治哲学的传播力。

第三节 从五色符号的矛盾性看"天人合一"政治哲学的辩证性

天道的两面性是"天人合一"政治哲学辩证性的基础。天既可以授予君主代理人间事务的权力,赋予君主至高无上的地位,也可以对政治和道德上出现过失的君主进行警告、惩罚,甚至剥夺其天命。而五色符瑞、眚祥符号作为传达上天对人间政治臧否态度的重要媒介,也是"天人合一"政治哲学辩证性的集中体现。

然而,学界往往把符瑞、灾异文化作为分别研究的主题,这种研究方式忽视了一个重要的问题,符瑞、眚祥这两种看似截然相反的政治文化符号,却是共同构成"天人感应"思想的有机组成部分。如果能够打破以往对符瑞、灾异文化分别探讨的研究定式,解读二者之间看似矛盾中的统一,将有助于揭示"天人合一"政治哲学的辩证性。

五色符瑞符号与五色眚祥符号虽然在象征内涵上截然相反,但政治功能却圆融一体。历史上很少有哪位君主的政治生涯中只出现五色符瑞符号或只出现五色眚祥符号。各种最美好的符瑞符号和各种最险恶的眚祥符号同时加诸君主身上,这本身就是君权绝对性与君权相对性既互为补充又相互论证的集中体现。

五色符瑞符号不但可以作为论证君权绝对性的重要依据,同时也和五色眚祥符号一样都具备规范君权的政治文化功能。其一,五色符瑞符号实际上隐含了对君权获得的限定条件,那就是受到天命眷顾、获得符瑞的人才能成为君主。其二,决定上天是否降下五色符瑞的主要因素就是君主是否"有德",而君主是否有德的主要标准则在于民心向背,这就进一步为五色

---

① 《隋书》卷六《礼仪志》,中华书局1973年版,第117页。
② 《宋史》卷一〇〇《礼志三》,中华书局1977年版,第2461页。

符瑞及其所象征的天命的获得限定了条件。其三,传统君道思想认为,上天最公正无私,从不偏袒任何君主,天命随时可能转移。同一种自然色彩现象,相对于天命所要确立的新君而言就是符瑞,而相对于天命所要抛弃的旧君而言就是眚祥。如梁承圣年间,出现了"黑气如龙,见于殿内"的异象,在《隋书》作者看来,这是"周师入梁之象",对于梁政权"近黑祥也",可是对于北周政权而言却应该算是一种符瑞①。因此,为了继续赢得符瑞的眷顾,保证天命的永久延续,君主就必须做到"以德配天"。由此可见,五色符瑞符号同样具备严密、系统的规范功能。

而五色眚祥符号除了可以证明君权的相对性,它与五色符瑞符号同样都具备用于论证君权绝对性的政治文化功能。利用五色眚祥敦促君主自我调节、容许臣民品评朝政政治,是在维护君主权势和尊严的政治前提下展开的。除了极个别有政治野心的人会把灾异说成是当朝皇帝天命中绝、面临改朝换代的征兆,绝大多数谏议都极力阐明,上天降下灾异,并非对君主正统性的否定,相反这说明天还没有抛弃现在的君主,而是对他进行警告和劝诫,以利于他修德修政,巩固统治,这是天爱君主的表现。在《论人主当动循天道疏》中,南宋时期有名的直臣彭龟年说,绍熙四年以来,屡次出现灾异,人臣都为皇上感到不安,他却不以为忧,这是因为这些灾异说明了"天之不忘陛下者甚切也"②。彭龟年的阐述包含了两层意蕴:其一,天是世间万物的最高主宰,君主作为天之子,天之臣,必须敬畏天命,服从教令。其二,在天与君的互动过程中,天被刻画成循循善诱、仁爱人君的家长形象。大臣们以如此温情脉脉的方式解读上天与君主的关系,解读灾异所包含的警示意义,或许是为了使君主更容易接受谏议的一种技巧,或许是在潜意识里要维护君主的尊严,无论如何都说明了臣子的谏议极少触及否定君主权威和正统性这一底线。相反,言辞最激烈的谏议源于对君主的绝对忠诚。谏议是以完善君主统治为初衷,以巩固君主统治为目的,因而绝对不是为了颠覆君为主、臣为辅的政治原则;相反,很多谏议都包含了希望君主能够独断朝纲、防止权力旁落于奸佞之手的内容。就这一点来说,眚祥符号既是君主政治行为有所缺失的象征,同时在某种意义上和它的对立面——符瑞,殊途同归地论证了君主"受命于天",因此在政治生活中具有绝对主宰地位的命题。

---

① 《隋书》卷二三《五行下》,中华书局1973年版,第653页。
② (宋)彭龟年:《止堂集》卷三《论人主当动循天道疏》,《景印文渊阁四库全书》第1155册,第792页。

五色符瑞符号与眚祥符号凭借其象征"天意"的共同寓意,使君权绝对性与相对性看似矛盾的两大命题在"天人合一"政治哲学的理论框架内得到了辩证统一,既满足了论证君主专制正当性的需求,又在一定程度上限制了君权向极端发展。从而为君权思想成为社会普遍认同的政治共识奠定了重要的基石。

第四节 从五色符号的主观性看"天人合一"政治思维的局限性

主观性是"天人合一"政治哲学及其表现媒介——五色符号的重要属性之一。五色符号的诞生,意味着"人"在"天人"关系中的能动性乃至主导性的极大增强。随着人们对五色符号的演绎和操纵越来越成熟,"天人合一"政治哲学的主要内容也从被动地遵循"天道"来指导"人事"的运行,逐渐转变为根据"人事"需要,主动对"天命"进行话语建构,这就导致了五色符号内涵的定义往往带有很强的主观性。

以五色符瑞、眚祥符号为例。信号系统的形成原本应该建立在经验知识的基础上,五色符瑞和眚祥的符号系统却是一种先验理念,因此往往导致色彩现象与政治事件匹配的不严谨性,甚至出现事实与匹配原理的抵牾。久而久之,人们就发现,如果严格按照五行模式去解释灾异与人事之间的关系,往往会有很多抵牾之处,不免牵强附会。"天地灾异之大者,皆生于乱政。而考其所发,验以人事,往往近其所失,而以类至。然时有推之不能合者。"[1]更有甚者,圣君在位的太平盛世也出现眚祥。据《春秋纬·考异邮》记载:"黄帝将起,有黄雀赤头,立于日旁。"孙毂认为:"黄眚黄祥俱不圣之咎,而此于黄帝时为瑞,殆不可解。"[2]其实这并没有什么"不可解"的,因为灾异比如洪水、干旱可能与人的主观行为有一定的关联,眚祥、祥瑞则与人事毫无瓜葛,各种自然现象,无论正常或是反常,都只是一种客观存在。古人却赋予那些尚不能作出科学解释的现象以吉凶寓意和预言功能,并将其与统治者的政治道德联系起来。

先验性的思维方式导致内涵定义的主观性,带来的后果之一就是使得对符瑞与眚祥的界定和诠释具有很强的随意性,符瑞与眚祥之间区分的界限也变得微妙起来。统治集团内部出于各自的利益和目的,不断地争夺解

---

[1] 《新唐书》卷三四《五行志一》,中华书局1975年版,第872页。
[2] (明)孙毂编:《古微书》卷一〇《春秋纬·考异邮》,中华书局1985年版,第202页。

释符瑞和灾异的话语权。

王朝政治危机越深重,符命之说越是泛滥,统治集团为了挽留民心,常常编造出各种符瑞之说来粉饰太平,证明天命仍然在自己手中。难怪宋人周密通过对历史上祥瑞之事的考辨,发现"世所谓祥瑞者,麟凤、龟龙、驺虞、白雀、醴泉、甘露、朱草、灵芝、连理之木、合颖之禾皆是也,然夷考所出之时,多在危乱之世"①。

汉代是符命之说的鼎盛时期,在政治极为昏乱的时候,有关符瑞的奏报仍然层出不穷。东汉桓灵时期,外戚、宦官轮流专权,政治衰缺,内忧外患,却屡有凤凰等符瑞上报。很多有识之士对此都不以为然。《说文》指出,五色神鸟中,"东方曰发明,南方曰焦明,西方曰鹔鷞,北方曰幽昌,中央曰凤皇"②,中央神鸟才是真正的凤凰。《叶图征》认为,除了凤凰以外的其他四种神鸟皆属于羽虫之孽。范晔因此认为,桓灵之时出现的只是一些类似凤凰但绝非凤凰的五色大鸟,皆属于羽虫之孽,是对桓灵之世昏暗政治的警示。

魏晋时期,群雄割据,战火连年,生灵涂炭,民不聊生,白雀、赤熊等祥瑞的报告却不绝如缕。很多所谓祥瑞不过是各国出于标榜自己乃天命所系的政治目的而牵强附会的。"《记》云,升中于天,麟凤至而龟龙格。则凤皇巢乎阿阁,麒麟在乎郊薮,岂非驯之在庭,扰以成畜,其为瑞也如此。今观魏、晋已来,世称灵物不少,而乱多治少,史不绝书。故知来仪在沼,远非前事,见而不至,未辨其为祥也。"③

后赵政权的统治者石虎即位的时候,有郡国进献苍麟十二以驾法车,但事实上,石虎是历史上著名的暴君,他的严刑酷法、穷兵黩武,为后赵政权的速亡埋下了伏笔。最终,后赵政权在石虎晚年诸子争权夺利的闹剧中瓦解。徐应秋不禁讥刺道:"为治平之应耶?为衰乱之征耶?"④

唐代宗永泰二年连续出现了日月重轮、太庙生芝草以及捕获赤兔等祥瑞,然而当年洛水泛滥,对民生造成极大损害,徐应秋由此得出结论:"灾祥固无足凭矣!"⑤宋徽宗特别热衷于祥瑞,政和年间,各地奏报符瑞不胜枚举,然而"越数岁,而遂罹狄难,邦国丧乱,父子播迁,所谓瑞应,又如此也"。⑥

---

① (宋)周密:《齐东野语》卷六《祥瑞》,中华书局1983年版,第108页。
② 《后汉书·五行志二》引《说文》,中华书局1965年版,第3301页。
③ 《南齐书》一八《祥瑞志》,中华书局1972年版,第355页。
④ (明)徐应秋:《玉芝堂谈荟》卷一《帝王瑞应》,《景印文渊阁四库全书》第883册,第13页。
⑤ (明)徐应秋:《玉芝堂谈荟》卷一《帝王瑞应》,《景印文渊阁四库全书》第883册,第13页。
⑥ (宋)周密:《齐东野语》卷六《祥瑞》,中华书局1983年版,第109页。

更有甚者,还有伪造符瑞以取悦皇帝的。东魏权臣高洋强迫东魏皇帝禅让,建立北齐政权之际,东魏旧臣尧难宗为了奉承新君,竟然把普通的雀鸟染成红色,冒充符瑞进献给皇帝。更匪夷所思的是,高洋为了掩盖篡位的恶名,标榜自己上位的合法性,在很快就知道赤雀是伪造的之后,竟然也没有对尧难宗的欺君之罪给予任何惩罚①。

无独有偶,南宋初年也有一个伪造符瑞的案例。建炎、绍兴之际,金人攻破泰州,步步进逼。知通州吕伸弃城逃走。为了开脱罪责,他编造了所谓的赤色符瑞以谄媚君主。《建炎以来系年要录》和《三朝北盟会编》都记载了这件事情,说法略有不同。据《三朝北盟会编》记载,建炎四年(公元1130年)十一月,吕伸逃走后,出于"终不免于罪戾"的担忧,编造了一个赤色符瑞之梦:"臣夜得梦,诸军皆被朱甲,持赤帜,盖火德之应,乃国家中兴之兆。"结果,"士论以为谄,遂罢之"②。《建炎以来系年要录》的记载略有不同。事情发生的时间是绍兴元年四月(公元1131年),但对事情经过的记载和前者基本一致。吕伸逃跑了一个月以后才回来,竟然还向皇帝编造了一个传言,说敌人的营地到处流传着"有戴红笠人劫寨"的谣言,这是火德胜捷之象。高宗"恶其佞",下诏贬秩三等,罢免官职,由刘光世另外遴选将领戍守③。

祥瑞之说之所以泛滥成灾,与下属官吏热衷于奏报祥瑞有直接的关系。驱使他们连篇累牍奏报祥瑞主要有两方面动力:第一,统治者对于那些奏报符瑞的臣属赏识有加,特别加以擢拔。五色事物成为捞取政治资本的筹码。能否在恰当时候向君主献上恰当的五色符瑞,对政治前途有着至关重要的影响。宋太宗至道元年,寿王赵元侃向父皇汇报,山西太原进献了一只黑兔。宋太宗果然龙心大悦:"黑兔之来,国家之祥。"吕端也趁机进言表示赞同,黑色是北方的色彩象征符号,而兔子也属于阴类,两方面结合来看,黑兔正是象征了对北宋政权构成巨大威胁的夷狄势力,捕获黑兔,正预示着北方夷狄势力将来稽颡投降④。这对于把契丹视为心腹大患的宋太宗来说显然是很受用的。赵元侃也就是后来的宋真宗。他本来是没有资格继承皇位,只是因为其他继承人出现了意外情况才被封为太子。被封为寿王、开封府尹是被立为储君的前奏。因此在这个非常关键的时刻,赵元侃向宋太宗汇报黑兔之瑞应该是别有深意的,取悦父皇可能是重要动机之一。而吕端是赵元侃的主要支持者。不但在赵元侃被册封为太子之际给予了有力的支

---

① (宋)叶廷珪:《海录碎事》卷一二《染赤雀》,中华书局2002年版,第664页。
② (宋)徐梦莘:《三朝北盟会编》卷一四三,上海古籍出版社1987年版,第1043页。
③ (宋)李心传:《建炎以来系年要录》卷四三,胡坤点校,中华书局2013年版,第930页。
④ (清)徐松辑:《宋会要辑稿》,上海古籍出版社2014年版,第2592页。

持,而且在后者继位之际还挫败了太监王怀恩和李皇后之兄共同策划的政变,把他擢上了宝座。徽宗政和年间,"天下争言瑞应,廷臣辄笺表贺"。王安中正是因为所作贺表文词出众而受到徽宗赏识①。就连一个小小的县令都非常重视辖域内出现的祥瑞。临漳县令裴鉴因为官清苦,引来白雀等符瑞。临漳小史樊逊上《清德颂》十首为裴鉴歌功颂德,结果裴鉴大加赏重,将他擢为主簿。这就驱使下属臣工出于谄媚君主和上司以邀宠的目的,把许多自然现象甚至灾异都说成符瑞。

第二,由于符瑞也被视为上天对勤勉有加、政绩突出的臣工的肯定,因此成为官吏加官晋爵的重要砝码。据《新唐书》记载,越州人罗珦在担任庐州刺史的时候,修建学宫,政教简易,因此人们把当时出现的芝草白雀视作上天对罗珦所作所为的肯定。淮南节度使杜佑将这一情况奏报朝廷,罗珦因此获赐金紫服,升任京兆尹②。因此,有很多官吏把一些异常自然现象称作是自己政绩突出引来的祥瑞,希望能够受到皇帝褒奖。宇文粹中在批评起居注中祥瑞记载过多的时候,曾经一针见血地指出,很多州郡热衷于奏报瑞应,无非是怀着邀功请赏、为自己图谋私利的个人目的:"今州郡谀佞成风,裒集境内妖怪,绘图奏陈,其意曰:'此臣治理之效。'三省集诸路所奏,拜表称贺,其意曰:'此皆燮理之功。'"③

尽管古人极力要在五色事物与清明政治之间建立起稳定的匹配关系,促使五色符瑞符号的形成,却因其与人类政治行为缺乏必然的联系,而注定不可能成为具有长久生命力的政治文化符号。而五色符瑞、告祥符号的致命缺陷,实际上也正是"天人合一"政治哲学思维局限性的一种折射,反映了在"天人合一"政治哲学建构过程中,常常存在"人心"对"天意"的牵强解释和刻意扭曲,从而损害了"天意"本应该具有的客观性。特别是统治集团把对五色文化话语权的牢牢掌握视为垄断"天命"的重要保障,因此在"天人"话语建构过程中常常过度滥用这种权力。在历史上不断出现对五色符号的"天命"内涵进行符合"实用理性"需要的功利化解读的情况。这也就使得"天人合一"政治哲学在某些情况下表现出很强的投机性与附和性。

宋徽宗收复湟州不久,湟州就出现了与宋朝火德相符的符瑞——赤草。如此巧合,不得不令人怀疑是出于强化湟州与中央联系的政治需要。自神

---

① 《宋史》三五二《王安中传》,中华书局1977年版,第11124页。
② 《新唐书》卷一九七《罗珦传》,中华书局1975年版,第5628页。
③ (宋)宇文粹中:《上徽宗论起居注书祥瑞不应经典》,赵汝愚编:《宋名臣奏议》卷六〇,第734页。

宗开始,宋朝开始了旨在开拓疆土、压制西夏的开边活动。河湟地区作为交通要道,特别是作为西夏与吐蕃联系的必经之路,是宋朝必争之地。从神宗、哲宗到徽宗,几经得失。再度收复湟州,并正式设立州治。在这一背景下进献朱草,显然是表示与宋朝中央政权隶属关系的一种确认。而朝廷对这次进献朱草的行动也表现出格外的重视,受徽宗青睐的文人葛胜仲特别为此撰写了《贺湟州芝草表》,也表明宋朝中央政府迫切需要这类符瑞来强化新领地对自己的向心力。

在动荡政局中登上帝位的宋高宗也是依靠赤色符瑞赢得臣民对其合法性的认同。经历了靖康之难的奇耻大辱,宋徽宗、宋钦宗和绝大多数宗室成员被掳往金朝之后,宋高宗却侥幸登基。为宣扬高宗继位合法性而炮制的《中兴瑞应图》通过搜集整理高宗膺受天命的宝符、征瑞,并以图像这样一种形象生动的方式加以发布。其中一个符瑞——"解袍见梦"被安排在最后一幅,象征着钦宗与徽宗之间的政权交接。而这个符瑞故事就来源于宋高宗在靖康元年闰十一月自述的一个梦。在梦中,宋钦宗把一件御袍赐给了他。根据《中兴小纪》的描述,赵构在向幕僚透露这个梦的时候神色"从容",在他自己的叙述中,在他脱下旧衣穿上所赐御袍的过程中也没有表现出惊惧或者犹豫。《中兴小纪》的作者紧接着记述了"解袍"之梦"顷之"应验的结果,就是宋钦宗派人送来了任命赵构为大元帅、速入京师防卫的诏书[1]。而曹勋撰写《圣瑞图赞》中却增加了赵构接受御袍时"恐惧辞避之际遂寤"的情节[2]。这是接受皇位禅让过程中常见的套路。显然在《中兴瑞应图》中,"解袍见梦"已经被改造成为高宗继位的征兆。值得注意的是,象征君权交接的关键之物——御袍被萧照画成了象征宋朝火德的朱红色。此外,拥立高宗的辅臣也积极炮制与赤色有关的符瑞话语,济州"红光属天,如赤乌翔鬐""红光见而火德符天命"等政治传言在社会上广为流传,为宋高宗顺利继位奠定了广泛的舆论基础。由此可见,赤色符瑞在确立宋高宗继位合法性的话语建构中扮演了至关重要的角色。

然而,宋高宗登基不久之后,收到统领密州军马、权管州事杜彦进献的赤色芝草,却表现出令人费解的拒斥态度。这恰恰从反面印证了对所谓符瑞的策略性态度。据记载,尽管进献者一再美化芝草,称其"纯赤,光坚如漆,以为实符建炎美号",宋高宗收到后,却连打开都没打开看一眼就让辅臣退回去了:一方面固然是因为宋高宗本人似乎对符瑞采取不置可否的态

---

[1] (宋)熊克:《中兴小纪》,福建人民出版社1983年版,第2页。
[2] (宋)曹勋:《松隐集》卷二九《圣瑞图赞》,《景印文渊阁四库全书》第1129册,第499页。

度，多次强调国家应以丰稔而非奇珍为瑞："朕每语卿等，国家以丰年为瑞。若五谷皆熟，百姓食足，朝野嬉暇，万物遂性，可以为瑞"，"凡赤乌、白雉之类，止可一观而已，不足为瑞。唯五谷丰稔，乃为上瑞也"。这或许是对亡国之君宋徽宗痴迷祥瑞的荒唐行为的一种拨乱反正。另一方面，密州郡守在徽宗时期曾大举进贡芝草。据记载，当时的京东提举学事朱胜非路过密州界内时，县令正在部署数百夫入山采芝，芝草不但数量众多，"弥漫山谷，皆芝菌也，或附木石，或出平地"，而且植株健硕，品种优良："有一本数十叶，层叠高大，众色咸备"①。郡守李文仲每采够三十万本，就以一万本为一纲入贡朝廷。这些可能都大大降低了统治者对芝草祥瑞的热衷程度。

不过，结合当时的军政情势，宋高宗对杜彦所献朱草的拒斥，应该还有更深层次的原因。恐怕与他对密州以及杜彦的看法有着密切关系。首先，宋高宗一方面出于对金朝的极度恐惧，另一方面更重要的是出于对徽宗、钦宗归来之后将会威胁自己权位的极度担忧，在黄潜善、汪伯彦的支持下，在即位之初就制定了画河为界的基本战略②。新君登基，按照惯例应该向各地传达赦文，这也是新君主向地方宣示政治权威的一种方式。然而，宋高宗却下令禁止"誊赦文下河东、北两路"，另外命令宋军屯驻黄河以南，种种非同寻常的举措都透露出宋高宗准备放弃黄河以北领土的战略意图③。如果说徽宗时期对湟州朱草的重视，是急于巩固新领土与朝廷中央的政治联系，那么宋高宗对密州贡献朱草的回绝，在某种意义上可以说意味着中央对密州旧地的彻底弃绝。

其次，宋高宗从登基以来一直对密州所在河北地区的抗金行动抱有很深的戒心。拥立高宗集团黄潜善、汪伯彦力主的强化中央军队的策略，与主战派李纲的藩镇策略完全背道而驰。金军入侵以后，不但大肆屠杀劫掠，而且还实行强迫汉族男子"剃头辫发"的侮辱性政策，引起了河北河东两路民众的强烈反抗。各地纷纷自发组织抗金勤王运动。李纲希望通过吸收、整合民间武装势力来壮大朝廷的抗金力量，与之相配套的财政方略则主张地方自给自足④。这种"分权主义"的倾向，与侥幸登基的宋高宗对集中权力的迫切要求显然是南辕北辙。这就导致了李纲拜相75天后就迅速失势。一心要加强中央集权的宋高宗对河北河东等地的抗金运动心怀戒备，曾在建炎二年正月丁未诏令中严厉斥责其为假借勤王之名的"聚寇之患"："自

---

① （元）马端临：《文献通考》卷二九九，《物异考·芝草》，中华书局2011年版，第8164页。
② 王曾瑜：《宋高宗传》，中国书籍出版社2016年版，第27—28页。
③ 王曾瑜：《宋高宗传》，中国书籍出版社2016年版，第27—28页。
④ ［日］寺地遵：《南宋初期政治史研究》，复旦大学出版社2017年版，第59—66页。

顷奸臣误国,边隙既开,兵祸及于黎元,烽尘暗于京阙,军以伤残而散溃,民因侵轶而流亡,遂假勤王之名,公为聚寇之患。朕驻跸淮甸,欲还故都,兴言及兹,痛愤良切。"①而杜彦在呈献朱草时的上书中虽然首先称颂了朱草之色的祥瑞寓意"草叶纯赤,实符建炎美号",但重点却在于以朱草的外形自况:"形如指掌,应股肱宣力之义,殆将有熊罴之士,穷讨强敌。"这很容易让宋高宗再度联想到他所深恶痛绝的藩镇政策。他本来就将抗金运动风起云涌的密州视为"盗区",而对杜彦的厌恶更甚于对密州的排斥:"今密为盗区,且彦所献,何足为瑞。"②

宋高宗对待朱色符瑞看似矛盾的态度,其实不过是他面对不同情势作出的策略性选择。这也说明宋高宗对赤色符瑞所反映的"天意"谈不上一以贯之的信仰,而是表现出某种投机心态。

对五色文化的"天命"内涵的功利化解读,也为深入认识"天人合一"政治哲学的本质,辨析儒家思想是"学"还是"教"提供了重要的参考。自佛教传入中国,中土便出现了"儒教"一词与之抗衡。张志刚对历史上较为激烈的数次"儒教"之争进行了梳理,并指出,经过天主教西来、鸦片战争以来"师夷长技"思想风潮、改革开放以后"儒教"讨论,正反双方达成的一个共识就是要在"宗教"概念下对儒家性质进行讨论③。如果说信仰是宗教生活最基本最核心的行为模式,那么是否存在终极信仰就应该成为判定儒家到底是"学"是"教"的重要参考。"天命"信仰在儒学思想中的长期存在,是"儒教"派的重要依据之一。然而正如前辈学者已经指出的,中国人无论是对天命还是对儒家圣贤、家族祖先或是民间鬼神的信仰都出于某种"实用理性",表现出强烈的功利性,这显然不符合"宗教"对信仰的坚定性和终极性的要求。从这一点来说,儒家思想很难被视为一种严格意义上的"教"。

"天人合一"政治哲学通过赋予统治集团以垄断"天命"的崇高地位和话语建构的特殊权力,为政治专制打造了坚实的社会文化基础。然而,对五色文化内涵的功利化解读虽然有助于建构符合统治集团利益的政治话语,却蚕食了"天命"话语的客观性进而损害了其权威性,最终导致"天人合一"政治哲学的许多理论问题、价值理念走向越来越无法自圆其说而被逐渐抛弃的境地。

---

① (宋)李心传:《建炎以来系年要录》卷一二,胡坤点校,中华书局2013年版,第315—316页。
② (宋)李心传:《建炎以来系年要录》卷一七,胡坤点校,中华书局2013年版,第414页。
③ 张志刚:《"儒教之争"反思——从争论线索、焦点问题到方法论探讨》,《文史哲》2015年第3期。

第六章 从五色文化的衍变看"天人合一"政治哲学的自我调适

政治生活总是在不断发展当中,这就要求"天人合一"政治哲学不断积极地进行自我调整,以适应现实政治生活发展的需要,调和理论与现实的冲突,解决现实政治生活发展中不断呈现的新问题。这种思想转型过程中的诸多重要信息往往是通过其物质载体——五色文化透露出来的。五色文化成为某一阶段思想转折点的标识。甚至可以说,在政治生活中发挥了独到作用的五色文化本身就是政治文化发展史的一部分。

第一节 五色帝地位的降格与"天人合一"政治哲学的大一统

西汉中期以后"天人合一"政治哲学的"大一统"发展倾向的重要体现之一就是五帝祭祀传统的转变,五帝地位逐渐下降,由天地之神降格为从属于天地的职能性神祇。

这一转变始于汉文帝时的一场变故。当时有人上书举报"新垣平所言气神事皆诈也"。新垣平当即被下狱治罪,引来诛灭家室宗族之祸。从此,汉文帝对五帝时祭祀等鬼神之事统统失去了热情,不再亲自前往郊见了。[①]五帝祭祀开始风光不再。

汉武帝时期,亳人谬忌奏请祭祀泰一神,而把五帝降格为泰一神的辅佐。汉武帝接受了他的建议,下令在长安东南郊设立泰一祠,五帝坛仅得以环居其下。五帝地位首次发生下移的情况。国家信仰的至尊之神不再以一分为五的形象出现,而是出现了一个凌驾于五帝之上的唯一的至尊神。这与秦汉以来日益深化的大一统思潮是相适应的,同时反映了古人对于纷繁复杂、包罗万象的宇宙系统的终极性思考有了重大突破,是传统政治信仰向更高层次迈进的重要表现。

汉政权自建立以来,始终在对国家信仰进行调整。从汉高祖完成五帝祭祀系统到汉武帝信奉泰一神,汉朝政府一直试图创立一种能够最明确传

[①] 《史记》卷二八《封禅书》,中华书局1959年版,第1383页。

达大一统思想的政治宗教。在西汉政权摇摇欲坠的时候,这种努力表现得更为强烈。

五色文化的发展走向正是秦汉帝国肇基以来跌宕起伏的思想斗争的缩影。就符号对思维的支配性而言,符号可以被视为话语权力的一种化身。五色文化地位的浮沉,是不同势力集团之间话语权力斗争的产物。经历了秦朝短暂的统一,西汉初年天下仍处于纷乱之中,文化上的分裂是其中一个重要的表现。陈鹏认为,汉初的德运之争实际上是秦、楚两地文化之争,汉初的"外黑内赤"服色制度实际上是一种文化上的融合或者说妥协[①]。如果说五色帝代表着不同文化系统的信仰中心,那么在五色帝之上设置至尊神,则是超越这种文化分裂的一种重要的象征性举措。与政治宗教整顿相配合的是,君主试图通过在政治哲学领域确立儒家话语霸权,实现政治思想上的大一统,从而巩固政治上的大一统。这一举措提升了儒家思想的政治地位,但也使得儒家思想有沦为君主御用学术的危险。因此,儒生们一方面要通过对天与五色帝关系的重构来响应和助力君主政治上大一统的政治愿景,以赢得君主的青睐以及自身政治地位的提升;另一方面却仍需要借助五色符瑞符号、五色眚祥符号、五德终始符号等各种政治文化符号,对君主制度与君主思想的走向施加影响。这也是五色帝地位下降以后,五色符号仍然在政治生活中占据重要地位的原因之一。

第二节 五色符瑞、眚祥符号的衍化与"天人合一"方式的嬗变

五色符号在政治生活中的普遍运用,从本质上来说是试图采用规整的图式来实现阴阳五行思想对政治生活强有力的规划作用。这也是隋唐以前"天人合一"政治哲学的显著特征。然而,随着人与自然的日渐疏离,根本而言就是人逐渐摆脱土地的束缚,摆脱了对土地的纯依赖关系后,人们对天人关系的认识也逐渐发生变化。这在唐宋以来政治、经济、文化领域的诸多变化中都有所体现。在经济生活方面,唐中期以后,出现了坊市,代表着商业的萌芽发展,消费(而非被固定于土地上的生产活动)对经济生活发挥着愈来愈活跃的促进作用。庄园经济体制从唐代开始发生变化,普遍实行租佃契约的经营方式,使农民对地主的人身依附关系趋于松弛。纺织业等手工业的广泛发展,也使农民找到了农业生产以外的生活来源,对土地的依赖

---

① 参见陈鹏:《汉初服色"外黑内赤"考》,《史学月刊》2015年4月。

程度有所降低。很多人对自然的感情开始从物质上的依赖、精神上的依恋、宗教上的敬畏逐渐转变成为艺术上田园牧歌式的审美意识。五色符号超越了"自然推论"阶段,超越了古人对时间、空间以及各种自然现象的直观认识及其长期积累之后形成的固定性联想,从而导致其作为天人沟通"媒介"作用的弱化以及政治象征功能的部分消解。

五色文化的第二次转型首先表现在对五色的创造主体提出了新的解释。"一气运而为阴阳,阴阳判而为五行,五行彰而为五色"。宋代学者普遍认同是气的运动变化创造了自然五色[①]。这里的"气"指的是一种"具有动态功能……作为世界万物本原或凝聚造物"的客观实体[②]。"天"其实也是由气构成的。气论哲学的产生标志着对宇宙本体的认识深入到一个更微观的层面,从而推动了唐宋以后思想界对天人关系的重构——天人之间通过畅通无碍地流行于天地之间的"气"来实现感应与贯通,而不再机械地遵循阴阳五行的宇宙图式,并最终导致了政治思维与政治哲学的诸多变革,包括经学与纬学分离,天道与人事相隔,自然客观的道德理性逐渐取代神秘主义的"天意"成为政治的最高主宰等。

在这样的思想背景下,五色逐渐褪去了"五行"的神秘光环,五色与五德、五色眚祥与五事之失等对应关系逐渐削弱了。结合历史上对五色符号政治寓意种种"功利化"解读所暴露出来的诸多破绽,人们开始对五德服色符号、五色眚祥符号尤其是五色符瑞符号反映"天意"的真实性和客观性表示怀疑。入宋以后,在许多有识之士的呼吁下,进一步从政治和学术上对五色祥瑞与眚祥学说进行了"全面清理",具体表现为以下"三化"。

一是五色符瑞、眚祥与人事政治之间符号指示关系的"弱化"。陈侃理指出,受到儒学与数术疏离,君臣之间以"道"合而不再需要"神道设教"等诸多因素的影响,宋代以后的官史侧重于记述灾异眚祥的客观情况,减少了将灾异眚祥与人事对应阐释的主观成分。许多相关的祈禳仪式也渐渐荒废了[③]。比如欧阳修在撰写《新唐书》的时候就指出,天地之大,诸物种类不可胜数,非人力所能全知,因此,君子畏天,表现在见到物有反常,想到这是天的谴告,为之戒惧并退而修省就可以了。如果非要像董仲舒、刘歆等汉儒那样拘泥于僵化的五行模式,最终不免陷入"及其难合,则旁引曲取而迁就其说"的学理困境。在他看来,孔子作《春秋》,只记灾异而不著述所应之事,

---

[①] (宋)易祓:《周官总义》卷二八,《景印文渊阁四库全书》第92册,第637页。
[②] 张立文:《中国哲学范畴发展史(天道篇)》,中国人民大学出版社1986年版,第138页。
[③] 陈侃理:《儒学、数术与政治——灾异的政治文化史》,北京大学出版社2015年版,第259—304页。

也正是出于担心"推其事应,则有合有不合,有同有不同",一旦"不合不同"反而"使君子怠焉,以为偶然而不惧"的慎重考虑。因此,他在撰写《新唐书·五行志》的时候也遵循了"依《洪范五行传》著其灾异,而削其事应"的原则①。可能是受到欧阳修的影响,宋以后的官史侧重于记述灾异眚祥的客观情况,减少了将灾异眚祥与人事对应阐释的主观成分。五色眚祥的政治符号色彩渐渐淡化了。

二是符瑞—眚祥界定标准客观性的"强化"。《宋史·五行志》的作者主张以"德"为标准来界定符瑞和眚祥:"征之休咎,犹卦之吉凶。占者有德以胜之则凶可为吉;无德以当之则吉乃为凶。故德足胜妖,则妖不足虑;匪德致瑞,则物之反常者皆足为妖。妖不自作,人实兴之哉!"②"德"是治国之道的总称,实际上也是品评君主、规范君主的一种客观准则。无论评判的客体是臣民的"民意"本身,抑或是臣民所假借的"天意",以君主是否具备圣明之德的客体判定作为判断反常的自然现象到底是符瑞还是眚祥,本身就是对统治者任意操纵符瑞—眚祥符号的创制、解释权的一种有力限制,大大增强了二者界定标准的客观性。

三是符瑞、眚祥符号地位的"分化",即出现了重眚祥轻符瑞的倾向。宋人宇文粹中的观点代表了当时普遍认同的看法,即史官的主要任务是记录天子的言行、政事、诰命等内容,如果掺杂了太多"谀佞无实之事",将会为典册所累。因此,对于礼部呈报的祥瑞应该"验以经典而载其大者",对于灾异眚祥则应该"直书其事,不必点缀文辞,迁就附合"③。这表明宋以后思想家对符瑞之说多持批判态度,对于眚祥之说则比较宽容。原因在于眚祥符号具有促进君主自我反省、自我调节的功能,也是臣工谏议君德之失,规范、约束君权的有力工具,因此在政治文化传统中得以保留。而对于名不副实的符瑞符号的批判声音则越来越高昂。

北宋徽宗朝祥瑞之风盛行,有刻意逢迎者,但也有通过对符瑞符号进行解构来遏制符瑞之风的诤言。宋徽宗刚刚继位的时候就出现了赤气之异。当时的亳州、兖州、河中府为了迎合徽宗,在上奏中称:"因建置道场,获此祥应。"任伯雨上书徽宗,予以驳斥。一是占候学上的依据。"以一日言之,日为阳,夜为阴。以四方言之,东南方为阳,西北方为阴。以五色推之,赤为阳,黑与白为阴。以事推之,朝廷为阳,宫禁为阴;中国为阳,夷狄为阴;君子

---

① 《新唐书》卷三四《五行志一》,中华书局1975年版,第872—873页。
② 《宋史》卷六一《五行志一上》,中华书局1977年版,第1318页。
③ (宋)宇文粹中:《上徽宗论起居注书祥瑞不应经典》,(宋)赵汝愚编:《宋名臣奏议》卷六〇,《景印文渊阁四库全书》第431册,第734页。

为阳,小人为阴;德为阳,兵为阴。今赤气起于至阴之方,又有黑气下起,此宫禁阴谋下干上之证也。渐冲正西,散而为白,而白主兵,此夷狄窃发之证也。"二是历史典籍中的依据。任伯雨引用《汉书·五行志》,说明赤气之祥是对君主"视之不明"的警示,具体而言,就是君主有"不明善恶,亲昵近习,无功者受赏,有罪者不杀"等过失。三是历史事实的依据。任伯雨引用唐代典故加以佐证。唐代大历、贞元、宝历年间屡次出现赤气之祥,当时的唐政权恰恰是处在宦官专政、朋党交结的混乱局面。四是现实依据。赤气出现半个月之后,有太后上仙之祸,因此可以确定是灾变无疑。

在此基础上,他们更强烈呼吁对符瑞之说进行全面的清理。

首先是从政治上对符瑞之说加以"清理",要求皇帝严加整治百官滥报祥瑞的行为。如宋徽宗时任伯雨在将赤气之异斥为不祥之应后,指出,如果任由"佞夫纤人败坏大体,诡词异说,指灾为祥,以轻侮天命,幻惑人主",危害无穷,从此"奸谀相师",因此,他希望徽宗能够"严赐黜责,以戒百官",以遏制这股歪风邪气①。

其次是从学术上对符瑞之说加以"清理",甚至有人提出不再将所谓的符瑞作为统治者清明政治的符应。如宇文粹中在对起居注中充斥着文过饰非的瑞应提出了批评之后指出,人君"修德锡符之应"体现在"物遂其性,民得所养"这些人事成就上,而非充满怪诞色彩的"鳞毛羽介之孽、虹蜺光景、形色变怪之祥、华实之非其时、孳育之非其类"②。

明太祖朱元璋是历代皇帝中对符瑞—眚祥关系认识较为深刻的一位。他的看法集中反映了宋以来传统政治思想的新趋势。朱元璋认为,君主作为万民之主,应该把精力集中在修德致和方面,国家应以日月星辰运行有序、寒暑不失其时为祥瑞,而不应以物为瑞。君主热衷于祥瑞,是出于好大喜功的心理,这往往会导致民劳于役。他以汉武帝为例论证自己的观点:"汉武帝获一角兽,产九茎芝,好功生事,卒使海内空虚。其后神爵、甘露之侈,至山崩地震,而汉德于是乎衰",由此可见,"嘉祥无征而灾异有验,可不戒哉"。对于礼部尚书所报的祥瑞,朱元璋回复说:"卿等所议但及祥瑞而不及灾异。不知灾异乃上天示戒,所系尤重"。他要求今后四方如果发生灾异,无论大小,必须"即时飞奏"③。

---

① (宋)任伯雨:《上徽宗论赤气之异》,(宋)赵汝愚编:《宋名臣奏议》卷四四,《景印文渊阁四库全书》第431册,第527—529页。
② (宋)宇文粹中:《上徽宗论起居注书祥瑞不应经典》,(宋)赵汝愚编:《宋名臣奏议》卷六〇,《景印文渊阁四库全书》第431册,第733—734页。
③ (清)谷应泰:《明史纪事本末》卷一四《开国规模》,中华书局1977年版,第202—203页。

五色符瑞符号与眚祥符号在传统政治文化中地位的"分化",是传统君道理论高度成熟的具体表现。如果说五色符瑞符号有力地推动了民众对君主的崇拜,从而强化了君主(个人)与君权(制度)的合而为一的观念,肯定了专制权力的正当性,那么五色眚祥符号作为促进君主自我反省、自我调节以及臣僚规范君主、约束君权的利器,则对君主的具体政治行为与专制制度进行了一定程度的剥离,从而为君权思想发展过程中日益激烈的君主批判和日益严格的君主规范提供了更加广阔的空间。

　　张分田认为,从先秦以来,古代政治思想家对君权绝对性的论证往往只是一笔带过,而把越来越多的笔墨用在了君权相对性问题上。他们赋予君主的责任越来越重大,为君主设置的规范越来越系统、严格。如围绕君与天下的关系,要求君主做到"天下为公",具体而言就是确立公义、行政尚公以及选贤与能;围绕君与民的关系,要求君主要将以民为本作为治国政策的基本原则;围绕君与臣的关系,要求君主与臣子形成道义之交、利害攸关的"一体"关系,同时要具备"无为而无不为"的驭臣之术;围绕君与谏的关系要求君主处理好"独断"与"兼听"的辩证关系等,可谓应有尽有,包罗万象。尤其是到了宋明理学兴起之后,集统治思想之大成的理学诸子提出了高度哲理化、道德化的"内圣外王"论,对君主心术与治术提出了极高标准、极严要求。也正因为如此,从宋明以来,形成了一种对战国以来、本朝以前的政治一概加以否定的批判风潮。在很多言辞激烈的思想家看来,自尧、舜、禹、汤、文、武以后,没有一位君主能够真正做到"以德配天"①。

　　在这种思想取向的影响下,象征统治者地位受"天命"庇护的五色符瑞符号,其理论价值和重要性逐渐逊色于与作为君权制约性因素的"隐喻"以及批判君主政治重要工具的五色眚祥符号,在传统政治哲学中所受到的关注度逐渐下降,也就在所难免了。

第三节　五色符号内涵的重新定义与"天人合一"
　　　　　　　法门的转变

　　然而,五色符号在"天人沟通"中作用的弱化和消解,并不意味着"人"在天人关系中能动性的下降。相反,由于摆脱了阴阳五行宇宙图式的桎梏,人类所创造的一切精神文化,无论是五色文化还是政治文化和政治思维都进入了一个更加自由的"哲学王国",逐步成熟的宋明理学所塑造的正是

---

①　参见张分田:《中国帝王观念》,中国人民大学出版社2004年版,第607—611页。

一个直接将"天道"内化于心、无须借助外在媒介就能达到"内圣外王"境界的"人"的形象。天人合一政治实践的方式也随之发生了重要转型。完善的道德存在成为"天理"的核心内涵,而强调个人内在的道德修行,使人心无限地接近道心的标准,成为"天人合一"的主要法门。自然事物和现象包括五色作为"天理"的存在形式之一,其道德内涵受到了前所未有的关注。

黼符号政治文化内涵的演变就是一个典型的例子。

一、黼符号的政治功能

黼是中国古代一种常见的纹饰,形似斧钺,在色彩上也极富特色,由白色的刀刃和黑色的斧柄组成了强烈的对比色。《尚书·夏书·益稷》孔颖达疏引孙炎曰:"黼,文如斧形,盖半白半黑,似斧,刃白而身黑。"[1]

黼是中国古代织染工艺最高水平的代表。"以为绘组紃织纴者,女子之所有事也,黼黻文章之美,妇人之所有大功也。"[2]绘、组、紃、织、纴指的是女工中的技术门类,黼、黻、文、章指的是女工的成就。"魏陈思王植诗,其源出于《国风》。骨气奇高,词彩华茂,情兼《雅》怨,体被文质,粲溢今古,卓尔不群。嗟乎!陈思之于文章也,譬人伦之有周、孔,鳞羽之有龙凤,音乐之有琴笙,女工之有黼黻。"[3]这篇诗评以人伦中的周孔、动物中的龙凤、音乐中的琴瑟、女工中的黼黻等各类事物的杰出代表来譬喻魏陈思王诗篇之优美动人,从一个侧面反映了黼黻是女工最高水平的代表。

作为物质技术和思想文化的双重结晶,作为权威与财富的象征符号,黼的出现被视作早期文明诞生的标志之一。华夏族的人文始祖——黄帝与炎帝战于阪泉之野,"三战而后克之,始垂衣裳,作为黼黻"[4]。如果说炎黄两个部落之间的战争和融合以及黄帝取得胜利后建立国家的传说,是对早期国家形成过程的高度概括和艺术夸张,那么,黼的诞生就是物质技术进步、生产力大幅度提高之后引起阶级分化、早期国家形成这一系列历史过程的缩影,也是结束武力征服之后建立政治制度、进入文治阶段的标志。因此,黼是最重要的政治文化符号之一,在政治生活中得到了广泛的运用:"宗庙

---

[1] 《尚书·夏书·益稷》孔颖达疏引孙炎,(清)阮元校刻:《十三经注疏》,中华书局1980年版,第142页。
[2] (汉)孔鲋:《孔丛子》卷一《嘉言》,傅亚庶:《孔丛子校释》,中华书局2011年版,第2页。
[3] (梁)钟嵘:《诗品·上品·魏陈思王植》,张怀瑾:《钟嵘诗品评注》,天津古籍出版社1997年版,第175页。
[4] 《孔子家语·五帝德》,(魏)王肃注:《孔子家语》,上海古籍出版社1990年版,第63页。

之器、黼黻之章,可羞于鬼神,可御于王公。"①

通过对史料的梳理可以发现,黼符号主要运用在以下几个方面。

（一）黼座、黼席:君权的象征

"黼"符号是由黑铁、白刃构成的斧钺形状,象征着刚健决断的独裁君权。在君主驾临的重大政治活动中,要设置黼扆和边缘带有黼状装饰的"次席"。《周礼·春官·司几筵》:"大朝觐,大飨射,凡封国命诸侯,王位设黼依,依前南向,设莞筵纷纯,加缫席画纯,加次席黼纯。"②"扆",有时也写作"依",是一种设在户牖之间、状如屏风的摆设。所谓黼扆,就是在绛色的丝帛上绣有白黑相间的斧钺形图案。所谓莞席、缫席和次席,则是设在黼扆前面的三种不同材质的座席。其中,次席指的是"以桃枝竹为席,次列成文者",并在边缘装饰有黼形图案。《尚书·周书·顾命》也提到了一种座席,称为"篾席"③,也是用桃枝竹编成,装饰有黼状边缘,和《周礼·司几筵》中提到的次席应该是同一种事物。陈祥道认为,《周礼·司几筵》中提到的五席"莫贵于次席",而《尚书》中提到的座席"莫贵于篾席",二者都以黼形图案装饰边缘,这是因为,黼是王座独有的装饰,象征着独断专行的君主权力④。

"负黼扆"成为处于政治权力顶端的君主的符号化形象。《礼记·明堂位》:"天子负斧依南乡而立。"⑤斧依即黼扆,又作黼依、斧扆,指的是一种绣有斧形文饰的屏风。历代学者、文学家常常以"负黼扆"来刻画君主的权威形象。例如,"负黼依,冯玉几,南面而听断,号令天下,四海之内莫不向应。"⑥"天子负黼依,袭翠被,冯玉几而处其中。"⑦"紫宸殿者,汉之前殿,周之露寝,陛下所以负黼扆,正黄屋,飨万国,朝诸侯,人臣至敬之所。"⑧黼扆、

---

① （汉）王符:《潜夫论》卷一《赞学》,（清）汪继培笺、彭铎校正:《潜夫论笺校正》,中华书局1985年版,第3页。
② 《周礼·春官·司几筵》,《周礼注疏》,（清）阮元校刻:《十三经注疏》,中华书局1980年版,第774页。
③ 《尚书·周书·顾命》,《尚书正义》,（清）阮元校刻:《十三经注疏》,中华书局1980年版,第239页。
④ （宋）陈祥道:《礼书》卷四七《五席》,元刻明修本。
⑤ 《礼记·明堂位》,《礼记正义》,（清）阮元校刻:《十三经注疏》,中华书局1980年版,第1487页。
⑥ 《汉书》卷六四上《严助传》,中华书局1962年版,第2784—2785页。
⑦ 《汉书》卷九六下《西域传下》,中华书局1962年版,第3928页。
⑧ （宋）王钦若:宋本《册府元龟》卷五四六《谏诤部》引施敬本奏议,中华书局1989年影印本,第1491页。

黼座又成为君主居所的代称。皇帝把离开皇宫亲征沙场称为"出黼扆而仗旄钺"①。"黼扆箴"就是贴在皇帝居所户牖间的箴言。北宋著名政治家蔡襄为了让皇帝便于浏览天下要急之务，编写了一首《黼扆箴》，"书为两轴；每句之下，条陈事实，别疏一通，各随状上进"，希望皇帝仿效唐太宗"凡言事有益于政者，书之屋壁，以为警戒"的典范，时时刻刻将国计民生、天下安危放在心上。②北宋另一位名臣司马光也曾经进献过类似的箴言，称为"黼座铭"，也指的是贴在皇帝日常目所能及的地方的箴言③。

（二）黼帐：权力、地位与财富的象征

华美的黼帐成为宫廷生活的象征。司马相如笔下的宫廷美人居住在"门阁尽掩，暧若神居。芳香芬烈，黼帐高张"的地方④。沈约描绘了月光笼罩下的九华殿，"凝华入黼帐"的美好景象⑤。姚察在《咏笛》中赞美为宫中佳人伴奏的笛声"宛转度云窗，逶迤出黼帐"⑥。他们都不约而同地运用了"黼帐"这个重要的意象来表现宫闱生活。

在一些宫廷游乐活动中，也常常悬挂黼帐，以华丽的装饰夸耀皇亲贵族荣华富贵的生活，烘托和渲染喜庆、欢乐的心情。唐代诗人李适在《帝幸兴庆池竞渡应制》中开篇就描写了竞渡活动中富丽堂皇的装饰："拂雾金舆丹斾转，凌晨黼帐碧池开。"在装饰奢华的竞技场上，竞渡者"急桨争标排荇渡，轻帆截浦触荷来"，观看比赛的皇亲贵族们"横汾宴镐欢无极，歌舞年年圣寿杯。"⑦真是好一派歌舞升平、普天同乐的太平盛世景象。

在国家祭祀活动中，黼帐是一种非常重要的装饰，目的在于营造金璧辉煌而又庄严隆重的氛围，使人感受到神权的威严。"皇皇后帝，周览四方。眷我前烈，燕娭此堂。金支秀发，黼帐高张。"⑧"九清云杳，飚驭邈难追，功化盛当时。保扶仁圣成嘉靖，彤管载音徽。天都左界抗华榱，仙仗下逶迤。

---

① 《北史》卷七一《杨侗列传》，中华书局1974年版，第2477页。
② （宋）蔡襄：《蔡襄全集》卷二三《黼扆箴并状》，福建人民出版社1999年版，第503页。
③ （宋）张栻撰，邓洪波校点：《张栻集》卷三四《跋温公〈黼座铭〉稿》，岳麓书社2010年版，第816页。
④ （汉）司马相如：《美人赋》，（唐）欧阳询：《艺文类聚》卷一八《人部·美妇人》，上海古籍出版社1999年版，第331页。
⑤ （梁）沈约：《八咏·望秋月》，（唐）欧阳询：《艺文类聚》卷一《天部·月》，上海古籍出版社1999年版，第10页。
⑥ （隋）姚察：《咏笛》，《文苑英华》卷二一二《音乐·笛》，第1055页。
⑦ （唐）李适：《帝幸兴庆池戏竞渡应制》，《全唐诗》卷七〇，第777—778页。
⑧ 《宋史》卷一三三《乐志八》，中华书局1977年版，第3103—3104页。

宝楹黼帐承神贶，万寿永无期。"①汉朝祭祀所用的乐曲中还提到一种叫"黼绣"的东西，应该也指的是"黼帐"："黼绣周张，承神至尊。"②在中国古代，神权实际上是世俗权力的一种折射，是世俗权力的表现形式和文化依据。因此，黼对神权的象征实际上也是对王权的象征。在宋太祖、宋太宗和宋真宗陵寝附近修建的行宫，也使用了黼纹的帷帐："殿分耽耽，黼帷襜襜，天威可瞻。"③既渲染了神圣的祭祀氛围，也烘托了君主至高无上的地位。

（三）带有黼文饰的物品：贵重的赏赐

带有黼文饰的物品是天子给予臣民最贵重的赏赐。《诗经·小雅·采菽》："采菽采菽，筐之筥之。君子来朝，何锡予之。虽无予之，路车乘马。又何予之，玄衮及黼。"④在诸侯朝见天子的时候，天子要赐予路车乘马、玄衮黼裳，使诸侯获得"佩服之荣"。这是周朝国家常典中规格很高的一种赏赐，因此必须遵循"赐所当赐而慎且重"的原则⑤。秦献公二十一年，在与晋国的石门之战中斩首六万，天子"贺以黼黻"⑥。汉明帝永平三年的时候，荆州刺史郭贺在其任上创造了特别大的政绩。明帝赐予他三公才能享有的黼黻冕旒，是为了让百姓看到他的盛服就明了他的功德之高。"一时官联见而闻之，宁不惕然而悚，忻然而慕乎。"可见这是一种规格很高的赏赐⑦。

二、黑白组合：黼符号象征意义的主要依据

黼符号的政治文化寓意，主要是建立在它的两个构成元素之上：一是外形上为威严果决的斧钺之形，一是色彩上为对比鲜明的黑白组合。

汉唐思想家主要是从斧钺的断割之义出发来解释黼符号象征王权的政治意义。

《周礼·幂人》："凡王巾皆黼。"孔颖达的注疏一是以黼之形态——斧的"断割"功能来解读黼的象征寓意："黼者，白与黑作斧文，取今斧断割之义。"二是从周朝政权的建立基础解读了周王所有的覆物之巾都用黼纹装

---

① 《宋史》卷一四〇《乐志十五》，中华书局1977年版，第3317页。
② 《汉书》卷二二《礼乐志》，中华书局1962年版，第1057—1058页。
③ （宋）欧阳修：《欧阳修全集》卷五八《会圣宫颂》，中华书局2001年版，第842页。
④ 《诗经·小雅·采菽》，《毛诗正义》，（清）阮元校刻：《十三经注疏》，中华书局1980年版，第489页。
⑤ （明）湛若水撰，戢斗勇、张永义整理：《圣学格物通》卷九二《慎赏赐》，上海古籍出版社2024年版，第1265页。
⑥ 《史记》卷五《秦本纪》，中华书局1959年版，第201页。
⑦ （明）丘濬撰，金良年整理：《大学衍义补》卷八三《严旌别以示劝》，朱维铮主编：《中国经学史基本丛书》第4册，上海书店2012年版，第30页。

饰的原因："云周尚武者，周以武得天下，故云尚武，故用黼也。"①充分体现了"黼"与"武"的关系。

《周礼·司裘》："中秋献良裘，王乃行羽物。"孔颖达疏："黼裘者，白与黑谓之黼，谓狐白与黑羔合为黼文，故谓之黼裘。秋气严猛，取断割之义，故用黼。"郑玄认为"良裘"就是《礼记》中提到的"黼裘"，是诸侯在誓狝田之礼中穿着的服饰。孔颖达进一步对良裘的形制做了说明，认为黼裘指的是装饰有白狐皮和黑色羔羊皮拼接而成的黼纹饰的裘衣，并解释了秋天用黼裘是因为黼裘包含的"断割"之义符合"秋气严猛"的季节特征。可见在这里，他同样是以"断割"来解读黼的政治寓意②。

《周礼·司几筵》："凡大朝觐、大飨射，凡封国命诸侯，王位设黼依。"孔颖达疏："郑云：'斧谓之黼者。'案《礼记·明堂位》云：'天子负斧扆。'彼及诸文多为斧字者，若据缋人职则云：'白与黑谓之黼。'据采色而言之。若据绣于物上，则为金斧文，近刃白，近銎黑，则曰'斧'取金斧断割之义。故郑以斧释黼。"③孔颖达的注疏吸收了郑玄"以斧释黼"的解读，并依据《礼记》中"黼"多处被写作"斧"，二字相通的情况对郑玄的说法给予印证。

而在《仪礼》中，郑玄反过来以"黼"注"斧"，并指出其有"示威"的政治寓意和功能。《仪礼·觐礼》："天子设斧依于户牖之间，左右几。"郑玄注："依，如今绨素屏风也，有绣斧文，所以示威也。斧谓之黼。"④

这些都说明了汉唐以前黼纹饰与武力文化的密切关系，也反映了这一时期对武力以及强权的服从与认同在王权观念中占有相当大的分量。

隋唐以降，随着政治思想的发展和成熟，斧钺符号也被赋予了更加丰富和深厚的政治文化内涵，其思想意义得到了进一步的深化和升华。宋代思想家把主要的理论兴趣转向对白、黑象征内涵的发掘，并将之与斧钺的政治意义有机地结合起来，从而使"黼"符号的象征内涵上升到一个更高的境界。象征着圣王对是非、忠奸洞察力的白、黑之色不但进一步强化了斧钺作为统治者权杖的象征意义，而且进一步凸显了斧钺所包含的道德因素。

白与黑是一对最为显而易见的对比色，这与它们的特性以及在色谱上

---

① 《周礼·幂人》孔颖达疏，《周礼注疏》，(清)阮元校刻：《十三经注疏》，中华书局1980年版，第675页。
② 《周礼·司裘》孔颖达疏，《周礼注疏》，(清)阮元校刻：《十三经注疏》，中华书局1980年版，第683页。
③ 《周礼·司几筵》孔颖达疏，《周礼注疏》，(清)阮元校刻：《十三经注疏》，中华书局1980年版，第775页。
④ 《仪礼·觐礼》郑玄注，《仪礼注疏》，(清)阮元校刻：《十三经注疏》，中华书局1980年版，第1089页。

的位置有直接的关系。白与黑处在色谱的两端。在染色工艺流程中,白色是一切色彩的起点。《淮南子·原道训》:"色者,白立而五色成矣。"① 黑色是一切色彩的终点。《周礼·冬官·考工记》:"三入为纁,五入为緅,七入为缁。"② 从色相上来看,白色和黑色之间有着强烈的反差,可以说是色彩体系中最为基本的一组对比色:"白黑之殊色,乃天下之易见也。"③

白与黑以其鲜明的对比关系,常常被用于譬喻事物性质的差异。《韩非子·解老》:"目不明则不能决黑白之分……有形则有短长,有短长则有小大,有小大则有方圆,有方圆则有坚脆,有坚脆则有轻重,有轻重则有白黑,短长、大小、方圆、坚脆、轻重、白黑之谓理。"④ 以白、黑譬喻两类道德现象的对立更是普遍。

白色素来是高洁品行的象征,这与白色有洁净之义密切相关。在《周易》中,与白匹配的是巽卦,其象为风,风可以吹去尘土。《周易·说卦·巽卦》:"巽,……为风,……为白。"孔颖达疏:"取其风吹去尘,洁白也。"巽卦的匹配色——白象征着纤尘不染、洁净无瑕。在宋儒胡瑗看来,纯洁的白色包含着"履得正位而行得正道,能以五常之道饰其身,修其行,洁白其志,使君子之德成而无有玷缺"的文化内涵。⑤ 先秦以前,在公、侯、伯、子、男以及卿大夫朝见天子的地方要种植一种叫作棘的植物。这是因为棘包含着丰富的政治文化寓意。棘的内心是赤色的,象征着卿大夫和诸侯对天子的赤诚和忠心。棘所开的花朵是白色的,象征着他们洁白无瑕的高贵品性。白色象征高洁品德的文化内涵对后世学者产生了深远的影响,成为他们注释经典的重要依据。《礼记·王制》:"圭田无征。"孔颖达疏:"卿大夫皆以治此圭田。公家不税其物,故云无征。必云圭者,圭,洁白也。言卿大夫德行洁白,乃与之田,此殷礼也。殷政宽缓,厚重贤人,故不税之。"⑥ 在古代,获得有赋税豁免权土地的都是一些德行洁白的卿大夫,因此公家不征收赋税的田地称作"圭田"。《诗经·小雅·白华》以"白华"譬喻孝子的洁白品德,训诫子女承担起赡养父母的义务⑦。宋代士大夫对白色服饰的喜好可以追

---

① 《淮南子·原道训》,何宁:《淮南子集解》,中华书局1998年版,第60页。
② 《周礼·冬官·考工记》,《周礼注疏》,(清)阮元校刻:《十三经注疏》,中华书局1980年版,第919页。
③ (汉)陆贾:《新语》卷上《辨惑》,王利器:《新语校注》,中华书局1986年版,第75页。
④ 《韩非子·解老》,《韩非子集解》,中华书局1998年版,第138、152页。
⑤ (宋)胡瑗:《周易口义》卷四《贲》,中国社会科学出版社2021年版,第144页。
⑥ 《礼记·王制》,《礼记正义》,(清)阮元校刻:《十三经注疏》,中华书局1980年版,第1337页。
⑦ 《诗·小雅·白华》,《毛诗正义》,(清)阮元校刻:《十三经注疏》,中华书局1980年版,第418页。

溯到周敦颐。周敦颐对白色情有独钟的原因之一可能就是白色象征君子的高洁品德。周敦颐特别注重标榜自己的高洁,曾作《爱莲说》,以莲花"出淤泥而不染,濯清涟而不妖"的脱俗品格自况,因此也特别喜好象征君子洁白德行的白色①。朱熹对周敦颐的思想多有继承和发挥,就连服饰也加以模仿,"裳则用白纱,如濂溪画像之服"②。

相对于明亮、纯洁、光明磊落、坦荡无私的白色,黑色总是和阴晦、污浊、不可告人联系在一起,因此被视作邪恶的象征。"黑幕""黑心"之"黑"都有邪恶之义。在道教中,"死罪条列之愆"都被记录在北上九元太极真人的"黑簿"中③。

白、黑被分别赋予了不同的道德文化内涵,从而成为截然相反的道德现象的象征。

(一) 白、黑与善、恶

白与黑的对比可以用来譬喻善与恶的对比。"其善恶相反,不啻若薰莸白黑之殊,其势不能以同居也。"④在白、黑象征善、恶的观念影响下,形成了一种以白、黑事物计算善、恶念头增减的修行方法。朱熹提到过一种净化心灵的方法,就是在座位旁放置两个器皿,"每起一善念,则投白豆一粒于器中;每起一恶念,则投黑豆一粒于器中",以此来省察自己的道德状况⑤。这种修行方式可能来源于佛教。传说阿罗汉曾经教给优波毱提一个修行的方法,就是用白色和黑色的石子当作筹算,头脑中每出现一个善念,就搁一个白色的石子,每产生一个恶念,就投下一个黑色的石子。起初黑色的石子多而白色的石子少,经过一段时间的修习之后就会发现白色和黑色两种颜色的石子的数量渐渐变得一样多了,如果坚持修习下去,那么就会发现黑色的石子不再出现,而只有白色的石子了。这时,修习之人便获得了"初果",也就是在超脱尘世的道路上迈出了胜利的第一步⑥。这种传说中的修习方

---

① 周敦颐偏爱白色可能还有另外一个原因,那就是他深受道家影响,他的《太极图说》、《通书》都有明显的吸收道家思想的痕迹。而白色是其最高范畴"道"的象征。关于白色与"道"的关系,将在第七章第二节中展开更加详细的讨论。
② (宋)黎靖德:《朱子语类》卷一〇七《内任·杂记言行》,第2674页。
③ (宋)张君房:《云笈七签》卷五二《杂要图诀法·迴元行事诀》,中华书局2003年版,第1166页。
④ (宋)林之奇撰,刘建国、张华、李沁芳、姚晓娟校点:《尚书全解》卷三〇《周书·召诰》,北京大学出版社2024年版,第645页。
⑤ (宋)黎靖德:《朱子语类》卷一一三《训门人一》,中华书局1986年版,第2746页。
⑥ (唐)释道世:《法苑珠林》卷三四《摄念篇》,《法苑珠林校注》,中华书局2003年版,第1080—1081页。

法在现实的修行活动中得到了实践。宋代的道友就是以白黑两色棋子来计算善恶之念增减的。

（二）白、黑与清、浊

白与黑的对比可以用来譬喻清与浊的对立。《楚辞·沈江》："服清白以逍遥兮，偏与乎玄英异色。"王逸注："玄英，纯黑也，以喻贪浊，言己被服芬香，履修清白，偏与贪浊者异行，不可同趣也。"①《汉书·薛宣传》称薛宣以"贬退称进，白黑分明"知名。颜师古以清浊来解读"白黑"的内涵②。东汉大臣杨震批评宰司"招来海内贪污之人，受其货赂"，导致"白黑溷淆，清浊同源"③。白、黑成为政治流派中清与浊的暗喻。

（三）白、黑与贤、不肖

白与黑的对比可以用来譬喻贤与不肖的对立。《汉书·刘向传》："今陛下开三代之业，招文学之士，优游宽容，使得并进。今贤不肖浑淆，白黑不分，邪正杂糅。"④元儒吴莱在《读公孙龙子》中说："与其名是而实非，则又何贵乎循名责实之治哉。呜呼！白黑之纷糅，贤不肖之混淆，后世之治为不及乎。"⑤白、黑可以用来标识贤与不肖者的强烈对比。

（四）白、黑与义、利

白与黑的对比可以用来譬喻义利之辨。义利之辨是儒家的传统论题。儒家学者普遍认为，义是对理想化的伦理政治价值的高度概括，利则是对现实利益的不择手段的追逐。重义轻利理念在历史上一直占据着主流地位。《论语·里仁》："君子喻于义，小人喻于利。"⑥从孔子开始就以处理义利问题的态度为标准对君子与小人进行甄别。到了宋代，义利之辨被放在高度思辨的理、性之论基础上来进行讨论，从而转化为对理、欲之辨的讨论。"存天理，灭人欲"是理学政治道德学说的核心命题，二者之间，非此即彼，形同水火。⑦ 张栻说："出义则入利，去利则为善也。此不过毫厘之间而有

---

① 《楚辞·沈江》，《楚辞补注》，中华书局1983年版，第244页。
② 《汉书》卷八三《薛宣传》，中华书局1962年版，第3387页。
③ 《后汉书》卷五四《杨震传》，中华书局1965年版，第1764页。
④ 《汉书》卷三六《刘向传》，中华书局1962年版，第1941页。
⑤ （元）吴莱：《渊颖集》卷六《读〈公孙龙子〉》，《景印文渊阁四库全书》第1209册，第106页。
⑥ 《论语·里仁》，《论语注疏》，（清）阮元校刻：《十三经注疏》，中华书局1980年版，第2471页。
⑦ 刘泽华主编：《中国政治思想史·隋唐宋元明清卷》，浙江人民出版社1996年版，第331页。

白黑之异、霄壤之隔焉。"①洪咨夔也说："义利之不两立若白黑。"②他们都以白、黑的强烈反差来强调义利之间势不两立。

(五) 白、黑与王、霸

白与黑的对比可以用来譬喻仁义与王霸的差异。古人根据君主对道德的体认层次和实践力度，将君主分为皇、帝、王、霸，分别对应道、德、仁、义。王霸之辨成为古代讨论政治方略和品评君主功德的重要命题之一。儒家两位重要的思想家孟子和荀子基本上都是尊王贱霸的，但他们在对霸的定义与价值判断上的差异，为两千多年来儒家关于王霸问题的长期争论埋下了伏笔。秦汉隋唐时期，荀子的见解影响较大，人们对霸的价值有某种程度的肯定和认同。很多帝王并不讳言"杂用王霸"。由汉及唐，很多思想家都认为王、霸在某种意义上并无高下之分，不过是顺应不同时势作出的策略性选择。他们常常以白和黑譬喻治国之道中的仁与力两种因素，把霸道看作是一种白黑杂合的"驳道"。比如，汉朝人梅福在给汉成帝的上书中说："故高祖弃陈平之过而获其谋，晋文召天王，齐桓用其仇，亡益于时，不顾逆顺，此所谓伯道者也。一色成体谓之醇，白黑杂合谓之驳，欲以承平之法治暴秦之绪，犹以乡饮酒之礼理军市也。"③唐代学者赵蕤也指出，"当霸者之朝，而行王者之化则悖矣，当强国之世，而行霸者之威则乖矣。"他认为所谓霸道是"盖白黑杂合，不纯用德焉，期于有成，不问所以；论于大体，不守小节"的治国之道，因为不单纯施用仁德，仁、力并用，白、黑杂合，所以也称作"驳道"。霸道"虽称仁引义，不及三王，而扶颠定倾"，与王道"其归一揆"，是值得肯定的。赵蕤特别提到，帮助那些"溺于所闻"的儒者正确认识"王霸殊略"正是他撰写本书的初衷。④ 但是，到了宋元以后，孟子学说成为改造汉唐章句之学的思想资源。孟子关于王霸对立的思想经过朱等人的阐发，流传极为广泛。真德秀是南宋晚期首屈一指的学术领袖和政治领袖，是程朱理学的重要传人。他的王霸观深受程朱学派的影响："夫以德行仁者王，以力假仁者霸。其为道若白黑之异色，清浊之异流，不可杂也，杂则黑与浊者终胜矣。"⑤这种观点把王与霸绝对、彻底地对立起来，完全否定了霸道中所包含

---

① (宋)张栻：《南轩先生孟子说》卷七《尽心上》，邓洪波校点：《张栻集》，岳麓书社2010年版，第392页。
② (宋)洪咨夔：《洪氏春秋说》卷二三《昭公一》，《景印文渊阁四库全书》第156册，第651页。
③ 《汉书》卷六七《梅福传》，中华书局1962年版，第2920页。
④ (唐)赵蕤：《儒门经济长短经序》，梁运华整理：《长短经》，中华书局2017年版，第2页。
⑤ (宋)真德秀：《大学衍义》卷三《帝王为学之本·汉高文武宣之学》，《景印文渊阁四库全书》第704册，第524页。

的王道因素,否定霸道是一种与王道殊途同归的治国方略,也就是完全否定了霸道的价值和合法性。

综上所述,白、黑成为两种对立的道德境界的鲜明标识。在中国古代,伦理道德和政治活动有着密切的关系。古人认为,道德是政治生活的决定性因素之一。因此,"唯明主参详,使白黑分别"①是自古以来任何一位思想家对君主最基本的期望。在"一言可以兴邦,一言可以丧邦"的专制制度环境中,君主对忠奸、贤愚之人的判断和任免可以导致截然不同的政治结果。然而现实生活是微妙而又复杂的,仅仅根据对表面现象的观察,往往不能得出正确的结论,尤其是在君子与小人斗争周旋的过程中,很多现象更是具有迷惑性。对于奸佞小人来说,嫉恶如仇的君子是他们既得利益的最大威胁,因此他们对君子总是欲除之而后快。然而君子光明磊落,没有可指责之处,他们不敢明目张胆地和君子作对,只能采取种种下作的伎俩毁谤君子,"变白为黑以诬蔑之"就是其中的一种。② 他们变乱白黑,颠倒是非,打压贤能,抬高自己,混淆视听,导致人们真假难辨。"盖君子、小人之道,虽若白黑之不同,而其疑似之间,相去不能以发,苟其毁誉乱真,好恶失正,则白黑易位矣。世有以小人为君子者。以其不知小人之心也。"③

古代思想家常常以黑白论为君之道。为了帮助统治者完善辨别白黑、明察善恶与是非的能力,他们提出的政治方略主要有以下几点。

第一,遵循圣人的教诲。面对着黑白颠倒的混乱情势,圣人是唯一能够永远保持清醒头脑和敏锐眼光的人。在古汉语中,圣的本义是睿智聪明,才能逸群。"圣者,通也,道也,声也。道无所不通,明无所不照,闻声知情,与天地合德,日月合明,四时合序,鬼神合吉凶。"④他"察万物则无所不通",因此,白黑之间微妙的区别自然逃不过他的眼睛。他"兴功事则无所不能",世上的一切物质文明和精神文明都是圣人智慧的产物,而普通人只需要遵循圣人制定的制度规范。"圣人昭昭焉。分贤不肖,白黑也,中人效而为之。"⑤圣人向世人指出君子和小人最根本的区别之处。"圣人恶其近似,故辨之曰:'君子中庸,小人反中庸。君子时中,小人无忌惮也。'"如

---

① 《汉书》卷七六《王尊传》,中华书局1962年版,第3236页。
② (清)王又朴:《易翼述信》卷五,《景印文渊阁四库全书》第50册,第645页。
③ (宋)林之奇撰,刘建国、张华、李沁芳、姚晓娟校点:《尚书全解》卷三五《周书·立政》,北京大学出版社2024年版,第743页。
④ 《白虎通·圣人》,(清)陈立:《白虎通疏证》,中华书局1994年版,第334页。
⑤ 《子夏易传》卷三,《通志堂经解》第1册,江苏广陵古籍刻印社1996年版,第18页。

果统治者掌握了这一原则,"则辨君子小人若辨白黑,又何知人之难矣。"①为了使世人对善恶之异有更加清晰和生动的认识,圣人在著书立说的时候,"善恶必录,有善则极其所至者称之,有恶则并其情而状之"。章如愚以色彩对比原则来解释"诗有正变美刺"的目的。他指出,如果圣人纯粹以法度教育人,就好像用给素色丝绢镶上了白色的边缘,人们分不清孰美孰恶,孰是孰非,因此,圣人要结合反面教材,要用感性的事实而不是理性却空洞的逻辑道理才能触动人心,使人们"可监,可戒,可耻,可惧",这就好像给素色丝绢镶上了黑色的边缘,只要不是瞎子,一眼就可以看出白黑之分、善恶之异。"以缁缘素也,自非瞽朦,白黑之理一见决矣。"②

第二,"不蔽于曲"。荀子指出了蔽于一曲的严重危害。

> 凡人之患,蔽于一曲而暗于大理。治则复经,两疑则惑矣。天下无二道,圣人无两心。今诸侯异政,百家异说,则必或是或非,或治或乱。乱国之君,乱家之人,此其诚心莫不求正而以自为也,妬缪于道而人诱其所迨也。私其所积,唯恐闻其恶也;倚其所私,以观异术,唯恐闻其美也。是以与治虽走而是己不辍也,岂不蔽于一曲而失正求也哉!心不使焉,则白黑在前而目不见,雷鼓在侧而耳不闻,况于使者乎!③

在他看来,歪理邪说是辨清黑白的最大障碍。天下"正道"只可能有一条,诸侯异政、百家异说必定有是非之分、理乱之别,可很多乱国之君、乱家之人往往都自以为追求的是正确的道理。在蔽于一曲而失正求、不役于正道而役于异术的情况下,即使白黑就摆在眼前,也会视若无睹。

第三,"知礼"。"礼"是指导衡量人们一切思想和行动的准则。

> 是故以之居处有礼,故长幼辨也;以之闺门之内有礼,故三族和也;以之朝廷有礼,故官爵序也;以之田猎有礼,故戎事闲也;以之军旅有礼,故武功成也。是故宫室得其度,量鼎得其象,味得其时,乐得其节,车得其式,鬼神得其飨,丧纪得其哀,辩说得其党,官得其体,政事得其

---

① (宋)卫湜:《礼记集说》卷一二五引谭惟寅,《通志堂经解》第13册,江苏广陵古籍刻印社1996年版,第358页。
② (宋)章如愚:《群书考索·续集》卷六《经籍门·诗》,广陵书社2008年版,第948页。
③ 《荀子·解蔽》,(清)王先谦:《荀子集解》,中华书局1988年版,第386—387页。

施,加于身而错于前,凡众之动得其宜。①

礼仪成了"决嫌疑,别同异,明是非"的一把标尺②,只要通晓礼仪,那么"得失从违"就可以"判若白黑"了③。

第四,在选拔人才的时候要知人善任,在考察政绩的时候要"观其事","公其心"。《管子·明法解》:"明主之择贤人也,言勇者试之以军,言智者试之以官。试于军而有功者则举之,试于官而事治者则用之,故以战功之事定勇怯,以官职之治定愚智,故勇怯愚智之见也,如白黑之分。"④君主必须运用各种手段,在实际政治操作过程中对人臣的能力和品行进行考察,以选拔出合格的人才,使他们各得其所,充分地发挥才干。在考核的时候则不要轻信别人的评价,而是遵循内心的真理和原则,并以亲眼观察到的事实为依据,来作出最终的评判。宋儒李邦献指出,对于那些"智效一官,能效一职,行其所当为"的官员,不必问其毁誉,只要"立乎其中道",分清善恶就像辨明白黑一样容易⑤。

第五,不听蔽言,不听谗言。儒家和道家都认为,现实生活中充满了许多言不由衷的现象:庸人夸夸其谈,自吹自擂;小人巧言令色,文过饰非。小人、庸人最喜欢用浮华的辞藻来掩饰自己或肮脏或空洞的内心世界。"巧言令色,鲜矣仁。"⑥"信言不美,美言不信。善者不辩,辩者不善。"⑦统治者只有拒绝听信空洞而华丽的辞令,才能看清事实真相,使得奸佞小人无处容身。"蔽言不听,奸乃不生,贤不肖自分,白黑乃形。"⑧

小人是混淆黑白的始作俑者,他们"谄主以佞邪,坠主于不义,朋党比周,以蔽主明,使白黑无别,是非无闻,使主恶布于境内,闻于四邻"。赵蕤把他们称作"亡国之臣",视作"六邪"之一⑨。一旦小人当道,轻则造成朝纲、朝政混乱:"若有一利口之人在列,则变白为黑,以邪为正,官安得而不

---

① 《礼记·仲尼燕居》,《礼记正义》,(清)阮元校刻:《十三经注疏》,中华书局1980年版,第1613页。
② 《礼记·曲礼》,《礼记正义》,(清)阮元校刻:《十三经注疏》,中华书局1980年版,第1231页。
③ (清)方苞:《礼记析疑》卷二九《仲尼燕居》,《景印文渊阁四库全书》第128册。
④ 《管子·明法解》,黎翔凤:《管子校注》,中华书局2004年版,第1219页。
⑤ (宋)李邦献:《省心杂言》,《景印文渊阁四库全书》第698册,第552页。
⑥ 《论语·学而》,《论语注疏》,(清)阮元校刻:《十三经注疏》,中华书局1980年版,第2457页。
⑦ 《老子·八十一章》,朱谦之:《老子校释》,中华书局1963年版,第324页。
⑧ 《史记》卷一三○《太史公自序》,中华书局1959年版,第3292页。
⑨ (唐)赵蕤撰,梁运华整理:《长短经》卷二,中华书局2017年版,第93页。

乱乎？"①重则导致政权的颠覆："其所以至于危乱者，未有不由于小人变白为黑、以是为非者。"②君子即使一时能够得到进用，但在小人谗言的破坏下，也会渐渐被君主疏远，从而不能保证正当的权力和地位，无法尽其所能为朝廷效力："谗人在朝，虽用君子。君子不能自立，盖其以是为非，点白为黑，浸润之谮日至于人主之前，正人端士何以自立。"③因此，像尧舜这样的有道明君都对小人深恶痛绝。小人把持言论，堵塞了忠言谏主的渠道，使得君主不能正确地判断天下情势，无法作出符合道义的决断，从而对中央政权的巩固产生极大的危害，造成不可挽回的后果。秦代二世而亡就是一个最好的教训："以乱为治，以危为安，以白为黑，以贤为愚，固无足怪。是以民穷而主不恤，下怨而上不知，俗已乱而政不修，此壅蔽之极而秦之所以亡也。"④其中最著名的例子大概就是赵高指鹿为马的故事了。历代开国君主在治定功成后往往特别引以为戒。

第六，赏罚分明。在辨明忠奸的前提下，君主还应该建立一定的鼓励和惩罚机制，使贤能之人获得其应得的礼遇和尊重，使奸佞小人得到其应得的惩处和教训，这样才能树立健康的社会风气，引导正确的道德观念："闻古之善用人者，必循天顺人而明赏罚。循天则用力寡而功立，顺人则刑罚省而令行，明赏罚则伯夷、盗跖不乱。如此则白黑分矣。"⑤

以白与黑这一组对比鲜明的色彩来标识和强化道德现象的差异和对立，反映出古人强烈的道德诉求以及传统伦理道德学说中非是既非的极端立场。如何像分辨黑白那样敏锐地甄别不同的道德群体，始终是古代政治哲学和行政理论最为关切的问题之一。

三、黼符号：完美君道的象征

白黑所象征的两重道德境界在理念上有天壤之别，但是在现实生活中往往相去甚微甚至混沌难分，要辨别其中微妙的差别需要高超的洞察力和判断力。"瞳子白黑分明者，见事明也。"⑥也许因为中国人的眼睛是

---

① （宋）史浩：《尚书讲义》卷一八《周官立政》，《景印文渊阁四库全书》第56册，第368页。
② （宋）林之奇撰，刘建国、张华、李沁芳、姚晓娟校点：《尚书全解》卷三《虞书·舜典》，北京大学出版社2024年版，第63页。
③ （宋）袁燮：《絜斋家塾书钞》卷三《皋陶谟》，《景印文渊阁四库全书》第57册，第700页。
④ （宋）孙升：《上哲宗论不当于耳目之官置党附之疑》，（宋）赵汝愚编：《宋名臣奏议》卷五三，《景印文渊阁四库全书》第431册，第660页。
⑤ 《韩非子·用人》，《韩非子集解》，中华书局1998年版，第204页。
⑥ （宋）李昉：《太平御览》卷三六六《人事部七·目》引《春秋后语》，中华书局1960年版，第1687页。

由白色眼球和黑色瞳仁构成这一生理结构,才使古人产生了某种相似性联想,认为眼睛越是黑白分明,其辨明白黑的视觉能力就越强,其洞察和判断是非善恶的能力也就越强。白黑分明的眼睛遂成为洞察力和判断力高超之人特有的外貌特征。白黑分明的事物又成为判断力乃至决策力的象征。宋代思想家在解读黼符号的时候就充分吸收了白黑色彩组合的文化意义。

郑锷赋予斧钺以浓郁的道德主义色彩,使黼的象征意义上升到了一个新的思想境界,并与一般性斧钺符号产生了疏离。

> 黼画为斧形。斧之为物,能断制也。非义则不能断。白与黑谓之黼者,惟义惟智,然后断故也。盖白者,西方之金。金,刻制,所以为义。黑者,北方之水,水明内景,其照在内,所以为智。以卦推之其位为乾。乾,西北也。惟乾刚健,故能决天事之武在于是也。王巾皆黼,王位设黼依,皆取诸此而已。此白黑所以谓之黼也。[①]

从这段阐述可以看出,郑锷主要从以下几个方面对黼符号的文化内涵进行阐释和论证。

第一,从卦爻方位的角度来论证白、黑为《乾》卦之色。乾作为天道的象征,论证了君主制度的神圣性,为君主和君权赋予了神秘色彩,注定了君刚健臣柔顺的主从、尊卑关系,论证了"乾纲独断"是宇宙法则。[②] 白、黑作为《乾》卦之色,与包含着断制之义的斧钺相结合,形成了完备的王权象征——"黼",只有天子才有权力使用。君主的刚健和独断在政治生活中具体表现为具有"进贤与退不肖"的职责和义务。郑锷引用《礼记》对"刚健断制"的内涵进行了具体的阐释。如果遇到贤能之人不能推举他,或者不能先于他人推举他,这就称作"慢";如果遇到不善之事不能退避,或者退避得不够远,就称作"过";无论"慢"还是"过",都违背了刚健断制的准则。

第二,从颜色的阴阳属性上来看,白色在方位上与西方匹配,在节令上与秋季匹配,黑色在方位上与北方匹配,在节令上与冬季匹配,因此,白和黑都属于象征阴性的颜色。在古代阴阳五行的政治学说中,阴总是与刑杀联

[①] (宋)王与之:《东岩周礼订义》卷七五引郑锷,《通志堂经解》第12册,江苏广陵古籍刻印社1996年版,第178页。

[②] 张分田:《中国帝王观念》,中国人民大学出版社2004年版,第235—236页。

系在一起,因此纯阴之色——白色和黑色都具有决断之义。

第三,从色彩与五常的匹配方式上来看,白色象征西方之金,与五常之一的"义"相匹配,黑色象征北方之水,与"智"相匹配。五常中的义和智都与是非辨别能力有关。义发端于羞恶之心,也就是辨别什么是羞耻、什么是憎恶的能力,实际上是对道德是非问题的认识能力。在传统的人治社会中,"个人的行为与德行关系到统治的和谐与均衡","以义正我,约束个人行为,有所节制,以此配合仁德",这是制约人们政治选择和政治行为的基本原则①。智根植于是非之心,主要是对仁义进行判断②。在古代思想家看来,道德规范是圣人智慧的产物,普通人的智慧体现在对道德规范的遵循。而统治者的智慧与政权安危密切相关,因此包含着特别丰富的内涵,如审知治乱、知人善任、居安思危、明察秋毫等等。③ 黼的政治寓意恰恰在于,斧钺必须在王具有充分的"义"(正当的道德准则)和"智"(健全的道德智慧)的前提下,才有可能完美地发挥本身所具有的"断制"功能。这实际上是要求帝王"义"与"智"兼备,在判明天下情势、洞悉万物之理、辨清忠奸之分的基础上,对各种政治和社会问题作出果断而合理的决策。

同一时期的学者王昭禹也认为,白、黑之色与斧钺之形的结合,将义、智的政治道德寓意赋予了黼所象征的断制功能。"黼为斧形,有父之用,取其断,断主于义而必有智以济之,则不失于黯暗而不通。白为义而水为智,故白与黑谓之黼也。"④

杨简把白黑之色的象征内涵提升到"同于天道"的极高境界,为黼符号注入了公正无私的政治文化内涵。"道"或者"天道"是宋明理学的重要范畴,被视为一切自然法则和社会法则的终极依据。杨简借用颜色和卦爻匹配的理论,赋予刚健之道以"天道"的色彩。"西色白,北色黑,二者之间,《乾》卦序焉,有天道之象。威断不可出于人为,当同天道。"西方之色白色与北方之色黑色结合,象征天道所在的西北方向,斧钺之形象征刚健之道。作为白黑之色与斧形图案的结合体,黼象征着因"同于天道"而具有了公正性的君主刚健之道。"匪生于私,匪动于意"。施行刚健之道的人只有此心明照,与天同一,才能够"当断自断,如雷如霆"⑤。

---

① 葛荃:《政德志》,上海人民出版社1998年版,第41页。
② 刘泽华主编:《中国政治思想史》,南开大学出版社1992年版,第73页。
③ 葛荃:《政德志》,上海人民出版社1998年版,第46—48页。
④ (宋)王昭禹:《周礼详解》卷三七,《景印文渊阁四库全书》第91册,第575页。
⑤ (宋)杨简:《先圣大训》卷二《问冠》,《杨简全集》,第1443页。

王昭禹、郑锷、杨简等学者对黼寓意的阐释有着十分重要的思想意义：一方面，白黑与斧钺共同的政治文化寓意——刚健断制，成为论证君主独断乾纲这一根本政治法则的理论依据；另一方面，白黑作为明辨是非、亲贤远佞的品德和能力的象征乃至公正天道的象征，其政治文化内涵强化了斧钺的道德意义，使斧钺的政治寓意在境界上得到了很大的提升。白与黑赋予斧钺以"义"与"智"的道德理性因素，既可以看作对君主专制制度在道德上的一种美化，也是在肯定君主独断的前提下，对君主政治行为的道义性提出规范性要求。

宋代学者对黼符号象征意义的阐释对后世产生了深刻的影响。明代思想家丘濬对黼黻、斧钺之别的看法就是一个典型例证。"春秋以一字为褒贬。一字之褒，荣于黼黻；一字之贬，严如斧钺。"[1]在丘濬看来，黼（黑铁白刃的斧钺）与一般的斧钺所象征的权力的性质存在着明显的差异。黼是道德化权力的象征，而一般的斧钺只是暴力夺取的权力的象征。黼与斧钺政治寓意已经产生了分化，这表明隋唐以降，"天人合一"政治哲学发生了微妙的转变。理学的发展被视为儒家"纯洁化"的一项自我更新运动。如果说五色符瑞、告祥符号的衰落反映了理学思想发展过程中对儒家思想中阴阳方术的清理，那么黼符号政治文化内涵的嬗变，色彩因素——白黑色彩组合政治寓意凸显，并对外形因素——斧钺象征意义进行了压倒性的超越，则反映了理学发展过程中对先秦儒家思想资源的选择与前代发生了重大的分野，荀子王霸杂用的思想逐渐让位于孟子的内圣外王学说，道德心性在政治生活中的价值和意义被提高到宇宙本体的至高地位。"道"尤其是"道德"成为实现"天人合一"的关键法门。

第四节 五德服色符号的终结与"天王合一"的强化

正如刘泽华、张分田等学者多次指出的，天人合一的实质是"天王合一"[2]。"天王合一"被视为"天人合一"的早期形态。不过，在先秦以前，这种"合一"主要以王扮演沟通神人的祭祀角色来体现的，可以视为一种政治宗教或者政治神学意义上的"合一"。随着人类理性的不断发展，政治生活

---

[1] （明）丘濬撰，金良年整理：《大学衍义补》卷八四《举赠谥以劝忠》，朱维铮主编：《中国经学史基本丛书》第4册，上海书店2012年版，第36页。

[2] 刘泽华：《中国的王权主义》，上海人民出版社2000年版；张分田、萧延中：《政治学志》，上海人民出版社1998年版。

逐渐褪去神秘色彩,"天王合一"的形态和依据也必须适应政治文明发展进程加以适当的调整。五德终始说作为探讨君权合法性来源于"天命"的学说,最为集中地体现了"天人合一"政治哲学是以"天王合一"为思想实质的。因此,这一学说在唐宋以降理学思潮中的命运,实际上就是"天王合一"思想形态演变轨迹的折射。

从元朝开始,五德终始说开始发生悄然变化。一方面固然是由于元朝是少数民族建立的王朝,对汉人的五德终始说没有什么好感,另一方面,更是由于理学思潮带着强烈的"复古"情怀,要求重回经典,确立了以"四书五经"为原典的体系,对传统政治哲学中的部分思想因素进行了冲刷淘漉,特别是汉唐儒学从阴阳、墨法等其他学派吸收的内容,其中就包括阴阳五行学派的重要创造——五德终始说。在元代理学家许衡的努力下,理学被确立为官学,思想影响力迅速上升,五德终始说自然也随之逐渐萎缩。这是传统政治哲学自我扬弃的结果,不会跟随江山易主发生"逆流"。因此到了明朝建立的时候,虽然回到了汉人一统天下的时代,但并没有扭转五德终始说衰落的趋势。

明代政府确定服色主要是取法前代,不复以五德终始说作为依据。洪武三年(公元1370年),礼部上书称:"历代异尚,夏黑,商白,周赤,秦黑,汉赤,唐服饰黄,旗帜赤。今国家承元之后,取法周、汉、唐、宋,服色所尚,于赤为宜。"[1]朱元璋听从了礼部的建议。从礼部的上书中,已经看不到五德终始说在确立服色过程中所发挥的作用了。刘浦江指出,元末起义期间"太祖以火德王"的传言,"只不过是朱元璋在反元斗争中所采取的一个政治策略而已,其目的是以复宋为号召,故宣称继承宋之火德;而当朱元璋建立明朝以后,毋需继续坚持火德之说,是明朝一代也就不再讲求德运,五运说最终丧失了其政治功能"[2]。

明朝建国以后也没有在朝议中正式讨论过德运问题。火德说只不过是沿袭元末红巾军打出的复宋火德的旗号。本朝政府沿用前朝的德运和服色,这显然不符合五德终始的基本规律。因此,明代中期以后有人又提出土德说。刘浦江认为,这种说法"大概是主张以朱明之土德上承赵宋之火德,而将元朝列入闰位"。但是,"德运的确定在明朝已不再是关乎王朝正统的头等大事,不再是一种郑重庄严的国家行为,火德也好,土德也罢,都只是朝

---

[1] 《明史》卷六七《舆服志三》,中华书局1974年版,第1634页。
[2] 刘浦江:《五德终始说之终结——兼论宋代以降传统政治文化的嬗变》,《中国社会科学》2006年第2期。

野间流行的某些非正式的说法而已"①。

到了清朝,五德终始说进一步失去市场。清儒陆世仪完全否定了五德终始说所具有的确立政权合法性的政治功能。"五德终始之说最无谓,始于邹衍,用于秦,而历代多相沿取用,何其愚也。"②乾隆皇帝在为《大金德运图说》③所作的题序中,对五德终始说表示了完全否定的态度。五德服色符号也正式宣告终结。在乾隆皇帝看来,所谓"商尚白,周尚赤"指的是历代祭牲颜色的不同,至于在服饰的形制和颜色方面,"上衣下裳,元纁相称",三代是一致的,并没有听说过什么德运之论。

乾隆皇帝对五德服色符号的排斥,不仅仅是对五德终始说的否定,更是对传统政治哲学基本思路的摒弃。"古代中国的王朝循环与文明的盛衰并无干系,它仅仅意味着个别社会集团政治命运的变幻,其领袖取得或失去建立统治的道德权威。"④张光直对传统政治哲学基本思路的分析有一定的道理。传统政治哲学以《周易》的辩证思维为指导,因此,其核心概念"天命"可以说是"变"与"不变"的辩证统一,一方面充分肯定了"天道"的永恒性:"天不变,道亦不变",另一方面则用"天命"的转移、五德的循环来解释政权的更迭。

---

① 刘浦江:《五德终始说之终结——兼论宋代以降传统政治文化的嬗变》,《中国社会科学》2006年第2期。
② (清)陆世仪:《思辨录辑要》卷三四《史籍类》,《景印文渊阁四库全书》第724册,第322页。
③ 《大金德运图说》收录了清朝祖先女真族在12世纪初期建立的金政权在宣宗贞祐年间尚书省会官集议德运问题时保存下来的案牍记录。据说,金的国号来源于女真族的发祥地——爱新水。爱新,就是汉语里的"金",女真政权以金为国号,因为金行之色为白,所以在建国之初以白为尚。金章宗完颜璟时期,金朝统治达到鼎盛。章宗的文化修养远高于金朝的其他统治者,他自幼研读儒家经典,当政后所采取的一系列措施充分体现了他的崇儒思想。泰和年间,章宗召集百僚讨论金朝德运问题,认为宋室南迁以后,宋祚实际上已经灭绝,金应该承继宋之火德,定为土德。章宗将讨论结果祭告宗庙。金朝德运问题暂时有了结果。宣宗继位时,成吉思汗已经建立大蒙古国,多次侵犯金境,严重威胁金朝统治。宣宗在此时重提议论王朝德运之说,也许是出于重新确立王朝合法性的考虑。《大金德运图说》所收录的主要有金受土德说和金受金德说两种意见,持前一种意见为四人,持后一种意见为十四人。根据《四库全书》的纂修官考证,从案牍记录来看,金朝谏议大夫张行信力主金德说,可是在《金史》中又说他在上奏称"国初太祖有训曰:'完颜部多尚白。'又取金之不变,乃以大金为国号,未尝议及德运"。从这段话可以看出,张行信认为金乃国号,并非德运,也就是他并不曾主张金德说。两种记载互相矛盾,令人难以理解。在张行信列传中还记载了金朝曾经自以为受火德,"旗帜尚赤"(《金史》卷一○七《张行信传》,中华书局1975年版,第2366—2367页)。贞祐年间的这次讨论最终并没有得出什么新结论,"终金之世仍从泰和所定土德而未尝更易",据推测可能和当时危急的局势有关:"时当元兵深入,宣宗南迁汴梁,此议遂罢"(《大金德运图说》提要,第311页)。
④ 张光直:《美术、神话与祭祀》,郭净译,生活·读书·新知三联书店2013年版,第25页。

乾隆皇帝却认为,五德终始说不过是汉儒自己的杜撰,"始言五德迭王,遂推三皇五帝各有所尚,后更流为谶纬"。乾隆皇帝对五德终始说的评判透露出他的复杂政治意图:一方面,以民众对君主在道德与文化上的认同取代"天命",作为君权合法性的来源:"一代之兴皆由积德累仁,岂遂五行之生克。"一方面是顺应了元明以来理学取得主导地位这一思想背景下五德终始学说趋于衰落的话语潮流,另一方面更是为满清入主中原以来就被置于政治话语中心的华夷论服务,彻底扫清"天命"之说对于论证少数民族统治以汉人为主体的中原地区合法性的障碍。

另一方面,还需要特别注意到的是,这也是清初以来君主集权空前强化趋势的一种需要。这从乾隆皇帝虽然否定了五德终始说的存在价值,却依然保留了服色制度的做法可以体现出来。他否定的是五德服色符号的迁移性,主张在黄色与君主之间建立稳定的象征关系:"服御所尚自当以黄为正,余非所宜"。因此乾隆皇帝非常赞许"元明制度尚黄,不侈陈五德之王",认为"其义甚正",表示本朝因袭这种服色制度,"足破汉魏以后之陋说"。乾隆皇帝对黄色的推崇是有清一代君主集权强化的反映。"宅中图大土应守,表众居尊黄实宜。"[①]由此可见,乾隆皇帝对黄色的推崇正是由于黄色与土行和中央匹配的特殊属性,是君主独尊地位最恰当的表达方式。这也使君主形象有了一个更加稳定的色彩表达式,这与君权永固的政治需求是相契合的。"天"与"王"的合一有了更加坚固的纽带,王权不再为"天命"转移所左右。

如果说五色帝在西汉时期地位的下降是大一统思想与战国以来分裂已久的地方文化传统争夺话语权的结果,那么宋以来五色符号道德性逐渐压倒神秘性的变化,则意味着儒家从魏晋南北朝以来气焰日盛的佛道思想手中重新夺回了话语霸权,从而对君主政治思想产生了极为重要的影响。中古时期不少君主对佛教或道教倍加推崇,导致佛道思想盛行于世,有相当一部分原因是出于企图动摇儒家思想话语霸权的目的。宋明理学的兴起,则意味着儒家思想对政治文化话语权的重新巩固乃至扩张,并再次主导了政治思想的发展走向。在陈侃理看来,汉唐以来所谓的"天人合一"其实主要还是一种天人相关的性质,唐宋以来提倡天人之间以"道"合才实现了真正意义上的"天人合一"关系[②]。五色符号政治文化内涵的转型,如五色符瑞、眚祥符号界定标准的道德化、黼符号中道德寓意的凸显,都可以看作为天人

---

① 《御题〈大金德运图说〉》序言,《景印文渊阁四库全书》第648册,第309页。
② 陈侃理:《儒学、数术与政治——灾异的政治文化史》,北京大学出版社2015年版。

之间以"道"合提供新的物质载体和媒介。而以黄色取代五德服色作为君权合法性的依据,则表明了在君主集权政治发展趋势下"天王合一"的新内涵与新形态。

第七章　超越五色的玄素境界与"天人合一"的独特路径

正如上文所论述的,通过五色符号的运用来贯彻和实践"天人合一"的政治哲学原则,虽然对传统政治文化演进有巨大贡献,但也存在着自身无法破解的理论悖谬甚至是无法自拔的逻辑陷阱,需要来自"逆向思维"的冲击和反拨。因此,五色文化发展过程中,除了遵循内部逻辑进行自我完善发展,也从体系之外吸收了一些有益的因素。

在先秦时期就有一些有识之士对五色文化的弊端有清醒的预见。他们早就对以五色文化为表现形式的政治论调的主观性、投机性进行了猛烈的抨击和辛辣的讽刺,并试图重构超越于五色文化体系的色彩符号来化解五色文化对人类纯真本性的纷扰。

白色和黑色都属于无彩色,分别处在色谱的两端,与其他有彩色相对,表现出极其独特的魅力,因此虽然属于五色文化体系,却又超越于五色文化体系,因此被抨击五色文化体系的学者视为五色文化弊病破解之道的重要象征符号。老子强烈抨击令人目盲的五色,却对玄色(黑色)情有独钟,以之为自然之道的象征。庄子以白色譬喻最珍贵最美好的自然天性。他们在纷扰的五色尘世之外构筑了一个寂寞却永恒的玄素世界,对"天道"进行了独树一帜的界定,对"天人合一"的方式和途径提出了另辟蹊径的设想。这对占据主流地位的五色文化起到了重要的补充和完善作用。

第一节　玄　黑　之　道

玄黑之色的自然特性和文化寓意与老庄所推崇的阴柔之道有相通之处,因此成为象征老庄哲学最高范畴的"道"的色彩符号。老庄以"玄"("黑")象道的思想对后世产生了深刻影响。许多学者都以"玄"象征各自哲学体系中的最高范畴。

一、老庄以"玄"象"道"的思想

"玄""黑"是老庄哲学中至为重要的概念之一。从出现次数来看,"玄"字在《老子》中共出现8次,在《庄子》中共出现12次,其出现次数远远高于其他颜色词。从哲学寓意来看,"玄""黑"与道家最高范畴——"道"有密切的关系。

老子以"玄"象征超越了纷纭是非的宇宙根本法则——"道"。《老子·一章》:"故常无,欲以观其妙;常有,欲以观其徼。此两者同出而异名,同谓之玄,玄之又玄,众妙之门。"

在老子看来,"玄览"是体验"道"、实践"道"的重要途径。《老子·十章》:"涤除玄览。"王弼注:"玄,物之极也。言能涤除邪饰,至于极览,能不以物介其明,疵之其神乎。"由此可见,"玄览"指的是在拂去贪婪、欲望等心灵尘垢之后呈现出来的一种澄明通透、得以纵览天下万物的认知境界。

老子所推崇的最高道德境界称为"玄德"。《老子·十章》:"生之畜之,生而不有,为而不恃,长而不宰,是谓玄德。"王弼注:"凡言玄德,皆有德而不知其主,出乎幽冥。"这实际上指的是一种无为、无知之德。

"微妙玄通"是老子所推崇的最高认知境界。《老子·十五章》:"古之善为士者,微妙玄通,深不可识。"

"黑"也是《老子》中的一个重要概念。《老子·二十八章》:"知其白,守其黑,为天下式。"圣人虽然对世间万事万物都看得非常透彻,却仿佛一无所知,完全服从于自然之道。"黑"实际上譬喻的是一种顺应自然规律的正确的行为方式。

庄子也以"玄"譬喻道。在《大宗师》中,庄子描述了闻道的九层境界:副墨(指的是最初借助文字理解道理,所谓"因筌得鱼")、洛诵(指的是借助诵读体会道理)、瞻明(指的是读诵精熟,道理渐渐分明)、聂许(指的是已经闻道,但不敢公然践行,因此附耳窃语)、需役(指的是依照教诲,勤行其道)、讴(指的是依照对道的理解去实践,以收到"盛惠彰显,讴歌满路"的效果)。在达到第七层境界之后,"德行内融,芳声外显",于是由绚烂归于平淡,进入了"玄冥"的阶段,但这仍然不是闻道的终点。"玄冥"之后还要推进到"玄之又玄"的境界,也就是"参寥"。成玄英指出,"参寥"境界乃是"重玄之域,众妙之门",这才是不本而本、本无所本的终极境界。①

在黄帝游于赤水之北的寓言中,庄子以玄珠譬喻睹道之目、体道之心。黄帝游于赤水之北,登于昆仑之顶,回来之后遗失了玄珠。"玄则疏远之目,珠乃珍贵之宝"。司马彪认为玄珠是对道的譬喻。② 我认为珠形似眼

---

① 《庄子·大宗师》成玄英疏,郭庆藩:《庄子集释》,中华书局1961年版,第256—258页。
② (梁)刘峻:《广绝交论》李善注引司马彪,(梁)萧统编:《文选》,上海古籍出版社1986年版,第2369页。

睛,因此玄珠也可以理解为睹道之目、体道之心,即对道的感悟能力。在这个寓言中暗含了庄子对"赤"的抑,对"玄"的扬。成玄英认为,赤是南方之色,有显明之义,赤水之北譬喻"迷心缘镜,暗无所照"①。那些自以为能够洞明世事的人无不身心迷妄,最终遗失了最宝贵的体道之心,实际上陷入了一片蒙昧的状态,如同处在幽冥昏暗的北方。

在知北游的寓言中,庄子以"玄"譬喻道的深远难知。寓言中的地名、人名都颇有深意。据说,有一位叫作"知"的人游于玄水之上,遇到了一位"无为谓"先生。成玄英认为,玄是北方幽冥之地的象征,水亦是幽昧之方,譬喻道的深远难知②。"知"向"无为谓"问"道",三问而不答,这是因为"无为谓"是真正的安心契道之人,主体(内心)与客体(道)圆融无碍,物我两失,因此无以作答。

老子和庄子都以"玄"论道,从而为玄黑之色注入了"道"的文化内涵。玄黑符号从五色符号中脱颖而出,成为象征最高范畴的本体性符号。这一思想对后世产生了深远影响。

二、以"玄"象道思想对后世的影响

包括儒家在内的许多学派都吸收了老庄以玄黑之色象征宇宙根本法则——"道"的思想。他们或是完全吸收了老庄的思想,或是将"玄"改造为各自哲学体系中最高范畴的象征符号。

第一,很多学者完全继承了老庄以"玄"象道的思想。在他们的思想体系中,同样把"玄"与"道"密切联系起来。

韩非子将"道"的特征概括为"玄"。《韩非子·解老》:"圣人观其玄虚,用其周行,强字之曰道,然而可论。故曰:'道之可道,非常道也。'"③

《淮南子》是深受道家思想影响的产物,因此书中也常常把"玄"与道联系起来。"玄冥而不暗"譬喻的是与大道共同翱翔、融为一体的境界。天道具有"玄默"的特质,而"君人之道"则是"俨然玄默,而吉祥受福"④。在《淮南子》的作者看来,天道作为宇宙的最高法则,君人之道作为人类社会的最高法则,都具有"玄"的特征,"玄"与"道"是密不可分的。

宋代学者苏辙也以"玄"论"道"。他认为,"玄德"包含的深刻含义是:"道"具备"既足以生畜万物,又能不有、不恃、不宰"的大德,然而"物莫之

---

① 《庄子·天地》成玄英疏,郭庆藩:《庄子集释》,中华书局1961年版,第414页。
② 《庄子·知北游》成玄英疏,郭庆藩:《庄子集释》,中华书局1961年版,第730页。
③ 《韩非子·解老》,《韩非子集解》,中华书局1998年版,第149页。
④ 《淮南子·主术训》,何宁:《淮南子集解》,中华书局1998年版,第609、630—631页。

知",故称作"玄德"。在他看来,"玄"是人类体认道、实践道的最高境界。古之善为士者对道的认知、与道的契合要经历"粗尽而微,微而妙,妙极而玄",最终达到"无所不通而深不可识"的最高境界即"玄"。①

第二,还有一些学者虽然不以"道"为最高范畴,但也以"玄"象征自己哲学体系中的最高范畴。例如,很多学者以"玄"象"天"。"玄"很早就成为象征天的色彩符号。在很多情况下,传统哲学中的"天"与"道"是等值的,都是对支配万物产生、发展的宇宙最高法则的一种概括。"玄"与"天"意义相通,因此被作为最高范畴——"天"的象征。

在河上公的《老子章句》和扬雄的《太玄》中,"天""道"等同的思想被注入"玄"的象征内涵中。河上公认为《老子》中的"同谓之玄",讲的是"有欲之人与无欲之人同受气于天",只不过"天中复有天",每个人禀气有厚薄,因此既有圣贤之辈也有贪淫之徒,这就是"玄之又玄"的含义。② 得道之君的志节精神能够与天相通,是为"微妙玄通"③;能够做到"挫其锐,解其纷,和其光,同其尘",即与天同道,是为"玄同"④;能够"知治身及治国之法式",即与天同德,是为"玄德"。⑤

"玄"在扬雄的思想体系中具有举足轻重的地位。不仅书名为"太玄",书中的每一个章节也以"玄"为题。在《玄冲》篇中,扬雄所阐释的"玄"兼容天地之道,从原来只是象征阴性事物和阴柔之道发展到以阴阳为本,因而能够兼知行与止、晦与明,成为平量天下之事的衡器。到了《玄图》篇中,"玄"的内涵有了更进一步的扩展。扬雄将天、地、人三者合为一体,以此涵盖宇宙与人类社会的全部现象和法则。古人普遍认为,天是宇宙和人类社会的最高主宰,世间万事万物包括伦理纲常都是天意的体现。天、地、人虽然属于不同层次,却同属于"天"的范畴之下。在这一观念的影响下,扬雄把"天""地""人"都纳入了"玄"的范畴:"玄也者,天道也,地道也,人道也,兼三道而天名之。"⑥范望在注《太玄·玄告》时具体解释了"天""地""人"各自的玄妙之处。天以不见为"玄",即天因十分高远,不能穷尽而玄妙;地以不形为"玄",即地因广阔无边,无法描绘其形态而玄妙;人以心腹为

---

① (宋)苏辙:《老子解》卷上《古之善为士章》,《景印文渊阁四库全书》第 1055 册,第 194、197 页。
② 王卡点校:《老子道德经河上公章句》卷上《体道》,中华书局 1993 年版,第 2 页。
③ 王卡点校:《老子道德经河上公章句》卷上《显德》,中华书局 1993 年版,第 57 页。
④ 王卡点校:《老子道德经河上公章句》卷上《玄德》,中华书局 1993 年版,第 216 页。
⑤ 王卡点校:《老子道德经河上公章句》卷上《淳德》,中华书局 1993 年版,第 255 页。
⑥ (汉)扬雄撰、(晋)范望注:《太玄经》卷一〇《玄图》,上海古籍出版社 1990 年版,第 103 页。

"玄",即人的心理活动十分复杂,他人无从揣测,因而玄妙①。综上所述,在扬雄的哲学中,"玄"囊括了天与地、阴与阳、宇宙自然与人类社会,是其哲学体系中的最高范畴。

历代学者关于"玄"与"道""天"等本体范畴的关系的种种论述,表明玄黑之色作为象征本体范畴的色彩符号已经成为一种共识。

三、玄黑之色成为"道"符号的原因

古代哲学家选择玄黑之色作为"道"的譬喻,是建立在二者具有性质上的相似性的基础上的。中国传统哲学非常注重以自然事理来论证人文思想的合理性,他们在与对手辩论的过程中常常要竭力表明自己的理论是建立在事物本性的基础上的。因此,探讨玄黑之色成为"道"象征符号的原因,必须沿着这一思路入手,从玄黑之色的自然性质和文化内涵谈起。

就自然属性和视觉效果而言,黑色是世界上最深的颜色,常常给人以神秘、深邃、深沉之感,因此被用来形容高深莫测、遥不可识的"道"是最合适不过了。苏辙说:"凡远而无所至极者,其色必玄。故老子常以玄寄极也。"②朱熹说:"玄只是深远而至于黑窣窣地处,那便是众妙所在。"③他们都以黑色的深邃来解释"玄"与"道"的相似之处。

"五色胜则相掩,然必厚益之,犹不能浑然无迹。维黑一染不可辨矣。故黑者,万事之府也,敛藏之道也。"④现代光学认为,黑色吸收了所有波长的光线,能够掩盖一切色彩,从这一点来看,古人把黑色看作世间一切五光十色的事物藏匿的地方,不无道理。黑色的这一特性与道敛藏一切的特性有相通之处,因此有些学者以黑色作为象征帝王之道、圣人之心的色彩符号。吕坤认为,帝王具有"容保无疆"的势力和权威,因此,包容五色的黑色可以用来象征帝王之道;圣人具有"容会万理"的心胸和睿智,因此,以包容五色的黑色象征圣人之心最恰当不过。儒道两家的某些思想合流后,黑色甚至成为儒道两家共同认可的象征"道"的符号。儒家内以"黑"之道为体,外以"白"之道为用,道家内以白安身,外以黑善世。⑤

就文化内涵而言,玄黑之色的象征内涵与"道"的哲学意蕴息息相关,这就为玄黑之色成为"道"的象征符号提供了必要的思想文化基础。虽然

---

① (汉)扬雄撰、(晋)范望注:《太玄经》卷一〇《玄告》,上海古籍出版社1990年版,第106页。
② (宋)苏辙:《老子解》卷上《道可道章》,《景印文渊阁四库全书》第1055册,第189页。
③ (宋)黎靖德:《朱子语类》卷一二五《老氏·老子书》,中华书局1986年版,第2995页。
④ (明)吕坤:《呻吟语》卷上《内篇·谈道》,上海古籍出版社2000年版,第50页。
⑤ (明)吕坤:《呻吟语》卷上《内篇·谈道》,上海古籍出版社2000年版,第50页。

老子强调"道可道,非常道",但是在《老子》五千言中,他还是通过对许多与"道"具有相通性的事物和现象的描摹,揭示了"道"的本质。在群雄竞胜、"争于力气"的时代,老子反其道而行之,充分注意到了柔弱事物所包含的强大生命力和战胜刚强事物的巨大潜力。他对流水、女性以及一切新生的事物如婴儿、刚刚萌芽的草木等等阴柔的事物大唱赞歌,并把它们视为无形之"道"的一种具象。而玄黑之色恰恰是象征这些事物的色彩符号,这就为玄黑之色与"道"建立匹配关系提供了可能性。

玄黑之色所象征的水具有阴柔、闭藏的特性,完全符合老子所推崇的守弱用柔、居上谦下之道。在老子的心目中,水不争而争、以曲求全,是万物之中最能完美体现"道"之特性的事物。《老子·八章》:"上善若水。水善利万物,又不争。处众人之所恶,故几于道。"只不过,道无形而水有形,因此略有差别。玄黑之色是象征水的色彩符号,因此也成为"道"的象征符号。焦竑指出,把握道的法则和运行方式的要领之一是"知其白,守其黑",这正是因为黑"不受万物之染",涤荡了一切欲望和杂念,有着和水一样的"抱一则能曲能枉能洼能敝,故可以为天下式"的优势。[1]

玄黑之色所象征的女性(母性)也是"道"的具象之一。《老子·六章》:"谷神不死,是谓玄牝。玄牝之门,是谓天地根,绵绵若存,用之不勤。"[2]"玄牝"通常被解释为"有所受而能生物者"[3],"所谓母也"[4]。"有所受"体现了"玄牝"在性以及生殖活动中"以静胜牡、以静为下"[5]、看似消极的主导性作用。"能生物"表明了"玄牝"是万物生命的源头。"玄牝"指的是女性生殖器。女性作为"无为"原则和"自然"的另一个象征符号受到道家的高度赞颂。"无为无不为"以及繁衍生命的能力是女性的两大特征,也是女性与"道"所共同具备的内在本质。"玄牝"实质上已经与"道生一,一生二,二生三,三生万物"之"道"取得了等值关系。

玄黑之色之所以会与女性建立匹配关系,有两方面的原因。原因之一,玄黑之色和女性同样属于阴类事物。作为至阴象征的坤卦,以玄黑之色和女性为具象。在古代舆服制度中,玄黑之色在很多情况下为女性专用。

---

[1] (明)焦竑:《老子翼》卷三引吕吉甫注,中华书局1985年版,第62—63页。
[2] 《老子·六章》,朱谦之:《老子校释》,中华书局1963年版,第26页。
[3] (宋)黎靖德:《朱子语类》卷一二五《老氏·老子书》,中华书局1986年版,第2995页。
[4] (明)焦竑:《老子翼》卷一,中华书局1986年版,第13页。
[5] 《老子·六十一章》。《老子校释》作"牡常以静胜牝"(朱谦之:《老子校释》,中华书局1963年版,第259页)。据《帛书老子校注》改为"牝常以静胜牡"(高明:《帛书老子校注》,中华书局1996年版,第121页)。

"王之舄三,赤为上。赤者,盛阳之色,表阳明之义。后之舄三,以玄为上。玄者,正阴之色,表幽阴之义。"①王(男性)所使用的三种舄,以赤色最为尊贵,因为盛阳之色赤色能最充分体现男性的阳刚气质。后(女性)所使用的三种舄,以玄色最为尊贵,因为玄色作为正阴之色能最充分地表达女性的幽阴特质。在唐宋两代,与妇女事功密切相关的先蚕祀以黑币为礼器,为的是"以合至阴之义"②。其依据主要来源于经典文本《周礼》。《周礼·天官·内宰》:"诏后帅外内命妇始蚕于北郊。"在传统观念中,北方是极阴的象征,因此郑玄对女性与阴之间的关系进行了进一步发挥:"妇人以纯阴为尊。"③《开元礼》依据"以阴祀之礼祀之"原则在先蚕之礼中制定了"币以黑"的馈享内容④,并为宋代所沿袭。由此可见,在古代礼仪活动中,玄黑之色与女性有着十分密切的关系。

原因之二,水是母性的象征,作为象征水的色彩符号,玄黑之色也成为母性的象征符号。明人王逵指出,黑色花朵非常罕见的原因之一就是"黑为水色,母道也。母但阴育于中,故不现也"⑤。由此可见,水、玄黑之色、母性三者之间具有十分密切的关系。水在天为云为雨,在地为露、为霜、为山川泉源,是万物生灵赖以生存的不可或缺的重要元素。在极度依赖自然的农业时代,水被视作孕育文明、繁衍生命的源泉。在古代中国,水和性以及生殖有着隐秘的联系。因此,水崇拜往往和性崇拜、生殖崇拜息息相关。玄黑之色正是通过水这个环节与母性联系在一起。而母性又是"道"的特征之一,这就为玄黑之色成为"道"的符号提供了可能。

道家哲学尤其是老子哲学,是贵阴的哲学。作为象征水、女性(母性)等阴类事物的色彩符号,玄黑之色受到道家尤其是老子的特别推崇,进而成为其哲学体系中最高范畴"道"的象征符号。

第二节 素白之性

白色是一切色彩的起点,素的本义是一切织染物的本来面目。素、白都

---

① (宋)王与之:《东岩周礼订义》卷一四引郑锷,《通志堂经解》第11册,江苏广陵古籍刻印社1996年版,第582页。
② 《宋史》卷一〇二《礼志五》,中华书局1977年版,第2494页。
③ 《周礼·天官·内宰》郑玄注,《周礼注疏》,(清)阮元校刻:《十三经注疏》,中华书局1980年版,第685页。
④ 《大唐开元礼》卷四八、四九,民族出版社2000年版,第276、280页。
⑤ (明)王逵:《蠡海集·庶物类》,中华书局1985年版,第14页。

具有洁净无杂质以及纯朴无饰的意思,因此在老庄哲学中被用来隐喻纯粹朴素、未受文明污染的自然天性,成为象征返璞归真、无为而治的文化符号。

一、老庄见素抱朴的思想

老子和庄子都以"素"譬喻本性,不过二者仍然存在着较大的差异。首先,与《庄子》中素、白相通的情况不同,在《老子》中,素和白不是同一个概念。"素"譬喻对本性的回归,"白"则有多种含义。在老子看来,素、朴不但是人性回归的终点,也是回归的方式和路径——不尚文饰、不崇圣智、不贵难得之货。无为政治和弱用之术是老子政治指导思想的两个基本内容。老子认为,智和欲是产生有为的最根本原因,是社会上大量丑恶现象的罪魁祸首。为了实现无为政治,老子要求设法消除引起有为的社会条件——追求难得之货、尚贤等等,其目的在于"把人的社会性减少到最低程度,以突出人的生物性","使民陷入无为之地,使之不能为或者想有为而不敢为"[①]。《老子·十九章》的"见素抱朴,少私寡欲"概括了老子无为政治的主要内容[②]。在《老子》中,"白"的含义有较大的不确定性。与象征自然之道的"黑"相对,"白"譬喻人为规律,因此应该"知其白,守其黑"。[③] 与"辱"相对,"白"譬喻清白无辜,"大白若辱"是老子推崇的生存方式和境界[④]。

其次,老子偏爱以"玄"隐喻道、谈论道,庄子则更偏爱以"素""白"隐喻天性、诠释天性。这是由他们哲学气质的不同决定的。或许老子对"玄"这种阴暗深邃之色的偏爱恰恰是他热衷阴柔权术的反映,庄子对"素""白"这种澄明洁净之色的偏爱则是他"与大化同流"的开阔气象的体现。

《庄子》一书中,"素"和"白"出现频率比起《老子》大大提高。庄子常以"素"和"白"譬喻人类忘物、忘天、忘己,无心、无欲、无迹,喜怒通四时,与物有宜而莫知其极的本真天性。这种涤除了一切世俗污染、纯粹朴素的人性以飘逸出尘的白色作为譬喻,再恰当不过。庄子如此钟情于"素"与"白",连他所崇拜的真人都具有莹白剔透的特质。《逍遥游》:"藐姑射之山,有神人居焉,肌肤若冰雪,绰约若处子,不食五谷,吸风饮露,乘云气,御飞龙,而游乎四海之外。"[⑤]庄子渴望有一天能够驾着洁白的云彩,摆脱污浊

---

① 刘泽华主编:《中国古代政治思想史》,南开大学出版社1992年版,第165页。
② 《老子·十九章》,朱谦之:《老子校释》,中华书局1963年版,第79页。
③ 《老子·二十八章》,朱谦之:《老子校释》,中华书局1963年版,第117页。
④ 《老子·四十一章》,朱谦之:《老子校释》,中华书局1963年版,第176页。
⑤ 《庄子·逍遥游》,郭庆藩:《庄子集释》,中华书局1961年版,第28页。

的人世、沉重的肉身，翱翔在那广漠无垠的自由王国，与茫茫太一合为一体。"乘彼白云，至于帝乡。"①

庄子以纯白为天性的基本特征，并十分警惕世俗机心对它的污染。在《天地》篇中记述了这样一个故事，子贡在汉阴看到一个管理园圃的人挖掘隧道下到井里，用水瓮盛水出来灌溉园圃，工作效率十分低下，于是就建议他砍斫木材做成桔槔来引水灌溉。没想到这个人非常恼火，回答说："有机械者必有机事，有机事者必有机心。机心存于胸中，则纯白不备；纯白不备，则神生不定；神生不定者，道之所不载也。"②类似寓言在《庄子》中比比皆是。庄子早在几千年前就意识到文明社会的糟粕往往会借助日常使用的物质技术渗透到人们的精神领域，污染人们的纯朴本性，蚕食天理、天道在心灵中的领地，使人们沦为机器的奴隶、物质的奴隶和欲望的奴隶。人们为文明社会欢欣鼓舞，他却对背后隐藏的危险和肮脏提出了警告，并主张离散五采，消灭文明，让五彩斑斓、令人目眩神迷的世界回归素朴和宁静，让人类丧失对文明成果的感知力，唯有这样，才能使他们恢复清晰、真切的本能感觉，获得真实、正确的本体感受。

庄子把这种对素白之性的追求贯彻到他的社会理想中，向往尊朴素为大美的至德之世。《天地》篇中描绘了"至德之世"之中人人相亲、怡然自得的美好图景。"至德之世，不尚贤，不使能；上如标枝，民如野鹿；端正而不知以为义，相爱而不知以为仁，实而不知以为忠，当而不知以为信，蠢动而相使，不以为赐。是故行而无迹，事而无传。"③君在上如高树之枝，自然而然；民在下如野鹿成群，四处游荡，放任天真。人们相亲相爱，诚实不欺的美好品行完全是发自内心、出于天性，无需仁义之说的教导和训诫。实现"至德之世"的唯一路径是无为而治。在庄子看来，只有领悟到"虚静恬淡寂漠无为者，万物之本"的真谛，不受万物的纷扰与牵绊，才能达到与天相和的"天乐"境界④。只有把虚静无为之道贯彻到政治生活中，君主才能具备"帝王天子"之德，臣子才能具备"玄圣素王"之道。

老庄哲学是贵本的哲学。由于在色谱上处在起点的位置，"素""白"常常被用来譬喻事物的本性，进而成为老庄所推崇的本真之性的象征符号。这种个性鲜明的象征手法得到了后世思想家的认同，并加以沿袭。

---

① 《庄子·天地》，郭庆藩：《庄子集释》，中华书局1961年版，第421页。
② 《庄子·天地》，郭庆藩：《庄子集释》，中华书局1961年版，第433—434页。
③ 《庄子·天地》，郭庆藩：《庄子集释》，中华书局1961年版，第445页。
④ 《庄子·天道》，郭庆藩：《庄子集释》，中华书局1961年版，第457页。

二、以"素"喻性思想对后世的影响

后世许多学者继承了庄子以素白譬喻本真之性的思想,并进一步阐发了素、白的文化内涵。庄子尊素朴为美的观念也对后世的色彩审美意识产生了广泛的影响。

《淮南子》的作者对庄子思想有所继承,常常以"素"论"性"或者"道"。"素"成为书中的一个核心概念,包含着丰富而复杂的文化内涵,具体表现在以下几个方面。

第一,以"素"譬喻人性的本真状态。作者以素丝譬喻人性的本真状态,以"染之以淄则黑"譬喻世俗对人性的污染与蒙蔽:"人之性无邪,久湛于俗则易。"[1]

第二,以"素""白"为天性的基本特征。与"曲巧伪诈,所以俛仰于世人而与世俗交"的"人"相对,"天"具有"纯粹朴素、质直皓白"的特性,因此只有循行天性、契合天性之人才能进入与大道共同邀游的至高境界[2]。

第三,以"素"为真人遵循的根本法则。《淮南子》的作者刻画了许多神仙、真人、圣人的形象,以此作为世人的标榜,并向世人演示返璞归真、回归本性的方法和途径。抱守"素"是真人最重要的特质以及回归本真最重要的途径。《淮南子·俶真训》认为所谓的圣人应该是"偃其聪明,而抱其太素,以利害为尘垢,以死生为昼夜",从而无论是"玉辂琬象之状、《白雪》清角之声"的美好,还是"千仞之溪、蝘眩之岸"的险恶都能够置之度外[3]。《淮南子·精神训》指出,真人具有"明白太素"的特质[4]。《淮南子·齐俗训》所推崇的神仙真人王乔、赤松子"吹呕呼吸,吐故内新,遗形去智,抱素反真,以游玄眇,上通云天"[5]。《淮南子·精神训》认为"抱素守精"可以帮助人们"蝉蜕蛇解,游于太清,轻举独往,忽然入冥",达到"凤凰不能与之俪,而况斥鷃乎"的高妙境界[6]。"素"或者"太素"指的是素朴纯粹的人性,与纯素未散的大道息息相通。因此只有抱守"太素"者才有可能体认道、把握道,并最终与道化为一体。

第四,以"纯白"之道为维系天下稳定的根本法则。《淮南子·原道训》通过大禹的故事论证了机械之心导致的"纯白不粹,神德不全"对天下安定

---

[1] 《淮南子·齐俗训》,何宁:《淮南子集解》,中华书局1998年版,第775页。
[2] 《淮南子·原道训》,何宁:《淮南子集解》,中华书局1998年版,第41页。
[3] 《淮南子·俶真训》,何宁:《淮南子集解》,中华书局1998年版,第109—110页。
[4] 《淮南子·精神训》,何宁:《淮南子集解》,中华书局1998年版,第521页。
[5] 《淮南子·齐俗训》,何宁:《淮南子集解》,中华书局1998年版,第797页。
[6] 《淮南子·精神训》,何宁:《淮南子集解》,中华书局1998年版,第537页。

的危害。大禹得知天下生叛之后,并不是通过加强军备来巩固统治,相反采取了"坏城平池、焚甲兵"等措施,通过平息藏于人们胸中的"机械之心",从根本上杜绝对其威权的觊觎和威胁,从而实现了"海外宾伏,四夷纳职,合诸侯于涂山,执玉帛者万国"的稳定局面。这正是因为他认识到,一味地强化人们对军备器械的崇尚心理,反而会引起"革坚则兵利,城成则动生"的反效果,无异于"以汤沃沸",最终导向"乱乃逾甚"①。

高诱注《淮南子》也受到素与性意义相通这种观念的影响。他以素作为"性"的代称。《淮南子·俶真训》:"天地之间,何足以留其志?是故虚无者道之舍,平易者道之素。"高诱认为文中的"素"即隐喻"性"②。他甚至把"白"的内涵升华到"道"的境界,以"白"为最高范畴——"道"的代称。认为《庄子》中"虚室生白"之"白"是"道"的隐喻。"白,道也。"③"白"既是人性萌芽的初始状态,又是人性升华回归的最后归宿。这样,白就不仅仅是"自然天性"的譬喻,还被赋予了"道"的文化内涵。

白色由譬喻自然天性进而成为无为而治的象征符号。这种思想对儒家也产生了影响。宋儒胡瑗认为《周易》白贲之卦就包含着无为而治的政治文化内涵。他认为,君主应该先有为而后无为,"劳于求贤"而"逸于任使",最终以"守其质素"的方式实现"至臻极治之道"。④

庄子以"白"象"性"及"道"、尊素朴为美的色彩观对后世士大夫的审美意识也产生了深远影响。魏晋南北朝士大夫把服饰衣着视作对自己人生理想和审美意识的重要表达形式。他们打破了白色作为丧服之色的禁忌,以白色为美。首先,白帢、白纶巾、白纱衫等白色服饰寄托了他们所推崇的"越名教而任自然"的自由独立、旷达洒脱的精神,反映出道家见素抱朴、虚室生白的思想对当时审美观念的影响。其次,白色以其质素,本来是低微之人甚至仆役所穿的衣服,此时则被强烈抨击名教虚伪性、蔑视名利、自命清高的士大夫用来标榜自己如山林隐逸之士一般的高洁。这种尚白的风气影响非常广泛,上自天子,下至百姓,皆以白纱帽为尚。据《癸辛杂识》记载,"宋齐之间,天子燕私多着白高帽,或以白纱,今所画梁武帝像亦然。盖当时国子生亦服白纱巾,晋人着白接䍦。谢万着白纶巾。南齐桓崇祖白纱帽。南史和帝时,百姓皆着下檐白纱帽。"尚白之风一直到隋唐时期尚有遗存。"《唐六典》天子服有白纱帽。他如白帢、白帽之类,通为庆吊之服。古乐府

---

① 《淮南子·原道训》,何宁:《淮南子集释》,中华书局1998年版,第30—31页。
② 《淮南子·俶真训》高诱注,何宁:《淮南子集解》,中华书局1998年版,第129页。
③ 《淮南子·俶真训》高诱注,何宁:《淮南子集解》,中华书局1998年版,第146页。
④ (宋)胡瑗:《周易口义》卷四《贲》,中国社会科学出版社2021年版,第145页。

《白纻歌》云：'质如轻云色如银,制以为袍余作巾。'杜诗：'光明白氎巾','当念着白帽,采薇青云端'。白乐天诗云：'青筇竹杖白纱巾。'"[1]素白之色以其象征高洁、超脱的美好寓意,受到时人的普遍喜爱。

第三节 道家与道教的玄素妙境

老子重"玄",庄子尚"素"。他们的色彩观虽然在形式上有所不同,但其实质是相同的。他们这种对色彩有异于常人的偏爱都是源于对五色文明的极端排斥。

老子说："五色令人目盲；五音令人耳聋；五味令人口爽；驰骋田猎,令人心发狂；难得之货,令人行妨。"[2]他认为,缤纷的色彩、悦耳的音乐、丰盛的美味、充满乐趣的驰骋田猎、难得一见的珍贵物品刺激了人们无穷无尽的欲望,欲望与现实的差距又会带来心理上的焦虑,带来价值观、伦理观的错位。其结果是眼睛看不到道义的可贵,耳朵听不进道义的规劝；内心无法获得宁静,思虑无法得以澄定,因此感知不到道的玄虚奥妙。利欲熏心、利令智昏的事例在历史上举不胜举,对荣华富贵的刻意追求往往落得个自取其辱、身败名裂的下场。"玄之又玄,众妙之门。"[3]只有朴素、黯淡的玄黑之色,才能寄托他对纯朴无散、自然无为之道的向往。

庄子更进一步发现了在这五彩斑斓、焕然成章的礼仪文明之下掩藏了多少惊人的名不符实、欺世盗名的丑陋真实。"儒者冠圜冠者,知天时；履句屦者,知地形；缓佩玦者,事至而断。君子有其道,未必为其服；为其服者,未必知其道也。"因此庄子建议鲁哀公在国中发布命令："无此道而为此服者,其罪死！"结果五日之内,穿儒服之人剧减,最后只剩下了一位儒服者,鲁国之中只有他一个人才是"问以国事,千转万变而不穷"的真正儒者[4]。

在是非颠倒的世俗价值观的耳濡目染之下,在五色炫目的诱惑下,有多少人违背了善良的天性,违背了内心的意志,迷失了本性,迷失了自由意志之下的独立判断。《庄子·天地》："孝子不谀其亲,忠臣不谄其君,臣之盛也。亲之所言而然,所行而善,则世俗谓之不肖子；君之所言而然,所行而善,则世俗谓之不肖臣。而未知此其必然邪？世俗之所谓然而然之,所谓善

---

[1] （宋）周密：《癸辛杂识》前集《白帽》,中华书局1988年版,第35页。
[2] 《老子·十二章》,朱谦之：《老子校释》,中华书局1963年版,第47—48页。
[3] 《老子·一章》,朱谦之：《老子校释》,中华书局1963年版,第7页。
[4] 《庄子·田子方》,郭庆藩：《庄子集释》,中华书局1961年版,第718页。

而善之,则不谓之道谀之人也。"①媚于亲、媚于君被视为不肖,媚于世、媚于俗却视若无睹,无人非议。明明是有悖于人性的荒谬理念,可是在成为某些群体的共同信仰之后就开始以真理的面目示人。"垂衣裳、设采色、动容貌"的所谓治国之道,自以为比众人高明,其实也不过是"道谀"的一种表现,在庄子看来可谓愚蠢至极。

庄子深刻地指出,高调理想主义的鼓吹和弘扬其实正是人性堕落、天道沦丧的产物。《庄子·马蹄》:"纯朴不残,孰为牺尊!白玉不毁,孰为珪璋!道德不废,安取仁义!性情不离,安用礼乐!五色不乱,孰为文采!五声不乱,孰应六律!"②五色、五声、五臭、五味等这些所谓的文明成果都是对自然天性的戕害和束缚:"一曰五色乱目,使目不明;二曰五声乱耳,使耳不聪;三曰五臭熏鼻,困惾中颡;四曰五味浊口,使口厉爽;五曰趣舍滑心,使性飞扬。此五者,皆生之害也"。更为可悲的是这些流俗之人并没有意识到自己的危险处境。《庄子·天地》:"且夫趣舍声色以柴其内,皮弁鹬冠搢笏绅修以约其外,内支盈于柴栅,外重缦缴,睆睆然在缦缴之中而自以为得,则是罪人交臂历指而虎豹在于囊槛,亦可以为得矣。"③

在对五色文明极度失望的情况下,庄子相信至真之道存在于那纯粹洁净之乡。"素""白"之色成为他所追求的精神家园的象征。

由此可见,"玄"和"素"在哲学意义上是相通的。"玄""素"符号集中体现了老庄对人类文明的反思、批判和背弃。老庄对玄、素的推崇建立在共同的理论基础上,他们都试图摆脱五色现象世界的困扰,反其道而行之,通过逆向性思考寻找到直接通往至高境界的路径。如果说五色文化的发展,反映了"人"自认为可以通过发挥主观能动性达到与"天道"浑然一体境界的信心,那么老庄对玄、素的推崇,则表现了他们对"天人"关系的不同见解。他们把"人"视为干预和污染"天"的负面因素,"天人合一"指的是对政治生活中"人为"的、能动性的元素进行剥离,以接近"非人""无人"的"天道",从而避免"人心"对"天道"牵强附会甚至别有用心的解读和利用。

第四节 儒家的贵实尚素思想

儒家和道家在对待五色的态度上虽然大相径庭,但二者在色彩观上也

---

① 《庄子·天地》,郭庆藩:《庄子集释》,中华书局1961年版,第447页。
② 《庄子·马蹄》,郭庆藩:《庄子集释》,中华书局1961年版,第336页。
③ 《庄子·天地》,郭庆藩:《庄子集释》,中华书局1961年版,第453页。

存在某些共通性,那就是在看重实质、珍视本真的观念影响下,都对素、白之质情有独钟。这种共通性源于包括儒、道在内的诸子百家所具有相同的文化基因。西周末年,"天子失官,学在四夷。"[①]在野知识分子利用共同的文化资源,发展了各有特色的学说门派,为中国思想文化格局的形成奠定了基础。

"素""白"颜色概念也引起了儒家的特别重视。"素王"是先秦时期儒道两家对体察正道但不掌握统治天下权力者表示尊崇的称号。他们一致认为,功名与权势不过是一个人的装饰物,对正道的体会和践行才是评判圣、愚的真正标准。儒家所推崇的素王是孔子,虽然他一生不得志,"累累如丧家之犬",但是他惧于正道之坠灭,作《春秋》以正纲纪,起到了与君主一样的作用。儒家以道统为论证自身尊严和价值以及限制君权政统的依据,尤其强调"以道事君",因此比道家更加卖力地颂扬素王之道。"素王"被赋予强烈的儒家色彩,后来甚至成为儒家的代称。萧仿在给唐懿宗的上书中称:"素王之风,以仁义为首。"[②]显然是以"素王"指代儒家。

儒家思想对"素""白"的重视源于以质为先的价值取向。据说,有一次孔子以《周易》占卜,得《贲》卦,面有不平之色。按常理说,《贲》卦是吉卦,可孔子却表现得如此不安,这让他的学生子张感到很奇怪。孔子作了解释。他说,丹漆无须文饰,白玉无须雕琢,是因为"质有余,不受饰",可《贲》卦是贵文饰之卦,这说明质地薄弱,因而对于他来说并不是吉卦。[③] 这种以质为先的价值取向渗透到色彩观念中,就使得人们对那些用于隐喻事物本性或现象本质的素、白之色产生了偏爱。

在贵实尚素思想的影响下,儒家政治哲学中形成了"宁俭勿奢"的原则。孔子曾经说过:"礼,与其奢也,宁俭。"[④]在祭祀活动中,礼器、礼服等以质素为贵。《礼记·郊特牲》:"酒醴之美,玄酒明水之尚,贵五味之本也。黼黻、文绣之美,疏布之尚,反女功之始也。莞簟之安,而蒲越、稿鞂之尚,明之也。大羹不和,贵其质也。大圭不琢,美其质也。丹漆雕几之美,素车之乘,尊其朴也。贵其质而已矣。所以交于神明者,不可同于所安亵之甚也。"[⑤]宋

---

① 《左传·昭公十七年》,《春秋左传正义》,(清)阮元校刻:《十三经注疏》,中华书局1980年版,第2084页。
② 《旧唐书》卷一七二《萧仿列传》,中华书局1975年版,第4480页。
③ 《孔子家语·好生》,上海古籍出版社1990年版,第25页。
④ 《论语·八佾》,《论语注疏》,(清)阮元校刻:《十三经注疏》,中华书局1980年版,第2466页。
⑤ 《礼记·郊特牲》,《礼记正义》,(清)阮元校刻:《十三经注疏》,中华书局1980年版,第1455页。

代学者陈祥道在解释宫中后妃在不同场合所穿礼服的文化内涵的时候参考了这一原则,认为后妃在拜见君主以及会见宾客时穿着白色衣服,这种去掉浮华装饰的举动是为了表明她们对君主的忠诚和对宾客的诚意:"无事乎饰,一于诚焉。"①

宁俭勿奢原则具有重要的政治意义,具体表现在以下两个方面。

首先,宁俭勿奢原则体现重视减轻民众负担的思想。礼的实质是仁。仁政的重要内容之一就是要求朝廷俭约节用,以免增加民众的负担。《周易·贲》卦:"上九。白贲无咎。象曰:'白贲无咎,上得志也。'"李光注:"贲之道虽尚乎贲饰,然舜用漆器,群臣谏焉。盖漆器不已,必用犀象。犀象不已,必用金玉。观贲之六爻,虽本于本饰而常以质素为先。上九贤人处尊位而众所视效者。故以质素为先,则其所自奉者无华侈之过、奢靡之失也。故曰:'白贲无咎。'象曰:'白贲无咎,上所得志也。'所志在于俭约。今已处显位而能行其所愿,则平昔之志遂矣,故曰:'上得志也。'"②在李光看来,以质素为先的原则落实在政治生活中就是避免欲望的日益膨胀,以身作则践行节用俭约之道。只有这样做,统治者才能成为众人效法的典范,并得志于天下。这就避免了五色文化过度膨胀发展给社会带来的负担。

其次,宁俭勿奢原则反映了儒家对内心诚意的注重。施行礼仪的目的不是炫耀奇珍异宝,而是为了协调神人关系。只有在舍弃了花里胡哨、虚荣浮华的装饰之后营造出来的朴素而庄重的氛围中,人们才能过滤掉多余的欲念,集中全部的精神和思虑,以朴实、虔诚的心境感受到神明的存在,达到与神明相交、契合的境界。这就使种种制度设计避免了沉溺于五色符号的表面形式,而是对制度的本质功能给予更多的关注。

事实上,儒家一直努力追求的就是各种制度内容与形式的平衡、目的与手段的统一。只不过,儒家在贵实尚素的同时,并没有像道家那样完全抛弃了对"五色"文明的追求。试图在素质与五色之间找到一个最佳的平衡点是儒家色彩观的理想。《论语·八佾》中的"绘事后素"命题恰恰是儒家质素与五色不可偏废的色彩观及其蕴含的政治伦理意义的集中体现。

在向学生子夏揭示"巧笑倩兮,美目盼兮,素以为绚兮"的思想内涵时,孔子进行了这样的启发:"绘事后素。"子夏问道:"礼后乎?"孔子认为他体会了自己的意思,十分高兴地答道:"始可与言《诗》已矣。"③"绘事后素"指

---

① (宋)陈祥道:《礼书》卷一七,元刻明修本。
② (宋)李光:《读易详说》卷四《贲卦》,《景印文渊阁四库全书》第10册,第335页。
③ 《论语·八佾》,《论语注疏》,(清)阮元校刻:《十三经注疏》,中华书局1980年版,第2466页。

的是一种被认为早已失传的画绘工艺。在《周礼·冬官·考工记》中只有简略的记载："凡画绘之事,后素功。"①后世学者对孔子与子夏的对话给出了两种截然相反的注释,即"绘事"然后"素"还是"绘事"后于"素",争论的焦点正是在于对画绘之事中素功与施采先后顺序的不同理解。

赞成前者的学者认为古人画绘的工艺程序是先布五色,再以粉素勾勒,使众色绚然分明。郑玄注曰："绘,画文也。凡绘画先布众色,然后以素分布其间,以成其文,喻美女虽有倩盼美质,亦须礼以成之。"②在他看来,孔子是以"素"譬喻"礼",指出具有美好本质的人还需要"礼"的规范和引导,才能成为道德纯粹的人。孔颖达也赞成郑玄的解说。

清儒惠士奇认为白色也是五色之一,就好像礼也是五德之一。他说："五色之黑、黄、苍、赤,必以素为之介,犹五德之仁、义、智、信必以礼为之间。且礼者五德之一德,犹素者五色之一色,以礼制心,复礼为仁。"③意思是说,五色中的黑、黄、苍、赤必须经过白色的勾勒才能更加和谐鲜明,就好像人固然已经具备五德中的仁、义、智、信这四种本性,但仍然需要礼来规范、调教,才能塑造成真正的君子。惠士奇认为,《大戴礼记·易本命》中"太素者,质之始"之"素"是对"质"的譬喻,而这个命题中的素功之"素"则是对"文"的譬喻,因此才会有"素以为绚"的说法。

惠士奇进一步指出,素不但是成就万物的手段,也是万物至臻的终极境界。"素也者,万物之所成终而所成始。"他据此认为,老子并没有参透"礼"的内涵。"画绘以素成,忠信以礼成。素者,无色之文,礼者,无名之朴。"意思是说,无色之色为至色,无名之朴为至朴,素是色彩体系中的最高境界,礼是伦理体系中的最高范畴。"忠而无礼则愿也,信而无礼则谅也。愿则愚,谅则贼。不学礼而忠信丧其美也。"④在他看来,没有礼的点化和升华,善良的本性只能滑向庸俗猥琐,最终磨灭了本来的光辉。

赞成后者的学者将"素"解释为"素地",认为绘事后素指的是在素绢上以五采作画。宋儒易祓引用"甘受和,白受采,忠信之人可以学礼"来进行互证,认为孔子是以粉素质地譬喻人的本质,以五采譬喻礼,说明忠信之人需要节文度数加以文饰,才能成为文质彬彬的君子。"甘受和,白受采,画

---

① 《周礼·冬官·考工记》,《周礼注疏》,(清)阮元校刻:《十三经注疏》,中华书局1980年版,第919页。
② 《论语·八佾》,《论语注疏》,(清)阮元校刻:《十三经注疏》,中华书局1980年版,第2466页。
③ (清)惠士奇撰,张华清点校:《礼说》卷一四《考工记》,齐鲁书社2024年版,第246页。
④ (清)惠士奇撰,张华清点校:《礼说》卷一四《考工记》,齐鲁书社2024年版,第246页。

绘之事备五采也。以白为先，故曰后素功。谓先以粉地为质，而后施五采焉。子夏问《诗》之'素以为绚兮'，而夫子曰：'绘事后素。'子夏即有'礼后乎'之对。盖礼必以忠信为质，犹绘事必以粉素为质。以粉为质而谓之功者，犹言彰施五采必待此而后为功也。"①礼不在繁华而在简朴，不在文章而在质淡。如果没有以忠信作为基础，繁文缛节不过是一种没有实质意义的虚设。因此，具备忠信的本性是实现君子道德境界的必要前提。但是，忠与信仅仅是君子品行的萌芽状态，要真正完成高贵品格的塑造，还需要经过长期的修养磨炼过程，也就是"文饰"的过程。王昭禹指出了质与文的辩证关系："天下之事无本则不立，无文则不行，故内有可贵之质，然后外饰之，以备成之文。"他认为，孔子以素功譬喻内在之质，以五采譬喻文饰之功。人性的最初状态犹如一张白纸，可以任由涂画，必须以焕然成章的礼仪加以引导和规范，才能塑造出高贵成熟的人格。②

无论"素"譬喻的是"礼"还是"忠信"，这两种解释都强调了"素"与"绘事"相辅相成、不可或缺的关系。儒家色彩观念具有浓厚的政治伦理色彩，寄托了他们对大同世界的追求和向往。他们希望通过素color（素功）的作用，搭配出一幅"五色成文而不乱"的美好图景，这可以被视为对儒家尊卑有别、长幼有序、各安其位、天下大同的政治理想形象化、艺术化的譬喻。

这种思想在对周易贲卦的解读中也有所体现。例如，程颐认为："上九，贲之极也。贲饰之极，则失于华伪。唯能质白其贲，则无过失之咎。白，素也。尚质素，则不失其本真。所谓尚质素者，非无饰也，不使华没实耳"③。赵汝楳也指出："上九。白贲无咎。五色之中白亦色也。素丝白华取其质素，非无色者，特不使文胜质耳"。④ 他们都认为，崇尚质素，不使文采湮没本质不等于绝对的无色无饰。

这些都反映了儒家与道家对于素白之质的理解存在着本质差异。道家强调白色对五色的消解，这反映了道家对"虚无"之道的探寻。道家讨论的是文化超越性的问题，即鼓吹人类必须超脱于日常世界的运行轨迹，才能俯瞰芸芸众生、纷纭俗务，高屋建瓴地驾驭人生与社会。他们以洁净的白色消解了五色缤纷的现象世界和世俗世界，希望使人类回归自然纯朴的原始状态。儒家追求的是"实有"之理，它讨论的是政治文化根本性的问题，认为

---

① （宋）易袚：《周官总义》卷二八，《景印文渊阁四库全书》第92册，第639页。
② （宋）王昭禹：《周礼详解》卷三七，《景印文渊阁四库全书》第91册，第577页。
③ （宋）程颐：《二程集·周易程氏传》卷二《周易上经下·贲卦》，第812页。
④ （宋）赵汝楳：《周易辑闻》卷二《贲卦》，《通志堂经解》第2册，江苏广陵古籍刻印社1996年版，第518页。

理想的社会秩序有赖于政治文明的高度发达。他们对素白之质在构成"五色"文明过程中的核心作用的高度重视,归根结底是出于对"五色成文而不乱"的理想社会秩序的强烈追求,在他们看来,后者正是臻美"天道"的具象化表现,因此也是"天人合一"的宗旨和归宿。

第五节　黑白之色与阴阳奇偶

老庄哲学思维赋予玄、素以超越于现象的本体意义,使玄黑、素白从日常经验的桎梏中摆脱出来,进入了澄明无碍的具象之域。这对"天人合一"哲学中最重要的一对概念——阴阳之道的象征方式产生了重要影响。

众所周知,黑与白是阴与阳的象征符号。黑白二色的太极图是对阴阳之道的形象化概括。吴东平对太极图的外形及其包含的哲学意蕴进行了论述。"太极图的外圈是一个圆,它是一个不断旋转运动的整体,表示整个宇宙混沌未开的原初状态,即为太极。太极是事物的原初状态和物质运行的常见规律,它孕育着事物的万千变化的规律。圆中是一条划分黑白的'S'曲线,曲线的左边是白色,右边是黑色;白色象征阳,黑色象征阴。"被曲线分开的黑白两个色块看起来就像两条鱼,它们在一个圆内,"暗示着矛盾的统一",被曲线分开,"暗示着世界上的任何事物都存在着矛盾"。两条鱼各自长了和自己相反颜色的眼睛。学者们对此有诸多的解释。有的说,白鱼的黑眼睛表示"阳极盛时,阴未消退而隐藏起来",黑鱼的白眼睛表示"阴极盛时,阳并没有消失,阳藏于阴而根于阳"。有的说,这包含了"事物与事物之间的互相依存、互相包含的深刻哲学道理"。有的说,两个鱼眼睛实际上是两个新的圆,表示"旧的事物中又孕育着新的事物的诞生与成长"[①]。

或许是因为太过于耳熟能详,人们很少考虑古人为何在五色之中选择了黑与白作为阴阳之道的象征符号。其实,古人除了以黑白譬喻阴阳,还曾经以黑赤作为阴阳的象征符号,而且从阴阳五行色彩学说来说,后者显然更加贴切。从传统色彩阴阳属性的角度来看,黑为北方之色,白为西方之色,都属于阴属之色,并不能构成阴阳对比关系。只有至阴之色黑色与盛阳之色赤色,或者少阴之色白色与少阳之色青色才有可能成为阴阳的象征符号。古人也的确曾经以黑、赤象征阴阳两仪,这在经学思想以及诸多礼仪实践的设色原则中都有所体现。《周礼·地官·牧人》:"凡阳祀,用骍牲毛之;阴

---

① 吴东平:《色彩与中国人的生活》,团结出版社2000年版,第78—79页。

祀,用黝牲毛之。"①牺牲之色的选择依据是祭祀的阴阳属性。郑锷指出,"王之鸟三,赤为上。赤者,盛阳之色,表阳明之义。后之鸟三,以玄为上。玄者正阴之色,表幽阴之义。"②王与后作为人类中阳属与阴属的代表,其鸟之色分别以盛阳之赤色、至阴之玄色为上。乾卦和坤卦是《周易》六十四卦中象征阴阳两极的一对卦爻,在从色彩角度对这两个卦爻加以解说时,经学家将"极阳"的乾卦设定为"大赤"之色,将"极阴"的坤卦设定为"黑"色,正是上古流传下来的以黑、赤标识阴阳的设色原则影响的产物③。明代学者陈第曾经以朱墨两色标识伏羲八卦图④。

以黑白譬喻阴阳两仪的做法起源也较早,至迟在汉代已经出现。古人常以黑白来譬喻有对应或对比关系的事物。到了西汉时期,很多学者皆将白黑与阴阳并举。《春秋繁露·楚庄王》:"知其贵贵而贱贱,重重而轻轻也。有知其厚厚而薄薄,善善而恶恶也,有知其阳阳而阴阴,白白而黑黑也。"⑤《淮南子·览冥训》:"若乃至于玄云之素朝,阴阳交争。"⑥由此可见,黑、白与阴、阳这一对自然界最大的对比关系已经产生了相关性。

班固指出,棋子分为黑白两色,这是对宇宙阴阳关系的摹拟。在古代中国,从精英化的政治哲学到下九流的数术方技,一切思想文化现象无不渗透了对阴阳对立转化的宇宙模式的认识。棋局是一个特别典型的例子。"局必方正,象地则也。道必正直,神明德也。棋有白黑,阴阳分也。骈罗列布,效天文也。四象既陈,行之在人,盖王政也。"⑦棋局虽小,却囊括了宇宙的阴阳动静、人生的祸福转换。儒家以棋局譬喻王政,道家以棋局譬喻天道,以各自的思想学说加以阐释,从而形成了源远流长的棋文化。对弈成为体验"祸兮福所倚,福兮祸所伏"的浓缩人生、"方生方死,方死方生"的微型宇

---

① 《周礼·地官·牧人》,《周礼注疏》,(清)阮元校刻:《十三经注疏》,中华书局1980年版,第723页。
② (宋)王与之:《东岩周礼订义》卷一四引郑锷,《通志堂经解》第11册,江苏广陵古籍刻印社1996年版,第582页。
③ (宋)俞琰:《俞氏易集说》,《通志堂经解》第3册,江苏广陵古籍刻印社1996年版,第421页。
④ (清)胡煦:《周易函书约存》卷二《先天河图无拆法》,程林点校:《周易函书附卜法详考等四种》,中华书局2008年版,第114页。
⑤ (汉)董仲舒:《春秋繁露·楚庄王》,苏舆:《春秋繁露义证》,中华书局1992年版,第11页。
⑥ 《淮南子·览冥训》,何宁:《淮南子集释》,中华书局1998年版,第466页。
⑦ (东汉)班固:《弈旨》,《艺文类聚》卷七十四《巧艺部·围棋》,上海古籍出版社1999年版,第1273页。

宙的一种方式。因此古有《下棋歌》称"因看黑白愕然悟顿晓"①。许多神话传说常以仙人对弈为主题点化世人。

宋代出现了以黑白标识《周易》阴阳卦爻的做法。《太极图》的诞生进一步强化了黑白象征阴阳的观念，使之成为影响广泛且深远的社会普遍意识。理学为了回答宇宙和人类社会的终极依据问题，开始了关于本体论问题的讨论。以周敦颐为首，创造了一个宇宙生成图式。"无极而太极，太极动而生阳，动极而静，静而生阴，静极复动……阳变阴合，而生水、火、木、金、土，五气顺布，四时行焉。"②阴阳变化是万物生成的必然环节，阴阳二元结构普遍存在于宇宙和人类社会，阴阳之道成为统领世间万物的运动规律和基本法则。"诸公且试看天地之间，别有甚事？只是'阴'与'阳'两个字，看是甚么物事都离不得。"③阴阳变化之道是宇宙运动规律的根本法则。黑白组合的太极图正是对阴阳变化之道的高度形象概括。

《太极图》的发明者到底是谁，有几种说法。有的认为，黑白之分从伏羲做八卦的时候就开始了。古人认为伏羲所做的卦图是一个"圆图"，还未像后来那样以连断作为区分阴爻、阳爻的标志，因此推测伏羲一定是通过黑白二色来区分，否则何来两仪之辨。④ 有的认为是从道家思想中直接汲取的，因为曾经有过传说，朱熹正是从道教圣人陈抟老祖那里获得了失传已久的太极图。但这些毕竟都只是传说。朱熹在以黑白分别伏羲六十四卦中的阴阳爻时曾经对袁枢说："黑白之位亦非古法，但今欲易晓，且为此以寓之耳。"⑤可见，以黑白标识《周易》的做法应该比较晚出。根据儒家文献的记载来看，最有可能的是以下两种说法。一种认为是始于北宋思想家、理学开山祖师——周敦颐所做的《太极图》。"自周子太极图，以黑白分阴阳。后多因以为说。"⑥另一种说法则是根据《朱子语类》的记载，始于杨时解易。闽学领袖杨时到詹季鲁家拜访。詹季鲁向杨时问易。杨时"取一张纸画个圈子，用墨涂其半"，对詹季鲁说："这便是易。"朱熹赞叹杨时以阴阳对周易

---

① 《四库全书总目提要》卷一四七《金丹诗诀二卷》，《景印文渊阁四库全书》第5册，第1114页。
② （宋）周敦颐：《周敦颐集》，中华书局1990年版，第3—4页。
③ （宋）黎靖德：《朱子语类》卷六五《易一·纲领上之上》，中华书局1968年版，第1606页。
④ （清）胡煦：《周易函书约存》卷二《先天河图无拆法》，程林点校：《周易函书附卜法详考等四种》，中华书局2008年版，第114页。
⑤ （元）胡一桂：《周易发明启蒙翼传》上篇《文王易》，《通志堂经解》第3册，江苏广陵古籍刻印社1996年版，第500页。
⑥ （清）王懋竑：《白田杂著》卷一《易本义九图论》，《景印文渊阁四库全书》第859册，第647页。

精神所做的高度概括"极好"①。如果说周敦颐《太极图说》中的太极图和现在我们所熟悉的太极图还有一定差距,那么杨时信手画出的这个涂了半团黑的圆圈大概就是今天家喻户晓的鱼形太极图的雏形了。黑白成为象征阴阳的颜色符号。此后学者著书立说,尤其是阐释《周易》阴阳思想时,多以黑白分阴阳。如元代学者胡一桂在绘制《文王十二月卦气图》时,便采用了朱熹的黑白标识法。他自认为效果很好:"愚本文公法,作为此图,白者为阳,黑者为阴,了然在目矣。"②清代李塨在《周易传注》中亦称:"黑为阴,白为阳。"③

随着《太极图》的流行,黑白组合取代黑赤成为影响最为广泛且深远的阴阳符号。道教原本就崇尚玄黑之道、素白之性,因此也很容易接受这种设色方式。元代内丹家陈致虚就说:"黑白相符者,阴阳得匹也。"④

黑白组合之所以比起黑赤组合更适合作为阴阳符号,是有其深刻原因的。从色彩原理上看,黑与白的对比相对于黑与红更加鲜明。更重要的是黑、白的字义与阴、阳的原始含义有内在关联性。阴阳最初是用来表示日光的向背,向日为阳,背日为阴。黑与白也具有这样的含义。在古文中,黑不单有颜色之意,还可以与"暗""阴"等表示光线稀少的词汇互用。⑤《释名·释彩帛》:"黑,晦也,如晦冥时色也。"⑥而"白"在古汉语中具有"明亮"之义。颜师古对《汉书》出现的"白昼"做了这样的注释:"白昼,昼日也。言白者,谓不阴晦也。"⑦以黑言夜,以白言昼,说明黑与白具有光明与黑暗的对比关系。陈致虚说:"欲识阴阳须分昼夜,欲知昼夜须分黑白,黑白既分,卦爻斯得。易曰:'通乎昼夜之道而知者。'此也。"⑧他对阴阳、昼夜、黑白在认识论中的关系所进行的论述,实际上也是对阴阳观念形成过程的还原。古人最早可能是在对昼夜的认识的基础上形成了阴阳的观念,而对昼夜之分的直观认识就是白与黑的对立,因此把黑白作为象征阴阳对应关系的颜色符号也就不难理解了。对阴阳与昼夜、黑白三者关系的论述解释了以黑

---

① (宋)黎靖德:《朱子语类》卷六五《易一·纲领上之上》,第1606页。
② (元)胡一桂:《周易发明启蒙翼传》上篇《文王易》,《通志堂经解》第3册,江苏广陵古籍刻印社1996年版,第500页。
③ (清)李塨:《周易传注》卷五《系辞上传》,《景印文渊阁四库全书》第47册,第161页。
④ (宋)陈致虚:《周易参同契分章注》卷中《养性立命章》,《景印文渊阁四库全书》第1058册,第790页。
⑤ 曾启雄:《论"黑"之汉字色彩传统表达与意涵》,《科技学刊》2002年。
⑥ (汉)刘熙:《释名》卷四《释彩帛》,丛书集成本,商务印书馆1939年版,第67—68页。
⑦ 《汉书》卷四八《贾谊传》颜师古注,中华书局1962年版,第2246页。
⑧ (宋)陈显微:《周易参同契解》卷中,《景印文渊阁四库全书》第1058册,第604页。

与白象征阴阳两仪的最根本原因。

　　如果说以赤与黑的对比来象征阴阳关系,还是在五行色彩体系中思考阴阳之道,那么白与黑的形式则意味着对阴阳之道的思考正在逐步走向更加抽象的境界。特别是宋明理学吸收了佛教和道教的本体论思想之后,从哲学上对儒家"天人合一"政治文化进行了反思和改造,使儒家"天人合一"之道从此前的"阴阳五行"宇宙图式的僵化框架中摆脱出来,赋予其更加灵活包容的内在超越性。黑白与阴阳的象征关系也得以占据主流地位。

第八章 五色文化视野下"天人合一"政治哲学的历史贡献与价值悖谬

一种思想的贡献越大,影响越深远,束缚性也就越大,僵化的可能性也就越大。因此,对于"天人合一"政治哲学也应该从正反两方面去辩证地评价其历史贡献与负面影响。五色符号作为"天人合一"政治哲学的重要载体,恰好可以为后者的优劣得失提供绝佳的鉴照。

第一节 历 史 贡 献

"天人合一"政治哲学的创立、发展与完善,其主要贡献之一就在于确立了人在社会历史发展过程中的主体性。五色符号的形成及其在"天人合一"政治实践中的运用,不但构成了绚丽多姿的五色文化,更是人类理性觉醒过程的生动写照。

五色的符号化实际上是遵循了由"人"到"天"再到"人"的思辨过程,即从人类社会属性出发,定义万物的自然属性,又以这种"社会化"了的自然属性来诠释社会文化现象。因此,虽然"天"被奉为化生万物、掌管人间的最高主宰,但从上述思辨过程可以看出,在"天人"关系中,"人"其实才是真正的主导。

如果说这种思辨过程还只能透露出"人"在天人关系中占据主导地位的蛛丝马迹,那么五色符号在政治实践中的运用,则确凿地证明了"人"在天人关系中的能动性,折射出人类自觉进而自尊的意识。在天人同源同构理论的影响下,古人认定顺应自然规律是一件天经地义的事情,并把这种能力视为人类所特有。色彩符号的运用正是顺应自然规律行为的具体表现形式之一。

《礼记·礼运》:"人者,天地之心也,五行之端也,食味、别声、被色,而生者也。"孔颖达注疏对此进行了充分阐发:"五行各有味,人则并食之。别声者,五行各有声,人则含之,皆有分别也。被色者,五行各有色,人则被之以生也。被色谓人含带五色而生者也。"[①]色与味、声等是五行规律最为彰

---

① 《礼记·礼运》孔颖达疏,《礼记正义》,(清)阮元校刻:《十三经注疏》,中华书局1980年版,第1424页。

显的三个方面,而人类生来都有所具备,这充分印证了人类禀承天地之心、五行之性而生,是具有宇宙自然的生物和精神基因的特殊生物。董仲舒充分阐发了人副天数的理论,认为"人有三百六十节,偶天之数也;形体骨肉,偶地之厚也。上有耳目聪明,日月之象也;体有空窍理脉,川谷之象也;心有哀乐喜怒,神气之类也"①。天人同源同构思想反映了早期社会人类生活与自然水乳交融的状态,更反映了人类自觉进而自尊的意识。

人和物各得天地之心而生,但只有人禀承的知觉最为完备,可以说只有人独具完全的天地之心;物不能具备"五味""六和",人类却得以摄取全部的营养成分;物不能分辨五声、六律,人类却能够一一辨别;物不能具备"五色""六章",人类却能够兼备。正是由于具备这些能力,人是具备了"天地之德、阴阳之交、鬼神之会、五行之秀气"的高等动物②。董仲舒所叙述的"人"同样极力要将自己与自然界的"物"划出一条明显的分界线,证明自己"绝于物而参天地"的高贵性③。在古人看来,唯有人类具有认识自然、顺应自然、与自然相谐的能力,这种能力是区分人与物的重要标志。人类通过与天地并参的生活方式、祭祀仪节来充分展现自己有别于物的特殊能力。

对色彩符号有意识的运用是其中一种重要的方式。五色政治符号是色彩艺术与政治智慧融会贯通的结晶,它的诞生是中国政治文明发展史上开启文治传统的里程碑式的标识,它的发展是历代统治集团在制度设计、统治策略以及政治操作艺术等各方面不断成熟和完善的体现。五色的运用被视作人类文明的象征。表达了文明发达部落的政治自尊的民族称谓——"华夏",其含义之一就是"五色"。

在五色的几个别称中,既有"华",又有"夏",合起来正好是中国流传至今的著名古称——"华夏"。而五色所包含的"文明"之义恰恰是对"华夏"一词含义的最好注脚。

在古典文献中,五色常常别称为"华"。如五色玉被称作"华玉"④,帝王衮服上规定必须绣有一种称为"华虫"的图案,所谓"华虫",实际上指的就是五色虫⑤,是一种雉的名字。还有华盖之"华"也有五色的意思。传说华

---

① (汉)董仲舒:《春秋繁露·人副天数》,苏舆:《春秋繁露义证》,中华书局1992年版,第354—355页。
② 《礼记·礼运》,《礼记正义》,(清)阮元校刻:《十三经注疏》,中华书局1980年版,第1423页。
③ (汉)董仲舒:《春秋繁露·人副天数》,苏舆:《春秋繁露义证》,中华书局1992年版,第355页。
④ 《尚书·顾命》孔颖达疏引郑玄,《尚书正义》,(清)阮元校刻:《十三经注疏》,中华书局1980年版,第239页。
⑤ (宋)聂崇义集注:《新定三礼图》卷一《鷩冕》,《通志堂经解》第11册,江苏广陵古籍刻印社1996年版,第490页。

盖是黄帝发明的。据说,黄帝与蚩尤在涿鹿之野作战的时候,常有"五色云气,金枝玉叶"停留在他的头上,这就是最早"华盖"的起源①。华盖之"华"既包含着"花葩之象"的意思,同时由于在自然界中花朵是五颜六色千姿百态的,因此"华"也可以解释为"五色"。

"夏"也是五色的一个别名。据古人记载,古代五色织染艺术起源于对夏翟羽毛颜色的摹拟。夏翟,也作夏狄,是雉类的总称。传说它们生活在羽山之谷,尾巴上的羽毛天生呈现出五种颜色,尤其到了夏天色泽更加光鲜明艳、美轮美奂,因此又被称作"夏翟"。传统文化中夏乃盛阳,因此,夏翟又被称作"雉之阳"。② 夏翟的羽毛曾经是古代染色匠人最早的参考蓝本,"拟以为深浅之度"。③ 因此,在古代,染五色也被称作"染夏"。《周礼·天官·染人》:"秋染夏。"郑玄注:"五色谓之夏。"④在上古时期,夏翟的羽毛还常常被用来作为旌旄、乐器、车饰。所以,天子乘坐的车子也叫作"夏篆"。

在古人看来,五色象征"文德",也就是说五色是人类文明的重要表现形式之一。作为五色的别称之一"夏"本身就具有文德之意。郑锷曾把"染夏"称为"染文明之色"⑤。五色的另外一个别名"文"同样可以加以印证。胡瑗认为,"大凡五色备具谓之文。"⑥五色又可以称为"贲"。"贲"是《周易》中的卦名,可以与"文"互训,因此也有五色俱备之义。宋儒林栗指出,"贲之言文也,文也者,五色是也。……夫贲也者,五色皆具。"⑦《礼记·乐记》说:"五色成文而不乱。"⑧意思就是说只有那些有条不紊、搭配协调的五色才可以称作"文"。相反,"五色不成谓之贲。"⑨也就是说杂乱无章、生硬拼凑的五色只能称为"贲"。

因此,古人自称"华夏",很可能是有别于蛮夷四裔的文化自尊意识的

---

① (晋)崔豹:《中华古今注》,中华书局1985年版,第6页。
② (宋)俞琰:《俞氏易集说·说卦》,《通志堂经解》第3册,江苏广陵古籍刻印社1996年版,第420页。
③ 肖世孟:《先秦色彩研究》,人民出版社2013年版,第157—160页。
④ 《周礼·天官·染人》郑玄注,《周礼注疏》,(清)阮元校刻:《十三经注疏》,中华书局1980年版,第692页。
⑤ (宋)王与之:《东岩周礼订义》,《通志堂经解》第12册,江苏广陵古籍刻印社1996年版,第581页。
⑥ (宋)胡瑗著,白辉洪、于文博、[韩]徐尚贤点校:《周易口义》卷一《上经·坤》,中国社会科学出版社2021年版,第35页。
⑦ (宋)林栗:《周易经传集解》卷一一,《景印文渊阁四库全书》第12册,第153—155页。
⑧ 《礼记·乐记》,《礼记正义》,(清)阮元校刻:《十三经注疏》,中华书局1980年版,第1536页。
⑨ (汉)京房:《京氏易传》卷上,《景印文渊阁四库全书》第808册,第450页。

表现,意谓自己是一个拥有五彩斑斓盛大文明的民族。王安石说:"夏,五色也。四时之夏以其文明,故与中国同谓之夏。"①总之,关于"华夏"这一名称由来的形形色色的解释,其实不外乎一点:华夏是对文明发达部族的一种美称。

一方面,华夏即五色,这是物质文明极为丰富的表现。《韩非子·十过》中有一段话可以看作对色彩起源历史的生动叙述:"昔者尧有天下,饭于土簋,饮于土铏。其地南至交趾、北至幽都,东西至日月之所出入者,莫不宾服。尧禅天下,虞舜受之。作为食器,斩山木而财之,削锯修其迹,流漆墨其上,输之于宫,以为食器,诸侯以为益侈,国之不服者十三。舜禅天下而传之于禹,禹作为祭器,墨漆其外,而朱画其内,缦帛为茵,蒋席颇缘,觞酌有采而樽俎有饰,此弥侈矣,而国之不服者三十三。"②这段话包含了两层含义:第一,从尧在位时没有颜色的土簋、土铏,到舜在位时流漆墨色的食器,再到禹在位时外面墨漆、里面绘有朱色的祭器,反映了色彩由无到有、由有到多的一个变化过程。这个过程是在原始社会后期剩余产品相对丰富的情况下发展起来的(并由此也可以说是在人类欲望的不断膨胀之推动下发展起来的),而人类欲望恰恰是推动文明进步的基本动力之一。第二,历史事实表明,早期的色彩发展史伴随着财富积累、贫富差距和等级分化的社会变迁,它从一个侧面生动地反映了由"公天下"到"家天下",从原始公有制社会进入有阶级有国家的私有制社会这一人类文明史上至关重要的巨大飞跃。

章鸿钊、叶舒宪等学者对玉石色谱演变历史的研究也从一个侧面证实了正是在内部文化融合和对外文化交流大背景下中华文明的演进为五色文化的发展与完备提供了坚实的物质基础。叶舒宪指出,早期的玉石色谱在很大程度上受到就地取材的局限。夏朝作为第一个许宏所说的广域国家王朝,使打破玉石色谱的阈限成为可能。夏初统治者大禹大会诸侯时出现"执玉帛者万国"的历史现象,表明了当时玉石资源的多元化取向,这种变化推动了玉石颜料的丰富多样化,并在官方的掌控下走向了礼制化的模式。以玉石为核心的礼制正是中华礼乐文明的核心组成部分。章鸿钊对五色玉石产地的考证,同样表明五色玉石文化的系统化得益于中华文明的多元一体与海纳百川,如明朝嘉靖年间修筑方丘、日坛时采买红黄玉遇到了困难,是"遣使觅于阿丹"才得以解决③。

---

① (宋)王安石著,杨小召校点:《周官新义》卷五《天官·染人》,四川大学出版社2015年版,第76页。
② 《韩非子·十过》,《韩非子集解》,中华书局1998年版,第70—71页。
③ 叶舒宪:《玄黄赤玉——古玉色价值谱系的大传统底蕴》,《民族艺术》2017年第3期。

五色还有一个别名"绣"。《周礼·冬官·考工记》有一句话："五采备谓之绣。"①说的是用五色丝线在祭服的下裳绣出各种文饰。这种五色备具的服饰具有高超的艺术价值。因而，在古汉语中，"文""绣"并举，组合成为一个新名词"文绣"，用来表示精美的锦帛或者衣服，这实际上也是物质文明高度发达的一种象征。

另一方面，华夏即五色，又是政治文明极其发达的象征。政治，尤其是文治，乃是人类文明的重要成果之一。"天人合一"政治哲学是有文明以来文治思维不断发展衍生所积淀、淬炼而成的政治文化精髓。谁的政策方针、政治行为符合"天人合一"之道，谁就会获得"天命"的眷顾和庇佑，他的合法性就会获得民众的认同。而五色符号作为承载"天人合一"之道的象征符号，其运用是统治集团实施文治的重要方式。"以五采彰施于五色作服"的服色巫术是一种文治，使用夏翟尾羽作为装饰和道具的"羽钥之舞"亦是一种文治。《诗经·国风·邶风·简兮》："左手执籥，右手秉翟。"②《周礼·春官·籥师》也提到一种"羽籥之舞"。与"羽籥之舞"相对应的是"干戚之舞"，"干"指的是盾，"戚"指的是斧，"干戚之舞"实际上就是以战争中的武器作为道具的一种舞蹈。"羽钥之舞"是文舞，昭其文德；"干戚之舞"是武舞，表其武功。根据宋代礼学家陈祥道的解释，在周代的礼仪中，先武舞后文舞，这正是为了表明周代文明"以武胜敌，以文守成"的建立过程。春秋战国以来形成的以五色为表现形式的各种政治理念和学说，如赋予自然五色现象以吉凶寓意，为制约、规范君权提供依据的五色青祥学说、以色彩符号来标识尊卑贵贱的等级服色制度等等，这些无不是古人探索以"文治"路线方针来一统天下的成果体现。多姿多彩的颜色装饰不但意味着生产力的极大发达，而且作为一种文治行为，意味着通过政治和教化的文治手段来"以德服人"乃至"怀柔远人"，而不是野蛮的武力手段来征服和统领世界，是人类文明史上一次里程碑式的进步的鲜明标识。

第二节 价值悖谬

"天人合一"政治哲学又是一种"价值悖谬"。在此基础上形成的五色符号没能实现"五色成文而不乱"的政治理想蓝图，反而成为束缚色彩艺术独立

---

① 《周礼·冬官·考工记》，《周礼注疏》，（清）阮元校刻：《十三经注疏》，中华书局1980年版，第918页。
② 《诗·国风·邶风·简兮》，《毛诗正义》，（清）阮元校刻：《十三经注疏》，中华书局1980年版，第308页。

发展的"紧箍咒"与固化人们政治思维、迟滞现代民主发展的"金丝笼"。

一、色彩文化的"紧箍咒"

（一）干扰了五色符号多元属性的平衡发展

"天人合一"政治哲学利用五色符号在强化政治认同、规范政治行为、维系政治伦常、调节政治路线、建构政治文化的过程中发挥了重要作用。但也因此造成了五色符号过强的政治属性，并对五色符号的其他属性，如情感性、道德性、神秘性、商品性等起到强烈的干预和制约作用。

第一是使得色彩符号的情感表达丧失了自发性。色彩的情感性原本主要体现在礼俗方面，不过随着礼法合一的发展趋势，许多礼俗被以法律的形式确立下来，色彩符号的情感性也开始向政治性演化。本来丁忧期间穿着素服是为了表达内心的悲痛，这种情感自然流露的方式到后来却演变成为一种强制性规定。作为以礼入法的典范，唐朝律法规定居父母之丧者在规定丧期(27个月)内脱下丧服，换上常服，就会被治以"十恶"之中"不孝"之罪。

第二是使得色彩符号的神秘属性成为政治崇拜的工具。色彩符号的神秘化过程实际上是一个政治化的过程。民众对权力的崇拜首先来源于一种神秘主义的信仰。把对神秘之物的崇拜转化为对权力的崇拜，这种做法既是把权力神秘化了，又是把神秘主义现实化了。因此，神权成了有助于强化君主统治的重要工具。色彩神秘化作为神道设教的一项具体内容，成为统治集团操纵权力时最常运用的技巧之一。他们往往通过对具有神圣、吉祥文化内涵的色彩符号的垄断，来标榜自己与生俱来的非凡属性。

第三是使得色彩符号的道德内涵成为政治文化的附庸。色彩符号所蕴含的道德内涵主要指的是政治道德。在传统社会，政治与道德密不可分。政治思想家试图利用道德对政治权力的运行起到约束和规范的作用。五色青祥、符瑞符号的主要品评内容之一就是君主的政治道德，其重要目的之一也在于促进君主政治道德的提高和完善。但实际情况往往是政治活动对道德观念和道德规范的形成起着支配作用。等级服色符号中的政治道德指向性就受到等级制度的制约。

第四是色彩商品性受到政治性的极大制约。具体表现在以下两个方面：从色彩市场流通的规律来看，虽然色彩资源已经商品化，但其流通、分配并不完全按照市场规律来实现。统治集团企图凭借财力和特权，完全垄断那些工艺复杂、供求稀少、价值高昂的色彩资源，绝不容许他人染指。出于维护等级尊严和等级制度稳固性的政治需要，他们总是采取种种政治、法律手段,对那些有实力的消费者僭用服色的社会现象加以抑制。

从色彩市场需求变化规律来看,色彩作为一种商品,其市场需求变化往往受到政治性因素的极大影响。意识形态化的色彩观念对古人的审美起着支配性作用。达官贵人的服饰颜色是社会上流行时尚重要的风向标。如齐桓公好紫导致市场上"五素易一紫"的畸高价格。这样的现象在中国历史上比比皆是。

由此可见,政治性是中国古代色彩符号最核心的属性,对色彩审美意识的形成起到了决定性的作用,导致传统色彩审美活动在很多情况下总是充满了关乎政治利益的功利主义因素,往往缺乏比较纯粹的艺术情趣,甚至严重妨碍了色彩审美意识的艺术独立性。《秋江独钓图》的命运就是一个典型的例子。这幅画描绘了一个穿着红袍的人在水边垂钓的情境。"画家惟红色最难著,文进独得古法。"这幅画可以说是对戴进高超着色技巧的绝佳展示。不料与戴进同时待诏的另一位著名画家谢廷循却向皇帝进言道:"此画甚好,但恨鄙野耳。"皇帝追问究竟。谢廷循回答:"大红是品官服色,穿此钓鱼,甚失大体。"皇帝深以为然,"颔之,遂挥去余幅,不复阅"。[①] 谢廷循的中伤显然出于阴暗的嫉妒心理,却能够冠冕堂皇地成立,并为皇帝所接受,正是因为他的评价建立在政治性色彩符号语法体系的基础上,符合现实政治生活中人们对色彩符号的普遍认知。

(二) 催生了诸多用色禁忌

在五色符号体系中,那些具有吉祥、尊贵寓意的色彩符号被视为"天命"的象征物,成为重要的政治文化资源,因此向来是政治权力斗争过程中的争夺焦点之一。统治集团一旦占有了这类色彩符号,就会格外重视,通过人为地设置诸多用色禁忌,防备他人对"天命"的染指,确保自己对这些色彩符号的绝对垄断,从而为巩固自身的政治地位提供有力保障。

如德运服色是王朝政权受之于天的象征,因此一般人不能擅自使用。在宋代,由于朱色是宋代德运的色彩象征符号,因此统治集团特别注意强化对朱红器物制造的垄断,禁止民间随意使用和制造朱红器皿,在对服色的一系列禁令中,朱色俨然是最敏感的关键词,成为特别加以禁止的服色。三番五次出现对朱色使用的禁令:"寺观毋得彩绘栋宇及间朱黑漆梁柱、窗牖、雕镂柱础。凡器用表里,毋得用朱漆,金漆,下毋得衬朱……宗室戚里茶檐食合毋得以绯红盖覆。豪贵之族所乘坐舁子,毋得用朱漆及五彩装绘,若用黑漆而间以五彩者听之。""诏士庶、僧道无得以朱漆饰床榻。"另一方面,则

[①] (明)朱谋垔:《画史会要》,中国书店2018年版,第99—100页。

采取各种措施加强对朱色器物生产的控制。为了满足大量朱漆需求而设立的烧朱所位于宫廷后苑。天禧三年，为了加强对烧朱工作的控制，又"以内侍一人监之"。宣和五年，宋徽宗对营缮机构进行调整，设置"丹粉所，掌烧变丹粉以供绘饰"，并规定"监官一人，内侍充"。从制造场所的位置到官员的来源，都表明这个机构主要是为宋朝皇家服务的，其目的都是为了强化皇室对朱漆制造和使用的控制。

滥用国家德运服色的现象被视为"服妖"和僭越之举。宋高宗绍兴二十一年，权贵豪族时兴乘坐"饰赤油火珠于盖"的小青盖车，以此标识尊贵的身份地位，"出都门外传呼于道"，极尽招摇之态，很快就被下令禁止，原因就在于"国朝以火德兴，赤，火祥也；又珠者，乘舆服御饰升龙用焉"①。

再如黄色成为象征君权独尊的文化符号后，享用黄色作为君主无人能及的崇高地位的象征，成为君主不可侵犯的特权，因此朝廷对民间擅用黄色进行了严厉限制。在隋代以前，虽然已有黄为君服的观念，但黄色尚未为君主所垄断，当时对黄色的穿着和使用并没有特别的规定。《南史》："黄罗裓，乳母服也。"②到了隋朝，戎服尚黄。"百官常服，同于匹庶，皆着黄袍，出入殿省。天子朝服亦如之，惟带加十三环以为差异，盖取于便事。"③唐承隋制，天子常服赤黄色袍衫。后来为了整顿章服制度，从高宗年间开始下令禁止士庶穿着赤黄服饰。此后，历代朝廷的服色制度都对黄色的使用加以限制。甚至连神祇都不能"僭用"黄色。宋徽宗政和八年规定，"民庶享神，不得造红黄伞、扇及彩绘，以为祀神之物"，宣和初年改为允许诸路祭祀天神的时候使用红黄伞、扇，除此之外的祠庙则禁用。④ 古代中国是一个王权制约神权的社会。"普天之下，莫非王土；率土之滨，莫非王臣。"皇帝统治的疆域甚至延伸到了天上地下，佛道神鬼都在皇帝的统御之内。真德秀在《蔡真人诰碑》中就明确地说："惟我圣朝受天眷命，以作神主。"⑤神界的等级实际上是人间等级制度的映射。只有天神才能与皇帝比肩。因此天神之外的神祇也绝不可以"僭用"帝王服色。

君主是唯一有权破格准许臣民使用黄色的人。从天聪年间皇太极先后赐予蒙古科尔沁部落古鲁思辖布、阿禄部落的济农之弟巴木布楚尔、察哈尔部落的善都布以及硕色乌巴什等人黄缎袍开始，有清一代，赏赐黄马褂始终

---

① 《文献通考》卷三一〇《物异考·服妖》，中华书局2011年版，第8402页。
② 《南史》卷二八《褚彦回列传》，中华书局1975年版，第750页。
③ 《旧唐书》卷四五《舆服志》，中华书局1975年版，第1951页。
④ 《宋史》卷一五〇《舆服志二》，中华书局1977年版，第3511页。
⑤ （宋）真德秀：《西山先生真文忠公集》卷三四《蔡真人诰碑》，四部丛刊本。

是君主用以对臣属表示恩宠、加以笼络的手段①。臣民一旦擅用黄色,就会被视作无法饶恕的僭越行为,是对皇权的公然挑战和严重威胁,可能因此被加上谋逆罪名,受到极刑的惩罚。这种黄色禁忌在传统社会民众头脑中留下了深深的烙印。黄巢五岁吟咏菊花诗的传说便反映了这样一种观念。黄巢自小胸怀大志。据说他五岁时作菊花诗,信口吟道:"堪与百花为总首,自然天赐赭黄衣。"赭黄衣是天子专用服色,并非普通人可以随意穿用。黄巢却以菊花自况,相信自己将会得到天赐的赭黄衣,位居至尊之位。这首诗如果流传出去,很可能被视为有谋逆之心,从而招来杀身之祸,因此他的父亲才会惊慌失措,"怪欲击巢"②。

有时为了强调用色禁忌的区隔作用,甚至不惜对色彩客观属性加以扭曲。"朱明服"这一服色名号的产生就是这种思维的典型表现。绛纱袍是汉唐以来皇帝的礼服之一,因此也是立储仪式上作为准皇帝的太子的法定服饰之一。但这个规定在唐玄宗在位期间遭遇了伦理认知上的危机。经历了激烈的权力斗争之后册立的新储君,也就是后来的唐肃宗,是一个心思缜密、言行谨慎的人,尽管后来灵武称帝暴露出了他的野心和魄力,但是,称帝之前的唐肃宗在唐玄宗面前谨言慎行,极力把自己塑造成一个远离权力斗争的逍遥顺从形象。研究表明,唐玄宗经过长期考察,选定他作为继承人,他的这种性格特征起到了关键性作用③。立储仪式前的一场小风波正是唐肃宗性格特征的一次集中体现。当他看到太常所撰的仪注中有太子穿着绛纱袍的表述时,马上提出太子礼服不可"与大皇帝所称同",并上表"辞不敢当",要求有司对这一表述进行更改。于是唐玄宗组织群臣进行讨论。尚书左丞相裴耀卿、太子太师萧嵩等人在奏议中解释了皇帝与太子之间的贵贱尊卑主要是通过"冠"这一重要服饰的名制以及珠旒、裳采章之数的多寡,而不是衣服颜色等次要细节来加以体现。但他们根据肃宗"今以至敬之情,有所不敢"的强烈要求,提出了变通的办法,那就是通过改变礼服名称的方式,即将"绛纱袍"改名为"具服",来体现服色的尊卑之别:"衣服不可减省,称谓须更变名,望所撰仪注不以'绛纱衣'为称,但称为'具服',则尊卑有差"。后来,唐玄宗经过考虑将"绛纱袍"改名为"朱明服"④。这实际上不过是一种掩耳盗铃的做法,太子与皇帝服色相同的事实并没有改变。唐肃宗却通过对五色文化禁忌用于区隔政治身份的思想内核的进一步凸显

---

① 黄能馥、陈娟娟:《中国服饰史》,上海人民出版社2004年版,第518—519页。
② (宋)张端义:《贵耳集》卷下,上海古籍出版社2012年版,第133页。
③ 参见任士英:《唐玄宗舍寿王而立肃宗原因考》,《历史研究》2003年第4期。
④ (宋)王溥:《唐会要》卷三一,中华书局1955年版,第568页。

和落实,再次向唐玄宗表达了谦恭之意,促进了后者对自己信任的深化。

爱弥尔·涂尔干在阐述禁忌制度时指出,"圣物之所以是神圣的,是因为神圣事物与凡俗事物之间有条不可逾越的鸿沟"。尊崇者对神圣之物的尊崇感情可以通过禁忌的"抑制作用"来转达。[①] 历代朝廷所颁发的禁止民间穿着和使用特定服色的一道道法令正是不断深化这些服色与其他颜色分离状态的"鸿沟",使这种类似宗教禁忌的约束作用有效地激发了士庶民众对某些服色的尊崇之情进而强化对君主的敬畏之心。

森严的色彩文化禁忌,终究是为了实现对政治文化资源分配机制的控制。传统社会中的用色禁忌是政治社会中权力能够一直延伸到民众个体认知和私生活领域内部的一个明证。朝廷通过法律暴力的强制手段规范和塑造着民众对色彩的认知和使用规范,最终把一种意识形态化的色彩观念内化为他们的自觉的视觉经验,不但迫使他们形成了诸多扭曲的色彩观念,也剥夺了他们对色彩文化和资源的更多分享权利。对特定色彩资源的自觉规避,也反映了民众与"天命"的自觉隔绝,从而为维护"天王合一"提供重要保障。

(三) 导致色彩审美意识的单一化

"天人合一"政治哲学以政治附会自然、以自然解读人事的逻辑,造成了对包括五色在内的各种自然事物和现象的政治文化内涵"过度解读",使得人们对这些事物和现象的认知蒙上了过于浓重的政治文化色彩,妨碍了对其进行更加多元化的认知和体验。传统色彩审美意识就受到政治意识形态强有力的形塑。

黄色至尊的观念对古人的审美意识产生了深刻的影响。牡丹是中国特有的木本名贵花卉,以其花大色艳、雍容华贵、富丽端庄、芳香浓郁,被人们视为富贵吉祥、繁荣兴旺的象征,因此深受国人的喜爱,尤其是在崇尚富态丰腴之美的唐代,对牡丹的热爱更是达到了一个顶峰。据《青琐高议》记载,唐代牡丹以黄为贵为美。"牡丹品最上者御衣黄,色若御服。次曰甘草黄,其色重于御衣。次曰建安黄,次皆红紫,各有佳名,终不出三花之上。"山民王文仲曾经向玄宗进献了一种称为一尺黄的名贵牡丹,据说花朵直径将近一尺,高数寸,只开一朵。王文仲用绛帷笼护,进献宫中。玄宗还没来得及欣赏,就被一只野鹿给衔去了。有佞臣为了谄媚皇帝,就说佛教中有鹿衔花以献金仙的说法。玄宗却暗中觉得野鹿游逛宫中是个不祥之兆,"鹿"

[①] 参见[法]爱弥尔·涂尔干(Emile Dukheim):《宗教生活的基本形式》,上海人民出版社1999年版,第395—412页。

与"禄"谐音,后来果然发生了安禄山之变。① 丘濬曾经撰写了《牡丹荣辱志》,将牡丹拟人化,按照人间宫廷中皇帝以及后妃等级制度为各个品种的牡丹排列座次。"姚黄为王:名姚花以其名者非可以中色斥万乘之尊,故以王以妃示上下等夷也。魏红为妃:天子立后以正内治,故《关雎》为风化之始。"另外还有九嫔、世妇、命妇等等。② 以姚黄为牡丹最上品的观念深入人心,因此有人在点评《冀王宫花品》时认为,该书作者将"潜溪绯""平头紫"列为正一品,而姚黄反居其下,令人难以理解和接受。③

达官贵人的服饰颜色历来都是社会上流行时尚重要的风向标之一。在先秦的时候就出现过君主好服紫,于是举国服紫的社会现象。虽然由于紫色卑贱观念和过高的织染成本两方面因素的影响,这股流行之风被迫减退,但是,紫色被赋予神秘、吉祥和尊贵的文化内涵之后,立即再度成为受人推崇的颜色。从历代三令五申对滥服紫色加以限制可以看出,尚紫的风气已经普及到了民间。以紫为尊贵、以紫为祥瑞成为民间普遍的社会意识。

尤其是自隋唐以来,由于科举制度的推行以及后来黄巢起义的大扫荡,门阀制度呈现逐渐衰亡的态势。很多寒微之士看到了施展理想抱负、改变个人命运的希望。建功立业、出人头地的欲望得到了极大膨胀,从而对他们的审美观念产生了极大的支配作用。在他们的心目中,紫色和受人尊崇的社会地位已经完全画上了等号。童蒙教材《神童诗》以激励儿童通过寒窗苦读、谋求功名从而经邦济世、立身扬名为主要内容,诗中多处以紫色譬喻尊贵地位:"少小须勤学,文章可立身。满朝朱紫贵,惟有读书人。""遗子满籝金,何如教一经。姓名书锦轴,朱紫佐朝廷。"④传说这些诗是宋代神童汪洙所作。如果事实确凿,那么说明以紫为贵的观念何等普及,甚至懵懂孩童也都耳熟能详。而后人又通过《神童诗》的讲授,使儿童从小就确立了紫色象征尊贵的观念,从而进一步普及和强化了这种观念。

怀抱强烈政治野心的人们在获得功名之前,就迫不及待地希望通过模仿达官贵人的服饰颜色,可以把自己塑造成为标准的贵族形象。因此,虽然有严格的舆服制度,但在宋代,仍出现了"品官绿袍及举子白襕下皆服紫

---

① (宋)刘斧:《青琐高议》,中华书局1959年版,第53—54页。
② 丘濬:《牡丹荣辱志》,(宋)欧阳修等著,王云整理校点:《洛阳牡丹记(外十三种)》,上海书店2017年版,第10—11页。
③ 《文献通考》卷二一八《经籍考四十五》,中华书局2011年版,第6078页。
④ 王毅力译注:《千家诗·神童诗·名贤集·增广贤文》(精编本),商务印书馆2015年版,第143—144页。

色"的现象。后来又出现在京士庶穿着"紫地撮晕花样"的流行趋势。[1] 紫色织物有很大的市场空间。朱熹所列举的唐仲友的罪状之一就是支公使库钱"收买紫草千百斤,日逐拘系染户在宅堂及公库变染红紫",除了分送以外,其余的都发往其婺州本家彩帛铺货卖。[2] 由于人们对紫色的兴趣和需求不断增长,当时的染工也对紫色印染技术和原料不断地进行花样翻新。宋仁宗晚期,皇亲与内臣穿上了一种叫作"油紫"的新的紫色,其特点是"再入为黝色"。很快就"士庶浸相效",可谓风行一时[3]。油紫的来历有两种说法,一种说法是相传仁宗时有紫帕不慎被油渍所染,颜色变深。仁宗十分喜爱这种近乎黑色的紫色,命人仿制,后来成为四品以上官员的朝服颜色。其工艺做法是先染作青色,再慢慢加入紫草而成。还有一种说法是仁宗时的南方染工以山矾叶烧灰染紫以为黝,献给官宦人家,后来受到王公贵族的欢迎,以至作为朝服[4]。无论哪一种说法是真实的,有一点是可以肯定的,那就是"油紫"是自上而下流行起来的。

对朱紫之色日益膨胀的欲望还有另外一个出口,就是梦。唐代以来历史文献中关于梦见紫色事物或现象的记载十分引人注目。唐代著名文人张鷟还是个孩子的时候,曾经梦见一只紫文大鸟,五色成文,落在庭院当中。他的伯父给他解梦时说:"吾闻五色赤文,凤也;紫文,鸑鷟也。若壮殆以文章瑞朝廷乎?"于是给他起名"鷟"[5]。南宋时赵氏宗室子弟赵希瓐梦到紫衣金帽神人来谒,后来生下宋理宗[6]。明代著名理学家薛瑄的母亲梦见一位紫衣人来谒见后生下了他。[7]

紫色之梦的频频出现具有一定的社会基础和深刻的思想内涵,值得深思和探索。古往今来许多学者通过对梦的研究发现,梦往往来源于白天感兴趣的事情,具有表达愿望满足的神秘意义。但是,抽象的欲望需要通过具体的形象来表达。因此,梦中充满了象征。有些象征是梦者根据自身的记忆资源和思想背景加以选择的结果;有些象征则具有典型性,习惯于或总是

---

[1] 《宋史》卷一五三《舆服志五》,第3574—3575页。
[2] (宋)朱熹:《晦庵集》卷一八《按唐仲友第三状》,上海古籍出版社、安徽教育出版社2002年版,第833—834页。
[3] 《宋史》卷一五三《舆服志五》,中华书局1977年版,第3576页。
[4] (宋)王栐:《燕翼诒谋录》卷五《禁服黑紫》,中华书局1981年版,第44页。
[5] (唐)白居易原本、(宋)孔传续撰:《白孔六帖》卷二三,上海古籍出版社1992年版,第375页。
[6] 《宋史》卷四一《理宗本纪一》,中华书局1977年版,第783页。
[7] 《明史》卷二八二《薛瑄传》,中华书局1974年版,第7228页。

被习惯地用以表达同样的事情。① 宋人巩彦辅讲述了自己做过的一个梦："初梦两绯衣召入大府，严甚。有紫衣当案者，此王也。"②在他的梦中，紫色服饰与恢弘的排场、森严的氛围联系在一起，共同暗示了所梦之人的王者身份。这说明，以紫为贵的观念作为社会普遍意识，对梦者有强烈的刺激和暗示作用，因此，紫色才会在梦境中成为显赫地位的典型象征。紫文大鸟、紫衣人的出现，在很多情况下实际上是梦者对功名和地位的强烈渴望的曲折表达。对梦缺乏科学认识的古人却将这些紫色之梦蒙上了神秘色彩，认为它们预示着梦者超凡脱俗的禀赋和命运。紫色之梦越来越多地被附会在帝王将相、名士宿儒身上，成为塑造他们的神秘形象的重要方式。

有时甚至连带对染料的认知也渗透和充满着统治集团的文化话语霸权。由于紫色在色彩文化中的特殊地位，作为紫色原料的紫草获得了极高的文化地位和经济价值。紫草，一名紫丹，一名紫芙，一名藐，一名地血，一名鸦衔草，茎赤节青，根色紫，可以染紫。紫色成为吉祥、尊贵的社会文化符号后，紫草受到格外重视，成为历代政府征收贡赋的重要项目。从《新唐书》开始，历代正史的赋税部分都有关于紫草进贡的规定和记录。由于进贡数额巨大，在唐穆宗时期还曾经发生过卜者苏玄明与染坊供人张韶勾结染工无赖者百余人，将兵器藏匿于运送紫草的车中，企图混入银台门内伺夜作乱的事件。③ 在民间，紫草也是十分贵重的馈赠物品。黄庭坚曾经将三斤紫草送给朋友染直裰，并在书信中特别询问是否能够成色④。

种植紫草的利益十分丰厚，远胜于普通的蓝草。《尔雅翼》说："其利胜蓝。按种蓝一亩，已敌谷田一顷矣，而此复胜焉。"⑤紫草贸易也成为重要的经济来源。传说中因为救济孤老而受到世人景仰的昌容道人正是依靠"致紫草卖与染家"的收入获得扶贫济困的资金来源的。⑥ 由于紫色重要的政治意义和紫草重要的经济价值，紫草种植业在经济作物生产中具有较高的地位。历代重要的农书，如《齐民要术》《农桑辑要》《农政全书》等都对紫草种植和收获的注意事项进行了专门的介绍。

出于对紫草的珍视，古人以其为主题，创造了许多神奇的传说故事。在古人的想象中，紫草多生长在像崂山这样充满神仙气息的地方，因此，它的

---

① 参见弗洛伊德：《梦的解析》，赖其万译，作家出版社1986年版。
② （宋）江少虞：《宋朝事实类苑》卷四五《休祥梦兆》，上海古籍出版社1981年版，第588页。
③ 《资治通鉴》卷二四三《唐纪五十九·穆宗长庆四年》，古籍出版社1956年版，第7836页。
④ （宋）黄庭坚：《山谷集·山谷简尺》卷上，《景印文渊阁四库全书》第1163册，第793页。
⑤ （宋）罗愿：《尔雅翼》卷四《字典汇编》，中华书局1985年版，第41页。
⑥ （汉）刘向：《列仙传》卷下，上海古籍出版社1990年版，第17页。

出现往往被看作上天降下的祥瑞。据《旧唐本纪》记载,唐太宗贞观十七年,"太子寝室中产紫草十四茎,并为龙兴凤翥之形"①。紫草的获取更是富有传奇色彩。《寻阳记》中记载了这样一个故事:"石井山曾有行人见山上有采紫草者。此人谓村人揭锸而往,见山上人便去,闻有呼昌容者曰:'人来取尔草。'既至山顶,寂寞无所见。"②在道教看来,紫草除了可以染色,还具有某种神奇的功效——"黄金成以为丸,以紫草煮一丸,咽其汁可百日不饥"③。总之,紫草已经从一种单纯的植物转化为充满神话色彩的吉祥符号。

统治集团出于种种政治需要,甚至可以对色彩的客观属性进行政治上的主观定义。在德运服色符号的推行过程中就曾经出现过强权干预的极端现象。自汉代以来,多数朝代都把大麾设为黄色,用意是以中央之色呼应君主的中心位置。然而,到了宋朝,大麾却被改成了红色系:"绛帛为之,如幡,……朱漆竿。"以色彩标志君主方位的理念,不是通过色彩本身直观地体现出来,而是借助文字的形式加以表达,也就是在绛色的大麾上用"错采成'黄麾'字"。这说明设计者对黄麾的原始含义还是认同的,可是或许是由于对德运之说的格外重视,所以在实际颜色上却改用了德运服色。

宋神宗下令对仪卫制度进行讨论时,有些大臣试图借这个机会改变这种名不副实的状况。《开宝通礼义纂》的撰写者向神宗详细解释了大麾用黄的依据,指出因为大麾是最靠近君主车辂的卤簿仪仗,所以有必要选用"中央之色"黄色来象征君主的中心位置。参照汉代以来形成的用色传统,他指出了当朝大麾在外形和颜色上的种种不当之处,如在外形方面,"以夏制言之,则状不类旗",而在颜色方面"以汉制言之,则色又不黄"。于是他兼采夏、汉、唐以及当代的理念,对大麾形制进行了重新设计,其中在颜色方面采纳了汉代制度,"其色正黄",并提议不但要在御厢之前树立黄麾,而且还要在御厢之后树立黄麾幡,以便更好地标识君主所处的位置。

然而,这样一份从历史依据到理论依据都相当充分的论证方案,神宗却给出了否定性的批复:"黄麾制度,考详前志,终是可疑。今凿而为之,植于大庭中外共瞻之地,或为博闻多识者所讥。宜且阙之,更俟讨求,黄麾幡仍旧。"他以没有确凿依据,容易引起讥议为理由,否定了大麾改为黄色的建议,下令继续使用绛色。④ 这个理由似乎有些勉强,或许对赤色

---

① (宋)潘自牧:《记纂渊海》卷四《祥瑞部》,上海古籍出版社1992年版,第110页。
② (宋)李昉:《太平御览》卷九九六《百卉部》引《寻阳记》,中华书局1960年版,第4409页。
③ (宋)李昉:《太平御览》卷九九六《百卉部》引《抱朴子》,中华书局1960年版,第4409—4410页。
④ 《宋史》卷一四八《仪卫志》,中华书局1977年版,第3466页。

所代表的"德运"的迷信,完全压倒了黄色所体现的方位崇拜,才是神宗的真实心态。

如果说唐玄宗在唐肃宗的恳请下将绛纱袍改名为朱明服还只是掩耳盗铃,自欺欺人,那么宋朝皇帝因为迷信与宋朝火运相符的赤色,坚持把黄麾设定为绛色,还在上面写上了"黄麾"二字,就完全是指鹿为马了。由此可见,政治文化对色彩文化的扭曲达到了颠倒是非的程度,完全抹煞了色彩文化的主体性。

二、政治文化的"金丝笼"

"天人合一"政治哲学依托"天意"的神秘性,使得人们将传统政治秩序奉为超社会、超时空的天经地义的信条,加以无条件、无反思地认同,一方面有助于传统政治制度的巩固和延续,从而保证传统社会文化的长期稳定发展,但另一方面也成为禁锢政治文化发展的"金丝笼",导致后者较长一段时间未能走出等级社会的窠臼。历代下层民众有僭用高等级服色之举,却无反对等级服色制度之意的"悖谬"现象就是一个典型的例子。

尽管历朝统治机构都制定了森严的等级服色制度,对于那些违反服色制度的罪行往往深究到底,一直罪及染造之人,历代僭用服色的行为却屡禁不止,此起彼伏。在历代正史《舆服志》中记录了许多禁止僭用服色的诏令。这些诏令大多是针对当时现实生活中业已出现的僭用行为而制定颁布的,因此可以说是从一个侧面反映了当时僭越情况的严重程度。这是否意味着对等级制度的背叛和挑战?通过对不同阶层群体僭越动机的分析可以看出,答案显然是否定的。

沈从文认为,犯禁的"多是贵族官僚特权阶级,和依附政权统治势力下的各种爪牙""大多数平民,不是奴隶也多属于半奴隶状况,生活无不贫困,只能穿本色或深暗色麻棉葛布或粗绢绵绸,其他即许可穿也穿不起的。"[1]这种说法有些简单和片面。其实,历代僭用服色的实际情况远远要复杂得多。通过对《舆服志》所记录的诏令进行分析,可以发现,僭越者群体范围非常广泛,从皇亲贵戚到"骑士卒百工人""奴婢衣食客",原因也非常复杂。主要有以下几种情形。

第一种是宗亲豪族以及各级官吏、公人。这些人的僭越之因非常复杂。有的是因为在仕途上具有特别强烈的进取欲望;有的是倚仗权势,目中无人;有的是恃宠骄纵,飞扬跋扈;有的是互相攀比,务求新巧。因此,历代政

---

[1] 沈从文:《中国古代服饰研究》,上海书店出版社2005年版,第523页。

府的禁令很多是针对这部分人颁布的。宋代规定"宗室戚里茶檐、食合,毋得以绯红盖覆。豪贵之族所乘坐车,毋得用朱漆及五彩装绘"①。明代内臣"僭妄"的情况尤其严重。明孝宗"加意钳束","申饬者再",然而"内官骄恣已久,积习相沿,不能止也"②。

第二种是渴望提高社会形象的普通民众,尤其是具有一定经济实力的富商大贾。中国古代的重农抑商政策渗透到了社会生活的方方面面,其中包括对商人服饰施行严格的规定。然而,在拥有了一定的经济实力之后,很多商人必然渴望赢得相称的社会地位。僭用服色是表达和实现这种欲望的主要方式之一。贾谊曾经痛心地指出:"美者黼绣,是古者天子之服也,今富人大贾召客者得以被墙。"③尽管历代思想家对富人僭用服色的现象进行了不遗余力的抨击,但是并不能改变僭越之风愈演愈烈的情况。

第三种是妇人(包括主人和婢女)和僧道。这部分人群具有一定的游离性。首先,妇女常年深居闺闱,僧道多数时间与世隔绝,他们都在一定程度上脱离了公共政治场合,因此行为不易受到政府的干预和控制。《旧唐书·舆服志》:"妇人宴服,准令各依夫色,上得兼下,下不得僭上。既不在公庭,而风俗奢靡,不依格令,绮罗锦绣,随好所尚。上自宫掖,下至匹庶,递相仿效,贵贱无别。"④其次,除了极个别情况,一般的妇女和僧人在国家政治生活中属于边缘群体,因此他们的行为相应地不会受到太严苛的约束和限制。不过,妇女和僧道的僭越行为也引起了政府的重视并下令进行整肃。宋代天圣"七年诏士庶、僧道无得以朱漆饰床榻,九年禁京城造朱红器皿"⑤。明代规定民间妇人礼服"不许用大红、鸦青、黄色"⑥。

第四种是从事文艺服务行业的人群,比如娼优、乐人、戏子。这些人对色彩有特殊的审美需求。既然是以在容貌、服饰、言谈、技艺等方面给他人带来美的享受作为职业,极尽所能、利用一切美好颜色来妆扮自己自然而然就成为他们的习惯和追求。某些朝代的政府虽然允许娼优、乐人、戏子在为客人服务的时候,不必受到等级服色制度的约束,但要求他们在平时仍然必须严格遵守规定。不过可以想象,这些规定一定不会得到严格的执行。因此,历代政府也常常颁布诏令整顿这一人群的僭越行为。例如,元朝政府规

---

① 《宋史》卷一五三《舆服志五》,中华书局 1977 年版,第 3576 页。
② 《明史》卷六七《舆服志三》,中华书局 1974 年版,第 1647 页。
③ (汉)贾谊撰,阎振益、钟夏校注:《新书校注》卷三《孽产子》,中华书局 2000 年版,第 107 页。
④ 《旧唐书》卷四五《舆服志》,中华书局 1975 年版,第 1957 页。
⑤ 《宋史》卷一五三《舆服志五》,中华书局 1977 年版,第 3575 页。
⑥ 《明史》卷六七《舆服志三》,中华书局 1974 年版,第 1650 页。

定"凡乐人、娼妓、卖酒的、当差的,不许穿好颜色衣"。

综上所述,僭用行为泛滥的原因归结起来不外乎有以下两点:首先,达官贵人占有丰富的色彩资源,从而在普通大众面前展现出五色兼备、文绣灿烂的美好形象,必定对普通大众产生强烈的吸引力。"爱美之心,人皆有之",追求色彩之美的人类天性是僭用行为泛滥的最基本原因。其次,等级服色制度对古人的色彩审美意识起到极大的支配作用,这是僭用行为泛滥的最根本原因。达官贵人的服色往往成为引导社会流行时尚的主要风向标。王涯的《宫词》写道:"一丛高鬟绿云光,官样轻轻淡淡黄。为看九天公主贵,外边争学内家装。"①一个"贵"字道破了"争学"者的心理。社会学认为,人们提升形象的三个途径和标志是服饰、语言和朋友。服饰属于物质范畴,语言属于文化范畴,朋友属于社会范畴。文化素养的提高不是一蹴而就的,语言习惯的改变过程比较漫长,社交生活中的门第观念也使得迅速形成一个"高尚"的朋友圈子的可能性比较小,而相对来说,通过服饰的改变来提升自己的形象,这种方式收效最快。因此,贵族官僚通过使用特定的色彩符号来炫耀自己的身份和地位,普通民众则希望通过模仿达官贵人的服饰颜色,可以把自己塑造成为标准的贵族形象,从而赢得社会的尊重。

这种在中国历史上任何时期都普遍存在的无视等级限制、任意僭用色彩的现象每每让以维护等级社会秩序为己任的思想家们充满了焦虑。在他们看来,人们对色彩资源的占有欲望处于失控状态,这是等级制度动摇、社会经济崩溃的危险信号。统治集团不但要占有色彩资源,还要垄断分配色彩资源的权力,这是他们控制民众的根本途径。一旦失去了对分配权力的垄断,他们对民众的支配和控制就失去了根基,他们的统治就会陷入可怕的危险境地。董仲舒指出,"凡衣裳之生也,为盖形暖身也。然而染五采,饰文章者,非以为益肌肤血气之情也,将以贵贵尊贤,而明别上下之伦,使教亟行,使化易成,为治为之也。若去其度制,使人人从其欲,快其意,以逐无穷,是大乱人伦,而靡斯财用也,失文采所遂生之意矣。上下之伦不别,其势不能相治,故苦乱也。嗜欲之物无限,其势不能相足,故苦贫也。"②

因此,从皇帝到士大夫,都对僭用服色问题高度重视。思想家反复强调对色彩资源的占有和使用必须符合身份,否则便违背了圣人创造色彩的宗旨。朝廷不但时常颁布禁令,从法律上对僭越行为进行震慑和整顿,还经常

---

① (唐)王涯:《宫词三十首》,《全唐诗》卷三四六,中华书局1960年版,第3877页。
② (汉)董仲舒:《春秋繁露·度制》,苏舆:《春秋繁露义证》,中华书局1992年版,第232—233页。

讨论从根本上消除这种行为的方法。他们认为,侈靡之习是这种违禁行为的根由,因此只有最高统治者以身作则,才能感化民众,匡正世风。宋人龚茂良在上奏时指出,"由贵近之家,放效宫禁,以致流传民间。粥簪珥者,必言内样。彼若知上崇尚淳朴,必观感而化矣。"①不过,显然这种种方法都难以奏效。僭越之风依然如故,甚至愈演愈烈。

虽然历朝历代各色人群不断地对等级服色制度发起冲击,却不可能从根本上打破等级服色制度的禁锢。

"天人合一"政治哲学认为只有统治集团才有体认天道的资格和权利。这实际上就把色彩符号尊卑贵贱的定义和定位的话语解释权交给了统治集团。譬如,从先秦时期维护朱色、贬抑紫色到汉唐以后维护紫色、贬抑青色,实际上都是出于维护统治秩序和等级制度的需要。据方以智分析,先秦时代人们厌恶紫色,可能是因为紫色由朱赤汁染成,因此与朱赤色十分相近,甚至比朱赤色还要鲜艳。然而,朱赤色才是正色,尤其在周代,是天子和王公才有资格穿用的颜色,象征着尊贵和权威。对于古人来说,紫色的出现是对朱赤色权威性的损害和亵渎。春秋战国以后,君服由周代的朱赤色变为紫色,似乎成为周王室衰微、诸侯僭越的历史趋势的象征。排斥紫色对朱色的干扰,实际上反映的是那些对周文化充满怀旧心态,试图维护固有等级秩序的人们对这一时期"高岸为谷,深谷为陵"、礼崩乐坏社会现象的抵触情绪。大概从秦汉时期开始,紫草成为染紫的重要原料。它所染出来的紫色和朱赤色有了比较明显的区别,更接近深青色。唐高宗龙朔二年,司礼少常伯孙茂道曾经奏议:"深青乱紫,非卑品所服。望请改八品、九品着碧。"②担忧青色对紫色的干扰,同样是出于维护尊卑等级制度的需要。紫色的贵贱沉浮反映了统治集团试图通过色彩语言的掌控来维系固有利益的策略性选择。

社会大众的僭越行为恰恰是无条件认同这种观念和制度的表现。正如彼得·伯克指出的,在政治制度和意识形态的双重影响下,多数民众"似乎相信制度是不会变化的,但可以改变个人在这个制度中的相对处境"③。并且,他们"不得不按照统治群体提供的模型来建构他们的世界"④。更何况这种

---

① 《宋史》卷一五三《舆服志五》,中华书局1977年版,第3579页。
② 《旧唐书》卷四五《舆服志》,中华书局1975年版,第1952页。
③ [英]彼得·伯克(Peter Burke):《欧洲近代早期的大众文化》,杨豫、王海良等译,上海人民出版社2005年版,第214页。
④ [英]彼得·伯克(Peter Burke):《欧洲近代早期的大众文化》,杨豫、王海良等译,上海人民出版社2005年版,第210页。

制度模型是以"天道"这样一种神秘、权威而又客观的面目呈现在社会大众的面前,更增添了前者的毋庸置疑性。对民众而言,唯一的区别,是通过革命篡权夺位、更换政权服色符号这样一种最激烈的手段来彻底改变社会地位、建构属于自己的世界,还是像绝大多数人一样采取僭用服色这样一种温和的方式。

可以说,"天人合一"政治哲学发展的最大悖谬就在于,"天人合一"被偷换为"天王合一"。在君主专制体制下,"王"的能动性和主导性的不断膨胀,最终溢出了"天"的规范和约束,使得"天听自我民听,天视自我民视"沦为空谈,而且"王"还利用"天"的客观性、终极性来促成"民"对"王"的合法性的普遍认同。

余　　论

任何事物都有两面性。"天人合一"政治哲学如此庞大的思想体系更是如此，既充满了诸多极有价值的闪光点，也存在各种自我抵牾和漏洞陷阱。历史上的五色文化在将"天人合一"政治哲学转化为政治实践的过程中，借助符号的强大力量，既把"天人合一"政治哲学的智慧发挥到了极致，也更加放大了其内在的种种缺陷，并使得"天人合一"政治哲学的许多理论问题、价值理念走向了越来越无法自圆其说而被逐渐抛弃的境地。尽管历代政治思想家也在努力尝试进行自我调适和补充完善，然而，优长与缺陷往往是无法截然割裂，相反常常是互相依存，甚至相辅相成的，因此，很多矛盾和困境并不能在"天人合一"思想体系内部得到彻底的解决。五色文化也随之经历了各种形式的转型，却无法避免逐渐走向没落的道路。

但无论如何，作为在历史上曾经为传统政治文化提供重要哲学基础和理论框架的思想学说，"天人合一"政治哲学直到今天仍然是回溯以往历史之重要的文化现象，必须加以全面系统地了解和认识，深入透彻地分析和解读，而它在学理上的悖谬与陷阱，对社会制度和文化发展的干扰与束缚，也值得我们加以深刻反思并吸取教训。五色文化为我们全面、辩证地认识、分辨"天人合一"政治哲学的精华与糟粕，客观、理性地评价"天人合一"政治哲学的历史贡献与价值悖谬，提供了一个极为重要也极为生动的切入点。希望在透过五色文化认识"天人合一"政治哲学的研究基础上，将来能够从更多的视角解读后者，乃至更多的政治文化现象。

参 考 文 献

一、古　籍

（清）爱新觉罗·弘历:《御制诗集》,《景印文渊阁四库全书》本,台湾商务印书馆1985年版。

（清）爱新觉罗·弘历:《御制乐善堂全集》,《景印文渊阁四库全书》本。

（唐）白居易:《白居易集》,中华书局1979年版。

（唐）白居易原本,（宋）孔传续撰:《白孔六帖》,《景印文渊阁四库全书》本。

（汉）班固:《汉书》,中华书局1962年版。

（汉）班固:《汉武帝内传》,《景印文渊阁四库全书》本。

（唐）鲍溶:《鲍溶诗集》,《景印文渊阁四库全书》本。

（周）卜商:《子夏易传》,影印通志堂经解本,江苏广陵古籍刻印社1996年版。

（宋）蔡沉著,王丰先点校:《书集传》,中华书局2018年版。

（宋）蔡襄:《蔡襄全集》,福建人民出版社1999年版。

（汉）蔡邕:《独断》,《景印文渊阁四库全书》本。

（魏）曹植:《曹植集校注》,人民文学出版社1984年版。

（宋）陈淳撰,熊国桢、高流水点校:《北溪字义》,中华书局1983年版。

（清）陈立:《白虎通疏证》,中华书局1994年版。

（元）陈栎:《历代通略》,《景印文渊阁四库全书》本。

（宋）陈起编:《江湖后集》,《景印文渊阁四库全书》本

陈奇猷校释:《吕氏春秋新校释》,上海古籍出版社2002年版。

（宋）陈思编,（元）陈世隆补:《两宋名贤小集》,《景印文渊阁四库全书》本。

（宋）陈显微:《周易参同契解》,《景印文渊阁四库全书》本。

（宋）陈襄:《古灵集》,《景印文渊阁四库全书》本。

（宋）陈祥道:《礼书》,元刻明修本。

（宋）陈旸:《乐书》,《中华礼藏·礼和卷·乐典之属》,蔡堂根、束景南点校,浙江大学出版社2016年版。

（清）陈元龙:《历代赋汇》,江苏古籍出版社、上海书店1987年版。

（清）陈元龙:《格致镜原》,江苏广陵古籍刻印社1989年版。

（元）陈致虚:《周易参同契分章注》,《景印文渊阁四库全书》本。

（宋）陈著:《本堂集》,《景印文渊阁四库全书》本。

程树德:《论语集释》,中华书局1990年版。

（宋）程颢、程颐：《二程集》，中华书局1981年版。
（清）储大义：雍正《山西通志》，《景印文渊阁四库全书》本。
（晋）崔豹：《中华古今注》，中华书局1985年版。
（宋）戴复古：《石屏诗集》，四部丛刊本。
（明）董斯张：《广博物志》，上海古籍出版社1990年版。
（唐）杜甫著，（清）仇兆鳌注：《杜诗详注》，中华书局1979年版。
（隋）杜公瞻编：《编珠》，《景印文渊阁四库全书》本。
（唐）杜佑：《通典》，中华书局1988年版。
（清）鄂尔泰：《钦定礼记义疏》，《景印文渊阁四库全书》本。
（南朝）范晔：《后汉书》，中华书局1965年版。
（清）方苞：《礼记析疑》，《景印文渊阁四库全书》本。
方诗铭、王修龄：《古本竹书纪年辑证》，上海古籍出版社1989年版。
（宋）方闻一编：《大易粹言》，《景印文渊阁四库全书》本。
（唐）房玄龄：《晋书》，中华书局1974年版。
（明）冯从吾：《少墟集》，《景印文渊阁四库全书》本。
（汉）伏胜撰，郑玄注，（清）陈寿祺辑：《尚书大传》，诚成企业集团有限公司1996年版。
傅亚庶：《孔丛子校释》，中华书局2011年版。
（晋）干宝：《搜神记》，中华书局1997年版。
（明）高士奇：《续编珠》，《景印文渊阁四库全书》本。
（晋）葛洪：《神仙传》，上海古籍出版社1990年版。
（宋）耿南仲：《周易新讲义》，《景印文渊阁四库全书》本。
（清）宫梦仁：《读书纪数略》，《景印文渊阁四库全书》本。
（清）顾炎武：《求古录》，《景印文渊阁四库全书》本。
（清）谷应泰：《明史纪事本末》，中华书局1977年版。
郭庆藩：《庄子集释》，中华书局2004年版。
（宋）韩琦：《安阳集》，北京图书馆古籍珍本丛刊。
（宋）韩维：《南阳集》，《景印文渊阁四库全书》本。
（元）郝经：《郝氏续后汉书》，《景印文渊阁四库全书》本。
（元）郝经：《郝文忠公陵川文集》，北京图书馆古籍珍本丛刊。
何宁：《淮南子集释》，中华书局1998年版。
（元）何中：《知非堂稿》，北京图书馆古籍珍本丛刊。
（清）何焯：《义门读书记》，中华书局1987年版。
（宋）洪咨夔：《洪氏春秋说》，《景印文渊阁四库全书》本。
（元）侯克中：《艮斋诗集》，《景印文渊阁四库全书》本。
（清）胡渭：《禹贡锥指》，《景印文渊阁四库全书》本。
（元）胡一桂：《周易发明启蒙翼传》，影印通志堂经解本。

（明）胡应麟：《少室山房笔丛正集》，《景印文渊阁四库全书》本。
（明）胡应麟：《少室山房集》，《景印文渊阁四库全书》本。
（清）胡煦著，程林点校：《周易函书附卜法详考等四种》，中华书局2008年版。
（宋）胡瑗：《周易口义》，白辉洪、于文博、［韩］徐尚贤点校，中国社会科学出版社2021年版。
（宋）华镇：《云溪居士集》，《景印文渊阁四库全书》本。
黄怀信、张懋镕、田旭东等：《逸周书汇校集注》，上海古籍出版社2007年版。
（宋）黄伦：《尚书精义》，《景印文渊阁四库全书》本。
（宋）黄庭坚：《山谷集·山谷简尺》，《景印文渊阁四库全书》本。
（明）黄仲昭：《未轩文集》，《景印文渊阁四库全书》本。
（清）黄宗炎：《周易象辞》，《景印文渊阁四库全书》本。
（清）惠士奇：《礼说》，《景印文渊阁四库全书》本。
（清）惠士奇：《惠氏易说》，《景印文渊阁四库全书》本。
（清）惠周惕：《诗说》，《景印文渊阁四库全书》本。
（魏）嵇康：《嵇中散集》，四部丛刊本。
（汉）贾谊：《新书》，上海古籍出版社1990年版。
（宋）江少虞：《事实类苑》，《景印文渊阁四库全书》本。
（清）江永：《乡党图考》，《景印文渊阁四库全书》本。
（明）焦竑：《老子翼》，《景印文渊阁四库全书》本。
（清）金鹗：《求古录礼说》，山东友谊出版社1992年版。
（汉）京房：《京氏易传》，四部丛刊本。
（汉）孔安国传（伪），孔颖达疏：《尚书正义》，十三经注疏本，中华书局1980年版。
（宋）黎靖德：《朱子语类》，中华书局1986年版。
黎翔凤：《管子校注》，中华书局2004年版。
（唐）李白著，瞿蜕园、朱金城校注：《李白集校注》，上海古籍出版社1980年版。
（唐）李百药：《北齐书》，中华书局1972年版。
（宋）李邦献：《省心杂言》，《景印文渊阁四库全书》本。
（宋）李樗、黄櫄：《毛诗李黄集解》，影印通志堂经解本。
（清）李道平：《周易集解纂疏》，中华书局1994年版。
李定生、徐慧君校释：《文子校释》，上海古籍出版社2004年版。
（宋）李昉等：《太平御览》，中华书局1960年版。
（宋）李昉等：《太平广记》，中华书局1961年版。
（宋）李昉等编：《文苑英华》，中华书局1966年版。
（宋）李觏：《李觏集》，中华书局1981年版。
（宋）李光：《读易详说》，《景印文渊阁四库全书》本。
（清）李塨：《周易传注》，《景印文渊阁四库全书》本。
（明）李梦阳撰，郝润华校笺：《李梦阳集校笺》，中华书局2020年版。

（明）李蓘：《宋艺圃集》，《景印文渊阁四库全书》本。
（宋）李如箎：《东园丛说》，《景印文渊阁四库全书》本。
（唐）李世民：《唐太宗集》，吴云、冀宇编辑，陕西人民出版社1986年版。
（宋）李心传：《建炎以来系年要录》，胡坤点校，中华书局2013年版。
（唐）李延寿：《北史》，中华书局1974年版。
（唐）李延寿：《南史》，中华书局1975年版。
（元）李昱：《草阁诗集》，《景印文渊阁四库全书》本。
（唐）令狐德棻：《周书》，中华书局1971年版。
（宋）林景熙：《林景熙诗集校注》，浙江古籍出版社1995年版。
（宋）林栗：《周易经传集解》，《景印文渊阁四库全书》本。
（宋）林之奇撰，刘建国、张华、李沁芳、姚晓娟校点：《尚书全解》，北京大学出版社2024年版。
（元）刘秉忠：《藏春诗集》，北京图书馆古籍珍本丛刊。
（元）刘履：《风雅翼》，《景印文渊阁四库全书》本。
（明）刘球：《两谿文集》，《景印文渊阁四库全书》本。
（汉）刘向撰，向宗鲁校正：《说苑校正》，中华书局1987年版。
（汉）刘向：《列仙传》，上海古籍出版社1990年版。
（汉）刘熙：《释名》，丛书集成初编，商务印书馆1939年版。
（后晋）刘昫：《旧唐书》，中华书局1975年版。
（清）刘于义修，沈青崖纂：雍正《陕西通志》，《景印文渊阁四库全书》本。
（宋）陆游著，钱仲联校注：《剑南诗稿校注》，上海古籍出版社1985年版。
（宋）罗愿：《尔雅翼》，中华书局1985年版。
（明）吕坤：《呻吟语》，上海古籍出版社2000年版。
（唐）吕温：《吕衡州集》，《景印文渊阁四库全书》本。
（清）陆世仪：《思辨录辑要》，《景印文渊阁四库全书》本。
马昌仪：《古本山海经图说》，广西师范大学出版社2007年版。
（宋）马端临：《文献通考》，上海师范大学古籍所、华东师范大学古籍所点校，中华书局2011年版。
（汉）毛公传，（唐）孔颖达疏：《毛诗正义》，十三经注疏本，中华书局1980年版。
（宋）毛滂：《东堂集》，《景印文渊阁四库全书》本。
（元）毛应龙：《周官集传》，《景印文渊阁四库全书》本。
（明）梅鼎祚编：《后周文纪》，《景印文渊阁四库全书》本。
《孟子》，中华书局1998年版。
（清）纳兰性德：《礼记陈氏集说补正》，影印通志堂经解本。
（宋）聂崇义：《新定三礼图集注》，影印通志堂经解本。
（宋）欧阳修：《新唐书》，中华书局1975年版。
（宋）欧阳修：《欧阳修全集》，中华书局2001年版。

(唐)欧阳询:《艺文类聚》,上海古籍出版社1999年版。
(宋)潘自牧:《记纂渊海》,中华书局1988年版。
(唐)裴庭裕:《东观奏记》,中华书局1994年版。
(宋)彭□:《墨客挥犀》,中华书局2002年版。
(清)彭定求等编:《全唐诗》,中华书局1960年版。
(宋)彭龟年:《止堂集》,《景印文渊阁四库全书》本。
(宋)彭汝砺:《鄱阳集》,《景印文渊阁四库全书》本。
(清)秦蕙田撰,方向东、王锷点校:《五礼通考》,中华书局2020年版。
(唐)瞿昙悉达:《开元占经》,中央编译出版社2006年版。
(梁)任昉:《述异记》,《景印文渊阁四库全书》本。
任继愈:《老子新译》,上海古籍出版社1985年版。
(宋)邵雍:《邵雍集》,郭彧整理,中华书局2010年版。
(明)畬翔:《薛荔园诗集》,《景印文渊阁四库全书》本。
(清)沈彤:《仪礼小疏》,《景印文渊阁四库全书》本。
(梁)沈约:《宋书》,中华书局1974年版。
(明)施耐庵、罗贯中:《水浒传》,人民文学出版社1997年版。
(清)施闰章:《学余堂文集》,《景印文渊阁四库全书》本。
(宋)史浩:《鄮峰真隐漫录》,《景印文渊阁四库全书》本。
(宋)道潜著,孙海燕点校:《参寥子诗集》,上海古籍出版社2012年版。
(唐)释道世:《法苑珠林校注》,中华书局2003年版。
(元)释明本:《梅花百咏》,《景印文渊阁四库全书》本。
(唐)释齐已:《白莲集》,四部丛刊本。
(梁)释僧佑:《广弘明集》,上海书店1989年版。
(唐)释智升:《开元释教录》,《景印文渊阁四库全书》本。
(宋)司马光:《资治通鉴》,古籍出版社1956年版。
(汉)司马迁:《史记》,中华书局1959年版。
(元)宋褧:《燕石集》,《景印文渊阁四库全书》本。
(明)宋濂:《元史》,中华书局1976年版。
(宋)宋敏求著,(元)李好文撰,辛德勇、郎洁点校:《长安志·长安志图》,三秦出版社2013年版。
(宋)宋敏求编:《唐大诏令集》,中华书局2008年版。
苏舆:《春秋繁露义证》,中华书局1992年版。
(宋)苏辙:《老子解》,《景印文渊阁四库全书》本。
(明)孙毂编:《古微书》,丛书集成本,商务印书馆1939年版。
(唐)孙樵:《孙可之文集》,上海古籍出版社2013年版。
(清)孙希旦:《礼记集解》,中华书局1989年版。
(南唐)谭峭撰,丁祯彦、李似珍点校:《化书》,中华书局1996年版。

（明）陶宗仪：《说郛三种》，上海古籍出版社1988年版。
（元）脱脱：《宋史》，中华书局1977年版。
（明）田汝成：《西湖游览志余》，上海古籍出版社1980年版。
（明）万民英：《星学大成》，中央编译出版社2015年版。
（清）汪灏：《佩文斋广群芳谱》，《景印文渊阁四库全书》本。
（清）汪继培笺，彭铎校正：《潜夫论笺校正》，中华书局1985年版。
（宋）王安石著，秦克、巩军标点：《王安石全集》，上海古籍出版社1999年版。
（宋）王安石撰，杨小召校点：《周官新义》，四川大学出版社2015年版。
（宋）王安中：《初寮集》，《景印文渊阁四库全书》本。
（魏）王弼、韩康伯注，孔颖达疏：《周易正义》，十三经注疏本，中华书局1980年版。
王利器撰：《新语校注》，中华书局1986年版。
（清）王懋竑：《白田杂著》，《景印文渊阁四库全书》本。
王明：《抱朴子内篇校释》，中华书局1985年版。
（后周）王朴：《太清神鉴》，《景印文渊阁四库全书》本。
（宋）王溥：《唐会要》，中华书局1955年版。
（明）王樵：《尚书日记》，《景印文渊阁四库全书》本。
（宋）王钦若：《册府元龟》，中华书局1960年版。
（宋）王十朋：《梅溪先生文集》，上海古籍出版社2012年版。
（明）王世贞：《弇州四部稿》，《景印文渊阁四库全书》本。
（魏）王肃：《孔子家语》，上海古籍出版社1990年版。
（隋）王通：《中说》，中州古籍出版社1996年版。
（清）王先谦：《诗三家义集疏》，吴格点校，中华书局1987年版。
（清）王先谦：《荀子集解》，中华书局1988年版。
（清）王先慎：《韩非子集解》，中华书局1998年版。
（宋）洪兴祖撰，白化文、许德楠、李如鸾、方进点校：《楚辞补注》，中华书局1983年版。
（清）王奕清：《御定曲谱》，《景印文渊阁四库全书》本。
（宋）王栐：《燕翼诒谋录》，中华书局1991年版。
（清）王又朴：《易翼述信》，《景印文渊阁四库全书》本。
（宋）王与之：《东岩周礼订义》，影印通志堂经解本。
（宋）王昭禹：《周礼详解》，《景印文渊阁四库全书》本。
（唐）韦庄：《韦庄集校注》，四川省社会科学院出版社1986年版。
（清）魏荔彤：《大易通解》，《景印文渊阁四库全书》本。
（宋）魏了翁辑：《周易要义》，影印北京图书馆藏江苏书局傅增湘校本，友谊书社1990年版。
（宋）卫湜：《礼记集说》，影印通志堂经解本。
（宋）魏野：《东观集》，《景印文渊阁四库全书》本。

（唐）魏征等：《隋书》，中华书局1973年版。
（唐）温大雅：《大唐创业起居注》，上海古籍出版社1983年版。
（元）吴莱：《渊颖集》，《景印文渊阁四库全书》本。
吴毓江撰，孙启治点校：《墨子校注》，中华书局1993年版。
吴则虞编著：《晏子春秋校释》，中华书局1962年版。
（宋）吴自牧：《梦粱录》，浙江人民出版社1980年版。
（唐）萧嵩等：《大唐开元礼》，民族出版社2000年版。
（梁）萧子显：《南齐书》，中华书局1972年版。
（宋）熊克：《中兴小纪》，福建人民出版社1983年版。
（唐）徐坚：《初学记》，中华书局1962年版。
（宋）徐梦莘：《三朝北盟会编》，上海古籍出版社1987年版。
（明）徐三重：《采芹录》，《景印文渊阁四库全书》本。
（清）徐松辑：《宋会要辑稿》，上海古籍出版社2014年版。
（明）徐一夔等：《明集礼》，《景印文渊阁四库全书》本。
（明）徐应秋：《玉芝堂谈荟》，《景印文渊阁四库全书》本。
徐元诰：《国语集解》，中华书局2002年版。
许富宏：《慎子集校集注》，中华书局2013年版。
（明）薛蕙：《考功集》，《景印文渊阁四库全书》本。
（宋）薛居正：《旧五代史》，中华书局1976年版。
（汉）荀悦：《前汉纪》，四部丛刊本。
杨伯峻：《列子集释》，中华书局1979年版。
（元）杨公远：《野趣有声集》，《景印文渊阁四库全书》本。
（明）杨士奇等：《历代名臣奏议》，上海古籍出版社1989年版。
（宋）杨万里：《诚斋集》，四部丛刊本。
（汉）扬雄：《太玄经》，上海古籍出版社1990年版。
（唐）姚思廉：《陈书》，中华书局1972年版。
（唐）姚思廉：《梁书》，中华书局1973年版。
（宋）姚铉编：《唐文粹》，《景印文渊阁四库全书》本。
（清）姚之骃：《元明事类钞》，《景印文渊阁四库全书》本。
（宋）叶时：《礼经会元》，影印通志堂经解本。
（宋）易祓：《周官总义》，《景印文渊阁四库全书》本。
佚名：《宣和画谱》，《景印文渊阁四库全书》本。
佚名：《宋史全文续资治通鉴》，中华再造善本。
佚名：《元音》，《景印文渊阁四库全书》本。
（宋）俞琰：《周易参同契发挥》，《景印文渊阁四库全书》本。
（宋）俞琰：《俞氏易集说》，影印通志堂经解本，江苏广陵古籍刻印社1996年版。
（宋）虞俦：《尊白堂集》，《景印文渊阁四库全书》本。

（宋）喻良能：《香山集》，《景印文渊阁四库全书》本。
（金）元好问：《中州集》，四部丛刊本。
（元）袁桷：《清容居士集》，四部丛刊本。
（晋）袁宏：《后汉纪》，四部丛刊本。
（宋）袁燮：《絜斋家塾书钞》，《景印文渊阁四库全书》本。
（宋）曾公亮等著，陈建中、黄明珍点校：《武经总要》，商务印书馆2017年版。
（宋）曾慥编：《类说》，北京图书馆古籍珍本丛刊。
（明）湛若水：《格物通》，《景印文渊阁四库全书》本。
（宋）张端义：《贵耳集》，《景印文渊阁四库全书》本。
（宋）张根：《吴园周易解》，《景印文渊阁四库全书》本。
（宋）张浚：《紫岩居士易传》，影印通志堂经解本，江苏广陵古籍刻印社1996年版。
（宋）张君房：《云笈七签》，中华书局2003年版。
（宋）张虙：《月令解》，《景印文渊阁四库全书》本。
（宋）张栻著，邓洪波校点：《张栻集》，岳麓书社2010年版。
（清）张廷玉：《明史》，中华书局1974年版。
（元）张宪：《玉笥集》，《景印文渊阁四库全书》本。
（明）张宇初：《岘泉集》，《景印文渊阁四库全书》本。
（清）张玉书等：《佩文韵府》，上海古籍书店1983年版。
（元）张仲深：《子渊诗集》，《景印文渊阁四库全书》本。
（明）章潢：《图书编》，《景印文渊阁四库全书》本。
（宋）章樵注：《古文苑》，中华再造善本。
（宋）赵公豫：《燕堂诗稿》，《景印文渊阁四库全书》本。
（明）赵琦美编：《赵氏铁网珊瑚》，《景印文渊阁四库全书》本。
（宋）赵汝楳：《周易辑闻》，影印通志堂经解本。
（宋）赵汝愚编：《宋朝诸臣奏议》，上海古籍出版社1999年版。
（唐）赵蕤：《长短经》，中华书局1985年版。
（汉）赵晔撰，张觉校注：《吴越春秋校注》，岳麓书社2006年版。
（清）赵执信：《因园集》，《景印文渊阁四库全书》本。
（宋）章甫：《自鸣集》，《景印文渊阁四库全书》本。
（宋）真德秀：《西山先生真文忠公集》，四部丛刊本。
（宋）郑獬：《郧溪集》，《景印文渊阁四库全书》本。
（汉）郑玄注，贾公彦疏：《周礼注疏》，十三经注疏本，中华书局1980年版。
（汉）郑玄注，贾公彦疏：《仪礼注疏》，十三经注疏本，中华书局1980年版。
（汉）郑玄注，（唐）孔颖达疏：《礼记正义》，十三经注疏本，中华书局1980年版。
（清）郑方坤：《全闽诗话》，《景印文渊阁四库全书》本。
（梁）钟嵘撰，张怀瑾评注：《钟嵘诗品评注》，天津古籍出版社1997年版。
（宋）周敦颐：《周敦颐集》，中华书局1990年版。

(宋)周密:《齐东野语》,中华书局1983年版。
(明)周祈:《名义考》,《景印文渊阁四库全书》本。
(元)周权:《此山诗集》,《景印文渊阁四库全书》本。
(明)朱诚泳:《小鸣稿》,《景印文渊阁四库全书》本。
(明)朱存理:《珊瑚木难》,《景印文渊阁四库全书》本。
(宋)朱鉴:《晦庵先生朱文公易说》,影印通志堂经解本,江苏广陵古籍刻印社1996年版。
(清)朱鹤龄:《尚书埤传》,《景印文渊阁四库全书》本。
(宋)朱胜非:《绀珠集》,《景印文渊阁四库全书》本。
(宋)朱熹:《四书章句集注》,中华书局1983年版。
(宋)朱熹:《晦庵集》,上海古籍出版社、安徽教育出版社2002年版。
(明)朱元璋:《明太祖文集》,《景印文渊阁四库全书》本。
(宋)朱震撰,种方点校:《汉上易传》,中华书局2020年版。
朱谦之:《老子校释》,中华书局2017年版。
(宋)庄绰:《鸡肋编》,中华书局1983年版。
(宋)宗泽:《宗泽集》,浙江古籍出版社1984年版。

二、专　　著

[美]艾兰(ALLAN S.)、汪涛、范毓周编:《中国古代思维模式与阴阳五行说探源》,江苏古籍出版社1998年版。
[美]彼得·贝格尔(L.Peter Berger):《神圣的帷幕——宗教社会学理论之要素》,高师宁译,何光沪校,上海人民出版社1991年版。
[英]彼得·伯克(Peter Burke):《欧洲近代早期的大众文化》,杨豫、王海良等译,杨豫校,上海人民出版社2005年版。
[德]恩斯特·卡西尔(Ernst Cassirer):《人论》,甘阳译,上海译文出版社2004年版。
常建华:《岁时节日里的中国》,中华书局2006年版。
陈侃理:《儒学、数术与政治——灾异的政治文化史》,北京大学出版社2015年版。
陈彦青:《观念之色:中国传统色彩研究》,北京大学出版社2015年版。
[日]城一夫:《色彩史话》,亚健、徐漠译,浙江人民美术出版社1990年版。
董来运:《汉字的文化解析》,上海古籍出版社2002年版。
[法]爱弥尔·涂尔干(Emile Dukheim):《宗教生活的基本形式》,汲喆译,渠东校,上海人民出版社1999年版。
[法]爱弥尔·涂尔干(Emile Dukheim)、马塞尔·莫斯(Marcel Mauss):《原始分类》,汲喆译,上海人民出版社2000年版。
范文澜:《范文澜全集》,河北教育出版社2002年版。
冯时:《中国古代的天文与人文》,中国社会科学出版社2006年版。

冯时:《中国天文考古学》,中国社会科学出版社2007年版。
冯天瑜、何晓明、周积明:《中华文化史》,上海人民出版社1990年版。
[墨西哥]费雷尔(E.Ferrer)《色彩的语言》,归溢等译,译文出版社2004年版。
[德]弗洛伊德(Sigmund Freud):《梦的解析》,赖其万译,作家出版社1986年版。
葛荃:《政德志》,上海人民出版社1998年版。
[英]E.H.贡布里希(E.H.Gombrich):《艺术的故事》,范景中译,杨成凯校,广西美术出版社2008年版。
[德]爱娃·海勒(Eva Heller):《色彩的文化》,吴彤译,中央编译出版社2004年版。
黄朴民:《天人合一:董仲舒与两汉儒家哲学思潮研究》,岳麓书社2013年版。
黄焯:《毛诗郑笺平议》,上海古籍出版社1985年版。
黄能馥、陈娟娟:《中国服饰史》,上海人民出版社2004年版。
姜澄清:《中国人的色彩观》,江苏教育出版社2000年版。
金春峰:《汉代思想史》,中国社会科学出版社1997年第2版。
[法]吕西安·列维-布留尔(Lucien Lévy-Bruhl):《原始思维》,丁由译,商务印书馆1981年版。
李彬:《符号透视:传播内容的本体诠释》,复旦大学出版社2003年版。
李存山:《中国气论探源与发微》,中国社会科学出版社1990年版。
李路珂:《营造法式彩画研究》,东南大学出版社2011年版。
刘毓庆、贾培俊等:《〈诗经〉百家别解考》,山西古籍出版社2002年版。
刘泽华主编:《中国古代政治思想史》,南开大学出版社1992年版。
刘泽华主编:《中国政治思想史》,浙江人民出版社1996年版。
刘泽华:《中国的王权主义》,上海人民出版社2000年版。
骆峰:《汉语色彩词的文化审视》,上海辞书出版社2004年版。
邱树森、陈振江主编:《新编中国通史》,福建人民出版社1993年版。
沈从文:《中国古代服饰研究》,上海书店出版社2005年版。
施湘与:《儒家天人合一思想之研究》,台北:正中书局1981年版。
宋俊华:《中国古代戏剧服饰研究》,广东高等教育出版社2003年版。
苏秉琦:《苏秉琦考古学论述选集》,文物出版社1984年版。
唐汉:《汉字密码》,学林出版社1998年版。
[英]阿诺德·汤因比(Arnold Toynbee):《一个历史学家的宗教观》,晏可佳、张龙华译,刘建荣校,四川人民出版社1998年版。
[英]汪涛著:《颜色与祭祀:中国古代文化中颜色涵义探幽》,郅晓娜译,上海古籍出版社2013年版。
王文娟:《墨韵色章——中国画色彩的美学探渊》,中央编译出版社2006年版。
闻一多:《闻一多选集》,四川文艺出版社1987年版。
吴东平:《色彩与中国人的生活》,团结出版社2000年版。
肖世孟:《先秦色彩研究》,人民出版社2013年版。

萧兵:《中庸的文化省察——一个字的思想史》,湖北人民出版社1997年版。
萧放:《岁时——传统中国民众的时间生活》,中华书局2002年版。
萧萐父、李锦全主编:《中国哲学史》,人民出版社1982年版。
[日]小野泽精一等编著:《气的思想——中国自然观和人的观念的发展》,李庆译,上海人民出版社1990年版。
徐旭生:《中国古史的传说时代》,广西师范大学出版社2003年版。
杨春时:《艺术符号与解释》,人民文学出版社1989年版。
叶军:《现代汉语色彩词研究》,内蒙古人民出版社2001年版。
易思羽主编:《中国符号》,江苏人民出版社2005年版。
袁漱涓主编:《现代西方著名哲学家评传》,四川人民出版社1988年版。
臧克和:《中国文字与儒学思想》,广西教育出版社1996年版。
张分田、萧延中:《政治学志》,上海人民出版社1998年版。
张分田:《秦始皇传》,人民出版社2003年版。
张分田:《中国帝王观念》,中国人民大学出版社2004年版。
张荣明:《权力的谎言》,浙江人民出版社2000年版。
张立文:《中国哲学范畴发展史(天道篇)》,中国人民大学出版社1986年版。
章太炎:《章太炎全集》,上海人民出版社1982年版。
赵翰生:《中国古代纺织与印染》,商务印书馆1997年版。
周良霄:《皇帝与皇权》,上海古籍出版社1999年版。

三、论　文

白奚:《邹衍四时教令思想考索》,《文史哲》2001年第6期。
包万超:《天人合一与儒教宪政的哲学基础》,《学术研究》2013年第3期。
曹红琴:《哈萨克语和汉语颜色词的对比》,《伊犁师范学院学报》2005年第2期。
陈辉:《符号学视角下的颜色意义》,《自然辩证法研究》2004年第12期。
陈鹏:《汉初服色"外黑内赤"考》,《史学月刊》2015年第4期。
陈英:《论彝族先民的"五色观"》,《贵州民族学院学报(社会科学版)》1990年第4期。
程士元:《中国文化中的红色情结》,《广西艺术学院学报(艺术探索)》第20卷第3期,2006年8月。
方朝红、潘晨辉:《从颜色词看中国古代服色礼俗》,《咸宁学院学报》第27卷第5期,2007年10月。
韩秋菊:《成语中的"紫"》,《文教资料》2007年7月中旬刊。
郝晋阳、韩剑南:《魏晋南北朝碑刻中的颜色词"紫"》,《乐山师范学院学报》第19卷第9期,2004年9月。
侯凤仙:《谈中国传统色彩命名的文化内涵》,《宁波服装职业学院学报》2004年第4期。

胡迎建、胡欧文:《中古古代服饰色彩图案的文化诠释》,《江西广播电视大学学报》2005年第3期。

黄国松:《五色与五行》,《苏州大学学报(工科版)》2000年第2期。

黄兴英:《唐代品色服制度成因探析》,《钦州师范高等专科学校学报》1999年第4期。

姜生:《道教尚黄考》,《中国哲学史》1996年第1—2期。

蒋重跃:《五德终始说与历史正统观》,《南京大学学报》2004年第2期。

李春玲:《汉语中红色词族的文化蕴含及其成因》,《汉字文化》2003年第2期。

李桂奎:《论〈水浒传〉的设色之道及其"五色"构图原理》,《明清小说研究》2004年第4期。

李申:《"天人合一"不是人与自然合一》,《中国社会科学院院报》2005年1月。

李志荣:《汉英颜色词的跨文化透视》,《徐州师范大学学报(哲学社会科学版)》1998年第4期。

刘浦江:《"五德终始"说之终结——兼论宋代以降传统政治文化的嬗变》,《中国社会科学》2006年第2期。

刘笑敢:《天人合一:学术、学说和信仰——再论中国哲学之身份与研究取向的不同》,《南京大学学报》2011年第6期。

刘钰:《颜色词在中西文化中的象征意义》,《中国科技信息》2006年第3期。

刘新兰:《颜色词文化象征意义探源》,《理论界》2004年第2期。

牛占和:《五色定理与五行学说》,《世界科学技术》2001年第2期。

潘峰:《释"白"》,《汉字文化》2004年第4期。

潘峰:《释"黄"》,《汉字文化》2005年第3期。

钱穆:《中国传统思想文化对人类未来可有的贡献》,载《中华文化的过去现在未来——中华书局成立八十周年纪念文集》,中华书局1992年版。

邱春林:《古代旗幡设计与"五色"观念——以戚继光的旌旗设计为例》,《东南文化》2005年第4期。

邵晓峰:《"五色"理论探微》,《南京林业大学学报(人文社会科学版)》2002年第1期。

汪高鑫:《论刘歆的新五德终始说》,《中国文化研究》2002年夏之卷。

汪启明:《道教起源与黄色、黄帝崇拜》,《宗教学研究》1992年增刊第1期。

王安安:《古代服饰制度中服色的文化内涵》,《文博》2003年第3期。

王德育:《中国古代色彩与宗教表现》,《色彩与人生学术研讨会论文集》下册,1998年。

王晖:《论商周秦汉时期上帝的原型及其演变》,《中国历史博物馆馆刊》1999年第1期。

王剑萍:《诗文"紫"义漫谈》,《淄博师专学报》2006年第3期。

王金秋:《中国传统色彩的特征及表现》,《上海工艺美术》2006年第3期。

王宇:《色彩符号及其应用研究》,《美与时代》2006年第2期。

王宇:《论五色审美观与中国古代色彩符号的历史嬗变》,《贵州大学学报》2005年第4期。

吴凡明、杨健康:《五德嬗代与儒术独尊》,《船山学刊》2006年第2期。

吴戈:《汉语颜色词语构、语义文化简析》,《河南师范大学学报(哲学社会科学版)》2001年第1期。

吴国华:《试析俄语色彩词的社会文化意义》,《外语学刊》1992年第6期。

吴人:《"白"与殷人白色崇拜》,《咬文嚼字》1996年第8期

肖可:《颜色词"白色"的民族文化内涵义》,《满语研究》1995年第1期。

徐丽君:《略论中国古代颜色的运用与礼俗》,《湖南人文科技学院学报》2005年第6期。

徐朝华:《析"青"作为颜色词的内涵及其演变》,《南开学报》1988年第6期。

许嘉璐:《说"正色"——〈说文〉颜色词考察》,《中国典籍与文化》1995年第3期。

杨健吾:《先秦时期中国民间的色彩民俗》,《成都大学学报》2004年第1期。

杨健吾:《色彩与时间:一种特殊的民俗现象》,《文史杂志》2004年第1期。

杨健吾:《宋元时期中国民间的色彩民俗》,《阴山学刊》2005年第6期。

杨健吾:《清代色彩习俗的流变及特点》,《盐城师范学院学报》2006年第5期。

杨健吾:《上古之时华夏先民的色彩习俗》,《盐城师范学院学报》2007年第1期。

杨健吾:《颜色与方位:古人认识世界的特殊方式》,《文史杂志》2007年第3期。

杨健吾:《两周时期中国民间色彩习俗》,《盐城师范学院学报》2007年第5期。

杨世文:《历史序列的重新编排——宋代德运之争的文化意义》,《中国典籍与文化》1996年第3期。

于逢春:《论民族文化对颜色词的创造及其意义的影响》,《吉林大学社会科学学报》2000年第5期。

曾启雄:《中国传统五正色辨义与阴阳五行关系之研究》,《科技学刊》第11卷第2期,2002年3月。

曾启雄:《论"黑"字之汉字色彩传统表达与意涵》,《科技学刊》2002年。

曾启雄:《从汉字历代字书探析色彩单字的演变》,《科技学刊》第13卷,2003年10月。

张繁荣:《色彩斑斓:浅议传统服饰色彩文化内涵及传承》,《中外文化交流》2006年第5期。

张光直:《华北农业村落生活的确定与中原文化的黎明》,《历史语言研究所集刊》第42卷1分册,1970年(台北)。

张涅:《五行说由经验性认识向先验信念的异变》,《中国哲学史》2002年第2期。

张燕花:《"色"符号与中国古代社会》,《安徽文学》2006年第12期。

赵世超:《天人合一述论》,《史学月刊》2002年第11期。

钟健:《从五色理论看中国传统的用色现象》,《苏州科技学院学报》第23卷第3期。

周晓亚:《从五方之色到等级界定——戏曲帝王服饰色彩流变考析》,《戏曲艺术》2001年第3期。

周跃西:《试论汉代形成的中国五行色彩学体系》,《装饰》2003年第4期。

诸葛铠:《中国的红色象征》,《苏州工艺美术职业学报》2003年第3期。

朱玲:《色彩:中国文化的泛修辞符号》,《芜湖职业技术学院学报》2001年第4期。

[日]诹访春雄:《五方五色观念的变迁》,《民族艺术》1991年第2期。

四、网络资源

http://www.qiwa.net/xqpd/ShowClass2.asp?ClassID=50&SpecialID=0&page=1.

http://www.modechina.com/NewsCenter/NewsDetail.php?ChannelID=276&NewsID=12086.

后　　记

　　这本小书是在博士论文《中国古代政治性色彩符号》的基础上修改而成的，算是从攻读硕士学位期间初涉思想史领域以来的一个学习小结。

　　大学四年级时，历史学院破天荒地安排了一门至今仍令人觉得非常神奇的选修课，由当年中国社会史的掌门人、中国社会史学会第一任会长冯尔康先生，和中国思想史的掌门人、"王权主义反思学派"的开创人刘泽华先生轮流主讲。如此顶级的本科课程配置应该是空前的名场面了。只可惜那时候的我们学术根基尚浅，空有满腔敬仰与渴求真知的热情，却未必能够真正完全领会到二位大家的真传，就像消化功能尚未发育完全的幼小胃口无福消受满汉全席的丰盛。不过现在细细想来，却蓦然发觉，或许社会史与思想史两大掌门的联手，冥冥中竟与当时以及随后一段时间里思想与社会贯通的学术潮流暗暗契合。从那以后，直到硕博期间，甚至直到今天，我依然沿着这一学术路径"上下求索"，受惠可谓深远。

　　博士论文完成于2008年，答辩委员会的评语是"充实了政治思想史研究的薄弱环节"。这与其说是评价，其实不如说是为我指出了接下来几年的努力方向。经过重大修改后在2016年申报了国家社科基金后期资助项目，书稿可以说是面目全非了。

　　对于每一位申报项目的学人而言，最令人激动的不仅仅是立项的喜讯，更值得期待的其实是匿名评审专家的评审意见。在长期从事同一个主题研究后难免陷入思维陷阱而固步自封，这些专业而中肯的评审意见对于小书的修改方向是非常重要的指引，更为很多问题的突破提供了重要的灵感，无形中也增强了我提高书稿质量的信心。

　　比如按照专家意见在修改过程中补充了大量与五色文化实践相关的史实，并结合具体的历史背景，对五色文化在不同历史条件下的实际推行情况和产生的真实效应进行实证研究，不但为诸多问题的论证提供了更加充实可靠的资料基础，更重要的是深化了对某些问题的认识。如结合南宋初年政治军事情势，对宋高宗制造天命符瑞与拒绝地方进献符瑞这一看似矛盾行为进行分析，发现了"天人合一"政治哲学中存在的投机性思维。

　　如在五时五方服色符号的考察中，改变了博士学位论文仅仅对政治生活中五时五方服色符号使用情况进行系统介绍的写作方式，通过经典文献与出土文献的比对分析,对政治生活中与民间巫术中的五时五方色彩符号进行了综合考察,发现自远古时期开始就逐步形成的对色彩符号的神秘属性和巫术功能的认同,为君主自我神化提供了社会心理基础,而春秋战国以后被灌注以伦常思想的五时五方色彩符号正是原始巫术与新兴礼乐文明相融合的典型产物,在君主"圣人形象"的塑造过程中发挥了重要作用,推动了王权主义从神化向圣化的文化转型,从而对五时五方色彩符号的政治意义和历史价值有了崭新的认识。

因此,在撰写修改说明时,我确乎是怀着无比感激的心情来一一陈述对专家意见的接受情况和修改情况的。

如果说专家意见指引了修改方向,那么在修改过程中所仰赖的学术思想则完全得益于南开大学思想史师承的长期滋养。南开大学思想史学永远的灵魂人物刘泽华先生作为"王权主义反思学派"的先行者和奠基人,被李宪堂老师精当地概括为:确立了王权主义作为中国传统政治思想切实可行的阐释框架。他的著名论点:"天人合一"实质是"天王合一",帮助我在纷繁复杂的政治文化现象中抓住了核心和要领,并以此作为主要线索梳理出了传统五色文化的要点和宗旨。

我的学业导师张分田先生从更加全面辩证的视角阐释和反思中国古代的王权主义。从统治集团"亦主亦奴"到"民本思想实质是以君为本",他深刻地指出了中国传统政治思想精华与糟粕存在着难以割裂的纠葛,最终因自身无法超越的悖谬而不可避免地走向了被抛弃的命运。他也是较早将语言符号分析融入政治思想史解读的学者之一,并沿着这一研究路径不断取得新的突破。因此他对于我的色彩符号研究给予了充分的信任和全力的支持。分田老师具有巨大开创性的学术思想激发了我在博士论文写作和修改过程中的诸多灵感。最显著的影响之一就是我对博士论文中"五色昚祥符号"部分的修改。学界对于祥瑞和灾异文化的政治寓意和功能已经有了极为充分的研究,并且已经得出了前者服务于君权而后者限制君权的定论。当时我写这一部分也不过是为论文结构的完整性,补充了一些色彩符号方面的资料,观点并无特别新意。然而正是在毕业多年后,重读老师的《中国帝王观念》,使我脑海中闪过了一线灵感的火花。我是不是应该像老师那样从辩证的角度去综合认识这两种看似截然相反的文化现象。正是这个重要的启发使我找到了对这篇文章进行大刀阔斧修改的入手之处。这篇文章承蒙姜胜利老师的垂青在《南开学报》发表后,又被《中国社会科学文摘》和人大复印资料《文化研究》同时转载。这是我的博士论文章节第二次被《中国社会科学文摘》转载,在此也感谢《中国社会科学文摘》《新华文摘》的诸位编辑老师对一个籍籍无名的小作者的抬爱。第一次被转载的是《中国古代等级服色符号的内涵与功能》。这篇文章同样发表在《南开学报》,后被《新华文摘》《中国社会科学文摘》同时转载。申报国家社科基金后期资助项目时,我尚是一名助理研究员,需要两位高级职称专家的推荐,也是姜老师为我精心撰写了推荐意见,并不厌其烦地配合我修改表格版式。可以说,这薄薄的一本小书,凝聚了多少师长对我的悉心栽培与宝贵提携,对我的小小梦想的呵护与成全。张分田老师不仅打破从不为人作序的惯例,更在小书序言中首次较为系统地向学界透露了他的最新研究成果,使小书学术含金量陡然倍增。我和师姐开玩笑但也是真心开心地说:"这本小书加上老师的序,一下子增值了,读者本来以为只是买了本书,后来发现是买序言饶本书,赚了!"

常建华老师作为中国社会史学会现任会长,对于社会史研究领域近乎"全知"的把握,被我爱人开玩笑然而也是非常贴切地评价为,"会当凌绝顶,一览众山小"。从常老师这里得到的源源不断的社会史研究新动态新资讯,是我在思想史主业之外汲取社会史学术养分的最重要源泉,也有力地支撑起了我尝试在思想与社会之间加以贯通连接的桥梁。常老师的研究领域从宗族史,渐次开拓到日常生活史、物质文化史,每一次转型都屹立于学术发展的潮头,也在我摸索思想史路径新突破的过程中给予我源源不断的启发和引领。在我毕业后,常老师仍尽最大力量给了我诸多悉心栽培。所以在我的心目中一直是把常老师作为我的学术和人生导师来尊重和敬爱的。在小书即将出版之际,常老师在百忙之中欣然赐序,一如既往地以宽容、鼓励和肯定,赐予学生在学术道路上继续前行的信心和勇气。

大一那年,当我鼓足勇气以旁听生的身份跨进历史学院的教室时,是王晓欣、张荣明、张国刚、阎爱民、夏俊霞老师消除了我初入历史学院大门的无措。此后,不论是学术之路还是生活道路上,他们都给了我许多温暖的建议和爱护。孙卫国老师的海外中国学经典阅读课更像是打开了学术宝藏,让我们目不暇接。在各位老师门下受业的每一个瞬间,都是我在南开园最温馨美好的记忆。

感谢一起面红耳赤争论过学术问题也一起彻夜K过歌的师兄师姐和同学们,周鑫、鲁鑫、罗艳春、张传勇、刁培俊、熊亚平、夏炎、张笑川,让我们成为彼此艰辛而又枯燥的学术之路上最精彩的记忆,最真实最清晰地体会到"把学术当作生活"的美好。感谢我的师姐张鸿、商爱玲、王贞以及师妹孙妍,不但向彼时尚未掌握学术写作要领的我分享了很多写作技巧,更给了我很多鼓舞和信心,走过了博士论文写作期间的迷惘与沮丧。特别需要感谢的还有刘娜娜师妹,如果没有她慷慨提供的技术支持,小书几乎无法完成基本的资料收集。令人遗憾和痛心的是,活泼开朗、曾给师门兄弟姐妹带来多少欢笑的她却过早地离开了她努力生活的世界。

感谢师母和张鸿师姐为我们师门兄弟姐妹包过的每一顿饺子,擀过的每一碗面条!张老师家早已成为师门兄弟姐妹在南开园的港湾,满溢着师母和师姐热烈关爱的美味更平添了几多温馨气息。

离开校园,刚走上工作岗位时,是天津社会科学院这个温暖和谐的集体,用最宽厚的胸怀接纳了我这个青涩毛躁的新人,以公平的机制肯定了每一位新人的努力,为我们创造了相对宽松自如的科研和生活环境。这本小书正是在这样适宜的土壤中完成了蜕变。感谢张利民、任云兰、任吉东等历任所领导对我的提携和宽容。感谢历史所张献忠、张弛等同事的友爱和帮助。感谢天津社会科学院图书馆郭登浩馆长为我使用图书馆资源提供的便利。特别要感谢的还有科研处的刘家宁老师,从立项到结项,刘老师全程都给予了最耐心和最细致的帮助,甚至付出了诸多分外的劳动,至今让我感念并受之有愧。

小书的写作过程也是背井离乡追逐梦想的人生历程。离家求学多年,有时会难免觉得无法再感同身受彼此的生活。直到有一次父亲在新华书店看到了一本我和爱人合作翻译的小书。为了赚取微薄的打工费译书,似乎也谈不上什么值得一提的成就。父亲却如获至宝地把书架上的拙译全部买了下来,迫不及待地回家报告给我的祖父祖母。我的祖父马上打电话通知家族亲友,一一分赠。此时此刻我才知道原来他们是如此关注如此在意我一点一滴的进步,不论多么微不足道的成绩都会给他们带来莫大的欣慰和光荣,因为他们是这样无条件地在爱着自己的孩子。可是今天,当这散发着墨香的书终于捧在手心的时候——这墨香也是我的祖父引领儿孙辈最早认识到的这个世界上最美好的事物——却再也没有机会见到祖父祖母脸上开心满足的笑容了。

让我深深怀念的还有我的高中历史老师陈自强先生。他是引领我走上探索历史真知之路的第一位老师。那时我刚上高一,正处在学习的瓶颈期,似乎不管如何努力,都无法取得突破。直到一次课间休息,茫然地走在同学们无忧无虑的欢声笑语和追打笑闹中,突然感觉到有人捅了捅我的胳膊,我吃惊地回头一看,竟然是陈老师,他抱着一摞书,脸上含着慈祥的笑容,很不经意地说了一句:"历史考得不错嘛。"那是当时听到的唯一的一句真诚而笃定的鼓励,一下子点燃了内心微弱的信念,也点燃了我对历史课的热情,明确了以探究历史为未来的志业。而陈老师除了全力以赴完成作为一名中学高级教师传道授业解惑的使命,自己也是一名颇具专业水准的历史研究者。他对于家乡泉州的研究在海交史研究的学术史上留下了令人尊敬的成就,所以也被我们尊称为"陈老先生"。他从来没有对学生的信仰和学业有过任何的强求,却用他永远含笑的面容和铿锵的话语激励了他教过的所有学生。真想还能给陈老师寄上这本小书,像当年在学校楼梯拐角处那样听陈老师再说一句:"这书写得不错嘛。"

此外,还要特别感谢我的爱人喻满意。二十多年前那门选修课如果说还有另一个神奇之处,大概就是我和爱人的初次相遇。从那以后,他所付出的远远不仅是承担了所有的家务和琐事,让我能够专心地做任何想做的事情,甚至各种半途而废的尝试,而且他的全部生活规划都是围绕着实现我无数不着边际的梦想,让我能够毫无后顾之忧地徜徉在漫无边际的学术天地展开的。

最后当然最要感谢本书的编辑曹歌老师。在这个令人瞩目的一流出版社有着数不胜数的杰出的出版计划,我的小书不过是曹老师多彩而又荣耀的编辑生涯中最微不足道的一个任务。感谢曹老师给予了足够的耐心,忍受我一次又一次的"骚扰",尽量满足我对出版事宜的各种期待,才让这本小书得以顺利面世,接受学界的检验和指正!

许哲娜
2024 年 8 月 19 日